Stephan Braun

Markencontrolling

GABLER RESEARCH

Schriften des Center for Controlling & Management (CCM)
Band 40

Herausgegeben von
Universitätsprofessor Dr. Dr. h.c. Jürgen Weber
WHU – Otto Beisheim School of Management, Vallendar

Die Schriftenreihe präsentiert Ergebnisse betriebswirtschaftlicher Forschung im Bereich Controlling und Führung. Sie basiert auf einer akteursorientierten Sicht des Controlling, in der die Rationalitätssicherung der Führung einen für die Theorie und Praxis zentralen Stellenwert einnimmt.

Stephan Braun

Markencontrolling

Ein verhaltensorientierter Beitrag
zur Rationalitätssicherung
einer identitätsorientierten Markenführung

Mit einem Geleitwort von Prof. Dr. Dr. h. c. Jürgen Weber

GABLER

RESEARCH

Bibliografische Information der Deutschen Nationalbibliothek
Die Deutsche Nationalbibliothek verzeichnet diese Publikation in der Deutschen Nationalbibliografie; detaillierte bibliografische Daten sind im Internet über <http://dnb.d-nb.de> abrufbar.

Dissertation WHU – Otto Beisheim School of Management, Vallendar, 2010

1. Auflage 2011

Lektorat: Stefanie Brich | Stefanie Loyal

Gabler Verlag ist eine Marke von Springer Fachmedien.
Springer Fachmedien ist Teil der Fachverlagsgruppe Springer Science+Business Media.
www.gabler.de

Umschlaggestaltung: KünkelLopka Medienentwicklung, Heidelberg
Gedruckt auf säurefreiem und chlorfrei gebleichtem Papier
Printed in Germany

ISBN 978-3-8349-2849-8

Geleitwort

Die vorliegende Dissertation von *Braun* ist eingebettet in einen am Institut für Management und Controlling seit langem verfolgten Forschungsstrang, der sich mit der Rationalitätssicherung in unterschiedlichen Teilbereichen der Betriebswirtschaftslehre beschäftigt. Die erste Arbeit war die von *Florissen* 2005 für das Preismanagement; ihr folgten die Arbeiten von *Müller* 2007 für das Finanzmanagement und die von *Paefgen* 2008 für die Rationalitätssicherung der Controller nach. Die vorliegende Arbeit greift nun mit der Markenführung ein weiteres Teilgebiet des Marketings heraus. Wie die zuvor genannten Dissertationen ist auch die von *Braun* in ein striktes methodologisches Vorgehen eingebettet. Ausgangspunkt sind – insbesondere empirisch – wahrgenommene Rationalitätsdefizite, für deren Verminderung oder Beseitigung entsprechende Maßnahmen abgeleitet werden. Als Ordnungsraster hierzu wird das *Lindenberg'*sche RREEMM-Modell verwendet, dessen ordnende Kraft sich schon in den anderen angesprochenen Arbeiten bewährt hat.

Braun widmet sich einem Problem, dem im Marketing zunehmend Aufmerksamkeit geschenkt wird. Marken erweisen sich als eine scharfe Waffe im Wettbewerb. Empirische Evidenz für höhere Erlöse und andere Vorteile ist gegeben. Die wissenschaftliche Durchdringung weist aber Defizite auf. Auch in der Praxis scheint noch ein eher intuitives Vorgehen vorzuherrschen. Gerade vor diesem Hintergrund ist eine auf dem Rationalitätssicherungsansatz basierende Analyse fruchtbar.

Ohne inhaltlich vorweg greifen zu wollen und der Arbeit damit die Spannung zu nehmen: *Braun* hat eine Dissertation erstellt, die das Forschungsgebiet der Rationalitätssicherung ein weiteres Stück voranbringt. Der gewählte Forschungsansatz ist damit ein erneutes Mal bestätigt worden. Für ein spezielles Segment des Marketings als Untersuchungsfeld werden darüber hinaus neue Erkenntnisse auf eine sehr schlüssige und präzise Art und Weise erarbeitet. Controller können hier viel über ein Feld lernen, das bislang nur bei wenigen im Fokus der Betrachtung stand und steht, aber auch für Marketer wird die erarbeitete Gesamtschau einen Erkenntnisfortschritt bieten. *Braun* geht dabei souverän mit einer spezifischen Schwierigkeit des Themas um: Das gewählte Untersuchungsobjekt der identitätsorientierten Markenführung ist in seiner Ergiebigkeit für eine rationalitätssicherungsbezogene Analyse derzeit noch beschränkt, da das Feld bislang nur in geringem Maße empirisch durchdrungen ist. Dies stellte die Herausarbeitung von Rationalitätsdefiziten und deren Diskussion eine besondere Herausforderung dar, der *Braun* in jeder Hinsicht gerecht wird. Der Arbeit ist deshalb ein breiter Leserkreis zu wünschen.

Prof. Dr. Dr. h.c. Jürgen Weber

Vorwort

"I can resist everything except temptation."

Oscar Wilde

In Anbetracht einer zunehmenden Angleichung von Produkteigenschaften sowie gesättigter Bedürfnisse ist die Marke ein bedeutsamer Faktor, um die Aufmerksamkeit der Konsumenten zu gewinnen, sich in deren Wahrnehmung von den Wettbewerbern zu differenzieren, aber auch um überhaupt erst ein Bedürfnis nach einem Produkt zu wecken. Zu Recht kommt daher den Themen Marke und Markenführung in Wissenschaft und Praxis eine hohe Beachtung zuteil. Zur Analyse von Kaufentscheidungsprozessen werden von der Markenführungsforschung bereits seit langem verhaltenswissenschaftliche Erkenntnisse einbezogen. Von einem rein rationalen Entscheiden der Konsumenten wird dabei häufig abstrahiert.

Sollte auch auf Seiten der Markenmanager stets rationales Handeln in Frage gestellt werden? Lassen sich typische und von der herrschenden Meinung von Markenexperten abweichende Entscheidungen von Markenmanagern identifizieren? Sind diese durch Könnens- oder Wollensdefizite erklärbar? Sollte und kann das Markencontrolling diese Problemfelder adressieren? Eröffnet die Controllingkonzeption der Rationalitätssicherung der Führung eine ausreichend breite Sichtweise auf das Markencontrolling, um neue Erkenntnisse zu generieren sowie als integrative Klammer auch die Erkenntnisse bisheriger Ansätze zum Markencontrolling einzubeziehen? Diesen von der Forschung bislang wenig beachteten Fragestellungen wurde in der vorliegenden Arbeit nachgegangen.

Entstanden ist diese Arbeit während meiner Tätigkeit als Wissenschaftlicher Mitarbeiter am Institut für Management und Controlling (IMC) an der WHU – Otto Beisheim School of Management und wurde dort im November 2010 als Dissertation angenommen. Zum Gelingen haben nicht zuletzt bestimmte Personen beigetragen. Es ist mir daher ein besonderes Anliegen, mich an dieser Stelle zu bedanken.

An erster Stelle möchte ich meinem Doktorvater Herrn Prof. Dr. Dr. h.c. Jürgen Weber dafür danken, dass er diese Arbeit ermöglicht und gefördert hat. Zum einen war er mein bedeutendstes akademisches Vorbild und zum anderen möchte ich seinen besonderen Führungsstil herausstellen, der auch mich nachhaltig geprägt hat. Er schuf nicht nur die zur Anfertigung notwendigen akademischen Rahmenbedingungen sondern ließ mir auch den erforderlichen Freiraum. Darüber hinaus danke ich auch Herrn Prof. Dr. Martin Fassnacht für die Übernahme des Zweitgutachtens.

Für ihre fachliche und menschliche Unterstützung möchte ich ebenfalls meinen Kollegen danken, von denen viele über die Institutsarbeit hinaus Freunde geworden sind. Zunächst möchte ich dem damaligen Team Telekom Lydia Rullkötter, Christof Irle und Hendrik Grieshop für die kurzweilige Zeit inner- und außerhalb des Büros sowie für die gemeinsamen auch über die Forschung hinausgehenden Aktivitäten danken.

Danken möchte ich auch der "Grill Gruppe" für die Abwechslung im Rahmen des Studium generale für fächerübergreifende Forschungsprojekte sowie für gemeinsame Exkursionen. Mein besonderer Dank gilt ferner Cord Burchard, der wie kaum ein anderer Kollege meine Promotionszeit weit über Vallendar hinaus bereichert hat.

Danken möchte ich darüber hinaus weiteren Kollegen sowie dem Support-Team für die schöne gemeinsame Zeit und auch tatkräftige Unterstützung. Stellvertretend für weitere aktuelle und ehemalige Mitstreiter seien Martina Bender, Christian Busse, Tina Goldau, Stefanie Malz, Christian Pfennig, Almuth Spatz, Martin Springinklee, Barbara Voussem, Manuel Weller, Elmar Wyszomirski, Fotini Noutsia, Evelyn Busch und Beata Kobylarz-Winn genannt.

Ferner gilt mein Dank auch meiner Familie, für die Unterstützung meines Studiums sowie meiner Promotion. Abschließend möchte ich denjenigen Personen – insbesondere außerhalb der Hochschule – danken, die mich auch in schwierigen Zeiten während der Promotionszeit begleitet haben und dadurch einen bedeutsamen Beitrag zum erfolgreichen Abschluss dieser Arbeit geleistet haben. Ihnen sei diese Arbeit gewidmet.

Stephan Braun

Inhaltsübersicht

Inhaltsverzeichnis

Abbildungsverzeichnis

Abkürzungsverzeichnis

AG	Aktiengesellschaft
aktual.	aktualisierte
Aufl.	Auflage
BBDO	Batten, Barton, Durstine & Osborn
BSC	Balanced Scorecard
bspw.	beispielsweise
bzw.	beziehungsweise
d. h.	das heißt
EnBW	Energie Baden-Württemberg
erg.	ergänzte
erw.	erweiterte
et al.	et alii (und andere)
f.	folgende
ff.	fortfolgende
FN	Fußnote
F&E	Forschung und Entwicklung
Hrsg.	Herausgeber
Jg.	Jahrgang
KPI	Key Performance Indicator
MBV	market-based-view
Mrd.	Milliarden
No.	Number
Nr.	Nummer
RBV	resource-based-view
RREEMM	Resourceful Restricted Evaluating Expecting Maximizing Man
S.	Seite(n)
Sp.	Spalte(n)
u. a.	und andere / unter anderen / unter anderem
USD	United States Dollar
überarb.	überarbeitete
vgl.	vergleiche
vollst.	vollständig
Vol.	Volume
vs.	versus
WHU	Wissenschaftliche Hochschule für Unternehmensführung
ZAW	Zentralverband der deutschen Werbewirtschaft

1 Einleitung

Diese Untersuchung beginnt mit einer Darstellung der ihr zu Grunde liegenden Motivation (Kapitel 1.1). Ausgehend vom Forschungsziel werden die forschungsleitenden Fragen sowie das forschungsmethodische Vorgehen festgelegt (Kapitel 1.2). Die Einleitung schließt mit einer Darstellung des Aufbaus der Untersuchung (Kapitel 1.3).

1.1 Motivation

Die Markenführung gewinnt als Teilaufgabe der Unternehmensführung zunehmend an Stellenwert. Hinsichtlich der Bedeutung des Themenfelds Marke stimmen dabei sowohl die Wissenschaft als auch die Praxis überein. Dies zeigt sich deutlich an der stetig gestiegenen Anzahl an wissenschaftlichen und praxisorientierten Veröffentlichungen zum Erkenntnisobjekt Marke.[1] Der direkte Einfluss der Marke auf den Unternehmenswert wird am Beispiel der in 2006 nach INTERBRAND weltweit wertvollsten Marke COCA-COLA ersichtlich: Mit einem geschätzten Markenwert von 67 Mrd. USD[2] umfasste die Marke knapp 65% des Börsenwerts des Unternehmens.[3] Die Erträge von Unternehmen mit starken Marken fallen gegenüber den Erträgen von Unternehmen mit schwachen Marken höher aus.[4] Die Marke gestattet den Unternehmen, die Kunden langfristig an sich zu binden.[5] Im Vergleich zu den Produkten der Wettbewerber kann eine starke Marke ein Mengen- oder Preispremium ermöglichen.[6] Neben Kunden zählen auch Handelsorganisationen, Mitarbeiter, Lieferanten, Presse/Medien, Interessenvertretungen, die Gesellschaft, Regulierungsbehörden, die Regierung, Banken sowie Aktionäre zu relevanten Stakeholdern einer Marke.[7]

Aufgrund dieser hohen und vielfältigen Bedeutung der Marke für den Unternehmenserfolg wird von Vertretern der Wissenschaft sowie der Praxis überlegt, wie Marken professionell aufgebaut und gepflegt werden können.[8] Zunehmend werden dabei nicht mehr die mit ihrem

---

[1] Vgl. Arvidsson (2006), S. 188; Riesenbeck/Perrey (2004), S. 7. Für eine Übersicht über die zahlenmäßige Entwicklung der wissenschaftlichen Veröffentlichungen zum Thema Marke Vgl. Welling (2005), S. 7 sowie Kapitel 3.1.1 dieser Arbeit.

[2] Vgl. Interbrand (2006).

[3] Eigene Berechnung. Die Marktkapitalisierung der Coca-Cola Company betrug am 15.08.2006 103,58 Mrd. USD; Vgl. GoogleFinance (2006).

[4] Vgl. Court/Leiter/Loch (1999), S. 101.

[5] Vgl. Burmann/Blinda/Nitschke (2003), S. 1.

[6] Vgl. Bruhn (2004a), S. 5.
Studien haben auch gezeigt, dass Werbekampagnen nur bei starken Marken eine dauerhafte Absatzsteigerung bewirken, wohingegen Unternehmen mit schwachen Marken für einen derartigen Effekt Produktinnovationen benötigen; Vgl. Slotegraaf/Pauwels (2008), S. 293.

[7] Vgl. Kapferer (2001), S. 233.

[8] Zum Entwicklungsprozess der Markenforschung Vgl. Bruhn (2004a), S. 7 f.; Welling (2005), S. 70 sowie die Ausführungen in Kapitel 2.1.1.1.

„Kreativgebaren lange Zeit die Szene beherrschenden Gurus“, sondern Fachleute mit der notwendigen rationalen Sichtweise und neuem Handwerkszeug gefragt.[9] Außer soliden planerischen Kenntnissen und Fähigkeiten wird für den erfolgreichen Markenmanager[10] der Zukunft zusätzlich eine ausgeprägte analytische Begabung zur rechtzeitigen Aufdeckung und Interpretation der Entwicklungen in der Umwelt seiner Marke propagiert.[11] Die Markenführung sollte in geringerem Maße der Intuition überlassen und stärker als eine ihre Rentabilität zu begründende Investition betrachtet werden.[12] Häufig werden stattdessen in der Markenführung willkürliche Entscheidungen gefällt, ohne über ein ausreichendes Verständnis hinsichtlich der Auswirkungen dieser Entscheidungen auf die Marke, auf andere Marken oder markenbezogene Aktivitäten zu verfügen.[13] In einer wertorientierten Unternehmensführung darf der Markenerfolg daher nicht allein den Aktivitäten der Kreativen überlassen werden, sondern die strategische Steuerung der Marke sollte in Form einer konsequenten Markenführung erfolgen.[14]

Gleichzeitig hinterfragt das Top-Management stärker den aus den Maßnahmen zum Markenaufbau resultierenden Nutzen.[15] Der Aufbau einer starken Marke ist langwierig und mit hohen Investitionen verbunden.[16] Zur Professionalisierung der Markenführung wird eine Erhöhung der Effizienz sowie der Effektivität beim Aufbau und der Pflege von Marken gefordert.[17] Die Sicherstellung der Effektivität und der Effizienz wird als klassische Kernfunktion des Controllings angesehen.[18] Daher erscheint zur Erfüllung dieser Forderung die Funktion Markencontrolling geeignet.

Bisweilen misslingt es Markenmanagern, die mit der Führung der Marke verbundene Komplexität der Teilaufgaben umfassend zu verstehen und sie konzentrieren ihre Bemühungen vereinfachend auf ausgewählte Teilbereiche.[19] Aufgrund der Vielzahl der zur Erfüllung der Markenführungsaufgaben notwendigen komplexen Tätigkeiten und Maßnahmen wird für eine verbesserte Professionalisierung der Markenführung neben den entsprechenden Kompetenzen bei den Markenmanagern daher ferner eine Einbettung der Aufgaben in hinreichend stabile

---

9 Vgl. Riesenbeck/Perrey (2004), S. 24.
10 Unter Markenmanager werden in dieser Untersuchung diejenigen Akteure verstanden, denen die jeweiligen Markenführungsaufgaben obliegen. Siehe zum Markenführungsbegriff und dessen Bestandteilen die Ausführungen in Kapitel 2.1.1.1.
11 Vgl. Haedrich/Tomczak/Kaetzke (2003), S. 22.
12 Vgl. Strebinger (2005), S. 38.
13 Vgl. Keller (2005), S. 100.
14 Vgl. Kropfberger/Mödritscher/Waiguny (2006), S. 491.
15 Vgl. Hoeffler/Keller (2003), S. 422; Erdem (1998), S. 131.
16 Vgl. Irmscher (1997), S. 18 f.
17 Vgl. Burmann/Blinda/Nitschke (2003), S. 1.
18 Vgl. Dyckhoff/Ahn (2001), S. 112 sowie die Ausführungen in Kapitel 2.2.2.2.
19 Vgl. Keller (2005), S. 100.

Prozesse als erforderlich angesehen.[20] Bislang finden sich in der einschlägigen Literatur jedoch nur vereinzelt Ansätze für einen vollständigen, in sich geschlossenen Markenführungsprozess zur Planung, Koordination und Kontrolle aller zum Aufbau und der Pflege starker Marken notwendigen Maßnahmen.[21] Im Regelfall schließen die in der Literatur vorliegenden Ansätze jeweils mit einer als Markencontrolling bezeichneten Prozessphase ab. Hier äußert sich bereits ein im Rahmen dieser Markenführungsprozesse vorherrschendes ex post orientiertes Controllingverständnis anstelle eines solchen, das den gesamten Markenführungsprozess begleitet.

In Abhängigkeit vom jeweiligen Untersuchungszweck finden sich in der Literatur unterschiedliche Verständnisse von Marke und Markenführung.[22] Das die aktuelle Literatur zur Markenführung sowie zum Markencontrolling eindeutig dominierende Verständnis ist das Konzept der identitätsorientierten Markenführung.[23] Dieses wird auch dieser Untersuchung zu Grunde gelegt.

In der einschlägigen Markenliteratur wird vom Controlling gefordert, durch rationale Planung, Steuerung und Kontrolle einen Beitrag zur „Entzauberung der magischen Markenwelt der Kreativen" zu leisten.[24] Hinsichtlich des Begriffs, der Zielsetzung sowie der Aufgaben des Markencontrollings herrscht im Schrifttum dabei Uneinigkeit.[25] Um sicherzustellen, dass die Markenführung konsequent zum Erhalt bzw. zur Steigerung des Markenwerts beiträgt, soll das nach ESCH zur Markenkontrolle gehörende Markencontrolling durch die Festlegung und Messung erfolgswirksamer Zielgrößen eine Verhaltensbeeinflussung der Markenmanager bewirken und deren Handeln auf die Erreichung der gesetzten Zielgrößen ausrichten.[26] Andere Markenforscher sehen die Aufgaben des Markencontrollings in der Informationsversorgung aller an der Markenführung beteiligten Personen und der Beurteilung aller Markenaktivitäten hinsichtlich Effektivität und Effizienz.[27] Dem Controlling komme primär eine systemübergrei-

---

[20] Vgl. Burmann/Blinda (2006), S. 9.

[21] Vgl. Burmann/Blinda/Nitschke (2003), S. 10 und 55 oder Esch/Langner/Rempel (2005), S. 128.

[22] Siehe zu den unterschiedlichen Begriffsverständnissen der Marke sowie der Markenführung die Ausführungen in Kapitel 2.1.1.1 sowie für ein tiefergehendes Verständnis des identitätsorientierten Ansatzes Kapitel 2.1.2.4.

[23] Siehe auch die Ausführungen in Kapitel 2.1.1.1.

[24] Vgl. Meffert/Koers (2005), S. 274.

[25] Für eine ausführliche Darstellung des Forschungsstands zum Markencontrolling siehe Kapitel 2.2.2.3. Zur Problematik des heterogenen Controllingverständnisses allgemein siehe auch Weber (2002), S. VII; Ortelbach/Hagenhoff (2004), S. 1 und der daraus resultierenden Problematik zur begrifflichen Abgrenzung des Markencontrollings Meffert/Koers (2005), S. 275.

[26] Vgl. Esch/Langner/Brunner (2005), S. 1229.

[27] Vgl. Burmann/Blinda (2006), S. 10.

fende Koordinationsaufgabe zu, die die zentralen Funktionen Informationsversorgung, Planung und Kontrolle auszufüllen hat.[28]

Umfassender wird jedoch auch als Aufgabe des Markencontrollings die Sicherstellung der Rationalität der Markenführung gefordert.[29] Die in der Literatur verbreitete Beschränkung des Markencontrollings auf das Planungs-, Informations- und Kontrollsystem greift dafür jedoch zu kurz und nimmt nur eine eingegrenzte Sicht auf das Markencontrolling vor.[30] Ferner wird kritisiert, dass der überwiegende Teil der bestehenden Markencontrollingansätze vor allem die ex post Kontrollfunktion des Markencontrollings betrachtet.[31] Das Markencontrolling sollte zur Sicherstellung der Rationalität der Markenführung die Markenaktivitäten jedoch nicht nur hinsichtlich ihrer Effektivität und Effizienz ex post beurteilen. Vielmehr sollte es bereits rationalitätssichernd den Markenführungsprozess begleiten, um einen möglichst großen Beitrag zur Erhöhung der Effektivität und der Effizienz der Markenführung zu leisten.[32]

Von einem Strang der Controllingforschung wird zu Gunsten eines weiteren Erkenntnisfortschritts eine stärkere Verhaltensorientierung gefordert.[33] Die Einnahme einer verhaltensorientierten Sichtweise des Controllings hat sich bereits in verschiedenen Kontexten zur Generierung zusätzlicher Erkenntnisse als zweckmäßig erwiesen.[34] Verhaltenswissenschaftliche Aspekte finden jedoch in den bestehenden Markencontrollingkonzeptionen nur eine unzureichende Berücksichtigung. Es liegt bislang sowohl im deutschsprachigen als auch im angelsächsischen Schrifttum zur Markenführung bzw. zum Markencontrolling keine umfassende Identifikation und Adressierung systematischer Fehlentscheidungen (Rationalitätsdefizite) der Markenmanager vor.[35] Es mangelt somit an einem akteursbezogenen und aufgabenorientierten

28 Vgl. Burmann/Kullmann (2004), S. 10 f.; Meffert/Koers (2005), S. 276 und Burmann/Zeplin (2006), S. 20. Siehe für ein koordinationsorientiertes Markencontrollingverständnis auch Kriegbaum (2001), S. 68 ff.

29 Diese Forderung findet sich u. a. bei Meffert/Koers (2005), Burmann/Zeplin (2006), S. 20.

30 Vgl. Tomczak/Reinecke/Kaetzke (2004), S. 1824, die explizit fordern, dass das Markencontrolling sich Rationalitätsengpässen widmen müsse und als zentrale Aspekte des Markencontrollings die Informationsversorgung, Sicherstellen der Ausgewogenheit zwischen Reflexion und Intuition, Sicherstellen eines durchgängigen Markenführungssystems sowie die Verbindung mit der Kompetenz- und Anreizgestaltung ableiten, jedoch keine vertiefte Betrachtung von Rationalitätsdefiziten vornehmen.

31 Vgl. Staudacher (2008), S. 76; Kullmann (2006), S. 21.

32 Für eine umfassende Erläuterung des Beziehungsverhältnisses zwischen dem dieser Arbeit zu Grunde liegenden Rationalitätsverständnis der Zweck-Mittel-Rationalität sowie Effektivität und Effizienz siehe Kapitel 2.2.1.1.

33 Vgl. Bramseman/Heineke/Kunz (2004), S. 551; Irrek (2002), S. 49.
Das Erreichen eines Erkenntnisfortschritts stellt das Ziel jeglicher Forschung dar; Vgl. Schanz (1975), S. 7. Zur Bedeutung eines methodologischen und theoretischen Pluralismus zur Sicherung eines Erkenntnisfortschritts in einer Forschungsrichtung wie dem Controlling siehe bspw. die Ausführungen von Bramseman/Heineke/Kunz (2004), S. 552. Durch die Verfolgung eines im Vergleich zur vorherrschenden Literatur zum Markencontrolling breiteren Controllingverständnisses wird daher ein weiterer Erkenntnisfortschritt erhofft.

34 Siehe bspw. die Arbeiten von Florissen (2005); Zayer (2007); Paefgen (2008); Müller (2008); Rullkötter (2009); Broser (2009).

35 Zur Erläuterung des Begriffs Rationalitätsdefizit siehe die Ausführungen in Kapitel 2.2.1.4.

Ansatz zum Markencontrolling, der durchgehend eine Gewährleistung der Rationalität der Markenführung entlang der Aufgabenfelder des Markenführungsprozesses durch Adressierung von Rationalitätsengpässen der Markenmanager verfolgt.

Um eine verhaltensorientierte Betrachtung des Markencontrollings vorzunehmen, wird dieser Untersuchung die Konzeption des Controllings als Rationalitätssicherung der Führung zu Grunde gelegt.[36] Diese Controllingkonzeption fungiert gleichzeitig als integrative Klammer und ermöglicht so die Erkenntnisse aus bestehenden Arbeiten zum Markencontrolling einzubeziehen. Neben der Identifikation von Rationalitätsdefiziten der Markenführung sollen deren Ursachen durch eine Verbindung des ökonomischen Ansatzes mit verhaltenswissenschaftlichen Erkenntnissen ergründet werden. Von einer rationalen Perspektive abweichende Entscheidungen und Handlungen der Markenmanager lassen sich so theoretisch fundiert anhand von deren Zielen und Eigenschaften erklären. Durch die Adressierung dieser Ursachen soll ein über den bisherigen Stand zum Markencontrolling hinausgehender Beitrag zur Rationalitätssicherung der Markenführung geleistet werden.

Die in dieser Untersuchung zu entwickelnde Markencontrollingkonzeption zur Rationalitätssicherung der Markenführung soll keinen Gegenentwurf zu bisherigen Ansätzen des Markencontrollings darstellen. Vielmehr soll durch ein aufgabenorientiertes anstelle des vorherrschenden instrumentenorientierten Herangehens, durch die Verwendung eines breiten Controllingverständnisses und durch eine akteursbezogene Sichtweise eine umfassendere Betrachtung des Erkenntnisobjekts Markencontrolling bei gleichzeitiger Integration der Erkenntnisse bestehender Ansätze erfolgen.

---

[36] Vgl. zur Rationalitätssicherung der Führung als originäre Controllingaufgabe Weber/Schäffer (2006), S. 40 f. Zur Konzeption des Controllings als Rationalitätssicherung siehe auch Weber/Schäffer/Langenbach (1999), S. 28-31 und Schäffer/Weber (2003), S. 1-7 sowie Kapitel 2.2.2.2 dieser Arbeit.

1.2 Forschungsfragen und forschungsmethodisches Vorgehen

Das Ziel dieser Arbeit besteht darin, durch Identifikation, Ursachenergründung und Adressierung von Rationalitätsdefiziten der Markenführung einen konzeptionellen Beitrag für eine – über die bestehenden Markencontrollingansätze hinausgehende – Rationalitätssicherung der Markenführung zu leisten. Neben der Integration von Erkenntnissen bisheriger Arbeiten zum Markencontrolling soll insbesondere eine im Vergleich zu diesen stärkere Berücksichtigung kognitiver Aspekte bei der Ausgestaltung der Markencontrollingaufgabe vorgenommen werden.[37]

Aus diesem Forschungsziel ergibt sich die zentrale Fragestellung der Untersuchung, wie eine Rationalitätssicherungskonzeption zur Gewährleistung rationalen Handelns der Markenführung gestaltet werden sollte. Für ein besseres Verständnis hinsichtlich der Bedrohung der Rationalität der Markenführung werden in einem ersten Schritt der Untersuchung potenziell in der Markenführung auftretende Rationalitätsdefizite identifiziert und deren Ursachen ergründet. Angesichts der Komplexität des Themenfelds Markenführung wird zur Vermeidung einer oberflächlichen Betrachtung des Erkenntnisobjekts Markencontrolling eine Eingrenzung des Untersuchungsbereichs vorgenommen.

Die Aufgabenfelder dieses Markenführungsverständnisses lassen sich ausgehend vom idealtypischen Führungszyklus in die einzelnen Phasen Willensbildung, Willensdurchsetzung, Ausführung und Kontrolle eines Markenführungsprozesses einordnen.[38] Die Willensbildung der Markenführung lässt sich weiter in strategische und operative Aufgaben der Markenführung differenzieren. Im strategischen Markenmanagement werden Grundsatzentscheidungen über die konkreten Ziele und den Inhalt der Marken getroffen sowie grundlegende Verhaltenspläne zur Erreichung dieser Ziele bestimmt, während sich das operative Markenmanagement mit der konkreten Ausgestaltung der Markenführungsinstrumente befasst.[39] Strategische Entscheidungen der Markenführung sind gegenüber operativen Entscheidungen mit einer höheren Unsicherheit und höheren Freiheitsgraden verbunden.[40] Dies stellt vergleichsweise größere Anforderungen an die grundsätzlich als begrenzt anzusehenden kognitiven Fähigkei-

---

[37] Allgemein für das Controlling gehen neben Weber/Schäffer, die sich mit ihrem Rationalitätssicherungsansatz (Weber/Schäffer (1999)) für eine derartige Perspektive einsetzen, auch Pietsch/Scherm (Pietsch/Scherm (2000), S. 405) in eine ähnliche Richtung und auch Horváth (Vgl. Horváth (2004), S. 123) öffnet sich für eine derartige Ausrichtung der Controllingforschung; Vgl. Bramseman/Heineke/Kunz (2004), S. 551 sowie 564 FN 11.

[38] Siehe zum idealtypischen Führungszyklus mit seinen Phasen Willensbildung, Willensdurchsetzung, Ausführung und Kontrolle Kapitel 2.1.1.1 sowie zum auf diesem Führungszyklus basierenden Markenführungsprozess dieser Untersuchung Kapitel 2.1.2.

[39] Vgl. Burmann/Blinda/Nitschke (2003), S. 10 f.

[40] Vgl. Jenner (2003), S. 58 f.; Haedrich/Tomczak (1996), S. 25; Munari/Naumann (1984); Walter (2006), S. 96. Siehe zur aus der Komplexität und der Dynamik der Markenführung resultierenden Unsicherheit auch die Ausführungen in Kapitel 2.2.2.4.

ten der Markenmanager und eröffnet ihnen einen größeren Spielraum für potentielles eigeninteressiertes Handeln.[41] Demnach dürfte insbesondere in der strategischen Willensbildung eine Gefährdung der Rationalität der Markenführung von den Eigenschaften und abweichenden Zielen der Markenmanager ausgehen.[42] Die Identifikation potenzieller Rationalitätsdefizite der Markenführung sowie deren Ursachenergründung werden daher anhand der Aufgabenfelder der strategischen Willensbildung der identitätsorientierten Markenführung vorgenommen. Aus der Zielsetzung und der Eingrenzung des Untersuchungsbereichs ergeben sich nachfolgende erste Forschungsfragen:

F 1 a: Welche Rationalitätsdefizite treten in der strategischen Willensbildung der identitätsorientierten Markenführung auf?

b: Worin liegen die Ursachen für die identifizierten Rationalitätsdefizite im Handeln der Markenführung begründet?

In einem zweiten Schritt sollen – basierend auf den anhand der Beantwortung der Forschungsfragen F1a sowie F1b gewonnenen Erkenntnissen – die Ziele und Aufgaben einer Rationalitätssicherungskonzeption der Markenführung bestimmt werden. Hieraus lässt sich die Forschungsfrage F2 ableiten:

F 2: Wie sollte eine Rationalitätssicherung der identitätsorientierten Markenführung konzipiert sein, um einen Beitrag zur Adressierung der identifizierten Rationalitätsdefizite sowie deren Ursachen zu leisten?

Durch die Beantwortung dieser Forschungsfragen soll gezeigt werden, dass durch die Integration eines verhaltensorientierten Controllingansatzes in die Markencontrollingforschung ein zusätzlicher Beitrag zur Erhöhung der Effizienz und der Effektivität der Markenführung geleistet werden kann.

Als Forschungsstrategie wird in dieser Untersuchung ein sachlich-analytisches Vorgehen gewählt.[43] Diese Forschungsstrategie verfolgt das Ziel der Informativität und strebt die Durch-

---

[41] Siehe zu den Formen von eigeninteressiertem Handeln sowie kognitiven Beschränkungen als grundlegende Ursachen von Rationalitätsdefiziten Kapitel 3.2.3.1 bzw. 3.2.3.2 sowie die Ausführungen in den Kapiteln 4.2.1 bzw. 4.2.2.

[42] Diese Aufgabenfelder der strategischen Willensbildung umfassen die Situationsanalyse, die Markenzielbildung, die Markenstrategiebildung, die Markenidentitätsbestimmung sowie die Markenpositionierung; siehe auch die Kapitel 2.1.2.1-2.1.2.4.

[43] Die Organisationstheorie unterscheidet die drei Forschungsstrategien sachlich-analytisch, empirisch und formal-analytisch. Die in dieser Untersuchung verfolgte sachlich-analytische Forschungsstrategie versucht durch Plausibilitätsüberlegungen und durch Auswertung bereits vorliegender empirischer Zusammenhänge eine gedankliche Simulation der Realität darzustellen und die relevanten Tatbestände vollständig zu erfassen.; Vgl. hierzu Grochla (1980), Sp. 1808 ff.

leuchtung komplexer Zusammenhänge sowie die Erarbeitung von Handlungsgrundlagen an.[44] Das grundsätzlich damit verbundene Vorgehen basiert auf Plausibilitätsüberlegungen und empirisch festgestellten Teilzusammenhängen. Die bislang noch nicht von der Markenführungs- bzw. Controllingforschung systematisch adressierte Problemstellung dieser Untersuchung macht ein derartiges sachlich-analytisches Vorgehen erforderlich.[45] Die gedankliche Durchdringung der aus der Problemstellung resultierenden Thematik steht im Vordergrund dieser Untersuchung und die dabei generierten Erkenntnisse sollen eine Basis für eine zukünftige empirische Überprüfung einzelner Zusammenhänge bilden.[46]

Zur Beantwortung der einzelnen Forschungsfragen wird die sachlich-analytische Forschungsstrategie in jeweils unterschiedlichen Ausprägungen angewendet. Die Identifikation von potenziellen Rationalitätsdefiziten in der strategischen Willensbildung der Markenführung (F1a) wird basierend auf empirischen Evidenzen aus der einschlägigen Literatur vorgenommen. Das Vorgehen erfolgt interpretierend-deskriptiv. Auf spekulativen Überlegungen basierende Rationalitätsdefizite finden keine Berücksichtigung. Zielsetzung ist die Identifikation von wesentlichen Rationalitätsdefiziten in den untersuchten Aufgabenfeldern. Es wird daher kein Anspruch auf Vollständigkeit hinsichtlich der Rationalitätsdefizite in der strategischen Willensbildung der Markenführung erhoben.

Für die Ursachenergründung der identifizierten Rationalitätsdefizite (F1b) wird ein umfassenderes Vorgehen gewählt. Um ein möglichst aufschlussreiches Bild über die potenziellen – aus dem menschlichen Handeln der Markenmanager resultierenden – Ursachen zu erhalten, werden zusätzlich zum interpretierend-deskriptiven Vorgehen theoriegeleitete Überlegungen angestellt. Neben aus dem ökonomischen Ansatz resultierenden Annahmen werden auch verhaltenswissenschaftliche Erkenntnisse in die Analyse eingebunden. Eine interdisziplinäre Forschung dieser Art ist potenziell mit Risiken behaftet, die aus einem unzureichenden fachlichen Hintergrundwissen bezüglich einer der Disziplinen resultieren können.[47] Zur Vermeidung dieser als Dilettantismusgefahr[48] bezeichneten Problematik kommt die Methode der abnehmenden Abstraktion[49] nach LINDENBERG in der von diesem vorgeschlagenen Aus-

44 Vgl. Grochla (1976), S. 634. Die empirische Forschungsstrategie bzw. die formal-analytische Forschungsstrategie verfolgen die Zielsetzungen empirische Bestätigung bzw. entscheidungstechnische Verwendbarkeit; siehe auch Grochla (1980), Sp. 1808.

45 Zu einem vergleichbaren Schluss kommt auch Paefgen im Rahmen der Bestimmung ihres grundsätzlichen forschungsmethodischen Vorgehens zur Analyse von Rationalitätsdefiziten im Handeln von Controllern; Vgl. Paefgen (2008), S. 12 f.

46 Überlegungen zur empirischen Erhebbarkeit von Rationalitätsdefiziten der Markenführung sowie deren Ursachen erfolgen in Kapitel 3.3.6.2.

47 Vgl. Chmielewicz (1979), S. 26.

48 Siehe bspw. Reber (1978), S. 99 f.; Egner (1984), S. 421 ff.; Schneider (1984), S. 1070 ff. oder Chmielewicz (1979), S. 26.

49 Vgl. zur Methode der abnehmenden Abstraktion Lindenberg (1991), S. 49 ff. sowie die Ausführungen in Kapitel 3.2.2.

prägung des RREEMM-Modells[50] zur Anwendung. Das problemspezifisch erweiterte RREEMM-Modell dient als Strukturierungsrahmen zur theoriegeleiteten Ursachenergründung, um die im menschlichen Handeln beobachtbaren grundsätzlichen Ursachen mit den identifizierten Rationalitätsdefiziten in Bezug zu setzen.

Diese potenziellen Rationalitätsdefizite der Markenführung und deren Ursachen bilden die Grundlage zur Erfüllung des pragmatischen Wissenschaftsziels der Untersuchung:[51] die Konzeption eines Markencontrollings zur Vermeidung bzw. Reduzierung von Rationalitätsdefiziten der Markenführung (F2). Hierzu werden zunächst die Zielsetzungen eines Markencontrollings zur Rationalitätssicherung der Markenführung erarbeitet, um darauf aufbauend die Aufgaben der Rationalitätssicherung der Markenführung abzuleiten. Um eine größtmögliche Adressierung des eigeninteressierten Handelns sowie der kognitiven Beschränkungen der Markenmanager zu ermöglichen, werden Erkenntnisse der Markenführungsforschung, der Verhaltensforschung, der Controllingforschung sowie der Markencontrollingforschung herangezogen und in einem gemeinsamen Ansatz integriert.

---

[50] RREEMM steht für Resourceful, Restricted, Evaluating, Expecting, Maximizing Man; Vgl. Lindenberg (1991), S. 55 sowie Kapitel 3.2.2.

[51] Pragmatische Wissenschaftsziele verfolgen die Entwicklung von Aussagen, welche die betriebliche Praxis bei der Lösung ihrer Probleme unterstützen; Vgl. Grochla (1976), S. 632.

1.3 Aufbau der Untersuchung

Aus den Forschungsfragen sowie den zu ihrer Beantwortung erforderlichen konzeptionellen Grundlagen ergibt sich der in Abbildung 1 dargestellte Aufbau der Untersuchung.

Abbildung 1: Aufbau der Untersuchung

Im Anschluss an diese Einleitung werden im zweiten Kapitel zur Schaffung einer konzeptionellen Basis zunächst die der Untersuchung zu Grunde liegenden wesentlichen Begriffe geklärt. Hierzu werden die für diese Untersuchung erforderlichen Grundlagen der Markenführung sowie das Verständnis des Markenführungsprozesses erörtert (Kapitel 2.1). Zur Ableitung des Markencontrollingverständnisses werden zunächst die Verständnisse von Rationalität sowie von Rationalitätsdefiziten konkretisiert. Anschließend wird die Controllingkonzeption der Rationalitätssicherung der Führung dargestellt und diese Konzeption auf den Kontext der Markenführung übertragen (Kapitel 2.2).

Im dritten Kapitel wird zur Beantwortung der Forschungsfragen F1a und F1b zunächst der aktuelle Forschungsstand zu Rationalitätsdefiziten in der Markenführung differenziert untersucht (Kapitel 3.1). Zur theoriegeleiteten Ursachenergründung von Rationalitätsdefiziten wird ein methodisch fundierter Strukturrahmen unter Anwendung des RREEMM-Modells abgeleitet (Kapitel 3.2). Auf Basis der Literatur werden potenzielle Rationalitätsdefizite in den einzelnen Aufgabenfeldern der strategischen Willensbildung der Markenführung identifiziert und beschrieben. Die Ursachenergründung dieser Rationalitätsdefizite erfolgt unter Anwendung des im vorhergehenden Abschnitt bestimmten Strukturrahmens (Kapitel 3.3).

Basierend auf den Erkenntnissen der Forschungsfragen F1a und F1b widmet sich das vierte Kapitel der Forschungsfrage F2. Die Ausgestaltung der Markencontrollingkonzeption zur Verringerung bzw. Beseitigung von Rationalitätsdefiziten der Markenführung beginnt mit der

Ableitung der Zielsetzung eines Markencontrollings verstanden als Rationalitätssicherung der Markenführung (Kapitel 4.1). Anschließend findet eine Beschreibung der Aufgaben dieser Markencontrollingkonzeption statt (Kapitel 4.2). Die dem Markencontrolling zur Verfügung stehenden proaktiven und reaktiven Maßnahmen werden dabei differenziert hinsichtlich ihrer Adressierung gegen eigeninteressiertes Handeln sowie gegen kognitive Beschränkungen der Markenmanager behandelt. Das Kapitel schließt mit einem Zwischenfazit (Kapitel 4.3).

Die Arbeit schließt mit einer Zusammenfassung der zentralen Forschungsergebnisse, einer Darstellung der Limitationen und es werden Ansatzpunkte für weiterführende Forschungsvorhaben gegeben (Kapitel 5).

2 Grundlagen der Untersuchung

In diesem Kapitel wird der konzeptionelle Bezugsrahmen der Untersuchung beschrieben. Die beiden Begriffsbestandteile des Titels – Marke und Controlling – werden in der Literatur kontrovers diskutiert. Aufgrund des uneinheitlichen Bildes im Schrifttum stellt das wesentliche Ziel dieses Kapitels die Schaffung der relevanten terminologischen Grundlagen dar. Diese begrifflichen Verständnisse dienen als Leitlinien für die nachfolgenden Bestandteile der Arbeit. Zunächst wird das Themenfeld Markenführung als Kontext dieser Untersuchung vertieft beschrieben (Kapitel 2.1). Anschließend erfolgt die Herleitung eines Markencontrollings verstanden als Rationalitätssicherung der Markenführung (Kapitel 2.2).

2.1 Markenführung als Kontext der Untersuchung

Das in der Literatur uneinheitliche Verständnis sowie die Komplexität des zu untersuchenden Kontextes machen eine Beschreibung der Grundlagen der Markenführung erforderlich (Kapitel 2.1.1). Ferner wird ein für diese Arbeit zweckmäßiges Verständnis des als Handlungsrahmen der Markenmanager fungierenden Markenführungsprozesses abgeleitet (Kapitel 2.1.2).

2.1.1 Grundlagen der Markenführung

Die in diesem Abschnitt dargestellten Grundlagen der Markenführung umfassen eine Erörterung des Begriffs der Markenführung (Kapitel 2.1.1.1), der Funktionen der Marke (Kapitel 2.1.1.2), der marktbezogenen Rahmenbedingungen der Markenführung (Kapitel 2.1.1.3), des Zusammenhangs zwischen Markenidentität, Markenpositionierung und Markenimage (Kapitel 2.1.1.4) sowie des Markenwerts als zentrale Zielgröße im Markenzielsystem (Kapitel 2.1.1.5).

2.1.1.1 Begriff der Markenführung

Der Begriff Markenführung[52] ist in der einschlägigen Literatur in Abhängigkeit vom jeweiligen Untersuchungszweck und vom zu Grunde liegenden Markenansatz durch ein heterogenes Begriffsverständnis gekennzeichnet. Allein das Verständnis des Begriffs Marke unterlag in den letzten Jahrzehnten einer kontinuierlichen Weiterentwicklung. Als ein Resultat der zunehmenden Bedeutung der Marke im Schrifttum entwickelte sich dabei eine Vielzahl widersprüchlicher Definitionen und Auffassungen über den Markenbegriff.[53] Die Problematik eines divergierenden Markenverständnisses im Schrifttum stellt kein neues Phänomen in der Markenforschung dar, sondern wird in der wissenschaftlichen Literatur seit Längerem beklagt.[54] Da dem Begriff Markenführung eine wesentliche Bedeutung in dieser Arbeit zukommt, erfolgt eine ausführliche und für die Arbeit zweckmäßige Herleitung des Markenführungsbegriffs und seiner Bestandteile.

Der Begriff *Marke* variiert unter anderem in Abhängigkeit vom jeweiligen Kontext.[55] Das Markenverständnis des deutschen Gesetzgebers ist im Markengesetz (MarkenG) definiert.[56] Demnach ist zur Eintragung einer Marke als rechtlich schützbares Warenzeichen die Erscheinungsform der Ware oder Verpackung maßgeblich, die es erlaubt, die Waren oder Dienstleistungen eines Unternehmens von denen anderer zu unterscheiden. Auch die American Marke-

---

52 Häufig werden in der einschlägigen Literatur die Begriffe Markenführung, Markenmanagement bzw. Markenpolitik verwendet und in ihrer Bedeutung gleichgesetzt. In dieser Arbeit wird zwischen den Begriffen in ihrer Bedeutung nicht unterschieden und die Begriffe werden als Synonyme verwendet.

53 Vgl. Farquhar (1989), S. 24 f.; Keller (1993), S. 1; Bruhn (2004a), S. 5.

54 Welling untersuchte anhand einer Stichprobe von 76 Beiträgen in Herausgeberbänden sowie 35 Monographien den Markenbegriff. Dabei ermittelte er ein deutlich voneinander abweichendes Begriffsverständnis und konstatierte, dass der Marke innerhalb eines Großteils der Beiträge eine mehrfache Bedeutung zukam. Viele Autoren verwendeten den Markenbegriff widersprüchlich oder nutzten diesen unpräzise; Vgl. Welling (2005), S. 23-25. Zur Problematik des uneinheitlichen Verständnisses des Markenbegriffs siehe auch Disch (2000), S. 148-150. Disch konnte sechs Epochen mit unterschiedlichen Verständnissen des Markenbegriffs identifizieren. Meffert und Bruhn bemängeln die Erosion des Markenbegriffs und eine Verwässerung der Markenführungskonzepte; Vgl. Meffert (2002), S. 671; Bruhn (2003), S. 198. Der Ausdruck einer „babylonische Sprachverwirrung im Markenwesen“ wurde von Schenk (1970), S. 40 geprägt und bspw. von Kelz (1989), S. 20; Bruhn (1994), S. 5; Ahlert/Kenning/Schneider (2000), S. 1 aufgegriffen.

55 Zu den verschiedenen Begriffsverständnissen von Marke in Abhängigkeit des Kontextes siehe auch Bruhn (1994), S. 7 ff.; Kemper (2000), S. 3 ff.; Baumgarth (2001), S. 2 ff.; Sattler (2001), S. 39 ff.; Meffert/ Burmann (2005), S. 20 ff.

56 § 3 (1) MarkenG in der gegenwärtig gültigen Form vom 25.10.1994 (BGBl. I S. 156; 1996 I S. 682) trat am 1.1.1995 in Kraft und definiert eine schützbare Marke wie folgt: „Als Marke können alle Zeichen, insbesondere Wörter einschließlich Personennamen, Abbildungen, Buchstaben, Zahlen, Hörzeichen, dreidimensionale Gestaltungen einschließlich der Form einer Ware oder ihrer Verpackung sowie sonstige Aufmachungen einschließlich Farben und Farbzusammenstellungen geschützt werden, die geeignet sind, Waren oder Dienstleistungen eines Unternehmens von denjenigen anderer Unternehmen zu unterscheiden.“ Elektronisch veröffentlicht: http://bundesrecht.juris.de/markeng/index.html, Zugriff am 1.12.2006.

ting Association (AMA) vertritt eine ähnliche Auffassung, die auf die direkt erfassbaren Eigenschaften des zur Marke gehörenden Produktes abzielt.[57]

Ein derartiges Markenverständnis ist unzweckmäßig für eine an der Markenidentität ausgerichtete Untersuchung der Markenführung,[58] da die Bedeutung der Marke aus einer verhaltenswissenschaftlichen Perspektive nur ungenügend abgedeckt wird. Auch für den Untersuchungszweck dieser Arbeit wird die Markenidentität von diesen juristisch ausgerichteten und auf die Schutzfähigkeit der Zeichen einer Marke abzielenden Definitionen nur unzureichend adressiert. Zur Untersuchung des von einer Marke ausgehenden Einflusses auf das Verhalten der Konsumenten und der mit der Gestaltung und Steuerung dieses Einflusses verbundenen Führungshandlungen empfiehlt sich vielmehr die Einnahme einer wirkungsbezogenen Sichtweise.[59] Andernfalls bliebe die vom Markenimage ausgehende Wirkung auf das Entscheidungsverhalten der Anspruchsgruppen der Marke unberücksichtigt.

Bedingt durch fundamentale Veränderungen in den Rahmenbedingungen der Unternehmen durchlief das Markenverständnis in den vergangenen Jahrzehnten verschiedene Entwicklungsphasen und wurde den zunehmenden Anforderungen an die Markenführung angepasst.[60] In der Marketing Literatur kam die Forderung nach umfassenderen Ansätzen zur Erschließung des Zusammenhangs zwischen der Generierung von Markenwert, dem damit verbundenen Markenwissen und dessen Einfluss auf das Konsumentenverhalten auf.[61] Vor dem Hintergrund einer schwieriger werdenden Markenprofilierung in den 90er Jahren setzte sich dabei

---

57 Die American Marketing Association (2006) definiert brand als „A name, term, design, symbol, or any other feature that identifies one seller's good or service as distinct from those of other sellerS. The legal term for brand is trademark. A brand may identify one item, a family of items, or all items of that seller. If used for the firm as a whole, the preferred term is trade name“, online im Internet: http://www.marketingpower.com, Zugriff am 1.12.2006.

58 Vgl. auch Burmann/Meffert/Koers (2005), S. 7.

59 Berekoven (1978), S. 43 bezeichnet eine wirkungsbezogene Sichtweise als notwendig, um den Einfluss von Marken zu verstehen; siehe auch Esch (2005d), S. 23.

60 Als Anpassungen an wiederholt veränderte Umweltbedingungen der Unternehmen, wie bspw. die Wandlung von Verkäufer- zu Käufermärkten ab Mitte der 60er Jahre, wurden die als jeweils aktuell betrachteten Markenführungsansätze stetig weiterentwickelt. Zunehmend gesättigte Märkte, beschleunigtes Imitationsverhalten von technischen Entwicklungen und ein zunehmender Information Overload bei den Konsumenten führten ab Mitte der 70er Jahre zu einem verstärkt nachfragerbezogenen und wettbewerbsorientierten MarkenverständniS. Faktoren wie die zunehmende Qualitätsangleichung der Produkte und ein verstärkter Konkurrenzkampf zwischen Handels- und Herstellermarken seit Beginn der 90er Jahre bedingten eine weitere Entwicklung der Markenführung. Meffert unterscheidet die Historie der Markenführung in die Phasen „Marke als bloßes Eigentumszeichen“, „Marke als Merkmalskatalog: instrumenteller Ansatz der Markenführung“, „angebotsbezogenes Markenverständnis: funktionsorientierter Ansatz der Markenführung“, „nachfragerbezogenes und wettbewerbsorientiertes Markenverständnis“ und die „Marke als sozialpsychologisches Phänomen“, zu welcher auch der identitätsorientierte Ansatz der Markenführung zählt; Vgl. Meffert/Burmann (2005), S. 21-33. Für eine vertiefende Darstellung des Entwicklungsprozesses der Markenführung siehe auch Bruhn (2004a), Welling (2005), S. 66-70; Baumgarth (2004), S. 21-25 oder Walter (2006), S. 84-94.

61 Vgl. Erdem (1998), S. 131 f.; Hoeffler/Keller (2003), S. 422.

das Konzept der identitätsorientierten Markenführung zunehmend durch.[62] Der Ansatz beruht auf der Annahme, dass eine stark ausgeprägte relevante und konsistente Markenidentität eine dauerhafte Differenzierung von den Wettbewerbern ermöglicht, eine Identifikation der Konsumenten mit der Marke gestattet und Vertrauen in die Marke schafft.[63] Identifikation mit der Marke und Vertrauen in diese bilden die Voraussetzung für Markenloyalität und die Grundlage für eine langfristige Kundenbindung.[64] Durch das mit der Markenloyalität verbundene wiederholte Erwerben der Produkte der Marke wirkt sich die Markenloyalität letztendlich positiv auf die Erfolgssituation der Unternehmen aus.[65] Bei dem identitätsorientierten Ansatz wird als wesentlich für die Kaufverhaltensrelevanz einer Marke die zu Grunde liegende Markenidentität angesehen.

Aus einer rein wirkungsbezogenen Sichtweise handelt es sich um eine Marke, falls diese ein positives, relevantes und unverwechselbares Image bei den Konsumenten erzeugen kann.[66] Ausgehend von der Markendefinition der AMA und unter Einbezug des identitätsorientierten Konzepts setzt sich eine Marke nach KELLER aus den verschiedenen beim Konsumenten verankerten Markenelementen zusammen, die in Abhängigkeit von der relativen Stärke der mit der Marke verbundenen Assoziation im Vergleich zu den Assoziationen anderer Marken derselben Produktkategorie seine Kaufbereitschaft beeinflussen.[67] Dieser „customer-based brand equity“ Ansatz gewann in jüngster Zeit stetig an Bedeutung.[68]

An KELLER anlehnend definiert BURMANN den Terminus Marke als „ein Nutzenbündel mit spezifischen Merkmalen (in Form von Kommunikation, Kundendienst, Verpackungsgestaltung, technischen Innovationen, etc.), die dafür sorgen, dass sich dieses Nutzenbündel gegenüber anderen Nutzenbündeln, welche dieselben Basisbedürfnisse erfüllen, aus Sicht relevanter Zielgruppen nachhaltig differenziert.“[69] Die angeführten Nutzenbündel setzen sich dabei aus

[62] Vgl. Bruhn (2004a), S. 11; Welling (2005), S. 69; siehe zum Ansatz der identitätsorientierten Markenführung auch Kapferer (1992), Upshaw (1995), Aaker (1996), Meffert/Burmann (1996), Schmitt/Simonson (1997); Esch (2007); Keller (2003); Bruhn (2003), S. 179 ff. und Calkins (2005).

[63] Vgl. Burmann/Zeplin (2004), S. 8; Meffert/Burmann (2005), S. 30.

[64] Die Bezeichnung Markenloyalität (bzw. Markentreue) wird verwendet, falls zusätzlich zum wiederholten Kauf des Produktes eine positive Einstellung des Kunden gegenüber der Marke im Sinne eines Verbundenheitsgefühls besteht; Vgl. auch Meffert (2000), S. 366 f.

[65] Markenloyale Käufer kennzeichnen sich ferner durch eine geringere Preissensibilität; Vgl. Esch/Wicke/Rempel (2005), S. 25. Dadurch können höhere Preise für die Produkte und somit höhere Gewinne erzielt werden.

[66] Vgl. Weinberg (1995), Sp. 2681.

[67] Vgl. Keller (1993), S. 2 f. und Keller (2003), S. 3.

[68] Vgl. Arvidsson (2006), S. 189.

[69] Vgl. Burmann/Blinda/Nitschke (2003), S. 3.
Eine praxisorientiertere Formulierung verwenden HAEDRICH, TOMCZAK und KAETZKE: „Als Marke wird jedes Angebot bezeichnet (Konsumgut, Dienstleistung, Investitionsgut), das mit einem Markennamen und zusätzlich mit festen Markenelementen gekennzeichnet ist, das den Angehörigen der Zielgruppe und weiteren Bezugsgruppen bekannt und mit einem ausgeprägten und unverwechselbaren Markenbild (Image) versehen ist.“ Haedrich/Tomczak/Kaetzke (2003), S. 18.

physisch-funktionalen und symbolischen Nutzenkomponenten zusammen.[70] Dadurch wird deutlich, dass eine Marke zum einen durch die funktionalen Eigenschaften eines Produkts gebildet wird. Zum anderen hängt die von der Marke auf den Konsumenten ausgehende Wirkung wesentlich von den mit einer Marke verbundenen Emotionen und Erfahrungen ab.[71] Das Ausmaß der Differenzierung einer Marke von anderen Marken ist umso größer und nachhaltiger, desto stärker die Unterschiede zwischen allen Nutzenkomponenten der betrachteten Marken sind.[72]

Für den Begriff *Führung* gibt es analog zum Markenverständnis zahlreiche Auffassungen.[73] Anstelle einer ausführlichen Herleitung des Führungsbegriffs soll dieser jedoch derart festgelegt werden, dass er mit dem Verständnis von Controlling als Rationalitätssicherung der Führung kompatibel ist.

Für ein tiefergehendes Verständnis des dieser Arbeit zu Grunde liegenden Begriffs der Führung wird zunächst das Verständnis einer Führungshandlung untersucht. Grundsätzlich wird unter einer Handlung ein produktiver, potenziell zu einem gewünschten Ergebnis führender Faktorkombinationsprozess verstanden.[74] Handlungen verfolgen somit das Ziel, ein gewünschtes Ergebnis zu erreichen. Eine Führungshandlung stellt eine Handlung dar, welche die Freiheitsgrade einer oder mehrerer anderer Handlungen festlegt.[75] Diese kann zum einen selbst eine weitere Führungshandlung oder zum anderen eine Ausführungshandlung[76] repräsentieren.[77] Führung bedeutet somit, die Freiheitsgrade anderer Führungs- oder Ausführungshandlungen einzuschränken.[78]

---

70 Vgl. Burmann/Blinda/Nitschke (2003), S. 3; siehe auch Burmann/Meffert/Koers (2005), S. 7.

71 Vgl. Esch (2005d), S. 23.

72 Der noch relativ junge Ansatz der identitätsorientierten Markenführung wird dahingehend kritisiert, dass es zum derzeitigen Zeitpunkt noch an einer ausreichenden Definition der grundlegenden Begrifflichkeiten, insbesondere des Identitätsbegriffs, mangelt und nicht zuletzt daher bislang keine deutliche Ausformulierung der Aussagenzusammenhänge erfolgt ist; Vgl. Welling (2005), S. 70 f.
Zum Teil wird dem identitätsorientierten Ansatz derzeit der Status einer ausformulierten Theorie abgesprochen. So bezeichnen Schneider (1995), S. 212 ff. den Status der identitätsorientierten Markenführung als „Theoriegebrösel" und Welling (2005), S. 70 die identitätsorientierte Markenführung eher als eine Idee, denn als eine Theorie.
Es mangele sowohl an einer einheitlichen Nutzung des Begriffs der Markenidentität in den verschiedenen als identitätsorientiert gekennzeichneten Ansätzen, als auch an einer ausreichenden Begriffsbestimmung und stringenten Verwendung dieses Begriffs innerhalb der einzelnen Konzeptionen; Vgl. Welling (2005), S. 71.

73 Vgl. Weber/Schäffer (2006), S. 52.

74 Vgl. Bach et al. (2001), S. 99 sowie Gutenberg (1989), S. 63.

75 „Eine Führungshandlung ist eine Handlung, deren gewünschtes Ergebnis darin besteht, Freiheitsgrade anderer Handlungen mittel- oder unmittelbar festzulegen." Weber/Brettel/Schäffer (1996), S. 10.

76 „Eine Ausführungshandlung ist eine Handlung, deren sämtliche relevanten Freiheitsgrade festgelegt sind." Weber/Brettel/Schäffer (1996), S. 9.

77 Vgl. Weber/Schäffer (2006), S. 51.

78 Vgl. Weber/Schäffer (2006), S. 55.

Idealtypisch wird einer Führungshandlung unterstellt, dass sie basierend auf einer bewussten *Willensbildung* des Akteurs durch *Reflexion* stattfindet.[79] Voraussetzung für eine reflexive Willensbildung ist das Vorhandensein der zur Bildung des Willens notwendigen kognitiven Fähigkeiten zur Wahrnehmung der problemspezifischen Informationen sowie zur Prognose und Bewertung von Handlungsalternativen zur Problemlösung.[80] Im Falle begrenzten relevanten Wissens oder unzureichender Explizierbarkeit erfolgt die Willensbildung des Akteurs durch *Intuition*, so dass in diesem Falle emotionale Impulse und ein unbewusstes Vorgehen eine maßgebliche Rolle spielen.[81] Eine reflexive Willensbildung hingegen ist analytisch begründet. Sie ist durch Berechnungen oder Ursache-Wirkungszusammenhänge fundiert und somit intersubjektiv überprüfbar.[82] In ihrer absoluten Form stellen Reflexion und Intuition Extreme dar. In Abhängigkeit des Kontextes empfiehlt sich zur Willensbildung in vielen Fällen eine Mischung aus Intuition und Reflexion.

Neben den kognitiven Fähigkeiten (*Können* des Akteurs) ist für eine überlegte Willensbildung auch die Nutzenpräferenz des Akteurs (*Wollen* des Akteurs) bedeutsam.[83] Die Willensbildung basiert somit auf den kognitiven Fähigkeiten und der individuellen Nutzenfunktion der Führungskraft.[84] Für das Entstehen einer konkreten Leistung müssen das Wollen und das Können des Akteurs zusammenwirken.[85]

Aus einer handlungslogischen Perspektive im Rahmen eines hierarchisch organisierten Akteurskontextes stellt die Phase Willensbildung den Ausgangspunkt eines Führungszyklus dar. Weitere Phasen sind die Willensdurchsetzung, Ausführung und Kontrolle.

In der *Willensdurchsetzung* obliegt es der Führung, den zuvor gebildeten Willen in Vorgaben für die ausführenden Akteure derartig zu transformieren und an diese so zu kommunizieren, dass durch Reduktion von deren Freiheitsgraden der gebildete Willen der Führung durch die ausführenden Akteure in der nachfolgenden Ausführungsphase vollzogen wird. Führung

---

Ein ähnliches Verständnis von Führung findet sich bspw. bei Staehle, der Führung definiert als „... Beeinflussung der Einstellungen und des Verhaltens von Einzelpersonen sowie der Interaktion in und zwischen Gruppen, mit dem Zweck, bestimmte Ziele zu erreichen." Staehle (1999), S. 328.

79 Vgl. Weber/Brettel/Schäffer (1996), S. 52.

80 Weber/Schäffer (2006), S. 52 f. unterteilen die zur Willensbildung benötigten kognitiven Fähigkeiten der Akteure in die drei Formen Perzeptions- bzw. Wahrnehmungsfähigkeit, Prognosefähigkeit und Bewertungsfähigkeit.

81 Vgl. Weber/Brettel/Schäffer (1996), S. 53.

82 Vgl. Weber/Reitmeyer/Frank (2000), S. 75.

83 Die Problematiken beschränkter kognitiver Fähigkeiten sowie abweichender Nutzenpräferenzen in Führungshandlungen werden in den Kapiteln 2.2.1.3 sowie 3.2.3 näher diskutiert.

84 Vgl. Weber/Schäffer (2006), S. 52 f.

85 Vgl. Berthel (1995), S. 37.

beinhaltet damit, aktiv dafür Sorge zu tragen, dass der Aufgabenträger das als Willen Weitergegebene tatsächlich umsetzt.[86]

Die *Ausführung*(-shandlung) wird durch nachgeordnete Akteure vollzogen. Sie stellt daher keinen Bestandteil der Führung dar.

Die *Kontrolle* besteht aus einem Soll-Ist-Vergleich zwischen dem gebildeten Willen (Soll) und dem Resultat der Ausführungshandlung (Ist).[87] Zur Identifikation und Erklärung von Abweichungen obliegt der Führung daher die Aufgabe von Durchführungs- und Planungskontrollen.[88]

Anhand von Durchführungskontrollen wird nachvollzogen, ob der in der Willensdurchsetzung in Vorgaben transformierte Willen planmäßig von den ausführenden Akteuren umgesetzt wurde.[89] Dies bedeutet eine Überprüfung der Umsetzungsvorgaben hinsichtlich ihrer Zweckmäßigkeit zur Erreichung der gewünschten Umsetzungsziele. Falls erforderlich ist eine Anpassung der Umsetzungsvorgaben im Rahmen einer erneuten Willensdurchsetzung vorzunehmen, um so die Realisierung des von der Instanz gebildeten Willens sicherzustellen.[90] Die Durchführungskontrolle schließt den aktuellen Führungszyklus ab und wird auch als Feedback-Kontrolle bezeichnet.[91]

Planungskontrollen oder auch Feed-forward-Kontrollen hingegen befassen sich mit der Zweckmäßigkeit des von der Führung gebildeten Willens.[92] Falls die Durchführungskontrolle keine erschöpfende Erklärung für das Verfehlen der von der Führung intendierten Ziele gibt, gilt es, die Eignung des gebildeten Willens zu hinterfragen und – falls angebracht – diesen in einer erneuten Willensbildung im Rahmen eines neuen Führungszyklus zu korrigieren. Im Unterschied zur Durchführungskontrolle stößt die Planungskontrolle einen neuen Führungszyklus an.[93]

Die Zusammenführung der diskutierten Verständnisse von Marke und Führung führt zu einem Begriffsverständnis von Markenführung als alle Führungshandlungen in der Willensbildung, Willensdurchsetzung und Kontrolle, die sich mit der Ausgestaltung eines aus physisch-funktionalen und symbolischen Komponenten bestehenden Nutzenbündels zur Differenzie-

---

86 Vgl. Weber/Schäffer (2006), S. 54 f.
87 Eine ausführliche Diskussion von Kontrolle erfolgt in Kapitel 2.1.2.7.
88 Siehe u. a. auch Schäffer (2001), S. 44 ff.
89 Vgl. Brockhoff (1981), S. 179.
90 Vgl. Caroli (2004), S. 82.
91 Siehe zur feed-back Kontrolle auch Baum/Coenenberg/Günther (1999), S. 8.
92 Vgl. Brockhoff (1981), S. 179.
Siehe zur feed-forward Kontrolle auch Baum/Coenenberg/Günther (1999), S. 8.
93 Vgl. Caroli (2004), S. 82.

rung aus Sicht relevanter Zielgruppen gegenüber anderen Nutzenbündeln, welche dieselben Basisbedürfnisse erfüllen, beschäftigen.

Aus diesem Verständnis von Markenführung resultieren verschiedene Implikationen für diese Arbeit. Dem identitätsorientierten Markenverständnis folgend, werden die mit diesem Verständnis zusammenhängenden Aufgaben der Markenführung berücksichtigt. Es findet keine isolierte Betrachtung der Aufgaben der Markenführung statt, sondern die Aufgaben werden im Rahmen eines Markenführungsprozesses in einen Führungszyklus eingebettet. Dieser dient als Rahmen zur Strukturierung bei der Identifikation und Ursachenergründung der Rationalitätsdefizite der Markenführung. Zur Identifikation, Ursachenergründung und Adressierung der Rationalitätsdefizite der Markenführung wird eine Trennung zwischen Führungs- und Ausführungsaufgaben vorgenommen. Die Untersuchung wird auf die Führungsaufgaben begrenzt. Es wird von zielorientiertem Handeln aller an der Markenführung beteiligten Akteure ausgegangen. Allen Handlungen der Markenführung wird unterstellt, dass diese basierend auf einer primär reflexiven Willensbildung auf die Erreichung gemeinsamer oder aufgrund abweichender Nutzenpräferenzen auf die Erreichung individueller Ziele ausgerichtet sind. Kognitive und motivatorische Beschränkungen der Markenmanager sind daher in der Untersuchung zu berücksichtigen.

2.1.1.2 Funktionen der Marke

Die umfassende Bedeutung von Marken kommt auch bei einer näheren Betrachtung der vielfältigen Funktionen von Marken zum Vorschein. Anhand einer kurzen Auseinandersetzung mit den Funktionen von Marken aus Hersteller- und Konsumentensicht werden nachfolgend die Funktionen von Marken dargestellt.[94] Dabei sollte beachtet werden, dass viele Funktionen von Marken in leicht abgeänderter Form sowohl aus Hersteller- als auch Konsumentensicht zutreffend sind.[95]

Aus *Herstellersicht* soll die Markierung von Leistungen zu einer *Wertsteigerung des Unternehmens* führen; die Marke wird dabei als immaterieller Vermögensgegenstand betrachtet, der

---

[94] Für eine ausführliche Darstellung der Funktionen von Herstellermarken siehe auch Ringle (2006), S. 23-26. Eine differenzierte Betrachtung von Herstellermarken und Handelsmarken mit einer Analyse der Funktionsunterschiede erfolgt bei Bruhn (2004a), S. 28-33. Für eine allgemeine Darstellung der Funktionen von Marken siehe auch Koppelmann (2004), S. 375-379; Meffert (2000), S. 847-850 sowie die in diesem Abschnitt zitierten Quellen.

[95] Vgl. Matt (1988), S. 19.
Von einer Betrachtung der gesamtwirtschaftlichen Funktionen und der Funktionen von Marken für den Handel wird aufgrund der thematischen Fokussierung dieser Arbeit abgesehen.

einen bedeutsamen Teil des Kapitals des Unternehmens ausmacht.[96] Generell zeigt sich diese Wertsteigerung des Unternehmens durch die *absatzfördernde Wirkung* der Marke.[97]

Die *Schutzfunktion* von Marken bewahrt den Markenträger rechtlich vor Produktimitationen durch die Konkurrenz.[98] Diese Schutzfunktion vor Imitationen bildet langfristig gleichzeitig eine Basis für die *Differenzierungsfunktion* der Marke, um im Idealfall gegenüber den Konkurrenzprodukten eine Monopolstellung in der Psyche der Konsumenten erzielen zu können.[99] Das Angebot erfolgreicher Marken erfordert laufend Innovationen, so dass Marken auch eine *Innovationsfunktion* ausüben.[100]

Durch *Präferenzbildung bei den Konsumenten* wird dem Hersteller ein *preispolitischer Spielraum* ermöglicht, der es erlaubt, sich in gewissem Maße dem Preiswettbewerb zu entziehen und ein höheres Preisniveau durchzusetzen.[101] Gelingt es der Markenführung, eine gewisse Markentreue[102] beim Konsumenten zu verankern, schützt die Marke in gewissem Maß vor Marktschwankungen und erleichtert somit eine *langfristige Absatzsicherung*.[103] Durch zielgruppenspezifische Marken können einzelne Marktsegmente optimal bedient werden, wodurch eine *differenzierte Marktbearbeitung* ermöglicht wird.[104] Marken sind daher auch ein unterstützendes Instrument bei der Akquisition neuer Zielgruppen.[105]

Starke Marken können als Basis für ein *positives Unternehmensimage* fungieren.[106] Aufgrund ihres hohen Bekanntheitsgrads bieten sich Marken als ein geeignetes Kommunikationsmittel an, um positive Wirkungen auf die Corporate Identity auszuüben.[107] Starke Marken bieten auch die Chance eines möglichen *Imagetransfers* auf neu einzuführende Produkte.[108] Je stärker und profilierter eine Marke ist, desto höher ist die *Verhandlungsmacht* des Herstellers gegenüber dem Handel bei gleichzeitiger *Verringerung der Gefahr eines Auslistens*.[109]

Für eine erfolgreiche Markenführung ist ein tiefergehendes Verständnis des Nutzens von Marken aus Konsumentensicht unabdingbar. Die von den aktuellen bzw. potenziellen Kunden

---

96 Vgl. Meffert (2000), S. 849; Caspar/Metzler (2002), S. 4.
97 Vgl. Meffert (2000), S. 848.
98 Vgl. Sattler (2001), S. 47. Zur besonderen Bedeutung der Schutzfunktion von Marken im Investitionsgüterbereich siehe auch Sitte (2001), S. 91; Kemper (2000), S. 12.
99 Siehe auch Domizlaff (1992), S. 76.
100 Vgl. Bruhn (2004a), S. 29.
101 Vgl. Meffert (2000), S. 848.
102 Die Markentreue drückt die Verbundenheit eines Stammkunden zu einer Marke aus; Vgl. Meffert (2000), S. 848.
103 Vgl. Bruhn (2004a), S. 29.
104 Vgl. Meffert (2000), S. 848.
105 Vgl. Sitte (2001), S. 91.
106 Vgl. Bruhn (2004a), S. 29.
107 Vgl. Meffert (2000), S. 848.
108 Vgl. Meffert/Burmann/Koers (2002), S. 12.
109 Vgl. Bruhn (2004a), S. 28; Ringle (2006), S. 24.

mit dem Kauf von Markenprodukten verfolgten Motive und Ziele sollten bei den Entscheidungen und Handlungen der Markenmanager Berücksichtigung finden.[110]

Angesichts der zunehmenden Informationsüberflutung[111] erfüllen Marken für die Konsumenten eine *Komplexitätsreduktionsfunktion.*[112] Bekannte Marken und deren Markierungen erleichtern dem Konsumenten die *Identifikation*[113] des von ihnen begehrten Produktes und geben dem Konsumenten durch die *Herkunftsfunktion*[114] an, von welchem Hersteller die Marke stammt. Die Marke bietet somit dem Konsumenten eine *Orientierungshilfe.*[115] Die zügige Identifikation der vom Konsumenten üblicherweise erworbenen Produkte verringert seinen Aufwand zur Informationsbeschaffung und seinen Suchaufwand.[116] Eine zusätzliche kognitive Entlastung des Konsumenten entsteht durch die mit der Wahrnehmung der Marke verbundene Aktivierung des zur Marke gehörenden Markenimages. Das Aufrufen der in den Gedächtnisstrukturen gespeicherten Informationen erleichtert die Bewertung und Entscheidungsfindung und beschleunigt den Kaufentscheidungsprozess.[117]

Das aufgrund ihrer Bekanntheit, Kompetenz, Identität und Reputation einer Marke entgegengebrachte Vertrauen bildet die Basis für die *Vertrauenssicherungsfunktion.*[118] Insbesondere bei Produkten mit einem hohen Anteil an Vertrauenseigenschaften kann die Marke als Signal für eine bestimmte Leistungsqualität fungieren und zu einer Verminderung des subjektiv empfundenen Risikos beitragen.[119] Ursächlich für diese Unsicherheit auf Seiten des Konsumenten ist die Informationsasymmetrie zwischen Konsument und Hersteller.[120] Eine Marke kann dem

---

110 Vgl. Ringle (2006), S. 25. Zu den Funktionen von Marken aus Konsumentensicht siehe auch die Ausführungen von Meffert (2000), S. 848 f.

111 Kirsch konstatiert, dass eine Überschreitung der Informationskapazität von Individuen kognitiven Stress verursacht, Vgl. Kirsch (1994), S. 20.

112 Vgl. Kroeber-Riel/Weinberg (2003), S. 265; Meffert (2000), S. 848. Zu den Funktionen von Marken aus Konsumentensicht siehe auch die Ausführungen von Meffert (2000), S. 847 f.; Koppelmann (2004), S. 378 f.; Ringle (2006), S. 25 f. sowie Bruhn (2004a), S. 32 f.

113 Vgl. Meffert (2000), S. 847; Mellerowicz (1963), S. 13.
Konsumenten können häufig nicht die Namen der von ihnen regelmäßig gekauften Produkte benennen, sondern verlassen sich auf Markierungen, um die von ihnen gesuchten Produkte zu identifizieren; Vgl. De Chernatony/Dall'Olmo Riley (1997), S. 93 f.

114 Vgl. Irmscher (1997), S. 30.

115 Vgl. Burmann/Meffert/Koers (2005), S. 10; Koppelmann (2004), S. 378.

116 Vgl. Berthon/Hulbert/Pitt (1999), S. 54.

117 Vgl. De Chernatony/Dall'Olmo Riley (1997), S. 94; Burmann/Meffert/Koers (2005), S. 10 f.

118 Vgl. Meffert (2000), S. 848; Burmann/Meffert/Koers (2005), S. 11; Upshaw (1995), S. 10.

119 Vgl. Burmann/Meffert/Koers (2005), S. 12; Koppelmann (2004), S. 378; Keller (2003), S. 10; De Chernatony/Dall'Olmo Riley (1997), S. 94; Dawar/Parker (1994), S. 81 ff.
Bei der Beurteilung des Leistungsangebots werden die Leistungsmerkmale nach Such-, Erfahrungs- und Vertrauenseigenschaften unterschieden; Vgl. Nelson (1970), S. 312; Darby/Karni (1974), S. 68 f.
Insbesondere bei Produkten mit einem hohen Anteil an Vertrauenseigenschaften, die sich selbst nach dem Kauf nicht zweifelsfrei beurteilen lassen, besteht beim Konsumenten ein hohes Risikoempfinden. Zu dieser Produktkategorie gehören bspw. Airbags, Wartung von Verkehrsmitteln, Impfstoffe etc. Siehe hierzu auch Kaas (1990b), S. 543 ff.

120 Vgl. Spremann (1990), S. 564-572.

Konsumenten Kompetenz und Sicherheit während der Gebrauchs-, Verbrauchs- und Entsorgungsphase vermitteln und so eine Qualitätsvermutung erzeugen.[121]

Des Weiteren erfüllen Marken für den Konsumenten gegenüber seinem sozialen Umfeld eine *Image- bzw. Prestigefunktion.*[122] Marken können vom Konsumenten als Kommunikationsmittel der eigenen Persönlichkeit gegenüber der Umwelt verwendet werden und das eigene Wertesystem sowie den angestrebten Lebensstil ausdrücken.[123] Neben dem Ausdruck der eigenen Identität können Marken durch die Übertragung der Attribute der Marke auf den Konsumenten eine *identitätsstiftende Funktion* ausüben oder eine soziale Gruppenzugehörigkeit zum Ausdruck bringen.[124] Der Marke wird in diesem Zusammenhang eine sinnstiftende Wirkung bis hin zu einer Religionsfunktion zugeschrieben.[125]

2.1.1.3 Marktbezogene Rahmenbedingungen der Markenführung

Die Markenführung wird mit verschiedenen marktbezogenen Rahmenbedingungen konfrontiert, die sowohl bei der Wahrnehmung der operativen als auch der strategischen Aufgaben Berücksichtigung finden sollten. Als besonders bedeutsame marktbezogene Rahmenbedingungen sind die Inflation von Produkten und Marken, die Inflation der kommunikativen Werbemaßnahmen, die Informationsüberlastung und flüchtiges Informationsverhalten, die zunehmende Qualitätsangleichung und Markengleichheit, die Erlebnisorientierung der Konsumenten sowie die Konfrontation mit Smart Shoppern, System Beatern und hybriden Konsumenten zu nennen.

In den letzten Jahrzehnten war eine vehemente *Inflation von Produkten und Marken* über die verschiedensten Produktbereiche und Branchen hinweg zu beobachten.[126] Exemplarisch für diese Entwicklung ist die zunehmende Vielfalt von Zahnpasta Angeboten in englischen Supermärkten, die von 14 verschiedenen Größen und Varianten im Jahr 1950 über 93 Größen

---

121 Vgl. Meffert (2000), S. 848.

122 Vgl. Meffert (2000), S. 848; Burmann/Meffert/Koers (2005), S. 12.
Bereits 1890 wurde von William James festgestellt, dass Güter den Konsumenten nicht nur zur funktionalen Bedürfnisbefriedigung dienen, sondern auch zum Ausdruck ihrer Persönlichkeit verwendet werden: „A man's self is the sum total of all that he can call his, not only his body and his psychic power, but his clothes and house, his wife and children, his ancestors and friends, his reputations and works, his land and yacht and bank account. All these things give him the same emotions." James (1890), S. 291.

123 Vgl. Haas (2000), S. 40; De Chernatony/Dall'Olmo Riley (1997), S. 94. Siehe auch Birdwell (1968), S. 76 ff.
Der aus dem Kauf und der Zurschaustellung entstehende Nutzen für den Konsumenten lässt sich mit dem Self-Expression-Model erklären; siehe hierzu Aaker (1996), S. 153 ff.

124 Vgl. Burmann/Meffert/Koers (2005), S. 12.

125 Vgl. Kunde (2000), S. 1 f.

126 Vgl. Esch (2005d), S. 27.

und Varianten im Jahr 1989 auf 172 Größen und Varianten im Jahr 1995 anwuchs.[127] Dieser zunehmenden Angebotsvielfalt steht eine beschränkte Informationsverarbeitungsfähigkeit der Konsumenten entgegen. Um trotzdem im Awareness-Set der Konsumenten vertreten zu sein, müssen Unternehmen ihre Marke für den Konsumenten sichtbar machen und mit präferenzprägenden Merkmalen versehen.[128] Als bedeutendste Ursachen für die zunehmende Produkt- und Markenvielfalt werden die zunehmende Marktsegmentierung[129], der Markteintritt neuer Wettbewerber aufgrund zunehmender Internationalisierung[130], eine starke Verkürzung der Produktlebenszyklen sowie der wirtschaftliche Zwang zur Entwicklung neuer Produkte und Produktvarianten[131] verantwortlich gemacht.[132]

Eine ähnliche Entwicklung ist hinsichtlich der *Inflation der kommunikativen Werbemaßnahmen* zu verzeichnen. Sowohl die Anzahl der Werbekampagnen, der TV-Werbespots, der Rundfunkwerbung als auch der Werbung in den Printmedien hat sich in den letzten Jahrzehnten beträchtlich erhöht.[133] Zusätzlich kommt es ergänzend zu den klassischen Kommunikationsmaßnahmen zu einem vermehrten Einsatz neuer Kommunikationsinstrumente und Kommunikationsmaßnahmen wie Internet, Events, Sponsorings oder Product-Placement.[134] Die effiziente markenkonforme Integration kommunikativer Maßnahmen bei der Bestimmung des optimalen Media-Mixes und der Abstimmung der jeweils in den eingesetzten Medien zu vermittelnden Inhalte stellt eine bedeutsame Herausforderung für die Markenführung dar.[135] Die Zunahme bei den kommunikativen Werbemaßnahmen zeigt sich bei einer näheren Betrachtung der Ausgaben für die klassischen kommunikativen Mittel in Deutschland. So

---

127 Vgl. die Angaben aus der Abbildung von Andresen/Nickel (2001), S. 651; eigene Berechnungen.

128 Vgl. Esch (2005d), S. 27.

129 Die zunehmende Marktsegmentierung resultiert aus den zunehmend heterogeneren Konsumentenbedürfnissen, die eine Erhöhung der Produktvarianten und Marken zu Lasten des Erfolgsbeitrags der einzelnen Produkte erforderlich machen. Siehe hierzu auch Keller (2003), S. 576 ff.; Meffert/Bierwirth (2005), S. 155 ff.

130 Dies nimmt nach Esch insbesondere aufgrund neuer Informations- und Kommunikationstechniken wie dem Internet speziell in der Dienstleistungsbranche – bspw. durch den Online-Buchversender Amazon oder Online-Finanzdienstleister – bedeutsame Ausmaße an; Vgl. Esch (2005d), S. 28.

131 Zur Sicherung des Unternehmenserhalts spielen die Entwicklung neuer Produkte sowie Produktvarianten eine besondere Rolle. Gemäß der Zahl der neu vergebenen Internationalen Artikelnummern (EAN) werden jährlich über 30.000 neue Artikel im deutschen Lebensmitteleinzelhandel eingeführt. Die Angaben zur Floprate neuer Produkte variieren dabei zwischen 50% und 90%. Zahlreiche dieser Artikel sind allerdings Saisonartikel oder Custom-Sondereditionen, deren Marktaustritt nach einer kurzen Produktlebenszeit bereits vor der Markteinführung geplant ist. Vgl. Schröder/Rödl (2006), S. 567; siehe auch Haller (1980), S. 9; Stockmeyer (2001), S. 144 f.; IRI (2005).

132 Vgl. Esch (2005d), S. 27-29.

133 Vgl. Esch (2005d), S. 29; S&P (2004).

134 So wird gerade Product-Placement in Filmen und Fernsehsendungen als Folge der zurückgehenden Wirkung der klassischen Kommunikationsmaßnahmen verstärkt von Unternehmen zum Bewerben ihrer Produkte eingesetzt. Während als Ergebnis einer Event Study Analyse nicht gezeigt werden konnte, dass die Aufwendungen für diese Maßnahme als rentabel zu betrachten sind, konnte u. a. gezeigt werden, dass der aus dem Product-Placement resultierende Nutzen u. a. durch den Markenwert positiv beeinflusst wird; Vgl. Wiles/Danielova (2009), S. 44.

135 Vgl. Esch (2005d), S. 30.

wurden 1986 in Deutschland noch 5,6 Mrd. Euro für die klassische Kommunikation ausgegeben[136], während im Jahr 2007 die deutschen Medien bereits 20,8 Mrd. Euro an Nettowerbeeinnahmen verzeichnen konnten.[137] Die gesamten Werbeinvestitionen inklusive Honorare, Werbemittelproduktion und Medienkosten betrugen 2007 sogar 30,8 Mrd. Euro.[138] Gleichzeitig ist eine Verringerung der Werbeeffizienz zu beobachten. Einer Studie von BBDO zufolge mussten 1994 bereits doppelt so hohe Werbeinvestitionen im Vergleich zu 1990 getätigt werden, um bei den Konsumenten die gleiche Werbeerinnerung – gemessen anhand des gestützten Recalls – zu erreichen.[139] Aufgrund der stetig steigenden kommunikativen Ausgaben der Unternehmen wird es zunehmend schwieriger, die Aufmerksamkeit der Konsumenten zu gewinnen. Der zu tätigende Aufwand zum Aufbau einer Marke steigt kontinuierlich. Eine langfristige Planung und Kontinuität der kommunikativen Maßnahmen werden als essenziell für die Verankerung der Marke in den Gedächtnisstrukturen der Konsumenten angesehen.[140]

Auf Konsumentenseite sind als ein Resultat dieser stetig zugenommenen kommunikativen Maßnahmen eine *Informationsüberlastung und flüchtiges Informationsverhalten* zu beobachten.[141] Bei den Konsumenten verringert sich zunehmend das Interesse an Informationen bezüglich der Produkte und Marken, so dass die Konsumenten vorzugsweise leicht zu erfassende Informationen verarbeiten.[142] Bildinformationen werden gegenüber Sprachinformationen bevorzugt aufgenommen, verarbeitet und gespeichert.[143] Die begrenzten kognitiven Informationsaufnahme- und Informationsverarbeitungskapazitäten in Kombination mit dem steigenden Informationsangebot führen zu einer Informationsüberflutung auf Seiten der Konsumenten. So wurde bereits 1987 in einer Studie ermittelt, dass von den Konsumenten in Deutschland 98% der ihnen angebotenen Informationen nicht genutzt werden.[144] Auch den Einfluss neuer Technologien, wie bspw. des Internets, auf das Informationsverhalten der Konsumenten gilt es von der Markenführung zu antizipieren.[145] Um die Konsumenten zu erreichen, muss die Kommunikationsgestaltung aufmerksamkeitsstark, plakativ sowie bildhaft ausfallen und insbesondere bei Konsumenten mit geringem Interesse sind zum Aufbau von markenspezifischem Wissen zahlreiche Kontakte mit der Marke notwendig.[146]

---

136 Vgl. Meffert/Burmann (1998), S. 114 zitiert nach Esch (2005d), S. 30.
137 Vgl. ZAW (2008).
138 Vgl. ZAW (2008).
139 Vgl. BBDO (1994).
140 Vgl. Esch (2005d), S. 30.
141 Vgl. Esch (2005d), S. 31.
142 Vgl. Esch (2005d), S. 31.
143 Vgl. Kroeber-Riel (1993a).
144 Vgl. Brünne/Esch/Ruge (1987) zitiert nach Esch (2005d), S. 31.
145 Vgl. Berthon/Hulbert/Pitt (1999), S. 56.
146 Vgl. Esch (2005d), S. 32.

Einer der Gründe für das flüchtiger gewordene Informationsverhalten liegt in der *zunehmenden Qualitätsangleichung und Markengleichheit* unter den Produkten und Marken.[147] Konsumenten verlassen sich zunehmend auf eine vergleichbare Qualität austauschbarer Angebote.[148] Zur Differenzierung von den Konkurrenzprodukten ist daher häufig eine Differenzierung über die Markeninhalte oder die kommunikativen Maßnahmen erforderlich.

Auch die Eigenschaften der Konsumenten haben sich im Zeitablauf gewandelt.[149] Eine weitere bedeutsame marktbezogene Rahmenbedingung der Markenführung ist die zunehmende *Erlebnisorientierung der Konsumenten.* Aufgrund des steigenden Wohlstands bzw. der sich seit den 50er Jahren verbesserten Lebensumstände orientieren sich die Konsumenten nicht mehr nur am rein funktionalen Produktnutzen, sondern streben beim Konsum von Produkten zunehmend nach einer erlebnisorientierten Stimulation.[150] Die Markenführung sollte daher zwischen „Needs" – für den Konsumenten notwendig – und „Wants" – vom Konsumenten gewünscht – differenzieren.[151] Für den erlebnisorientierten Konsumenten stellt die objektive Qualität des Produkts nur ein Mittel zum Erreichen des subjektiven Zwecks dar.[152] Der als erlebnisorientiert bezeichnete Konsumententypus wird zunehmend bedeutsamer.[153] Etwa die Hälfte der deutschen Bevölkerung gehört zur Gruppe der erlebnisorientierten Konsumenten, für die der Spaßfaktor und das Leben verschönernde Elemente primär für die Kaufentscheidung relevant sind.[154] Die Markenführung steht demnach vor der Herausforderung, geeignete und konsumrelevante Erlebnisse zu identifizieren, um mit diesen die Marke in den Gedächtnisstrukturen der Konsumenten zu positionieren.[155]

Die Markenführung sollte ferner verschiedene Konsumententypen wie Smart Shopper, System Beater und hybride Konsumenten berücksichtigen.[156] *Smart Shopper* sind am Preis-Leistungsverhältnis orientierte Konsumenten, die dabei weder zwingend Marken einen Aufpreis zugestehen noch durch Kauf des billigsten Produkts versuchen, Geld zu sparen.[157]

---

[147] Vgl. Esch (2005d), S. 32 f.

[148] Vgl. Kanter (1981), S. 49.

[149] Vgl. Berthon/Hulbert/Pitt (1999), S. 57.

[150] Vgl. Opaschowski (1998), S. 25.

[151] Zur Differenzierung in „Needs" und „Wants" siehe Karmasin (1993), S. 66.

[152] Vgl. Schulze (1993), S. 416.

[153] Vgl. Kroeber-Riel/Esch (2004), S. 33.

[154] Vgl. Opaschowski (1998), S. 35.
Als die Erlebnisorientierung beeinflussende Faktoren werden die folgenden gesellschaftlichen Wertorientierungen angesehen: Das Umwelt-, Natur und Gesundheitsbewusstsein, die zunehmende Freizeitorientierung, die internationale und multikulturelle Ausrichtung, das Genuss- und Hedonismusstreben sowie die Suche nach Individualität; Vgl. Esch (2005d), S. 36 sowie zu den einzelnen Faktoren die dort angeführten Quellen.

[155] Vgl. Esch (2005d), S. 37.

[156] Vgl. Esch (2005d), S. 37 ff.

[157] Eine Studie von Grey (1996) geht davon aus, dass das Segment der Smart Shopper zukünftig zu Lasten der Segmente der klassischen Schnäppchenjäger sowie der Qualitätskäufer weiter wachsen wird.

System Beater kennzeichnen sich durch eine starke Markenpräferenz verbunden mit einer hohen Preissensibilität aus.[158] Basierend auf ihren bisherigen Erfahrungen mit den Marketingmaßnahmen des Unternehmens warten diese Konsumenten mit dem Kauf ihrer präferierten Marke auf wiederkehrende Angebote. Auf die finanzielle Situation des Unternehmens kann dies gravierende Auswirkungen haben. Trotz des beim Konsumenten gelungenen Aufbaus einer starken Markenpräferenz lassen sich die in die Marke getätigten Investitionen bei System Beatern häufig nur schwer durch entsprechend hohe Preise amortisieren. Als Folge können bestimmte Marken nur noch über Sonderangebote an den Konsumenten gebracht werden. Um die Schaffung von System Beatern zu umgehen und langfristigen Schaden von der Marke abzuwenden, wird empfohlen, kurzfristige Push-Maßnahmen von der Markenführung nur mit Bedacht und im Einklang mit dem Markenimage einzusetzen.[159] Der *hybride Konsument* schließlich zeichnet sich durch ein heterogenes Konsumverhalten aus. Er ist keinem spezifischen Preissegment zuzuordnen, sondern entscheidet sich situationsspezifisch für das Hoch- bzw. Niedrigpreissegment.[160] Faktoren für dieses heterogene Verhalten sind der jeweilige Konsumzeitpunkt, das situationsspezifische soziale Umfeld sowie der Produktbereich.[161]

2.1.1.4 Zusammenhang zwischen Markenidentität, Markenpositionierung und Markenimage

Ein wesentlicher Bestandteil des Konzepts der identitätsorientierten Markenführung ist die Beziehung zwischen der Markenidentität, der Markenpositionierung und dem Markenimage. Die Markenidentität, die Markenpositionierung und das Markenimage stehen in einem engen Zusammenhang, der in Abbildung 2 dargestellt ist.[162] Identität und Image werden häufig gleichgesetzt, stehen jedoch für völlig unterschiedliche Ausrichtungen.[163]

---

158 Vgl. Meer (1995), S. RC-4 f.
159 Vgl. Esch (2005d), S. 40.
160 Dieser Konsumententypus fährt bspw. mit dem Porsche zu Aldi einkaufen.
161 Vgl. Esch (2005d), S. 40.
162 Für eine ausführliche Erläuterung des Zusammenhangs zwischen Markenidentität, Markenpositionierung und Markenimage siehe auch Esch (2005d), S. 91.
163 Vgl. Lüppens (2006), S. 71.

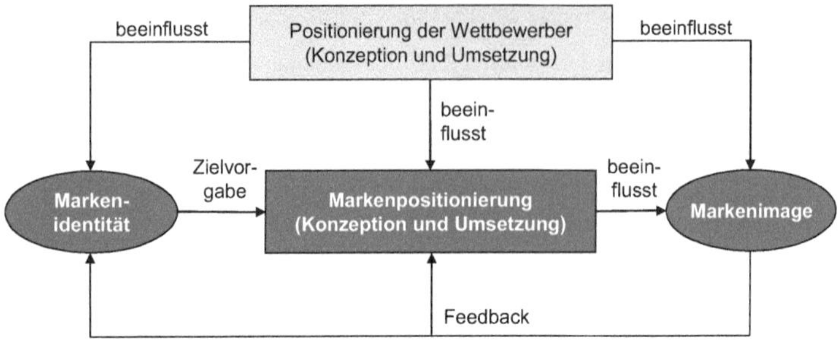

Abbildung 2: Zusammenhang zwischen Markenidentität, Markenpositionierung und Markenimage
Quelle: In Anlehnung an Esch (2004), S. 87.

Die Markenidentität beschreibt das Selbstbild der Marke aus Sicht der die Marke führenden Institution.[164] Sie drückt aus, wofür die Marke aus Unternehmenssicht im Konkreten stehen soll und dient als Zielvorgabe für die Markenpositionierung.[165] Durch die Konzeption und Umsetzung der Markenpositionierung soll die Markenidentität unter Berücksichtigung der externen Rahmenbedingungen, insbesondere unter Einbeziehung der Positionierung der relevanten Wettbewerbsmarken, auf den Markt transferiert werden. Die Markenpositionierung hat folglich die Aufgabe, die zentralen Bestandteile der Markenidentität derart im Gedächtnis der Konsumenten zu verankern, dass die eigene Marke gegenüber den Wettbewerbsmarken bevorzugt wird.[166] Hierzu muss die Marke in ausreichendem Maße den Zielgruppen attraktiv erscheinen und gegenüber den Marken der Konkurrenz abgegrenzt werden.[167] Aufgrund ihrer hohen Bedeutung für den Marken- und Unternehmenserfolg bildet die Markenpositionierung einen zentralen Bestandteil einer marktorientierten Unternehmensführung.[168]

Maßgeblich für die Konsumentenentscheidung ist nicht die aus Sicht einer objektiven Untersuchung vorliegende oder gar die vom Unternehmen intendierte, sondern die vom Konsumenten subjektiv wahrgenommene Positionierung. Diese wird durch das Markenimage repräsen-

---

164 Anders formuliert beschreibt die Markenidentität die wesentlichen und charakteristischen Merkmale, die eine Marke aus Unternehmenssicht verkörpern soll; Vgl. Esch (2005d), S. 82.

165 Vgl. Aaker/Joachimsthaler (2000), S. 40.
Siehe auch die Ausführungen zur Bestimmung der Markenidentität und der Markenpositionierung in Kapitel 2.1.2.3 sowie 2.1.2.4.

166 Vgl. Esch (2005d), S. 119.

167 Vgl. Esch (2005d), S. 142.

168 Vgl. z.B. Wind (1988), S. 4. Siehe auch Esch/Andresen (1996).
Kroeber-Riel/Esch (2004) sehen in der Positionierung die hohe Schule des Marketings, die die Gestaltung der Position einer Marke im jeweils relevanten Markt aktiv verfolgt; Vgl. Brockhoff (1992). Zitiert nach Esch (2005d), S. 142.

tiert. Das Markenimage befindet sich in den Köpfen der Konsumenten, wohingegen die Identität durch die hinter der Marke stehenden Werte, Personen und Produkte verkörpert wird.[169] Die von den Nutzenbündeln der Marken ausgehenden Signale werden von den externen Zielgruppen wahrgenommen und beeinflussen das bei den Konsumenten vorhandene Markenimage.[170] Zwischen den aus einer objektiven Betrachtung resultierenden Soll-Positionierungen und den beim Konsumenten durch die Marketingmaßnahmen sowie durch Erfahrungen mit den Marken verankerten Ist-Positionierungen kann es zu einer großen und für die Kaufentscheidung maßgeblichen Diskrepanz kommen.[171] Aus Unternehmenssicht sollte eine möglichst hohe Übereinstimmung zwischen Image und Identität angestrebt werden.[172] Zusammenfassend ist festzuhalten, dass die Markenidentität und die Markenpositionierung die Aktionsebene aus Unternehmenssicht umfassen, während das Markenimage die Wirkungsebene der Marke wiedergibt.[173]

2.1.1.5 Markenwert als zentrale Zielgröße im Markenzielsystem

Das originäre Ziel der Markenführung ist der Aufbau und Erhalt einer starken Marke. Als zentrale Steuerungsgröße hierfür bietet sich der Markenwert an.[174] Der Markenwert wird auch als geeignete Bemessungsgrundlage für ein Anreizsystem angesehen, um ein langfristig ausgerichtetes und wertorientiertes Verhalten zu fördern.[175] Der Markenwert kann aus einer finanzwirtschaftlichen und aus einer verhaltenswissenschaftlichen Perspektive betrachtet werden.[176] Der finanzorientierte oder auch ökonomische Markenwert[177] ergibt sich aus dem Barwert sämtlicher durch eine Marke zukünftig zu erwirtschaftenden Einzahlungsüberschüsse.[178] Mit diesem finanzorientierten Markenwert werden somit nicht nur die derzeit mit der Marke erwirtschafteten Deckungsbeiträge, sondern auch das zukünftige Markenpotenzial wiedergegeben.[179] Dieser Markenwert wird vor allem für eine Evaluation des finanziellen

169 Vgl. Lüppens (2006), S. 72.
170 Vgl. Burmann/Blinda/Nitschke (2003), S. 3 und Burmann/Meffert/Koers (2005), S. 8.
171 Vgl. Esch (2005d), S. 143.
172 Vgl. Lüppens (2006), S. 72.
173 Vgl. Meier-Kortwig/Stüwe (2000), S. 190.
174 Vgl. Esch (2005d), S. 61.
175 In einer empirischen Studie hielten 81,9% der befragten Unternehmen den Markenwert für geeignet, um Anreize für derartiges Verhalten zu setzen. Allerdings gaben in dieser Studie nur 37,2% der Unternehmen an, eine Bewertung ihrer Marke vorzunehmen. Vgl. Günther/Kriegbaum-Kling (2001), S. 278.
176 Vgl. Keller (1993), S. 1; Lüppens (2006), S. 17 f. sowie Burmann/Meffert (2005b), S. 78. Burmann/Meffert (2005b) benennen als oberstes Markenziel die Steigerung des Customer Equity einer Marke, welchen sie als ökonomischen Wert der Marke betrachten.
177 In der Literatur stehen die Begriffe finanzorientierter Markenwert, ökonomischer Markenwert sowie monetärer Markenwert für das gleiche Begriffsverständnis von Markenwert und werden nachfolgend synonym verwendet.
178 Vgl. Kaas (1990a), S. 48.
179 Vgl. Burmann/Meffert (2005b), S. 78 f.

Erfolgs der Markenführung als zweckmäßig angesehen, er gibt jedoch wenig Auskunft über die Ursachen des Markenerfolgs.[180]

Als Zielgröße zur Ursachenanalyse des Erfolgs der Markenführung und als Grundlage für Markenführungsentscheidungen wird daher eine verhaltensorientierte Operationalisierung des Markenwerts als zweckmäßiger betrachtet.[181] Ausgangspunkt dieses sich am Konsumenten orientierenden Markenwertverständnisses ist das in den Gedächtnisstrukturen der Konsumenten verankerte Markenwissen, das auch als Markenstärke bezeichnet wird.[182] Dieses bildet die Voraussetzung für die Entstehung eines ökonomischen Markenwerts und wird über die Konstrukte Markenbekanntheit sowie Markenimage operationalisiert.[183]

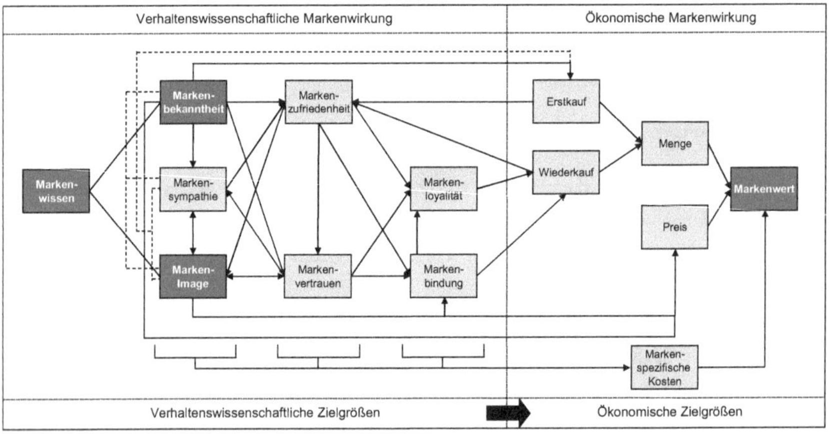

Abbildung 3: Zielsystem der Wirkungsbeziehungen zwischen Markenwissen und Markenwert
Quelle: In Anlehnung an Esch/Geus/Langner (2002), S. 475; ähnlich auch Meffert/Koers (2005), S. 280.

180 Eine monetäre Markenbewertung gebietet sich außerdem zur Bewertung von Marken für bilanzielle Zwecke und leistet durch die Bestimmung der zur Ermittlung des monetären Markenwerts erforderlichen Einflussgrößen wie Absatztreiber oder dem Markenerhaltungsaufwand zusätzliche Beiträge zur Unterstützung der strategischen und operativen Markenführung; Vgl. Mohr et al. (2009), S. 114.
„Als evaluatives Maß gibt der finanzorientierte Markenwert zwar Auskunft über den Erfolg der Markenführung, er lässt jedoch keine Rückschlüsse auf die Gründe dafür zu." Esch (2005d), S. 63.

181 Vgl. bspw. Aaker (1996); Kapferer (1992); Keller (2003); Meffert/Burmann (1996); Burmann/Blinda/Nitschke (2003); Esch (2007). Keller verwendet den Begriff customer-based brand equity; Vgl. Keller (1993), S. 2.

182 Vgl. Keller (1993), S. 2.
Für eine ausführliche Erörterung zum Begriff Markenwissen und seiner Operationalisierung siehe Keller (1993), S. 3-8 sowie Esch (2005d), S. 64-74. Meffert/Koers (2005), S. 279 verwenden als Pendant den Begriff Markenstärke als Größe, in welcher die vorökonomischen bzw. verhaltensorientierten Zielgrößen des Markenwerts aufgehen.

183 Vgl. Meffert/Koers (2005), S. 279 sowie Keller (1993), S. 3. Zum Verhältnis von Markenbekanntheit und Markenimage zum Markenwert siehe auch Lüppens (2006), S. 20.

Einen Überblick über die Ursache-Wirkungszusammenhänge zwischen den verhaltenswissenschaftlichen und ökonomischen Zielgrößen in einem auf den Markenwert ausgerichteten Zielsystem sowie über den Zusammenhang von Markenwissen und Markenwert gibt Abbildung 3.[184]

Da die Steigerung des Markenwerts das übergeordnete Ziel der markenbezogenen Aktivitäten bildet und sich gemäß dem verhaltensorientierten Verständnis im Markenwissen der Konsumenten manifestiert, sind geeignete Zielvorgaben zur Steuerung des Markenwissens notwendig, um die Entscheidungen und Maßnahmen der Markenführung auf den Markenwert auszurichten.[185]

Die Evaluation der Entwicklung dieses verhaltensorientierten Markenwerts erlaubt Aussagen über die Ursache-Wirkungszusammenhänge zwischen den Maßnahmen der Markenführung und deren Einfluss auf die Konsumenten. Der verhaltensorientierte Zugang zum Markenwert bildet die Voraussetzung für die Generierung eines Kontroll- und Beeinflussungsinstrumentariums für die strategische Markenführung.[186] Die einzelnen Zielgrößen stehen untereinander in komplexen Interdependenzbeziehungen. Daher stellt die Überführung vorökonomischer Größen hin zu ihren ökonomischen Erlös- und Kostenwirkungen eine zentrale Herausforderung bei der Wirkungsmessung von Marketingaktivitäten dar.[187]

---

184 Für eine ausführliche Darstellung der in Abbildung 3 verwendeten Begriffe Markensympathie, Markenloyalität, Markenbindung, Markenvertrauen sowie Markenzufriedenheit siehe Esch (2005d), S. 76-79.

185 Vgl. Esch (2005d), S. 74.

186 Vgl. Esch (2005d), S. 64.
Markenerfolgskontrollen erfolgen bislang jedoch häufig nur unzureichend. So wird nur von rund 6% der in einer Studie befragten B-to-B Unternehmen eine Markenwertermittlung vorgenommen; Vgl. Baumgarth (2006), S. 17.

187 Vgl. Plinke (1992), S. 830.

2.1.2 Verständnis des Markenführungsprozesses

Dem dieser Arbeit zu Grunde liegenden Verständnis von Führung folgend werden die verschiedenen Aufgaben der identitätsorientierten Markenführung nicht isoliert, sondern eingebettet in einem Führungsprozess untersucht. Eine trennscharfe Abgrenzung der jeweiligen Prozessschritte gestaltet sich problematisch. Dies ist mit dem immanent iterativen Charakter des Markenführungsprozesses sowie dessen hoher Dynamik[188] zu begründen.[189] Im Schrifttum zur Markenführung herrscht Uneinigkeit hinsichtlich der Anzahl und der Abgrenzung der einzelnen Phasen des Markenführungsprozesses.[190] Unabhängig vom zu Grunde liegenden Markenführungsansatz wird jedoch zumeist eine Abfolge verschiedener aufeinander aufbauender Aufgaben beschrieben, die sich grob in eine strategische Phase, eine operative Phase, eine Realisierungsphase sowie eine Kontrollphase einordnen lassen.[191]

Zur Bestimmung eines für diese Untersuchung zweckmäßigen Markenführungsprozesses wird eine analytische, nicht deskriptive Herleitung der einzelnen Phasen anhand ihres zeitlichen und inhaltlichen Zusammenwirkens vorgenommen. Aufbauend auf den in der einschlägigen Literatur vorliegenden Ansätzen zur Beschreibung von Markenführungsprozessen werden die im Schrifttum genannten Aufgaben der Markenführung in einem idealtypischen Führungszyklus strukturiert.[192] Der Markenführungsprozess dieser Untersuchung wird in Abbildung 4 dargestellt.

In der Willensbildung wird eine Unterscheidung in die fünf Prozessphasen Situationsanalyse (Kapitel 2.1.2.1), Markenziel- und Markenstrategiebildung (Kapitel 2.1.2.2), Markenidentitätsbestimmung (Kapitel 2.1.2.3), Markenpositionierung (Kapitel 2.1.2.4) sowie Markenintegration (Kapitel 2.1.2.5) vorgenommen. Die Willensdurchsetzung kennzeichnet sich durch die Phase Implementierung und Realisation (Kapitel 2.1.2.6). Den Abschluss und gleichzeitig den Anstoß zu einem neuen Führungszyklus der Markenführung bildet die Phase Markenkontrolle (Kapitel 2.1.2.7). Die Aufgabenfelder der in Abbildung 4 grau schattierten strategischen Willensbildung bilden den Fokus dieser Untersuchung und werden zur Strukturierung der

188 Dynamik reflektiert die Eigenschaften eines Systems bezogen auf die Zeit; Vgl. hierzu Schreyögg/Steinmann (1985), S. 185. Nach Weber lässt sich Dynamik in die Bestandteile Veränderungsgrad der Systemelemente, Veränderungsgrad der Systembeziehungen, Veränderungsgeschwindigkeit der Systemelemente, Veränderungsgeschwindigkeit der Beziehungen, Grad der Zustandsveränderung und Veränderungsgeschwindigkeit des Zustands untergliedern; Vgl. Weber/Brettel/Schäffer (1996), S. 16 f.

189 Siehe auch Walter (2006), S. 95.

190 Für unterschiedliche Ausgestaltungen des Markenführungsprozesses siehe bspw. Esch/Langner/Rempel (2005), S. 128; Burmann/Blinda/Nitschke (2003), S. 10; Keller (2005), S. 86; Aaker/Joachimsthaler (2000), S. 314; Haedrich/Tomczak/Kaetzke (2003), S. 25.

191 Siehe bspw. Walter (2006), S. 95 f.

192 Vgl. zum idealtypischen Führungszyklus mit seinen Phasen Willensbildung, Willensdurchsetzung, Ausführung und Kontrolle Weber/Schäffer (2006), S. 51-55 und Weber/Schäffer (1999), S. 734-736 sowie Kapitel 2.1.1.1.

Identifikation und Ursachenergründung der Rationalitätsdefizite herangezogen.[193] Nachfolgend wird das Aufgabenspektrum der Markenführung in den identifizierten Phasen des Markenführungszyklus dargestellt.

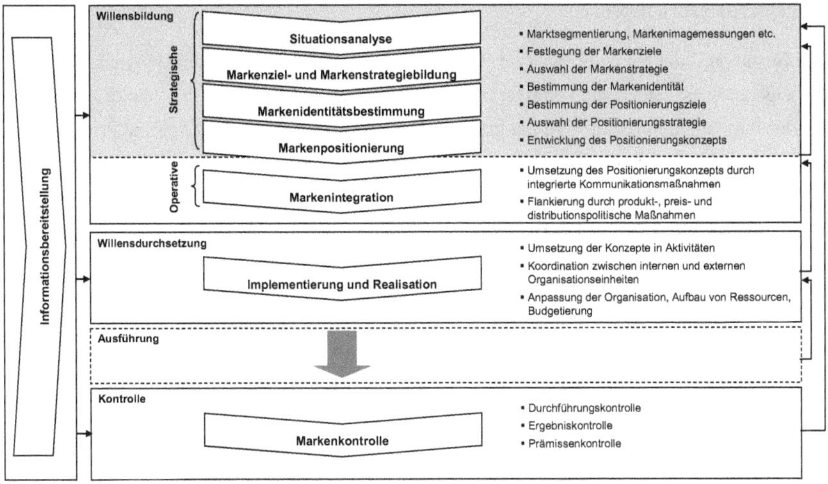

Abbildung 4: Prozessverständnis der identitätsorientierten Markenführung

2.1.2.1 Situationsanalyse

Den Einstieg in die Willensbildung des Markenführungsprozesses bildet eine umfassende **Situationsanalyse.**[194] Die generelle Zielsetzung einer Situationsanalyse ist die Gewinnung und Auswertung von Informationen über die derzeitigen und zukünftigen externen und internen Rahmenbedingungen der Unternehmung.[195] Bei den externen Rahmenbedingungen sind die aktuellen Kundenbedürfnisse, zukünftige Nachfragetrends sowie die Wahrnehmung der eigenen Marke durch die Kunden im Vergleich zu den Wettbewerbsmarken zu erfassen.[196] Bei den internen Rahmenbedingungen sind bspw. Analysen der zur Verfügung stehenden Ressourcen, der Vision/Mission sowie der Unternehmenskultur erforderlich.[197] Die markenspezifischen Stärken und Schwächen sollen den Chancen und Risiken gegenübergestellt

---

193 Siehe zur Identifikation und Ursachenergründung der Rationalitätsdefizite in der strategischen Willensbildung der Markenführung Kapitel 3.3.

194 Die in dieser Arbeit unter der Situationsanalyse subsumierten Aufgaben der Markenführung werden im einschlägigen Schrifttum zum Teil unter dem Begriff Brand Audit behandelt, siehe bspw. Wallström/Karlsson/Salehi-Sangari (2008), S. 45 sowie die dort genannten Quellen.

195 Vgl. Nieschlag/Dichtl/Hörschgen (1997), S. 1075.

196 Vgl. Burmann/Blinda/Nitschke (2003), S. 11; Knox/Bickerton (2003), S. 1003; Aaker (1996).

197 Vgl. De Chernatony (2001); Knox/Bickerton (2003), S. 1001 f.; Aaker (1996).

werden.[198] Für den weiteren Markenführungsprozess werden so Informationen über die Umwelt sowie die Beziehungen zu den Stakeholdern ermittelt, die in der Strategiefindung in verdichteter Form und durch Prognosehandlungen den Raum für die zur Auswahl stehenden Strategieoptionen aufspannen.[199]

Ein Bestandteil der Situationsanalyse bildet die Marktsegmentierung zur Abgrenzung des für die eigene Marke relevanten Marktes.[200] Dabei werden die aus Sicht der Marke attraktiven Marktsegmente identifiziert und die geeigneten Zielgruppen ausgewählt.[201] Eine Priorisierung der anvisierten Zielsegmente wird vor dem Hintergrund der heute in zunehmendem Maße differenzierten Gesellschaft und der begrenzten der Markenführung zur Verfügung stehenden Ressourcen für eine optimale Bearbeitung der Konsumenten als erforderlich angesehen.[202] Weitere Bestandteile sind Erhebungen zur Durchführung von Markenimagemessungen sowie zur Erfassung der Ist-Position im Positionierungsmodell.[203]

Durch Einsatz von Markenimagemessungen lässt sich mit Hilfe von quantitativen und qualitativen Studien für die als relevant identifizierten Zielsegmente das bei den Konsumenten existierende eigene Markenimage sowie das der relevanten Wettbewerbsmarken erheben.[204] Für eine spätere glaubwürdige Ausgestaltung der Soll-Markenidentität ist auch die Innensicht der Marke – das unternehmensinterne Markenimage – zu bestimmen.[205]

Diese Informationen bezüglich des eigenen Markenimages sowie des Markenimages der Wettbewerbsmarken können im Rahmen der Erfassung der Ist-Position im Positionierungsmodell zusammengeführt werden. Dies dient der visuellen Illustration über die Position der Marke in der Wahrnehmung der Konsumenten. In Form zumeist zwei- oder mehrdimensiona-

---

198 Vgl. Kullmann (2006), S. 65.

199 Vgl. Meffert/Burmann/Kirchgeorg (2008), S. 21 sowie Staudacher (2008), S. 43.

200 „Unter Marktsegmentierung wird somit die Aufteilung eines Gesamtmarktes in bezüglich ihrer Marktreaktion intern homogene und untereinander heterogene Untergruppen (Marktsegmente) sowie die Bearbeitung eines oder mehrerer dieser Marktsegmente verstanden." Vgl. Meffert (1998), S. 174.

201 Für eine Bewertung der verschiedenen Methoden der Marktsegmentierung Vgl. Bonoma/Shapiro (1984) und Meffert (1998), S. 174 ff.

202 Vgl. Riesenbeck/Perrey (2005), S. 106.

203 Diese Analysen werden bei der Darstellung der jeweiligen Aufgabenfelder erläutert.

204 Vgl. Esch (2005d), S. 121.
Instrumente zur Erfassung und Darstellung der Markenidentität sind bspw. das Markenidentitätsprisma von Kapferer (Vgl. Kapferer (1992), S. 50 ff.), der Identitätsansatz nach Aaker (Vgl. Aaker (1996); Aaker/Joachimsthaler (2000), S. 44 f.), der Identitätsansatz von Meffert und Burmann (Vgl. Meffert/Burmann (2005), S. 51 ff.), der Markendiamant von McKinsey (Vgl. Riesenbeck/Perrey (2005), S. 108 ff.) oder das Markensteuerrad von icon brand navigation; siehe für eine vergleichende Beurteilung der genannten Ansätze Esch/Langner/Rempel (2005) sowie für die Erweiterung und Konkretisierung des modifizierten Markensteuerrads Esch (2005d), S. 105 ff.

205 Zur Erfassung der aktuellen Identität der Marke aus der Innensicht werden bspw. Workshops mit Managern und Mitarbeitern empfohlen; Vgl. Esch (2005d), S. 120. Unzureichendes Wissen über das unternehmensinterne Markenimage könnte in einer fehlenden Identifikation der Mitarbeiter mit der Marke oder in der Abgabe eines nicht einhaltbaren Leistungsversprechens gegenüber den Konsumenten münden. Zur Konzeption der Soll-Markenidentität siehe auch Kapitel 2.1.2.3.

ler Positionierungsmodelle wird die subjektiv wahrgenommene Positionierung der eigenen Marke, der Wettbewerbsmarken sowie der idealen Zielvorstellung der Anspruchsgruppen hinsichtlich der relevanten Positionierungseigenschaften dargestellt.[206] Die durch die Markenimagemessung generierten Daten werden dadurch in die Entscheidung der Markenführung unterstützende Informationen transformiert.

Zur Generierung der für diese Informationen erforderlichen Daten sollten neben unternehmensexternen Quellen auch relevante unternehmensinterne Datenquellen wie bspw. zur Verfügung stehende Produktionskapazitäten oder Ressourcen des Vertriebs erschlossen werden. Unternehmensinterne Datenquellen lassen sich nicht nur zur Analyse der internen Rahmenbedingungen einsetzen, sondern geben auch Aufschluss bezüglich externer Rahmenbedingungen der Markenführung.[207] So unterstützen im Rahmen der Marktsegmentierung bspw. auf unternehmensinternen Daten basierende Customer Value Analysen bei der Auswahl der für die Marke attraktivsten Zielgruppen.

2.1.2.2 Markenziel- und Markenstrategiebildung

Basierend auf den in der Situationsanalyse ermittelten derzeitigen sowie zukünftigen internen und externen Rahmenbedingungen können die **Markenziele** bestimmt werden. Die Markenziele verfügen typischerweise über einen ein- bis fünfjährigen Planungshorizont und sind in verhaltenswissenschaftliche sowie ökonomische Zielkategorien unterteilbar.[208] Während die verhaltenswissenschaftlichen Zielgrößen bspw. die Markenbekanntheit, die Marken- und Händlerloyalität, die Eroberungsrate, die Zufriedenheit, die Weiterempfehlungsrate oder die Markensympathie umfassen, sind die ökonomischen Zielgrößen eng mit den Unternehmenszielen[209] verbunden und umfassen Kernergebnisgrößen wie bspw. Customer Equity, Preispremium, Akquisitions- und Kundenbindungskosten der Marke oder die Umsatzrendite.[210] Die Markenziele dienen als Vorgabe, an der sich die nachfolgenden Aufgaben der Markenführung orientieren.

---

206 Vgl. Esch (2005d), S. 143 sowie die dort genannten Quellen.

207 Eine Situationsanalyse interner Rahmenbedingungen wie bspw. von Produktionskapazitäten ist erforderlich, damit von den Bestandteilen der Soll-Markenidentität den Konsumenten nicht unbewusst Leistungsversprechen wie Flexibilität oder schnelle Lieferungen suggeriert werden, welche vom Unternehmen jedoch so nicht erfüllt werden können.

208 Vgl. hierzu sowie allgemein zu den Markenzielen auch die Ausführungen in Kapitel 2.1.1.5 sowie Burmann/Meffert (2005b), S. 78. Bei Burmann/Meffert (2005b) wird anstelle des Begriffs verhaltenswissenschaftliche Zielkategorie der Begriff psychographische Zielkategorie verwendet.

209 Zu diesen Unternehmenszielen gehören bspw. Unternehmenswert, Kapitalrentabilität, Umsatz, Absatz, Marktanteil oder Arbeitsplatzsicherung; Vgl. Burmann/Meffert (2005b), S. 78.

210 Vgl. Burmann/Meffert (2005b), S. 78. Siehe auch Burmann (1991).

Die **Markenstrategien** bestimmen den Zusammenhang zwischen der Marke und der mit ihr verbundenen Leistung.[211] Aus einer zeitpunktbezogenen Perspektive sind die Breite und die Tiefe der Markenstrategie, d. h. das Verhältnis zwischen Marke und Leistung in einer isolierten Betrachtung, sowie die Markenhierarchie bzw. Markenarchitektur, d. h. die simultane Betrachtung der verschiedenen Marken des Unternehmens und ihr Verhältnis zueinander, zu bestimmen.[212] Die Breite der Markenstrategie behandelt die Anzahl und die Art der Leistungen, die unter einer Marke angeboten werden sollen.[213] Idealtypisch werden Dach-, Familien- und Einzelmarken unterschieden.[214] Die Tiefe der Markenstrategie bestimmt die Anzahl der Marken, unter der eine bestimmte Leistung eines Unternehmens erbracht werden soll.[215]

Im Rahmen der Markenhierarchie werden die Beziehungen der unterschiedlichen Marken eines Unternehmens bestimmt, durch die dem Konsumenten der Zusammenhang zwischen den Marken und Produkten des Unternehmens gezeigt werden soll.[216] Die Extreme der Strategieoptionen der Markenhierarchie bilden an einem Ende das Branded House, bei welchem alle Leistungen des Unternehmens unter einer einzigen Dachmarke angeboten werden, sowie am anderen Ende das House of Brands, bei welchem unverbundene Einzelmarken die verschiedenen Leistungen des Unternehmens offerieren.[217] Bei der strategischen Ausrichtung des Markenportfolios eines Unternehmens sind grundsätzliche Entscheidungen hinsichtlich der Rollen, die die einzelnen Marken hinsichtlich der Leistungskategorie, der Zielgruppe, der Qualitäts- sowie der Preispositionierung übernehmen sollen, zu treffen.[218] Sämtliche Ziele der Markenführung sollten dabei durch vorliegende bzw. aufzubauende Marken abgedeckt werden und Marken, deren Rolle keinen Beitrag zur Zielerfüllung liefert, eliminiert werden.[219] Als Rollen lassen sich Flagship-Brands (hohe Ergebnisbeiträge und Marktbedeutung), Flanker-Brands (zur Verteidigung der wertvollen Marken bspw. gegen Preisdruck), Cash-Cow Brands (etablierte Marken mit stagnierenden bzw. zurückgehenden Umsätzen) sowie Low-

211 Vgl. Baumgarth (2004), S. 127.
Nachfolgend werden die markenstrategischen Handlungsoptionen nur kurz dargestellt, um einen Überblick über deren breites Spektrum zu geben. Eine umfassende Diskussion der verschiedenen Handlungsoptionen unterbleibt, da diese nicht im Fokus der Untersuchung stehen. Für eine ausführliche Darstellung der jeweiligen Handlungsoptionen siehe die angegebenen Quellen.

212 Vgl. Keller (2003), S. 521-574.

213 Vgl. Keller (2003), S. 524.

214 Vgl. für eine ausführliche Diskussion hinsichtlich der Breite der Markenstrategieoptionen Becker (2001), S. 301 ff.

215 Vgl. Keller (2003), S. 526.

216 Vgl. Keller (2003), S. 534 f.

217 Vgl. Aaker/Joachimsthaler (2000), S. 118; Burmann/Blinda/Nitschke (2003), S. 26 ff.; siehe auch Baumgarth (2004), S. 135 f. Zwischenformen zu diesen Extremen sind Sub-Branding sowie Endorsement-Branding.

218 Vgl. Baumgarth (2004), S. 139.

219 Vgl. Aaker (2004), S. 23 ff.

End Entry-Level-Brands bzw. High-End Prestige-Brands (als Ergänzung und in Anlehnung an bestehende Marken zur Erschließung weiterer Konsumentenschichten) unterscheiden.[220]

Diese zeitpunktbezogene Betrachtung wird durch die Markenevolutionsstrategien um eine dynamische Perspektive erweitert. Die Markenevolutionsstrategie gibt die langfristige Entwicklungsrichtung einer Marke in Bezug auf ihre Expansion bzw. Konsolidierung für einen Zeithorizont von zwei bis fünf Jahren vor.[221] Die grundsätzlichen Markenevolutionsstrategien lassen sich in Markenkonsolidierungsstrategien sowie Markenexpansionsstrategien differenzieren, die sich durch eine Desinvestition von Ressourcen bzw. eine zusätzliche Bindung von Ressourcen kennzeichnen. Die Markenexpansionsstrategien umfassen u. a. Markenerweiterungen (Brand Extension) in Form von Markenausdehnungs- (Line Extensions) oder Markentransferstrategien (Category Extensions).[222]

2.1.2.3 Markenidentitätsbestimmung

Das Ziel der **Markenidentitätbestimmung** ist die Definition einer Soll-Markenidentität, welche als strategische Zielvorgabe für die nachfolgenden Aufgaben der Markenführung sowie sämtliche Marketing-Maßnahmen der Marke fungieren soll.[223] Bei der Entwicklung der Soll-Markenidentität sind die grundlegenden Manifeste, Auffassungen und Zielvorstellungen der Unternehmung zu berücksichtigen und die Marke ist in die Unternehmensphilosophie und die -vision einzubinden.[224] Sukzessive Teilaufgaben dieser Phase sind die Analyse der Innen- und Außensicht der Markenidentität, die Analyse der Identitätsbestandteile hinsichtlich des Markterfolgs und die abschließende Definition der Soll-Identität.[225]

Die *Analyse der Innen- und Außensicht* der Markenidentität arbeitet die Gemeinsamkeiten und Unterschiede der externen- und internen Anspruchsgruppen heraus. Starke Abweichungen lassen auf ein Umsetzungsdefizit schließen, d. h. dass die Markenkommunikation in diesem Fall nicht die von der Markenführung angestrebten Eindrücke bei den Konsumenten hinterlässt.

Die bei der Gegenüberstellung der externen und der internen Perspektiven identifizierten Identitätsbestandteile werden anschließend auf ihre *Bedeutung für den zukünftigen Markter-*

220 Vgl. Burmann/Meffert (2005a), 168 f.; Keller (2003), S. 531 f. sowie Aaker/Joachimsthaler (2000), S. 1376 f.; Baumgarth (2004), S. 141.

221 Vgl. Burmann/Meffert/Blinda (2005), S. 184. Zu den nachfolgenden Ausführungen siehe insbesondere dortige Abb. 1.

222 Vgl. hierzu ausführlich Burmann/Meffert/Blinda (2005), S. 196-203.

223 Vgl. Esch (2005d), S. 119.

224 Vgl. Esch (2005d), S. 84.

225 Die Prozessschritte zur Definition der Soll-Identität wurden maßgeblich in Anlehnung an Esch (2005d), S. 120 f. bestimmt.

folg hin untersucht. Es gilt herauszuarbeiten, welche von den relevanten Zielgruppen mit der Marke verbundenen Eigenschaften für die Kaufentscheidung besonders bedeutsam sind und welche Eigenschaften von der Markenführung eher vernachlässigt werden können. Dabei ist nicht nur die derzeitige Marktsituation zu berücksichtigen. Die Identitätsbestandteile sind insbesondere auf ihre Bedeutung für den Konsumenten angesichts zukünftiger Trendentwicklungen wie bspw. verändertem Umwelt- oder Gesundheitsbewusstsein hin zu bewerten.

Bei der *Definition der Soll-Markenidentität* werden die zuvor ermittelten Resultate bezüglich des internen und externen Verständnisses der Markenidentität sowie der Erfolgswirkung der einzelnen Identitätsbestandteile zusammengeführt. Hierbei ist von einer ausschließlichen Fokussierung auf die von den Konsumenten idealisierten Identitätsbestandteile abzuraten. Das interne Verständnis von der Markenidentität ist zur Wahrung der Glaubwürdigkeit der Marke und zum Aufbau eines langfristigen Markenvertrauens mit zu berücksichtigen und in die Soll-Markenidentität zu integrieren. Die Gewährleistung einer ausreichenden Differenzierung von der Konkurrenz erfordert zudem die Einbeziehung der Markenidentitäten der Wettbewerbsmarken bei der Konzeption der Soll-Markenidentität. Zur Sicherstellung eines konsistenten Markenauftritts ist auch eine Abstimmung der Markenidentität mit den grundlegenden Unternehmenswerten und der Unternehmensvision über alle mit der Marke zusammenhängenden Unternehmensbereiche hinweg erforderlich. Die Soll-Markenidentität bildet die Zielvorgabe für die anschließende Markenpositionierung.

2.1.2.4 Markenpositionierung

Das Ziel der **Markenpositionierung** ist die Entwicklung eines Konzepts, welches die zentralen Bestandteile der Soll-Markenidentität auf den Markt überträgt und bei den Konsumenten ein derartiges Markenimage verankert, auf Basis dessen die eigene Marke gegenüber den Wettbewerbsmarken präferiert wird.[226] Für den Aufbau einer starken Marke muss die Positionierung zur Markenidentität passen, die besonderen Eigenschaften der Marke herausstellen, für die Konsumenten von Relevanz sein, eine Abgrenzung von den Wettbewerbern ermöglichen und langfristig verfolgbar sein.[227] Im Rahmen der Markenpositionierung lassen sich die drei Teilaufgaben Festlegung der Positionierungsziele, Auswahl der Positionierungsstrategie sowie die Entwicklung des Positionierungskonzepts abgrenzen.

---

[226] Siehe auch die Ausführungen in Kapitel 2.1.1.4.
[227] Vgl. Esch (2005d), S. 145.

Die *Festlegung der Positionierungsziele* orientiert sich am Involvement[228] der relevanten Zielgruppe.[229] Es wird hierbei zwischen kognitivem und emotionalem sowie hohem und niedrigem Involvement der Konsumenten unterschieden.[230] In Abhängigkeit von der betrachteten Produktgruppe und den damit verbundenen unterschiedlich starken Ausprägungen des kognitiven und emotionalen Involvements der Konsumenten empfehlen sich unterschiedliche Normziele der Positionierung.[231]

Ausgehend von dem beim Konsumenten vorliegenden Markenimage wird die *Auswahl der Positionierungsstrategie* vorgenommen. Basierend auf der in der Situationsanalyse ermittelten Ist-Positionierung der Marke im Positionierungsmodell stehen zwei grundlegende und kombinierbare Strategieoptionen der Soll-Positionierung zur Verfügung.[232] Erstens eine Anpassung der Position der Marke an die Idealvorstellung der Konsumenten und zweitens eine Anpassung der Idealvorstellung der Konsumenten an die Position der Marke. Während Ersteres eine Umpositionierung der Marke bedeutet, bezieht sich Letzteres auf eine Veränderung der Bedürfnisse der Konsumenten. Die Positionierungsstrategien verfolgen in beiden Fällen das Ziel einer Verringerung des wahrgenommenen Abstands zwischen der Idealvorstellung der Zielgruppe und der Position der eigenen Marke.[233] Die Wahrscheinlichkeit, dass der Konsument sich für den Kauf der eigenen Marke entscheidet, erhöht sich umso mehr, je näher die vom Konsumenten wahrgenommene Position der eigenen Marke an dessen Idealvorstellung liegt und je weiter die Marken der Konkurrenz davon entfernt liegen.[234]

Diese Optionen bilden die Grundlage für die elementaren strategischen Stoßrichtungen der Positionierung. In Abhängigkeit von der bisher erzielten Positionierung der Marke im betrachteten Imageraum hinsichtlich Erreichung der Zielgruppe und Abgrenzung von den Wettbewerbern können die drei strategischen Handlungsoptionen Beibehaltung der Markenposition, Umpositionierung und Neupositionierung abgeleitet werden:[235]

---

228 Das Involvement beschreibt den Bezug der Konsumenten zu einem Produkt bzw. einer Produktkategorie. Das spezifische Involvement ist dabei abhängig vom jeweiligen Konsumenten, dem Bezugsobjekt sowie der Situation; Vgl. Deimel (1989), S. 154.

229 Vgl. Esch (2005d), S. 147.

230 Vgl. Laurent/Kapferer (1985), S. 41 ff.; Kroeber-Riel/Weinberg (2003). Siehe zur Problematik von Produkten mit einem niedrigen Involvement insbesondere auch Haedrich (1999), S. 379 ff.

231 Für eine ausführliche Beschreibung der unterschiedlichen Normziele gemischte Positionierung, erlebnisorientierte Positionierung, sachorientierte Positionierung sowie die Förderung der Markenbekanntheit sei auf Esch (2005d), S. 149 verwiesen.

232 Vgl. Esch (2005d), S. 152 f. sowie die dort genannte Quelle.

233 Vgl. Esch (2005d), S. 153.

234 Vgl. Esch (2005d), S. 143 sowie die dort genannte Quelle.

235 Vgl. zu den nachfolgenden Ausführungen insbesondere Esch (2005b), S. 145; Esch (1998a), S. 153; Haedrich/Tomczak/Kaetzke (2003), S. 61 ff.; Kuß/Tomczak (2001), S. 149 ff.; Haedrich/Tomczak (1994), S. 934.

Eine Beibehaltung der Markenposition bietet sich an, wenn sich die Markenposition mit der Idealvorstellung der relevanten Zielgruppe in Einklang befindet und die Markenposition nicht bereits von einer anderen Marke besetzt ist. Die Marketingmaßnahmen sind hierbei jedoch auf Grundlage des vorhandenen Markenimages den gesellschaftlichen Veränderungen anzupassen.

Weicht die Markenposition zu stark von der Idealvorstellung der relevanten Zielgruppe ab, ist eine Markenumpositionierung zweckmäßig. Im bestehenden Positionierungsraum kann entweder durch eine Anpassungsstrategie die Marke an die Idealvorstellung der Konsumenten oder durch eine Beeinflussungsstrategie die Idealvorstellung der Konsumenten an die Markenposition angepasst werden. Diese Strategien sind kombinierbar. Durch eine Anbaustrategie lässt sich ein Teil der bestehenden Positionierungseigenschaften erhalten und um eine oder mehrere neue Positionierungseigenschaften zur besseren Bearbeitung der Konsumenten in einem neuen Positionierungsraum ergänzen.

Im Falle einer zu gravierenden Distanz zwischen der relevanten Zielgruppe und der Markenposition kann eine Neupositionierung der Marke erforderlich werden. Die bisherigen Markeninvestitionen werden dabei als nicht mehr entscheidungsrelevante sunk costs angesehen und die Marke wird unter Verwendung neuer Positionierungseigenschaften in einem neuen Positionierungsraum neu positioniert.

Zur Initiierung eines systematischen Prozesses, um von der Ebene der Positionierungsstrategie zur Ebene der Positionierungsumsetzung und somit zur Umsetzung der Strategie in konkrete Maßnahmen zu gelangen, dient die Ebene des *Positionierungskonzepts*. Auf der Konzeptebene ist zur Bestimmung eines passenden Positionierungskonzepts zu klären, wie im strategischen Dreieck zwischen der subjektiven Wahrnehmung der Konsumenten, der derzeitigen Positionierung und dem zukünftigen Verhalten der Wettbewerber sowie dem zukünftigen Verständnis des eigenen Unternehmens und der eigenen Markenidentität zu agieren ist.

Ein Grundgedanke der Positionierung ist die klare Fokussierung auf wenige relevante Positionierungseigenschaften.[236] Die Positionierungseigenschaften der Marke lassen sich in Points-of-Difference-Positionierungen und Points-of-Parity-Positionierungen unterscheiden.[237] Hierbei empfiehlt sich eine Fokussierung auf diejenigen Positionierungseigenschaften, bei denen ein Wettbewerbsvorteil gegenüber der Konkurrenz erzielt werden soll (Points of Difference). Die nicht im Positionierungsmodell berücksichtigten Eigenschaften sind nicht bedeutungslos. Sie sind jedoch nicht von gleicher Wichtigkeit für die Markenpositionierung

236 Vgl. Esch (2005d), S. 144.
237 Vgl. Keller (2003), S. 131 ff.

und die Ausrichtung der marktbezogenen Maßnahmen. In der Praxis sind einige Kernprobleme bei der Entwicklung des Positionierungskonzepts beobachtbar.[238]

2.1.2.5 Markenintegration

In der einschlägigen Literatur findet sich ein uneinheitliches Verständnis hinsichtlich des Aufgabenumfangs der **Markenintegration**. Eng gefasst obliegt der Markenintegration die Aufgabe, die markenbezogenen Maßnahmen der Instrumente im Marketing-Mix zur Wahrung der Konsistenz des Markenauftritts abzustimmen.[239] Die inhaltliche, formale und zeitliche Integration aller im Rahmen der Markenführung eingesetzten Instrumente wird als von zentraler Bedeutung für den Erfolg der Marke angesehen.[240] Aufgrund der durch einen konsistenten und koordinierten Einsatz der markenbezogenen Instrumente entstehenden Synergie-Effekte ist ein größerer Beitrag zur Erreichung der Markenziele möglich, als die aggregierten individuellen Beiträge der einzelnen Instrumente leisten.[241] Für ein konsistentes Auftreten der markenbezogenen Instrumente und zur Erreichung bestmöglicher Synergie-Effekte ist sowohl zwischen, als auch innerhalb der einzelnen Instrumente eine Abstimmung erforderlich.[242] Der Zweck der Markenintegration ist die Durchsetzung eines einheitlichen Verständnisses der Marke bei allen internen und externen Zielgruppen.[243]

In einem breiter gefassten Begriffsverständnis obliegt der Markenführung im Rahmen der Markenintegration die Aufgabe, das erarbeitete Positionierungskonzept integriert in Maßnahmen innerhalb der markenbezogenen Instrumente des Marketing-Mix zu überführen. Neben der Abstimmung der einzelnen Instrumente beteiligt sich die Markenführung gemäß diesem Verständnis an der Konzeption der Maßnahmen. Die Umsetzung des Positionierungskonzepts erfolgt im Besonderen durch integrierte Kommunikationsmaßnahmen sowie deren

---

238 Vgl. Esch (2007), S. 164. Zu den Kernproblemen bei der Entwicklung von Positionierungskonzepten siehe auch Kroeber-Riel/Esch (2004); Esch (1992), Esch/Levermann (1995). Auf diese Kernprobleme wird im Rahmen der Untersuchung der Rationalitätsdefizite später näher eingegangen.

239 Die Integration der verschiedenen Marketinginstrumente wird auch als integrierte Kommunikation bezeichnet, wobei die Kommunikation im weitesten Sinne gemeint ist. Unter die Kommunikation im weitesten Sinne fallen die persönliche Kommunikation, die persönlichen Erfahrungen mit einem Produkt oder einer Dienstleistung, Kommunikation durch Verpackungen, Massenkommunikation sowie Nicht-Klassiker der Kommunikation wie Event-Maßnahmen oder Internetauftritt; Vgl. Esch (2005d), S. 169. Die integrierte Kommunikation bezeichnet die inhaltliche und formale Abstimmung aller Maßnahmen der Markenkommunikation zur Vereinheitlichung und Verstärkung der beim Konsumenten durch Kommunikation erzeugten Eindrücke; Vgl. Esch (2005a), S. 604 sowie Kroeber-Riel (1993a).

240 Vgl. Burmann/Blinda/Nitschke (2003), S. 34.

241 Vgl. Kühn/Jenner (1998), S. 49 ff. sowie Esch (2007), S. 175.

242 Vgl. Haedrich/Tomczak/Kaetzke (2003), S. 72.

243 Vgl. Burmann/Meffert (2005b), S. 97.

Flankierung durch produkt-, preis- und distributionspolitische Instrumente.[244] Zum Aufbau einer langfristig starken Marke sind dabei alle operativen Markenführungsmaßnahmen an der zuvor definierten Markenidentität auszurichten.[245] Gemäß dem dieser Untersuchung zu Grunde liegenden Verständnis von Markenführung wird dem breiten Verständnis von Markenintegration gefolgt und grundsätzlich auch die Ausgestaltung der markenbezogenen Instrumente des Marketing-Mix als Teilaufgabe der Markenintegration angesehen, da diese eine markenbezogene Führungshandlung darstellt.[246]

Den *Kommunikationsmaßnahmen* wird eine Schlüsselfunktion bei der Umsetzung und Vermittlung der Markenidentität und dem Aufbau des Markenimages zugeschrieben.[247] In der Vergangenheit wurde bei der Erörterung der identitätsbestimmenden Faktoren häufig ausschließlich auf die Markenkommunikation fokussiert.[248] Durch aktive Kommunikation der Markenidentität soll die Markenpositionierung der Zielgruppe derart vermittelt werden, dass ein Vorteil gegenüber den Wettbewerbsmarken aufgezeigt wird.[249]

Zum Aufbau des angestrebten Markenimages sind die Bekanntmachung, die Verankerung der Markenidentität sowie das Wecken der intendierten funktionalen sowie symbolischen Nutzenassoziationen bei den relevanten Zielgruppen erforderlich.[250] Als Instrumente der Markenkommunikation werden die typischen Instrumente der Marketingkommunikation eingesetzt.[251] Für den Aufbau eines klaren Markenimages ist eine konsequente Integration aller markenbezogenen Kommunikationsmaßnahmen sowohl auf formaler als auch auf inhaltlicher Ebene notwendig.[252]

Die markenbezogene *Produktpolitik* – BURMANN/MEFFERT sprechen von der Gestaltung der Markenleistung – umfasst die technisch-qualitative Gestaltung der Produkte einer Marke sowie alle Entscheidungstatbestände, die sich auf die marktgerechte Gestaltung der von einer

---

244 Vgl. zur Überführung der strategischen Markenvorgaben in Maßnahmen insbesondere Haedrich/Tomczak/Kaetzke (2003), S. 65-73; Burmann/Blinda/Nitschke (2003), S. 34-42; Burmann/Meffert (2005b), S. 86-97.

245 Vgl. Burmann/Meffert (2005b), S. 97; siehe auch Burmann/Blinda/Nitschke (2003), S. 42.

246 Siehe zum Markenführungsverständnis sowie zum Verständnis von Führung in dieser Untersuchung Kapitel 2.1.1.1.

247 Vgl. Haedrich/Tomczak/Kaetzke (2003), S. 65.

248 Vgl. Burmann/Meffert (2005b), S. 91.

249 Vgl. Aaker (1996), S. 71. „A brand position is the part of the brand identity and value proposition that is to be actively communicated to the target audience and that demonstrates an advantage over competing brands." Aaker (1996), S. 71.

250 Vgl. Meffert (2000), S. 91 f.

251 Vgl. Burmann/Meffert (2005b), S. 91. Zu den Medienoptionen der klassischen Kommunikation gehören u. a. klassische Werbung (u. a. Fernsehen, Radio, Zeitungen, Fachzeitschriften, Außenplakate), Sponsoring, Eventmarketing, Public Relations, Handelsmessen, Warenmuster, Point of Sale Marketing, Telemarketing, Direct Mail, World Wide Web; Vgl. Rossiter/Percy (2005), S. 641; siehe auch Meffert (2000), S. 678 ff.

252 Vgl. Haedrich/Tomczak/Kaetzke (2003), S. 67.

Marke im Absatzmarkt angebotenen Produkte beziehen.[253] Die das Präferenzniveau der Marke mitbestimmende Produktqualität äußert sich neben der technischen Beschaffenheit des Produktes in Ausstattung, Verpackung und Produktdesign. Diese produktpolitischen Instrumente sind zusammen mit dem Markenzeichen von hoher Bedeutung hinsichtlich der Identifizierung und Differenzierung des Angebots.[254] Eine konsequente Ausrichtung der Verpackungsgestaltung und der Markenzeichen an der Markenidentität kann dabei die Vermittlung von positionierungsrelevanten Markeninhalten unterstützen.[255] Die im Rahmen der Produktpolitik konzipierte Markenleistung hat gegenüber dem Kunden den Nachweis der Problemlösungsfähigkeit hinsichtlich der Gebrauchs-, Verbrauchs- und Entsorgungsphase zu demonstrieren und muss bereits bei der Formulierung der Problemlösungsfähigkeit des Produkts berücksichtigt werden.[256] Daher sollte eine auf Effizienz und Erfolg ausgerichtete Markenführung auch die von der Programm- und Servicepolitik leistbaren Beiträge berücksichtigen.[257]

Die Besonderheit der markenbezogenen *Preispolitik* – BURMANN/MEFFERT verwenden den Begriff Markenpricing – ist, dass die Ausgestaltung sich nicht nur auf Erfüllung der übergeordneten strategischen Markenziele auswirkt, sondern dass eine Veränderung des Markenpreises eine unmittelbare Auswirkung auf die Ertragskraft der Marke bewirkt.[258] Aus diesem Grund stellen die Preisbereitschaft der Nachfrager und die intendierte Preisprämie einer Marke wesentliche Zielgrößen in der Preispolitik dar. Starke Marken beeinflussen das Kaufverhalten der Nachfrager positiv und erzielen daher höhere Preisprämien als schwächere Marken.[259]

Im Rahmen der Identitätsgestaltung der Marke werden bereits die grundsätzlichen Rahmenbedingungen für die preispolitischen Instrumente bestimmt. Die mit dem subjektiv empfundenen Preis-Leistungsverhältnis verbundene Qualitätsvermutung beeinflusst das Markenimage.[260] Auch beeinflusst die Preisstellung einer Marke durch den Markenverwender das Markenimage und wirkt sich somit auf die Identität der Marke – Exklusivität vs. „Vermassung" – aus.[261] Eine Preispolitik mit der Zielsetzung eines ausgeglichenen Verhältnisses zwischen Qualität, Kosten und Preis des Produkts wird als Value Pricing bezeichnet.[262]

---

253 Vgl. Burmann/Meffert (2005b), S. 86.
254 Vgl. Haedrich/Tomczak/Kaetzke (2003), S. 71.
255 Vgl. Burmann/Meffert (2005b), S. 88.
256 Vgl. Burmann/Meffert (2005b), S. 86.
257 Vgl. Haedrich/Tomczak (1994), S. 942 ff. sowie Haedrich/Tomczak (1996), S. 46-51.
258 Vgl. Burmann/Meffert (2005b), S. 90; siehe zum Preismanagement insbesondere auch Simon/Fassnacht (2008).
259 Vgl. Burmann/Meffert (2005b), S. 91.
260 Vgl. Haedrich/Tomczak/Kaetzke (2003), S. 72.
261 Vgl. Burmann/Meffert (2005b), S. 90.
262 Vgl. Keller (1998), S. 185.

Die Preisstellung einer Marke auf einem Markt kann im Rahmen von Preisaktionen oder als Reaktion auf Maßnahmen von Wettbewerbsmarken kurzfristig – nach unten – variiert werden. Im Falle von größeren Anpassungen sind jedoch mittelfristig erhebliche Identitätsprobleme zu erwarten.[263]

Die markenbezogene *Distributionspolitik* – BURMANN/MEFFERT verwenden den Begriff Markendistribution – beschäftigt sich generell mit der Übermittlung von materiellen und immateriellen Leistungen vom Verkäufer zum Käufer.[264] Ausgehend von der Markenidentität ist eine generelle, selektive oder gar exklusive Distribution angebracht.[265] Dabei lassen sich die beiden Aufgabenblöcke Auswahl der Absatzkanäle und Entscheidung über das logistische System zur physischen Übermittlung der Markenleistungen zum Endkunden unterscheiden.[266] Das Ziel der Markenführung im Rahmen der Distributionspolitik ist eine systematische Durchdringung des Zielmarktes sowie das Sicherstellen eines konsistenten Erscheinungsbildes der Marke durch Auswahl, Steuerung und Kontrolle der Absatzkanäle und Handelsbetriebsformen bspw. hinsichtlich Geschäftsniveau, Sortimentsstruktur, Ausstattung und Service unter Berücksichtigung der anvisierten Markenidentität.[267]

Um die Konsistenz der markenbezogenen Maßnahmen im Rahmen der Markenintegration zu gewährleisten, ist zumeist eine organisatorisch eigenständige Stelle notwendig. Diese Stelle sollte nicht nur ausreichend mit der Markenidentität und den markenbezogenen Instrumenten vertraut sein, sondern ferner eine gewisse Unabhängigkeit und Interdisziplinarität aufweisen.[268]

2.1.2.6 Implementierung und Realisation

Die Phase der Implementierung und Realisation im in dieser Arbeit dargestellten Prozess der Markenführung verfolgt das Ziel, das integrierte Positionierungskonzept in konkreten Maß-

---

263 Vgl. Burmann/Meffert (2005b), S. 91.

264 Vgl. Burmann/Meffert (2005b), S. 95.

265 Vgl. Haedrich/Tomczak/Kaetzke (2003), S. 72. Hierbei können rechtliche Rahmenbedingungen zu beachten sein; siehe insbesondere Ahlert/Schröder (1996), S. 384-406.

266 Vgl. Burmann/Meffert (2005b), S. 95.

267 Vgl. Burmann/Meffert (2005b), S. 96.

268 Vgl. Burmann/Meffert (2005b), S. 97; siehe auch Burmann/Blinda/Nitschke (2003), S. 42. Typischerweise wird diese Stelle von der Markenführung ausgefüllt.
Falls mehrere Produktlinien unter einer Marke agieren und die Markenführung in den Händen unterschiedlicher Produktmanager liegt, besteht die Gefahr einer unzureichenden Abstimmung der jeweiligen Markenstrategien und Maßnahmen. Fehlt eine Instanz mit der Aufgabe der Koordination und Integration der jeweiligen Markenführungsaktivitäten, kann dies zur Ansprache unterschiedlicher Kundengruppen und zu einer Verwässerung der Marke führen; Vgl. Esch (2005d), S. 54 und Aaker (1996), S. 341. Aus Gründen der Fokussierung wird die Problematik mehrer Produktlinien unter einer Marke in dieser Untersuchung jedoch nicht weiter berücksichtigt.

nahmen umzusetzen. Ausgehend vom idealtypischen Führungszyklus entspricht diese Phase der Willensdurchsetzung. Es wird kritisiert, dass zwischen dem Positionierungskonzept und dessen Umsetzung eine Implementierungslücke vorliege und eine wirksame Umsetzung des Positionierungskonzepts in Maßnahmen häufig nicht möglich sei.[269] Die einschlägige Literatur fokussiert sich jedoch vergleichsweise stärker auf die Aufgaben der Willensbildung und vernachlässigt die Aspekte der Umsetzung und Durchsetzung.[270]

Als eine der wesentlichen Aufgaben der Markenführung beim Transfer der Positionierung von der Konzept- zur Realisationsebene für eine wirksame Durchsetzung des gebildeten Willens ist die Koordination zwischen den unterschiedlichen internen und externen organisatorischen Einheiten anzusehen. Um die Voraussetzungen für eine erfolgreiche Umsetzung der markenstrategischen Vorgaben und des Positionierungskonzepts zu schaffen, hat die Markenführung auch für die in der Implementierungsphase erforderlichen Anpassungen in der Markenorganisation und dem Aufbau der erforderlichen Ressourcen und Fähigkeiten Sorge zu tragen.[271] Eine weitere Aufgabe ist die Bestimmung und Bereitstellung der zur Implementierung und Realisierung erforderlichen Budgets.[272] Zu den typischen Problemen bei der Umsetzung des Positionierungskonzepts gehört die zunehmende Kurzfristorientierung in den Unternehmen, die das Ausrichten der Maßnahmen an den langfristigen Strategien erschwert und stattdessen zu einer häufig konzeptlosen und auf aktuelle Entwicklungen zu stark reagierenden Implementierung führt.[273]

2.1.2.7 Markenkontrolle

Der Begriff Kontrolle wird in der einschlägigen Literatur nicht eindeutig definiert, jedoch übereinstimmend als Vergleich von Größen verstanden.[274] Ausgehend von diesem grundlegenden Verständnis steht nachfolgend Kontrolle für den Vergleich zwischen einem eingetretenen Ist und einem vorgegebenen Soll.[275] Auch dieses Begriffsverständnis von Kontrolle weist eine gewisse Spannweite auf. Eng gefasst beschränkt sich Kontrolle auf eine reine Gegenüberstellung von Soll und Ist. Weiter gefasst lässt sich die Analyse der Soll-Ist-Abweichung mit einbeziehen, die eine eigenständig Informationen verarbeitende, Wissen generierende Phase im Führungsprozess darstellt. Weitere Ausweitungen des Kontrollbegriffs

---

269 Vgl. Esch (2007), S. 283.

270 Siehe auch Walter (2006), S. 105; Miller/Wilson/Hickson (2004), S. 203; Jenner (2003), S. 157.

271 Vgl. Jenner (2003), S. 160 ff.; Kühn/Vifian (2003), S. 80 f.

272 Vgl. Jenner (2003), S. 165 ff.; Kühn/Vifian (2003), S. 81 f.; zur Budgetierung im Allgemeinen siehe bspw. Weber/Schäffer (2006), S. 265 ff.

273 Vgl. Walter (2006), S. 105.

274 Vgl. z.B. Höller (1978), S. 20; Küpper (1997), S. 110; Mag (1998), S. 54 f.; für eine ausführliche Darstellung siehe Schäffer (2001), S. 11.

275 Vgl. Weber/Schäffer (2006), S. 232.

umfassen ferner die Erarbeitung von Korrekturmaßnahmen innerhalb des vorgegebenen Handlungsspielraums bis hin zu Vorschlägen zur Veränderung des Handlungsspielraums.[276]

Der Kontrollzweck kann in der Dokumentation, der Erhöhung des Handlungspotenzials und der Verhaltensbeeinflussung liegen. Auf die Markenkontrolle bezogen handelt es sich um *Dokumentation*, wenn die Kontrolle aufgrund intern oder extern gesetzter Normen durchgeführt wird – bspw. der Bestimmung des Markenwerts für Bilanzierungszwecke. Eine Erhöhung des Handlungspotenzials und eine bessere Ausrichtung des Realisationshandelns auf die vom Kontrollträger angestrebten Zustände soll durch Erkenntniszuwächse und Lernprozesse beim Kontrollobjekt erreicht werden. Dies kennzeichnet die *Lernfunktion* der Kontrolle. Lerneffekte werden bspw. durch Schaffung eines besseren Verständnisses durch Aufzeigen der Wirkungszusammenhänge zwischen den unterschiedlichen für die Markenführung relevanten Größen generiert. Die Kontrolle übernimmt eine *Durchsetzungsfunktion*, wenn die Kontrolle Lernprozesse beim Kontrollobjekt auslöst und zu einer solchen Verhaltensbeeinflussung führt, dass die vom Kontrollträger angestrebten Zustände erreicht werden. Trotz der Betrachtung der Vergangenheit zielt die Kontrolle somit auf die Beeinflussung zukünftigen Verhaltens ab. Schon die Ankündigung einer Kontrolle bzw. die Existenz einer Kontrollinstanz kann eine Verhaltensbeeinflussung der Akteure bewirken.[277]

Auf den Markenführungsprozess übertragen sind demnach die wesentlichen Ziele der Markenkontrolle das ex post Lernen und die Verhaltensbeeinflussung der am Markenführungsprozess beteiligten und der ausführenden Akteure. Die Markenkontrolle übt folglich eine Lern- und Durchsetzungsfunktion aus. Aufgaben der Markenkontrolle sind daher neben den Ergebnis- und Prämissenkontrollen auch Durchführungskontrollen in Form von Soll-Ist-Vergleichen zwischen den einzelnen Prozessphasen.

Kontrolle an der Schnittstelle Ausführung und Willensdurchsetzung

Ziel dieser Kontrolle ist es, durch die Durchführung eines Soll-Ist-Vergleichs zwischen den von der Führung in der Phase Implementierung und Realisation kommunizierten Handlungsvorgaben (Soll) und den tatsächlich von den ausführenden Akteuren realisierten Resultaten (Ist) zu überprüfen, ob der von der Markenführung gebildete Willen erfolgreich durchgesetzt werden konnte. Auftretende Soll-Ist-Abweichungen sind darauf zu untersuchen, ob den Anweisungen der Führungsinstanz tatsächlich nachgekommen wurde oder ob die Vorgaben nicht realisierbar bzw. unrealistisch waren. Die Kontrolle übt hierbei durch die Verhaltensbeeinflussung der ausführenden Akteure sowohl eine Durchsetzungsfunktion als auch durch den Erkenntniszuwachs bei den Führungskräften und den Ausführenden eine Lernfunktion aus.

---

276 Vgl. Weber/Schäffer (2006), S. 232 f.
277 Vgl. Weber/Schäffer (2006), S. 233 sowie Blau (1955).

Kontrolle an der Schnittstelle Willensdurchsetzung und Willensbildung auf Konzeptebene

Die Soll-Ist-Analyse zwischen der Willensbildung auf Konzeptebene und den in der Phase Implementierung und Realisation kommunizierten Handlungsvorgaben gibt Aufschluss darüber, in welchem Maße der in Form des Positionierungskonzepts gebildete Willen in kommunizierbare Handlungsvorgaben transformiert werden konnte. Gemeinsam mit dem zuvor genannten Kontrolltypus werden Erkenntnisse über die Umsetzbarkeit des Positionierungskonzepts gewonnen. Das Ausmaß der Abweichungen beschreibt den Grad der Implementierbarkeit des gebildeten Willens.

Kontrolle an der Schnittstelle Willensbildung auf Konzeptebene und strategischer Willensbildung

Der Soll-Ist-Vergleich zwischen der strategischen Willensbildung und der Willensbildung auf Konzeptebene überprüft, ob das Positionierungskonzept in Einklang mit den strategischen Vorgaben und den Positionierungszielen vorgenommen wurde. Für eine erfolgreiche Umsetzung der strategischen Vorgaben ist es von Bedeutung, dass das Positionierungskonzept konform zur festgelegten Soll-Identität ausgestaltet wird.

Nach Durchlaufen der bisher dargelegten Prozessphasen ist zum Abschluss des Führungszyklus zusätzlich zu den eben angeführten und den Führungszyklus begleitenden Durchführungskontrollen periodisch eine *Ergebniskontrolle* in Form einer Markenerfolgmessung zweckmäßig. Während ökonomische Größen primär Auskunft darüber geben, ob Kosten und Ertrag der Maßnahmen in einem angemessenen Verhältnis zueinander stehen, geben verhaltenswissenschaftliche Größen an, ob die von der Markenführung gewünschte Wirkung erzielt wurde. Die Markenerfolgsmessung ist eine Kontrolle sowohl der Effektivität als auch der Effizienz der Markenführung, bei der grundsätzlich alle mit der Marke in Verbindung stehenden Leistungskennziffern analysiert werden.[278] Die Effektivitätsmessung bezieht sich dabei auf den Erreichungsgrad der gesetzten Ziele, die Effizienzmessung setzt die erreichten Ziele in Beziehung zu den dafür eingesetzten Ressourcen.[279]

Die Erfassung der Markenstärke – d. h. der Verhaltensrelevanz einer Marke – gilt als wichtiger Schritt im Rahmen der evaluativen Markenerfolgsmessung.[280] Die Markenstärke ist umso größer, je stärker der Einfluss einer Marke auf das Verhalten der Konsumenten ist.[281] Bei internen Zielgruppen wird durch das Konstrukt Markencommitment die Markenidentität gemessen, während bei externen Zielgruppen das Markenimage durch Markenvertrauen, -

278 Vgl. Burmann/Blinda/Nitschke (2003), S. 49.
279 Vgl. Burmann/Blinda/Nitschke (2003), S. 49.
280 Vgl. Fischer/Hieronimus/Kranz (2002), S. 9.
281 Für eine ausführliche Erörterung Vgl. Burmann/Meffert (2005b), S. 106.

sympathie, -präferenz, -vermissen und der Distanz zur „second choice" gemessen wird.[282] Deckt die Evaluation der Markenstärke einen unbefriedigenden Zustand auf, bieten sich als Instrumente zur Ursachenanalyse vor allem die GAP-Analyse sowie die Image- und Positionierungsanalyse an.[283]

Erzielt die am Markt erreichte Positionierung der Marke nicht den von der Markenführung intendierten Erfolg und ergeben die Durchführungskontrollen hierfür keine erschöpfende Erklärung, ist der gebildete Willen zu hinterfragen und gegebenenfalls erneut ein Markenführungszyklus anzustoßen. Mit der *Prämissenkontrolle* werden als Ausgangspunkt eines neuen Markenführungszyklus die Informationen, auf denen die bisherige Willensbildung basiert, überprüft und gegebenenfalls sind angesichts veränderter Rahmenbedingungen Änderungen in den Markenzielen, Strategien und Umsetzungsmaßnahmen vorzunehmen.[284] Die Prämissenkontrolle geht in die Situationsanalyse als Teil der strategischen Willensbildung im identitätsorientierten Markenführungsprozess über.

---

282 Vgl. Burmann/Blinda/Nitschke (2003), S. 50 f. Markenvermissen bezieht sich auf die Reaktion des Kunden, falls die Marke nicht mehr angeboten werden sollte.

283 Vgl. Burmann/Blinda/Nitschke (2003), S. 51. Für eine ausführliche Darstellung der Instrumente siehe Burmann/Blinda/Nitschke (2003), S. 51-54.

284 Vgl. Weber/Schäffer (2006), S. 235.

2.2 Rationalitätssicherung der Markenführung als Aufgabe des Markencontrollings

Markencontrolling wird in dieser Arbeit verstanden als Sicherstellung der Rationalität der Markenführung. Die Begriffe Rationalität und Markencontrolling kennzeichnen sich jedoch in der Literatur durch eine große Verständnisvielfalt. Da die mit diesen Begriffen zusammenhängenden Konzepte zentrale Bestandteile dieser Untersuchung verkörpern, werden in diesem Abschnitt zunächst das Rationalitätsverständnis und seine unterschiedlichen Dimensionen konkretisiert (Kapitel 2.2.1). Basierend auf dem beschriebenen Rationalitätsverständnis wird die Controllingkonzeption als Rationalitätssicherung der Führung dargestellt und durch Synthese mit dem diskutierten Verständnis der identitätsorientierten Markenführung das Markencontrollingverständnis abgeleitet (Kapitel 2.2.2).

2.2.1 Konkretisierung des Rationalitätsverständnisses

Zur besseren Veranschaulichung des dieser Untersuchung zu Grunde liegenden Rationalitätsverständnisses werden nachfolgend Rationalitätsbegriff (Kapitel 2.2.1.1), Rationalitätsebenen (Kapitel 2.2.1.2), Rationalitätssubjekt (Kapitel 2.2.1.3) sowie Rationalitätsdefizite (Kapitel 2.2.1.4) erörtert.

2.2.1.1 Rationalitätsbegriff

In der wissenschaftlichen Literatur liegt keine einheitliche Definition des Begriffs Rationalität vor.[285] Anstelle einer umfassenden Begriffsdiskussion wird in dieser Untersuchung das der Konzeption des Controllings als Rationalitätssicherung der Führung zu Grunde liegende Rationalitätsverständnis der Zweck-Mittel-Rationalität herangezogen.[286] Dieses generell in der Ökonomie vorherrschende Rationalitätsverständnis geht auf den Soziologen MAX WEBER zurück:[287] „Zweckrational handelt, wer sein Handeln nach Zweck, Mittel und Nebenfolgen orientiert und dabei sowohl die Mittel gegen die Zwecke, wie die Zwecke gegen die Nebenfolgen, wie endlich auch die verschiedenen möglichen Zwecke gegeneinander rational ab-

285 Dies wird darauf zurückgeführt, dass der Begriff Rationalität nicht nur in der Betriebswirtschaftslehre, sondern bereits in älteren Disziplinen wie der Philosophie und der Wissenschaftstheorie Verwendung findet; Vgl. Weber/Schäffer/Langenbach (2001), S. 46.

286 Vgl. Weber/Schäffer (1999), S. 734. Zur Herleitung des Rationalitätsverständnisses für die rationalitätsorientierte Controllingkonzeption siehe die Ausführungen von Weber/Schäffer/Langenbach (2001), S. 57-73.

287 Vgl. Kappler (1993), Sp. 3649 ff.; Gutenberg (1929), S. 30; Berg/Cassel (1981); Kirsch (1970); Weber/Schäffer/Langenbach (2001), S. 57; Weber/Schäffer (2006), S. 42.

wägt: also jedenfalls weder affektuell (und insbesondere nicht emotional), noch traditional handelt."[288]

In Gutenbergs produktionsorientierter Theorie der Unternehmung wird die Zweck-Mittel-Rationalität in Form des Rationalprinzips beschrieben: „An sich liegt das Denken in der Zweck-Mittel-Relation allem zu Grunde, und zwar nicht nur im wirtschaftlichen Leben, sondern im menschlichen Leben überhaupt. >Unvernünftig handeln< heißt überhaupt unzweckmäßig handeln, heißt die Mittel nicht richtig auf den Zweck, dessen Erreichung sie dienen soll, abgestimmt haben. Welcher Art dieser Zweck ist, bleibt dabei ohne Belang."[289]

Gemäß dem Rationalitätsverständnis der Zweck-Mittel-Rationalität erfordert zweckrationales Handeln demnach eine effiziente Mittelverwendung bei gegebenen Zwecken.[290] Im Regelfall handelt es sich bei diesen Zwecken selbst um Mittel zur Erreichung eines übergeordneten Zwecks. Die Zweck-Mittel-Rationalität zielt somit letztlich auf die Effizienz und die Effektivität des Handelns der Akteure ab.[291]

Nach Weber/Schäffer ist „Rationalität als herrschende Meinung von Fachleuten hinsichtlich einer bestimmten Zweck-Mittel-Situation zu verstehen".[292] Das Vorliegen von Rationalität erfordert die Erfüllung von zwei Bedingungen: Erstens müssen die Fachleute von anderen Fachleuten als solche anerkannt werden und zweitens muss im Falle unterschiedlicher Einschätzungen der Fachleute die Möglichkeit eines offenen Diskurses bestehen, um durch Auseinandersetzung mit divergenten Meinungen eine gemeinsame Beurteilung hinsichtlich der betrachteten Zweck-Mittel-Situation abgeben zu können.[293]

Rationalität lässt sich hierbei immer nur relativ auf das aktuell vorhandene Wissensniveau bezogen abgrenzen. Durch Wissensfortschritt wird auch die Grenze der Rationalität verschoben. Gemäß diesem Verständnis ist eine herrschende Meinung hinsichtlich einer bestimmten Zweck-Mittel-Situation unter Experten als zum derzeitigen Zeitpunkt rational anzusehen. Bei Vorliegen neuer Erkenntnisse erfordert Rationalität hingegen eine Revision der Meinung.[294]

---

288 Weber (1988), S. 566.
289 Gutenberg (1929), S. 30, zitiert aus Weber/Schäffer (2006), S. 42.
290 Vgl. Weber/Schäffer/Langenbach (2001), S. 58.
291 Vgl. Weber/Schäffer (2004), S. 462.
292 Weber/Schäffer (2006), S. 43.
293 Vgl. Weber/Schäffer (2006), S. 43.
294 Siehe auch Weber/Schäffer (2006), S. 43.

2.2.1.2 Rationalitätsebenen

WEBER/SCHÄFFER/LANGENBACH unterscheiden die drei Rationalitätsebenen[295] Inputrationalität, Prozessrationalität und Ergebnisrationalität.[296] Zwischen diesen Rationalitätsebenen bestehen aufeinander aufbauende Interdependenzbeziehungen. Ergebnisrationalität bedingt Prozessrationalität. Diese wiederum bedingt Inputrationalität. Anders formuliert erfordert eine rational getroffene Entscheidung einen rationalen Entscheidungsprozess, welcher rationale Inputfaktoren benötigt.

Mit zunehmenden Wissensdefiziten und verzögertem Feedback wird eine Kontrolle der Ergebnisrationalität erschwert bzw. in zunehmendem Maße unzweckmäßig.[297] Stattdessen ist bei zunehmenden Wissensdefiziten und zunehmender Komplexität der Situation die Sicherung der Prozessrationalität zu verfolgen.[298] Sollten die Wissensdefizite derart umfassend sein, dass auch die Bestimmung eines verfahrenstechnischen Optimums verwehrt wird, ist anstelle der Prozessrationalität auf die Sicherung der Inputrationalität abzuzielen.[299]

Derartige Situationen mit bedeutsamen Wissensdefiziten sind bspw. häufig in strategischen Problemstellungen der Unternehmensführung zu beobachten, in welchen die Akteure mit einer komplexen Handlungssituation konfrontiert werden.[300] Da mit zunehmendem Planungshorizont und neuartigen Problemstellungen die Wissensdefizite naturgemäß zunehmen, ist insbesondere bei strategischen Fragestellungen ein Ausweichen auf die Überprüfung der Input- und Prozessrationalität erforderlich, um eine höchstmögliche Ergebnisrationalität zu gewährleisten.

Die unterschiedlichen Rationalitätsebenen lassen sich zu unterschiedlichen Zeitpunkten überprüfen. Insbesondere bei strategischen Fragestellungen sind die Input- und die Prozessra-

---

295 Die Rationalitätsebenen (Vgl. Weber/Schäffer (2006), S. 44) wurden in früheren Veröffentlichungen zur Rationalitätssicherung als Rationalitätsobjekte (Vgl. z.B. Weber/Schäffer/Langenbach (2001), S. 50) bezeichnet.

296 Vgl. Weber/Schäffer/Langenbach (2001), S. 50 sowie Weber/Schäffer (2006), S. 44.
Die aus der Entscheidungstheorie stammende prozedurale Rationalität wurde ausgehend von den Bestandteilen eines betriebswirtschaftlichen Führungsprozesses (Input, Prozess, Output) und dem Verständnis der Zweck-Mittel-Rationalität in Input- und Prozessrationalität ausdifferenziert. Zusammen mit der substanziellen Rationalität ergeben sich so drei Rationalitätsebenen. Siehe auch Eisenführ/Weber (2003), S. 4 ff.; Kirsch/Klein (1977), S. 67 ff.; Goetzelmann (1991), S. 574.

297 Vgl. Kirchgässner (1991), S. 32 ff.

298 Vgl. Weber/Schäffer/Langenbach (2001), S. 51; siehe auch Schaffitzel (1982), S. 171; Dean/Sharfman (1993).

299 Vgl. Weber/Schäffer (2006), S. 44; Weber/Schäffer/Langenbach (2001), S. 51. Die Notwendigkeit, beim Vorliegen bedeutsamer Wissensdefizite anstelle der Ergebnisrationalität auf vorgelagerte Rationalitätsebenen auszuweichen, wird auch in der Entscheidungstheorie angeführt; Vgl. Eisenführ/Weber (2003), S. 1 ff.

300 Gemäß Dörner kennzeichnen sich komplexe Handlungssituationen durch die fünf Merkmale Komplexität, Intransparenz, Dynamik, Vernetztheit und unvollständiges oder falsches Wissen um die Situation; Vgl. Dörner (1987), S. 59-67. Strategische Problemlösungsprozesse werden auch als neu, komplex und offen charakterisiert; Vgl. Gomez/Probst (1995), S. 22-32.

tionalität früher als die Ergebnisrationalität analysierbar. So können bspw. Inkonsistenzen in der Phase der Planaufstellung bereits während dieser Phase aufgespürt werden, um hieraus resultierende Schwierigkeiten in der Phase der Planumsetzung bereits im Vorfeld zu vermeiden.[301]

Da Input- und Prozessrationalität zwar eine notwendige aber keine hinreichende Bedingung für Ergebnisrationalität darstellen, kann auf eine Prüfung der Ergebnisrationalität somit auch bei gegebener Input- und Prozessrationalität nicht verzichtet werden. Ex ante üben Input- und Prozessrationalität einen positiven Einfluss auf die Sicherung der Ergebnisrationalität aus, gewährleisten diese jedoch nicht. Sind jedoch bereits bei den Inputfaktoren oder dem Prozessablauf gravierende Rationalitätsdefizite beobachtbar, ist kein rationales Ergebnis zu erwarten. Ex post ist jedoch nur die Ergebnisrationalität relevant.[302]

2.2.1.3 Rationalitätssubjekt

Unter einem Rationalitätssubjekt wird der Träger der auf ihre Rationalität hin zu beurteilenden Handlung verstanden. Diese Träger werden im Kontext der Unternehmensführung in der Regel durch die Führungskräfte verkörpert und im Folgenden – im Einklang mit dem von WEBER und SCHÄFFER geprägten Controllingverständnis der Rationalitätssicherung der Führung – als Akteure[303] bezeichnet.

In der klassischen ökonomischen Modellierung wird von vollkommen rational agierenden Akteuren ausgegangen, deren menschliche Arbeitsleistung im Sinne einer Produktionsfunktion als Produktionsfaktor – vergleichbar mit Anlagen oder Material – zur Verfügung steht.[304] Potenziell wird die Rationalität der Handlungen jedoch zum einen durch opportunistisches Verhalten (nicht „Wollen“) und zum anderen durch kognitive Beschränkungen (nicht „Können) der Akteure gefährdet.[305]

---

301 Vgl. Weber/Schäffer (2006), S. 44 f.

302 Vgl. Weber/Schäffer/Langenbach (2001), S. 52.

303 Eine ausführliche Darstellung des Grundmodells einer dynamischen Theorie ökonomischer Akteure, welches der Controllingkonzeption als Rationalitätssicherung der Führung zu Grunde liegt, erfolgt in Bach et al. (2001), S. 95 ff.

304 Vgl. Weber/Schäffer (2006), S. 33.

305 Vgl. Weber/Schäffer (2006), S. 33 f. sowie Bach et al. (2001), S. 97.
Eine differenzierte Betrachtung opportunistischen Verhaltens sowie kognitiver Beschränkungen von Akteuren erfolgt in Kapitel 3.2.3.1 bzw. 3.2.3.2.

2.2.1.4 Rationalitätsdefizit

Nach dem Konzept der „bounded rationality“ von SIMON unterliegt die Rationalität Beschränkungen: Die Akteure verfügen über unvollkommene Informationen hinsichtlich der vollständigen Konsequenzen einer Entscheidung, die Entscheidungsfindung basiert auf unvollständigen Informationen und es erfolgt keine vollständige Einbeziehung sämtlicher Entscheidungsalternativen in die Entscheidungsfindung.[306] Beschränkte Rationalität ist dabei nicht mit irrationalem Verhalten gleichzusetzen.[307] Basierend auf der von ihm wahrgenommenen Situation kann die Handlung eines Akteurs rational sein, aus der Sicht von externen Beobachtern – die über weiterreichende Informationen verfügen – jedoch irrational.[308]

Nach dem dieser Arbeit zu Grunde liegenden Verständnis von Rationalität als in einem Diskurs bestimmte herrschende Meinung von Experten hinsichtlich einer bestimmten Zweck-Mittel-Situation ist zur Beurteilung der Rationalität die Perspektive des externen Beobachters maßgebend.[309] Diese definiert die Soll-Rationalität. Um den Rationalitätsgrad der Handlung eines Akteurs beurteilen zu können, ist ein Vergleich zwischen der Soll-Rationalität und der Ist-Rationalität vorzunehmen. Ist bei diesem Vergleich eine Abweichung zu verzeichnen, so liegt ein Rationalitätsdefizit vor. Die Bestimmung von Rationalitätsdefiziten erfolgt über die Identifikation inferiorer Zustände der Rationalitätsobjekte.[310]

---

306 Vgl. Simon (1957), S. 81.
Der Nachweis begrenzter kognitiver Fähigkeiten bei Menschen wurde zwischenzeitlich durch eine Vielzahl empirischer Studien erbracht. Für eine Übersicht siehe bspw. Conlisk (1996); zur Kritik an der Aussagekraft einzelner empirischer Studien zu begrenzten kognitiven Fähigkeiten Vgl. Wolter (1996), S. 61 ff.; zitiert aus Weber/Schäffer/Langenbach (2001), S. 56.

307 Vgl. Simon (1985), S. 297.

308 Vgl. Weber/Schäffer/Langenbach (2001), S. 29; Homann/Suchanek (2000), S. 29 ff.; Goetzelmann (1991), S. 574.

309 Vgl. Kapitel 2.2.1.1.

310 Vgl. Florissen (2005), S. 54 f.
Demnach liegen Defizite der Inputrationalität vor, falls alternative Inputfaktoren existieren, die hinsichtlich ihrer Effektivität und/oder der Effizienz ihres Einsatzes vorteilhafter sind als die tatsächlich eingesetzten Faktoren. Rationalitätsdefizite der Prozessrationalität liegen vor, falls ein alternativer Prozess existiert, welcher eine effizientere Transformation der Inputfaktoren oder eine effektivere Realisierung der Prozessziele ermöglicht. Defizite der Ergebnisrationalität liegen vor, wenn aus einer ex post Betrachtung alternative Handlungsergebnisse effektiver und/oder mit effizienterem Mitteleinsatz realisierbar sind.

2.2.2 Ableitung des Markencontrollingverständnisses

In dieser Arbeit wird die Controllingkonzeption der Rationalitätssicherung der Führung auf den Kontext der identitätsorientierten Markenführung angewendet. Diese Konzeption ermöglicht eine gegenüber anderen Konzeptionen breitere Sicht auf das Untersuchungsobjekt Markencontrolling und erlaubt neben der Generierung neuer Erkenntnisse als integrative Klammer auch die Einbeziehung bisheriger Erkenntnisse zum Markencontrolling.[311]

Zur Abgrenzung der Rationalitätssicherungskonzeption wird zunächst eine kurze Darstellung der in der Literatur wesentlichen Controllingverständnisse vorgenommen (Kapitel 2.2.2.1). Anschliessend wird das Controllingverständnis der Rationalitätssicherung der Führung näher vorgestellt (Kapitel 2.2.2.2). Es folgt eine Beschreibung des bisherigen Forschungsstands zum Markencontrolling (Kapitel 2.2.2.3). Das zweite Kapitel wird mit einer Ableitung des dieser Untersuchung zu Grunde liegenden Markencontrollingverständnisses abgeschlossen (Kapitel 2.2.2.4).

2.2.2.1 Controllingverständnis in der Literatur

Im einschlägigen Schrifttum wurde in den letzten 30 Jahren eine Vielzahl unterschiedlicher Controllingkonzeptionen unterschieden und diskutiert.[312] Der in den unterschiedlichen Konzeptionen angeführte Begriff von Controlling kennzeichnet sich dabei durch ein heterogenes Verständnis.[313] Für ein besseres Verständnis der Ausführungen zum Forschungsstand des Markencontrollings sowie zur Abgrenzung der Rationalitätssicherungsfunktion werden nachfolgend die in der Controllingdiskussion wesentlichen Controllingsichten kurz umrissen.[314]

Aus Sicht der *informationsorientierten Controllingkonzeption*[315] obliegt dem Controlling die Funktion der Beschaffung, Aufbereitung und Prüfung von Informationen hinsichtlich ihrer Anwendbarkeit zur Steuerung des Unternehmens.[316] Dieses Controllingverständnis entspricht weitgehend der betrieblichen Informationswirtschaft, fokussiert das Controlling jedoch auf

---

311 Dieses Vorgehen hat sich bereits in auf andere Untersuchungskontexte beziehenden vergleichbaren Arbeiten zur Generierung zusätzlicher Erkenntnisse bewährt.
312 Vgl. Weber et al. (2006), S. 30.
313 Vgl. Küpper/Weber/Zünd (1990), S. 282.
314 Für eine ausführliche Diskussion der angeführten Ansätze siehe Weber/Schäffer (2006), S. 17-24 sowie Weber et al. (2006), S. 30 f.
315 Vgl. Müller (1974); Link (1982); Reichmann (2001).
316 Vgl. Heigl/Schmid/Uecker (1989), S. 3.

die Abstimmung bzw. die Koordination von Informationsbedarfen und Informationsbereitstellung.[317]

Gemäß dem Controllingverständnis des *Controllings als erfolgszielbezogene Steuerung*[318] füllt das Controlling die Funktion aus, durch eine ergebnisorientierte Planung sowie eine Überwachung der Plandaten durch Zielvereinbarungen und Zielerreichungsanalysen die konsequente Zielausrichtung des Unternehmens zu gewährleisten.[319] MANN, als Vertreter dieses Ansatzes, sieht in der Aufgabe des Controllings die Übernahme der Gewinnverantwortung.[320] In absoluter Konsequenz würden gemäß diesem Verständnis sämtliche den Gewinn tangierenden Handlungen dem Controlling obliegen.

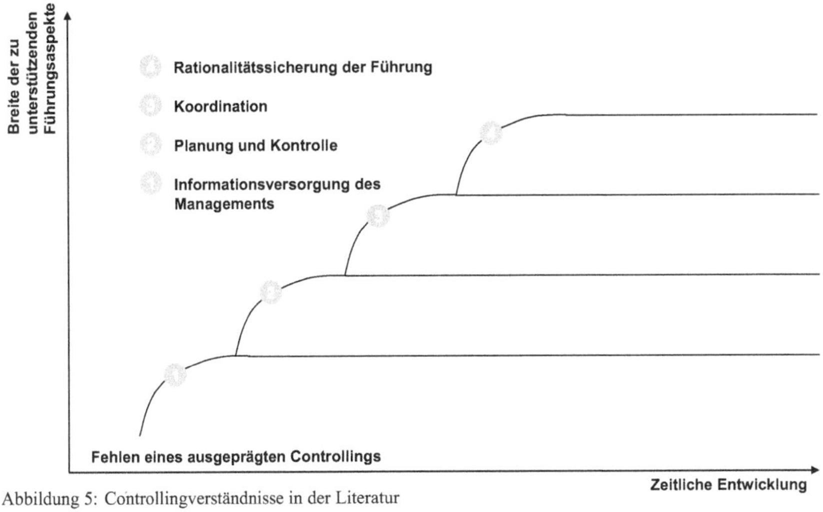

Abbildung 5: Controllingverständnisse in der Literatur
Quelle: Weber et al. (2006), S. 30.

Das vermutlich in der Theorie bislang am häufigsten angeführte Controllingverständnis des *Controllings als Koordinationsfunktion*[321] basiert auf einem Beitrag von HORVÁTH und versteht unter dem Controlling eine Funktion, welche die unterschiedlichen Führungsteilsysteme

317 Vgl. Ortelbach/Hagenhoff (2004), S. 6.

318 Vgl. Mann (1973); Krüger (1979); Hahn (1987); Siegwart von Haupt (1986).

319 Vgl. Hahn (1987), S. 6.

320 „Die Aufgabe des Controlling besteht in der Übernahme der Gewinnverantwortung, die von der obersten Geschäftsführung als Ziel der Unternehmung fixiert wird. So gesehen geht es über die rein informatorische Aufgabe des Rechnungswesens weit hinauS. Seine Schwerpunkte liegen in einer sich ständig neuen Situationen anpassenden Kontroll- und Steuerungsfunktion." Mann (1973), S. 20.

321 Vgl. Horváth (1978); Schmidt (1986); Küpper (1987).

aufeinander abzustimmen hat.[322] HORVÁTH fordert in diesem systemorientierten Ansatz eine Beschränkung der Koordinationsfunktion des Controllings auf die Informations-, Planungs- und Kontrollsysteme.[323] Der modifizierte Ansatz von KÜPPER umfasst zusätzlich die Koordination der Organisations- und Personalführungssysteme.[324] Der aus diesen Differenzierungen entstehende Koordinationsbedarf sei vom Controlling zu decken.[325]

2.2.2.2 Controlling als Rationalitätssicherung der Führung

Als Resultat einer kritischen Auseinandersetzung mit dem Koordinationsansatz wurde von WEBER und SCHÄFFER das Konzept des *Controllingansatzes als Rationalitätssicherung der Führung*[326] entwickelt.[327] Kennzeichnend an dieser Controllingkonzeption ist eine verhaltenswissenschaftlich fundierte spezifische Führungsperspektive. Die Führung obliegt ökonomischen Akteuren – in der Unternehmenspraxis insbesondere Führungskräften –, welche eigene Ziele verfolgen und über individuell begrenzte kognitive Fähigkeiten verfügen.[328] Aus diesen motivatorischen und kognitiven Beschränkungen der Akteure resultieren Rationalitätsdefizite der Führung.[329] „Ausgehend von diesen Defiziten der Akteure konstituiert sich Rationalitätssicherung aus Handlungen zur Erhöhung der Wahrscheinlichkeit, dass die Realisierung der Führungshandlungen den antizipierten Zweck-Mittel-Beziehungen trotz den genannten

---

322 Vgl. Weber et al. (2006), S. 31.

323 „Controlling ist heute ein unterstützendes Subsystem der Führung, das Planung, Kontrolle sowie Informationsversorgung koordiniert.“ Horváth (1978), S. 203.

324 Vgl. Küpper (1987), S. 96.

325 Vgl. Weber/Schäffer (2006), S. 22.
Seiner Verbreitung zum Trotz mehrt sich die Kritik am Ansatz des Controllings als Koordinationsfunktion; siehe u.a. Schneider (1992); Eschenbach/Niedermayr (1996), S. 59; Schäffer (1996); Weber (1997); Kappler/Scheytt (1999); Zenz (1999), S. 93 f.; Wall (2000); Weber/Schäffer (2000); Becker (2003); Horváth (2003), S. 147; Corsten/Gössinger (2004), S. 312; Weber/Schäffer (2006), S. 23 f.

326 Vgl. Weber/Schäffer (1999).
„Die ganz unterschiedlichen Sichten des Controlling in Theorie und Praxis lassen sich überraschend einfach auf einen gemeinsamen Nenner bringen: Controlling steht für *die Sicherstellung von Rationalität und Unternehmensführung*. Grund für die (historische) Vielgestaltigkeit der Begriffsauffassungen und der Aufgabenbilder in der Praxis ist die *Kontextabhängigkeit der Sicherstellungsfunktion*. Ihre Wahrnehmung führt bei unterschiedlichen aufgaben- und handlungsträgerbezogenen *Engpässen der Führungsrationalität* sowie bei verschiedenen dominanten *Mechanismen zur Koordination des Ausführungssystems* zu ganz unterschiedlichen Ausprägungen der Controllingaufgabe. Beides, Begriffsauffassungen und Aufgabenbilder, lassen sich unter die hier vertretene Controllingauffassung subsumieren.“ Weber/Schäffer (1999), S. 743.

327 Vgl. Weber/Schäffer (1999) und siehe auch Weber/Schäffer/Langenbach (1999). Zur Auseinandersetzung mit dem Controllingansatz als Koordinationsfunktion siehe auch Weber/Schäffer (2000).
In einer Studie befanden 37,4% der befragten Controller, dass die Rationalitätssicherung von den vier hier vorgestellten Controllingkonzeptionen dem Controllingverständnis in ihrem Unternehmen am nächsten kommt. 23,5% gaben als Sichtweise die Planung und Kontrolle (diese Sichtweise entspricht der in diesem Abschnitt angeführten Sichtweise der erfolgszielbezogenen Steuerung), 23,6% die Informationsversorgung und 15,5% die koordinationsorientierte Controllingsicht an; Weber et al. (2006), S. 31.

328 Vgl. Weber/Schäffer (2006), S. 24.

329 Siehe zum Verständnis von Rationalitätsdefiziten Kapitel 2.2.1.4.

Defiziten entspricht."[330] Controlling als Funktion stellt demnach Überlegungen an, wie diese Rationalitätsdefizite zu erkennen, zu vermindern oder zu beseitigen sind. Durch diese Gewährleistung von zweck-rationalem Handeln der Führung unterstützt das Controlling die Effektivität und Effizienz der Führungshandlungen.[331] Diese Sicherstellung der Effektivität und der Effizienz der Führungshandlungen bildet die Kernfunktion des Controllings.[332]

Die drei weiteren neben dem Rationalitätssicherungsansatz wesentlichen Controllingkonzeptionen sind jeweils nicht weitreichend genug, um sämtliche Aufgaben zur Erkennung, Verminderung sowie Beseitigung von Rationalitätsdefiziten der Führung zu umfassen, sondern beziehen sich jeweils nur auf einzelne Aspekte des Spektrums an Rationalitätssicherungsaufgaben.[333] Durch seine Funktion als integrative Klammer fügt sich der Controllingansatz der Rationalitätssicherung der Führung in die bestehende Controllingliteratur ein und ermöglicht eine theoretisch fundierte Integration der aus den übrigen Controllingsichten stammenden Erkenntnisse.[334] Auch ist dieses Verständnis empirisch abgesichert in der Unternehmenspraxis zu beobachten.[335]

Die Ausführungen zum Rationalitätsverständnis und zum Controllingansatz der Rationalitätssicherung der Führung lassen sich zu einer Controllingkonzeption zusammenführen. Eine Controllingkonzeption stellt in der Controllingforschung ein praktisch-normatives Aussagensystem dar, welches nicht nur die Ziele Beschreibung und Erklärung, sondern primär auch handlungspraktische Ziele der Gestaltung verfolgt.[336] Eine solche Controllingkonzeption bildet

---

330 Weber/Schäffer (2006), S. 24.

331 Dieses Controllingverständnis entspricht im Grundsatz dem von Weber/Schäffer als „klassisch" bezeichneten Verständnis nach Anthony mit der Definition „management control … the process by which managers assure that resources are obtained and used effectively and efficiently in the accomplishment of the organization's objectives" Anthony (1965), S. 17; zitiert nach Weber/Schäffer (2006).

332 Vgl. Dyckhoff/Ahn (2001), S. 112.

333 So besteht im Falle von Wissensdefiziten die Funktion der Rationalitätssicherung in der Bereitstellung der zur Führungshandlung notwendigen Informationen; das Controlling übernimmt hier eine Informationsversorgungsfunktion.
Existieren Defizite in der systematischen Zielplanung oder in einer unzureichenden Planung und Kontrolle ist zur Rationalitätssicherung die reflexive Willensbildung zu stärken; das Controlling fungiert hier als erfolgszielbezogene Steuerung.
Resultieren die Rationalitätsdefizite aus einer ungenügenden Abstimmung von Planung, Informationsversorgung und Kontrolle ist zur Rationalitätssicherung eine verbesserte Koordination dieser Führungssysteme notwendig; die Funktion des Controllings ist hier vergleichbar dem Ansatz des Controllings als Koordinationsfunktion.
Ähnlich auch bei Florissen (2005), S. 58 f.

334 Vgl. Weber/Schäffer (1999), S. 743.

335 Vgl. Weber et al. (2006) S. 30 ff.

336 Vgl. Weber/Schäffer (2006), S. 2.
Zum Verständnis einer Controllingkonzeption in der Controllingforschung siehe auch Scherm/Pietsch (2004), S. 8: „Diese praktisch-normativen Aussagensysteme kann man als „Konzeptionen" bezeichnen. Konzeptionen übernehmen eine Mittlerfunktion zwischen Theorie und Praxis, indem sie in gestaltender Absicht und in meist eklektischer Vorgehensweise theoretische Aussagen aufgreifen, mit normativen Postulaten verknüpfen und auf die Praxis beziehen."

einen Orientierungsrahmen, der in Abhängigkeit des betrachteten Untersuchungsgegenstands eine kontextspezifische Konkretisierung und Ausgestaltung erfordert.[337] Für ein präziseres Verständnis der Controllingkonzeption der Rationalitätssicherung der Führung werden nachfolgend Ziel, Aufgaben, Instrumente und Träger beschrieben.[338]

Das *Ziel* der Controllingfunktion ist die Reduzierung von Rationalitätsdefiziten der Führung solange, wie der durch die Rationalitätssicherung generierte zusätzliche Nutzen den Aufwand der Rationalitätssicherung überwiegt. Rationalitätssicherung bezweckt hierbei nicht nur eine Identifizierung und Reduzierung von Rationalitätsdefiziten ex post, sondern auch deren Verhinderung ex ante.

Die *Aufgaben* der Rationalitätssicherung umfassen Maßnahmen zur Reduzierung des eigeninteressierten Handelns sowie zur Reduzierung der kognitiven Beschränkungen der Führung. In Abhängigkeit vom zu sichernden Rationalitätsobjekt können unterschiedliche Aufgaben unterschieden werden. Zur Gewährleistung der Inputrationalität gehören Aufgaben zum Hinterfragen und gegebenenfalls Verbessern der Anwendungsvoraussetzungen von Prozessen und Modellen der Willensbildung, Willensdurchsetzung und Kontrolle. Die Gewährleistung der Prozessrationalität bedingt Aufgaben zum Hinterfragen und gegebenenfalls Verbessern der Generierung und Verarbeitung des zur Führung relevanten Wissens sowie des Ablaufs des Führungsprozesses. Die Gewährleistung der Ergebnisrationalität umfasst Aufgaben zur Beurteilung der erzielten Ergebnisse des Führungsprozesses sowie die Kontrolle der eingesetzten Mittel ex post.

Instrumente zur Rationalitätssicherung sind solche betriebswirtschaftliche Methoden und Verfahren, die zur Bewältigung von Rationalitätssicherungsaufgaben eingesetzt werden.[339] Somit wird ein Instrument im betrachteten situativen Kontext dadurch zu einem Controllinginstrument, dass es mit dem Ziel der Sicherstellung einer rationalen Führung genutzt wird.

Die *Träger* der Rationalitätssicherungsfunktion können Führungskräfte, Controller sowie weitere interne und externe Führungsdienstleister sein.[340] Die jeweils für eine spezifische Rationalitätssicherungsaufgabe geeigneten Träger sind in Abhängigkeit von kontext- und situationsspezifischen Effektivitäts- und Effizienzkriterien zu bestimmen.[341]

---

337 Vgl. Scherm/Pietsch (2004), S. 8.

338 Siehe zu den Bestandteilen der Controllingkonzeption der Rationalitätssicherung der Führung sowie den nachfolgenden Ausführungen auch Florissen (2005), S. 60 f.

339 Vgl. Schäffer/Weber (2003), S. 6.

340 Vgl. Weber/Schäffer (2006), S. 40.

341 Vgl. Florissen (2005), S. 61.

2.2.2.3 Forschungsstand zum Markencontrolling

In der Literatur zur Markenführung wird die Thematik Markencontrolling in einer Vielzahl von Aufsätzen, Monografien und Sammelbänden behandelt. Wie bereits in der Einleitung geschildert, kennzeichnet sich der Forschungsstand zum Markencontrolling dabei durch ein diffuses Verständnis.[342] So liegt hinsichtlich des Begriffs, der Zielsetzung sowie der Aufgaben des Markencontrollings kein einheitliches Verständnis im Schrifttum vor.[343]

Auch mangelt es in der bestehenden Literatur zumeist an einer klaren Abgrenzung zwischen den Aufgaben und Instrumenten der Markenführung und denen des Markencontrollings. Stattdessen wird das Markencontrolling häufig als abschließende Teilaufgabe innerhalb des Markenführungsprozesses angesehen.[344]

Der überwiegende Teil der Arbeiten verstehen das Markencontrolling primär als Bestandteil der Markenkontrolle und mit der Aufgabe der Informationsversorgung.[345] Demnach sollte zur Sicherstellung, dass die Markenführung konsequent zum Erhalt bzw. zur Steigerung des Markenwerts beiträgt, das zur Markenkontrolle gehörende Markencontrolling durch Festlegung und Messung erfolgswirksamer Zielgrößen eine Verhaltensbeeinflussung der Markenmanager bewirken und deren Handeln auf die Erreichung der gesetzten Zielgrößen ausrichten.[346] Die Aufgabe des Markencontrollings liege in der Informationsversorgung aller an der Markenführung beteiligten Personen und der Beurteilung aller Markenaktivitäten hinsichtlich Effektivität und Effizienz.[347]

Andere Arbeiten betonen stärker eine Orientierung am Controllingverständnis als Koordinationsaufgabe und betrachten als primäre Aufgabe des Markencontrollings die Koordination des Führungssystems.[348] Dem Controlling komme dabei primär eine systemübergreifende Koordinationsaufgabe zu, welche die zentralen Funktionen Informationsversorgung, Planung und Kontrolle auszufüllen hat.[349]

Im Regelfall erschöpfen sich die Ansätze zum Markencontrolling in der Behandlung von Teilaspekten der Markenführung sowie von vereinzelten Rationalitätsengpässen. So werden

---

342 Vgl. Esch (2005d), S. 156 sowie Tomczak/Reinecke/Kaetzke (2004).

343 Zur Problematik des heterogenen Controllingverständnisses allgemein siehe auch Weber (2002), S. VII; Ortelbach/Hagenhoff (2004), S. 1 und der daraus resultierenden Problematik zur begrifflichen Abgrenzung des Markencontrollings Meffert/Koers (2005), S. 275.

344 Vgl. bspw. Burmann/Blinda/Nitschke (2003), S. 10 oder Esch (2007), S. 120.

345 Siehe z.B. Esch/Langner/Brunner (2005), S. 1229; Burmann/Blinda (2006), S. 10; Reinecke/Janz (2007).

346 Vgl. Esch/Langner/Brunner (2005), S. 1229.

347 Vgl. Burmann/Blinda (2006), S. 10.

348 Siehe z.B. Koers (2001); Kriegbaum (2001); Meffert/Koers (2005), S. 27; Kullmann (2006).

349 Vgl. Burmann/Kullmann (2004), S. 10 f.; Meffert/Koers (2005), S. 276 und Burmann/Zeplin (2006), S. 20. Siehe für ein koordinationsorientiertes Markencontrollingverständnis auch Kriegbaum (2001), S. 68 ff.

Teilaspekte der Markenführung wie die Steuerung von Markenportfolios betrachtet,[350] die Markenbewertung und Steuerung des Markenwerts beleuchtet[351] oder eine Entwicklung einer Markenscorecard zur Markensteuerung vorgenommen. Tatsächlich verfolgen die meisten der aktuellen Ausarbeitungen zum Markencontrolling diesen instrumentenorientierten Ansatz und fokussieren sich auf die Entwicklung einer Marken- bzw. Brandscorecard. [352] Dies geschieht jedoch typischerweise ohne explizit herauszustellen, dass nur ein Teilaspekt des Markencontrollings behandelt werden soll.[353]

Der überwiegende Teil der bestehenden Ansätze richtet die Betrachtung bislang auf die ex post Kontrollfunktion des Markencontrollings.[354] Es findet sich jedoch zunehmend die Forderung nach einem integrierten Markencontrollingprozess zur ex ante Unterstützung der Planung und Steuerung der Marke.[355]

In einzelnen jüngeren Arbeiten wird als Aufgabe des Markencontrollings umfassender die Sicherstellung der Rationalität der Markenführung gemäß der Controllingkonzeption der Rationalitätssicherung der Führung nach WEBER explizit genannt.[356] Es konnte auch eine Arbeit identifiziert werden, die durch Analogiebildung generelle Rationalitätsengpässe einer marktorientierten Unternehmensführung auf den Markenkontext übertrug, um vier wesentliche Aspekte, dem sich das Markencontrolling widmen soll, zu bestimmen.[357] Bislang unterblieb jedoch auch in diesen Arbeiten die Konzeption eines Markencontrollings, das einem umfassenden Controllingverständnis als Rationalitätssicherung der Markenführung unter Einbeziehung verhaltenswissenschaftlicher Erkenntnisse entspricht, indem potenzielle inferiore Zustände im Handeln der Markenmanager identifiziert, analysiert und adressiert wurden.

In der Literatur mangelt es bislang grundsätzlich an einem die Aufgaben der Markenführung entlang der Phasen des Markenführungsprozesses begleitenden Markencontrolling. Die

---

350 Vgl. Koers (2001); Kullmann (2006).

351 Vgl. Kriegbaum (2001); Reinecke/Janz (2007).

352 Vgl. Burmann/Zeplin (2006), S. 71. Siehe zur Markenscorecard auch die Ansätze zum Markencontrolling von Meffert/Koers (2005), S. 276; Kropfberger/Mödritscher/Waiguny (2006), S. 505 ff.; Logman (2004); Schmahl (2003) oder Schulz-Moll/Kam (2003).

353 So behandelte bspw. Kriegbaum die Bewertung und Steuerung von Marken (Vgl. Kriegbaum (2001)) während sich Koers bzw. Kullmann mit der Steuerung bzw. Koordination von Markenportfolios befassten (Vgl. Koers (2001) bzw. Kullmann (2006)). Reinecke/Janz fokussierten ihre Markencontrollingkonzeption auf die Messung von Markenwert und Markenwissen (Vgl. Reinecke/Janz (2007). Meffert/Koers wiederum entwickelten eine Balanced Scorecard zur Markensteuerung.

354 Vgl. Staudacher (2008), S. 76; Kullmann (2006), S. 21.

355 Vgl. Staudacher (2008), S. 76; Meffert/Koers (2005), S. 274; Tomczak/Reinecke/Kaetzke (2004), S. 1823 sowie Davis (2000).

356 Vgl. hierzu u. a. Meffert/Koers (2005), Burmann/Zeplin (2006), S. 20.

357 Vgl. Tomczak/Reinecke/Kaetzke (2004), S. 1826. Ausgehend von den dargestellten Überlegungen, wurden als zentrale Aspekte Informationsversorgung, Sicherstellen der Ausgewogenheit zwischen Reflexion und Intuition, Sicherstellen eines durchgängigen Markenführungssystems sowie die Verbindung mit der Kompetenz und Anreizgestaltung genannt.

bislang vorliegenden instrumentenorientierten Arbeiten zum Markencontrolling fokussieren sich auf eine koordinierende Führungsunterstützung in Form von Informationsversorgung und Kontrollen. Es fehlt an einer Analyse von bei der Wahrnehmung dieser Aufgaben beobachtbaren Rationalitätsdefiziten der Markenmanager sowie an einer gezielten Adressierung dieser Defizite durch rationalitätssichernde Maßnahmen. Ferner wurden kognitive und motivatorische Beschränkungen der Markenmanager als potenzielle Ursache dieser Rationalitätsdefizite nicht explizit untersucht und in einem Markencontrollingansatz integriert.

Das einer jeweiligen Arbeit zu Grunde liegende Controllingverständnis stellt eine Auswahlentscheidung über den Ausschnitt der Realität dar, auf den sich diese Arbeit bezieht.[358] Mit der nachfolgenden Anwendung der Konzeption des Controllings als Rationalitätssicherung der Führung auf den Kontext der Markenführung erfolgt eine breite Sichtweise auf das Untersuchungsobjekt Markencontrolling und neben der Generierung neuer Erkenntnisse wird auch die Integration von Erkenntnissen bestehender Arbeiten zum Markencontrolling ermöglicht.

2.2.2.4 Markencontrolling als Rationalitätssicherung der Markenführung

Ausgehend vom Controllingverständnis der Rationalitätssicherung der Führung und dem identitätsorientierten Markenführungsverständnis wird Markencontrolling als Sicherstellung der durch kognitive und motivatorische Begrenzungen der beteiligten Akteure bedrohten Input-, Prozess- und Ergebnisrationalität im Prozess der identitätsorientierten Markenführung definiert. Aufgrund ihrer hohen Komplexität[359] sind die typischerweise in der strategischen Willensbildung der Markenführung wahrzunehmenden Aufgaben unter strategische Problemstellungen zu subsumieren.[360] Die aus dieser Komplexität und der Dynamik in der Umwelt der Markenführung entstehende Unsicherheit gestaltet eine Beurteilung der Ergebnis-Rationalität ex ante problematisch, so dass diese im Regelfall nur ex post erfolgen kann.[361] Zur bestmöglichen Gewährleistung der Ergebnisrationalität der Markenführung ex ante ist daher ein beson-

---

358 Vgl. Bramseman/Heineke/Kunz (2004), S. 551.

359 Das Verständnis von Komplexität ist in der Literatur sehr heterogen; siehe hierzu. bspw. Knyphausen (1988), S. 279 sowie Kirsch (1988), S. 205. Weber unterscheidet zur Bestimmung der Komplexität die Zahl der Elemente, die Unterschiedlichkeit der Elemente, die Unterschiedlichkeit der Elementzustände, die Zahl der Beziehungen, die Unterschiedlichkeit der Beziehungen sowie die Unterschiedlichkeit der Beziehungszustände; Vgl. Weber/Brettel/Schäffer (1996), S. 16. Aufgrund der Heterogenität und der Vielzahl an Elementen, die in die Willensbildung der Markenführung einzubeziehen sind, ist dort von einer hohen Komplexität auszugehen.
Zur steigenden Komplexität, mit der die Markenführung konfrontiert ist, und den hierfür verantwortlichen Treibern siehe auch Meffert/Bierwirth (2005), S. 145.

360 Siehe zur Beziehung strategischer Probleme zu komplexen Handlungssituationen sowie zur Handhabung strategischer Probleme und deren Rationalitätssicherung auch Kehrmann (2002), S. 29-63.

361 Diese ex post Betrachtung spiegelt sich auch im überwiegenden Teil der bisherigen Arbeiten zum Markencontrolling wieder; Vgl. Kapitel 2.2.2.3.

deres Augenmerk auf die Sicherung der Input- und Prozessrationalität der Markenführung zu legen.[362]

Damit die Wahrnehmung dieser Rationalitätssicherungsfunktion der Markenführung dabei selbst den Rationalitätssicherungsanforderungen gerecht wird, müssen die Aufwendungen zur Sicherung der Rationalität der Markenführung geringer als der durch diese Maßnahmen zu erwartende Nutzen sein. Das Markencontrolling sollte daher nur solange auf eine Verbesserung der Rationalität gegenüber dem Status quo abzielen, solange der zusätzlich generierte Nutzen höher als die Aufwendungen zur Sicherung ist.[363]

Ausgehend von der Controllingkonzeption der Rationalitätssicherung der Führung lässt sich nachfolgende Markencontrollingkonzeption als Rationalitätssicherung der Markenführung skizzieren:

Das *Ziel* des Markencontrollings ist die Sicherung der Rationalität der Markenführung. Die Rationalitätsdefizite der Markenführung sind soweit zu reduzieren, wie der durch die Rationalitätssicherung generierte Nutzen größer ist als die entstehenden Sicherungskosten.

Die *Aufgaben* des Markencontrollings setzen sich aus Maßnahmen zur Reduzierung des eigeninteressierten Handelns sowie zur Reduzierung der kognitiven Beschränkungen der Markenführung zusammen. Die Aufgaben umfassen sowohl ex post als auch ex ante bezogene Maßnahmen. Zur Gewährleistung der Ergebnisrationalität der Markenführung ist besonderes Augenmerk auf Maßnahmen zur Gewährleistung der Input- und Prozessrationalität zu legen.

Die Instrumente des Markencontrollings umfassen diejenigen Instrumente, die mit dem Ziel der Sicherstellung einer rationalen Markenführung genutzt werden.

Die *Träger* des Markencontrollings sind in Abhängigkeit von kontext- und situationsspezifischen Effektivitäts- und Effizienzkriterien jeweils für eine spezifische Rationalitätssicherungsaufgabe geeignete interne und externe Akteure.

Die Operationalisierung der Ziele sowie der Aufgaben einer als Rationalitätssicherung der Markenführung verstandenen Markencontrollingkonzeption erfolgt nach der Identifikation der Rationalitätsdefizite in der strategischen Willensbildung der identitätsorientierten Markenführung und deren Ursachenergründung in Kapitel 4.[364]

---

[362] Siehe auch die Ausführungen in Kapitel 2.2.1.2 sowie in Kapitel 4.1.

[363] Analoge Schlüsse werden für das Preiscontrolling von Florissen (Siehe Florissen (2005), S. 215) sowie für das Finanzcontrolling von Müller (Siehe Müller (2008), S. 230) gezogen.

[364] Ein vergleichbares Vorgehen zur Bestimmung einer Controllingkonzeption in einem spezifischen Kontext wählten auch Florissen (2005), S. 63; Müller (2008), S. 45.

3 Rationalitätsdefizite der Markenführung und deren Ursachen

Der Aufbau des dritten Kapitels orientiert sich an den Erfordernissen zur Beantwortung der Forschungsfragen F1a und F1b. Um eine geeignete Ausgangsbasis für die Identifikation und Ursachenanalyse von Rationalitätsdefiziten in der Markenführung zu schaffen, wird zunächst der aktuelle Forschungsstand der Markenforschung hinsichtlich seines Erklärungsbeitrags für die betrachtete Problemstellung analysiert (Kapitel 3.1).

Die Verfolgung einer sachlich-analytischen Forschungsstrategie macht die Verwendung eines methodisch fundierten Strukturrahmens zur Ursachenergründung erforderlich. Das RREEMM-Modell hat sich bereits in verschiedenen Kontexten zur Bearbeitung der Problemstellung bewährt und ermöglicht die Berücksichtigung eigeninteressierten Handelns sowie kognitiver Beschränkungen der Markenmanager (Kapitel 3.2).

Den Hauptteil des dritten Kapitels bildet die Beschreibung und Analyse potenzieller Rationalitätsdefizite der Markenführung anhand der strategischen Willensbildung im Markenführungsprozess. Dabei werden deren Ursachen unter Anwendung des im vorausgehenden Abschnitt dargestellten Strukturrahmens anhand konkreter motivatorischer und kognitiver Begrenzungen der Markenmanager ergründet (Kapitel 3.3).

3.1 Stand der Forschung zu Rationalitätsdefiziten in der Markenführung

In diesem Abschnitt soll der bisherige Forschungsstand zu Rationalitätsdefiziten in der Markenführung analysiert und hinsichtlich des Erklärungsbeitrags der zu untersuchenden Problemstellung betrachtet werden. Es wird geklärt, inwieweit bislang im Schrifttum zur Markenführung eine verhaltensorientierte Betrachtung der von den Markenmanagern innerhalb des Markenführungsprozesses zu tätigenden Entscheidungen vorgenommen wurde. Um ein möglichst aussagekräftiges Bild bezüglich des Forschungsstands zeichnen zu können, erfolgt eine differenzierte Betrachtung von Forschungsbeiträgen in den einschlägigen Journals (Kapitel 3.1.1) sowie dem Schrifttum in Monographien und Herausgeberschriften (Kapitel 3.1.2), bevor die aus dem Forschungsstand resultierenden Implikationen für diese Arbeit diskutiert werden (Kapitel 3.1.3). Außerdem werden die Rationalität gefährdende Merkmale der Markenführung dargestellt (Kapitel 3.1.4).

3.1.1 Forschungsbeiträge in Journals

In der angelsächsischen Managementliteratur gibt es eine Unterscheidung der Forschung zwischen Content-Forschung und Process-Forschung.[365] Beiträge zur Content-Forschung befassen sich mit der Identifikation von Strategien sowie mit der Bestimmung von Leitlinien zur Auswahl derjenigen Strategien, die in Anbetracht spezifischer Rahmenbedingungen für verschiedene Organisationsformen die besten Ergebnisse erwarten lassen. Die Process-Forschung untersucht den Entscheidungsprozess, der zur Auswahl einer Strategie geführt hat, sowie die den Entscheidungsprozess beeinflussenden Faktoren. Die Beiträge zur Content-Forschung orientieren sich zumeist am ökonomischen Ansatz und unterstellen absolut rational handelnde Akteure, wohingegen die Beiträge zur Process-Forschung mehrheitlich eine verhaltenswissenschaftliche Perspektive einnehmen und die begrenzte Rationalität der entscheidenden Akteure berücksichtigen.[366] Hinsichtlich der Marketingliteratur konstatiert JENNER eine eindeutige Dominanz der Content-Forschung.[367] Es finden sich zahlreiche Konzepte und Systematiken zur Ableitung von Handlungsempfehlungen, wohingegen der Entwicklung und Umsetzung von Marketingkonzepten wenig Aufmerksamkeit zuteil wird.[368]

Vergleichbares ist im Schrifttum zur Markenführungs-Forschung feststellbar.[369] Dieses kennzeichnet sich durch eine zunehmende Vielzahl von Arbeiten in den einschlägigen Journals seit Beginn der 90er Jahre. Im Zehnjahreszeitraum von 1999-2008 wurden in den mit A bzw. A+ gerankten Marketingjournals 661 Arbeiten veröffentlicht, die sich explizit mit dem Erkenntnisobjekt Marke auseinandergesetzt haben.[370] Da der Großteil dieser Veröffentlichungen sich auf die content-orientierte Forschung konzentriert und streng den ökonomischen Ansatz zu Grunde legt, finden sich trotz dieser Fülle an Forschungsergebnissen innerhalb dieser Journals

---

365 Vgl. Schwenk (1995), S. 471.

366 Vgl. Jenner (2003), S. 15; Schwenk (1995), S. 471 f.

367 Vgl. Jenner (2003), S. 16 siehe auch Varadarajan (1999), S. 88 ff.

368 Vgl. Varadarajan/Jayachandran (1999), S. 139.

369 Die Unterscheidung in Content- und Process-Forschung entspricht der Unterscheidung in die aus der strategischen Managementliteratur stammenden Konzepte market-based-view (MBV) sowie resource-based-view (RBV). Während der MBV den Unternehmenserfolg auf die externen Rahmenbedingungen und die Strategie des Unternehmens zurückführt, versucht der RBV, den Unternehmenserfolg in unternehmensspezifischen und einzigartigen Ressourcen und Fähigkeiten zu begründen; Vgl. Burmann/Meffert (2005c), S. 40 ff. siehe auch Freiling (2001).

370 Die genannte Stichprobe bezieht sich auf sämtliche Artikel mit dem Stichwort „Brand" im Titel in den elf nach dem VHB-Jourqual: Teilranking Marketing mit A+ sowie A gerankten Journals im Zeitraum von 1999-2008. Diese gänzlich dem angelsächsischen Schrifttum zuzurechnenden Journals umfassen das Journal of Marketing Research, Marketing Science, Journal of Marketing, Journal of Consumer Research, Journal of Applied Psychology, Journal of the Academy of Marketing Science, International Journal of Research in Marketing, Journal of Service Research, Journal of Retailing, Journal of International Marketing sowie Marketing Letters; Vgl. zum VHB-Jourqual Hennig-Thurau/Walsh/Schrader (2003). In den Vorperioden von 1989-1998 bzw. 1979-1988 gab es 484 bzw. 232 Veröffentlichungen in den genannten Journals, die das Stichwort „Brand" im Titel führten.

nur vereinzelt hilfreiche Erkenntnisse zur Identifikation von Rationalitätsdefiziten der Markenmanager entlang des Markenführungsprozesses.

Dabei gilt es zu unterscheiden, dass zur Analyse der Konsumentenseite als Adressaten der Marke von der Markenforschung durchaus eine verhaltenswissenschaftliche Herangehensweise gewählt und von vollständig rational handelnden Akteuren abstrahiert wird. Dem Handeln der Akteure der Markenführung wird hingegen implizit zumeist vollkommene Rationalität unterstellt. Auf eine Analyse der dort ablaufenden Entscheidungsprozesse wird verzichtet. Es mangelt in den untersuchten hochkarätigen Journals an konzeptionellen und empirischen Forschungsarbeiten, die explizit das rationale Handeln von Markenmanagern hinterfragen.[371]

3.1.2 Forschungsbeiträge in Monographien und Herausgeberschriften

Die Monographien und Herausgeberschriften zur Markenführung beinhalten Ausführungen sowohl zu den sich der Markenführung unter Berücksichtigung der jeweiligen Rahmenbedingungen in einer bestimmten Entscheidungssituation anbietenden Strategien als auch zu dem Prozess, wie diese Strategien bzw. Pläne der Markenführung zu entwickeln sind. Eine bewusste Differenzierung in Arbeiten zum Content oder zum Process wird insbesondere in den deutschsprachigen Schriften selten vorgenommen; stattdessen erfolgt häufig primär eine Analyse der sich der Markenführung in der jeweiligen Entscheidungssituation bietenden Handlungsoptionen, selbst wenn dem Titel nach eine Abhandlung zum Prozess der Markenführung vorgenommen werden soll.[372] Andere, den Prozess der Markenführung betrachtende Arbeiten legen den Fokus auf die Analyse der Faktoren, unter denen möglichst erfolgreiche Entscheidungen der Markenführung entstehen.[373] Auch in den genannten Schriften finden sich nur vereinzelt Aussagen zu typischen Problemen, die im Handeln von Markenmanagern während des Entscheidungsfindungsprozesses beobachtbar sind.

Die in dieser Arbeit stattfindende Identifikation von Rationalitätsdefiziten im Prozess der Markenführung basiert zu einem bedeutenden Teil auf Hinweisen aus den einschlägigen englischsprachigen und deutschen Standardwerken zur Markenführung.[374] Deren Autoren haben auch mit ihren Beiträgen die in den einschlägigen Journals stattgefundene Entwicklung

---

[371] Ein gleiches Bild ergab die Analyse der thematisch besonders einschlägigen – jedoch mit jeweils D weniger hoch gerankten – Journals „Journal of Product and Brand Management" sowie dem „Journal of Brand Management".

[372] Zu der gleichen Erkenntnis kommt Jenner für die deutschsprachige Marketingliteratur im Allgemeinen; Vgl. Jenner (2003), S. 15.

[373] Vgl. bspw. Burmann/Blinda (2006), S. 20; Walter (2006), S. 219.

[374] Zu den bei der Identifikation der Rationalitätsdefizite der Markenführung besonders relevanten Monografien und Sammelbänden gehören u. a. Keller (2003); Aaker (1996); Aaker/Joachimsthaler (2000); Kapferer (2001); Baumgarth (2004); Esch (2005d); Esch (2005c); Riesenbeck/Perrey (2005); Meffert/Burmann/Koers (2005); Haedrich/Tomczak/Kaetzke (2003) sowie Bruhn (2004b).

der Markenforschung wesentlich mitgeprägt und können somit als Experten auf dem Gebiet der Markenführung angesehen werden, wobei auch diese Autoren dort zumeist eine contentorientierte Analyse vorgenommen haben.[375] Hinweise auf gegenüber soll-rationalem Handeln der Markenführung häufig beobachtbare inferiore Zustände finden sich dabei insbesondere in der verstärkt die Praxis adressierenden Literatur.[376]

Eine zur Identifikation von häufig in den Aufgabenfeldern der Markenführung beobachtbaren inferioren Zuständen hilfreiche empirische Untersuchung stellt die Dissertation von BLINDA dar.[377] Durch dort angestellte Gegenüberstellungen von Markenführungskompetenzen nach Aufgabenfeldern zwischen Unternehmen mit erfolgreichen bzw. weniger erfolgreichen Marken wurden signifikante Unterschiede ermittelt, die insbesondere bei einer Analyse auf Item-Ebene Rückschlüsse auf potenzielle Rationalitätsdefizite zulassen.

3.1.3 Implikationen für die Identifikation und Ursachenergründung von Rationalitätsdefiziten in der Markenführung

Eine umfassende verhaltensorientierte Betrachtung des Prozesses der Markenführung konnte weder in den einschlägigen Journals noch in den Monographien und Herausgeberbänden identifiziert werden. Es finden sich jedoch diverse Hinweise auf Rationalitätsdefizite in den Aufgabenfeldern der Markenführung, die sich hinsichtlich ihrer Fundierung und ihres Ursprungs in Kategorien unterteilen lassen.[378]

Eine Kategorie bilden Hinweise auf potenzielle Rationalitätsdefizite, die sich in den Ergebnissen quantitativer Untersuchungen finden lassen.[379] Diese durch großzahlige empirische Erhebungen generierten Erkenntnisse erlauben auch eindeutige Rückschlüsse auf den Grad der tatsächlichen praktischen Relevanz der analysierten Defizite.

Weitere im Sinne dieser Arbeit verwertbare qualitative Hinweise für Rationalitätsdefizite lassen sich in Journalartikeln und Abschriften von Interviews sowie von Vorträgen von bzw. mit Experten auf dem Gebiet der Markenführung identifizieren.[380] Diese auf subjektiven Erfahrungen von Experten basierenden Feststellungen enthalten sowohl direkte als auch indirekte Hinweise auf Rationalitätsdefizite der Markenführung.

---

375 Vgl. Kapitel 3.1.1 sowie bspw. Keller (1993); Aaker/Keller (1990).

376 Siehe bspw. Riesenbeck/Perrey (2005).

377 Siehe Blinda (2007).

378 Eine Übersicht über die jeweilige Fundierung der in dieser Untersuchung analysierten Rationalitätsdefizite findet sich in Kapitel 3.3.6.1.

379 Siehe bspw. Blinda (2007); Burkhardt/Hofmann (2008) oder Baumgarth (2006).

380 Siehe bspw. Keller (1993); Jenner (1999) sowie die Interviews in Riesenbeck/Perrey (2005) oder Güldenberg (2006).

Die in Monographien und Herausgeberschriften zu findenden Hinweise auf Rationalitätsdefizite sind von vergleichbarer Natur.[381] Im Regelfall werden diese dort als typischerweise in der Praxis der Markenführung beobachtbare Problemfelder oder als Herausforderungen für die Markenführung beschrieben, ohne dass die Fundierung der Aussage für den Leser näher ersichtlich wird. Die Wiedergabe einer subjektiven Meinung des jeweiligen Autors kann daher nicht ausgeschlossen werden.

Die in der Literatur angeführten Hinweise bilden die Grundlage für die in dieser Untersuchung analysierten Rationalitätsdefizite der Markenführung.[382] Im Vergleich zur Markenführung liegen für andere Führungskontexte deutlich umfassendere Erkenntnisse bezüglich des Verhaltens von Akteuren in den jeweiligen Entscheidungsprozessen vor.[383] Zur weiteren Fundierung identifizierter Rationalitätsdefizite der Markenführung werden daher vereinzelt in vergleichbaren Kontexten im Handeln von Akteuren nachgewiesene Rationalitätsdefizite hinsichtlich ihrer Übertragbarkeit auf den Kontext der Markenführung geprüft und die Erkenntnisse – sofern zweckmäßig – durch Analogiebildungen in die Analyse einbezogen.[384] Es sei ausdrücklich betont, dass in dieser Untersuchung keine ausschließlich auf Analogiebildung basierenden Rationalitätsdefizite Berücksichtigung finden.

Da der in der Literatur vorliegende Forschungsstand hinsichtlich der Ursachen von Rationalitätsdefiziten der Markenführung für eine umfassende Ursachenergründung der identifizierten Defizite unzureichend ist, erfolgt diese primär theoriegeleitet in Form eines methodologisch fundierten Vorgehens durch Anwendung des RREEMM-Modells.

Außerdem werden in der Literatur unternehmensbezogene Merkmale der Markenführung angeführt, von denen potenziell eine rationalitätsgefährdende Beeinflussung der Entscheidungen und Handlungen der Markenmanager ausgehen könnte, so dass es aus Unternehmenssicht zu Rationalitätsdefiziten bei der Wahrnehmung der den Markenmanagern obliegenden Aufgaben kommen könnte.

---

381 Siehe bspw. Aaker (1996); Esch/Andresen (1996); Haedrich/Tomczak/Kaetzke (2003); Kroeber-Riel/Esch (2004); Keller (2005); Riesenbeck/Perrey (2005); Esch (2005d); Baumgarth (2008).

382 Siehe hierzu die Ausführungen in Kapitel 3.3.

383 Siehe bspw. zum verhaltensorientierten Forschungsstand im Preismanagement Florissen (2005) sowie Rullkötter (2009), S. 44-62, im Finanzmanagement Müller (2008), S. 6-9 oder für den spezifischen Fall verspäteter Projektabbrüche in der F&E Zayer (2007), S. 61-68.

384 So stellen bspw. Situationsanalysen, Zielbildungen sowie Strategiebildungen im Regelfall typische Elemente rational ablaufender Willensbildungsprozesse im Rahmen von Führungshandlungen dar und sind keine originären Spezifika der Markenführung. In anderen Kontexten beobachtbare potenzielle Rationalitätsdefizite der Führung sowie deren Ursachen, bspw. bei der Operationalisierung von Zielen oder bei der Auswahl und Anwendung der Methoden zur Situationsanalyse, werden daher auch im Kontext der Markenführung in Betracht gezogen.

3.1.4 Rationalitätsgefährdende Merkmale der Markenführung

Häufig zu beobachtende und für die Markenführung problematische unternehmenbezogene Aspekte stellen organisatorische Rahmenbedingungen für die Markenführung (Kapitel 3.3.1), kurzfristiger Erfolgsdruck und kurzfristige Entlohnungsmechanismen (Kapitel 3.3.2) sowie das Spannungsfeld zwischen Kontinuität contra Agilität (Kapitel 3.3.3) dar.[385] Die genannten Aspekte fließen bei der Identifikation der Rationalitätsdefizite der Markenführung sowie deren Ursachenergründung mit ein.[386]

Organisatorische Rahmenbedingungen für die Markenführung

Hinsichtlich der organisatorischen Rahmenbedingungen der Markenführung werden vor allem die drei Problemfelder junge und unerfahrene Markenmanager, Einbindung von Kompetenzen und Ressourcen externer Unternehmen sowie ein mangelndes Verständnis im Top-Management unterschieden.[387]

Nicht zuletzt aufgrund eines hohen Personalumschlags wird in der Praxis die Markenführung häufig jungen und unerfahrenen Markenmanagern übertragen.[388] Im Sinne einer zügigen Beförderung werden diese Nachwuchsführungskräfte tendenziell versuchen, kurzfristig erkennbare Ergebnisse zu erzielen. Die eigene Karriere und die Aussicht auf die Übernahme neuer Aufgaben stehen im Vordergrund des Handelns. Um bei den jährlich anstehenden Beurteilungsgesprächen oder bei potenziellen Gesprächen mit Headhuntern gut abzuschneiden, könnten sich die Markenmanager gedrängt fühlen, zügig vorzeigbare Ergebnisse präsentieren zu können. Die langfristigen Auswirkungen ihrer Handlungen auf die Marke werden dabei in der Willensbildung von den Markenmanagern nur ungenügend berücksichtigt.[389] Dies kann in einen übertriebenen Markenaktionismus münden. Bedingt durch ihre kurze Verweildauer und der damit verbundenen mangelnden Erfahrung werden die Markenmanager häufig auch nur in unzureichendem Maße über das zum Aufbau und Führen einer starken Marke erforderliche Wissen verfügen.

Das Erfordernis der Einbindung von Kompetenzen und Ressourcen externer Unternehmen ist ein weiteres Merkmal der Markenführung.[390] So nimmt die Markenkommunikation aufgrund ihres bedeutenden Einflusses auf das beim Konsumenten verankerte Markenimage eine

---

385 Die genannten Merkmale sowie deren Einteilung orientieren sich eng an der Analyse häufig beobachtbarer unternehmensbezogener Rahmenbedingungen der Markenführung von Esch (2005d), S. 53-57.

386 Siehe zu den untersuchten Rationalitätsdefiziten und deren Ursachen Kapitel 3.3.

387 Vgl. Esch (2005d), S. 53; Kapferer (1992), S. 32 f. sowie Aaker/Joachimsthaler (2000).

388 Vgl. Kapferer (1992), S. 32; Haedrich/Tomczak/Kaetzke (2003), S. 75.

389 Vgl. Esch (2005d), S. 54.

390 So arbeiten gemäß einer empirischen Studie 87% der erfolgreichen und 73% der weniger erfolgreichen Unternehmen mit Werbeagenturen sowie 49% bzw. 30% mit Marktforschungsinstituten zusammen; Vgl. Burkhardt/Hofmann (2008), S. 34.

wichtige Stellung im Rahmen der Aufgaben der Markenführung ein, zu der im Regelfall spezialisierte externe Dienstleister wie Werbeagenturen hinzugezogen werden.[391] Die strategischen Ziele und die angestrebte Positionierung der Marke sind den unternehmensexternen Akteuren dabei nicht immer in einem ausreichenden Maß bekannt. Die klare und kontinuierliche Positionierung sowie Identität der Marke werden gefährdet.

Außerdem führt ein hoher Anteil eines externen Partners an der Markenplanung zu einer Abhängigkeit von diesem, da für die Markenplanung notwendige Fachkenntnisse und Erfahrungen auf Unternehmensseite kaum weiterentwickelt werden. Die Einbeziehung spezialisierter Agenturen wird durch den Einsatz neuer Kommunikationsmittel zunehmend bedeutsamer, da spezifisches Wissen für einen effektiven und effizienten Einsatz dieser Kommunikationsmittel erforderlich ist.[392] Dies verlangt auch ein gesteigertes Maß an Führungs- und Kontrollhandlungen durch die Markenführung, um die Qualität der Umsetzung zu gewährleisten.[393]

Des Weiterem fehlt es dem Top-Management aufgrund anderer Aufgabenschwerpunkte häufig an einem ausreichenden Verständnis der Markenführung.[394] Dabei wird gefordert, dass das Top-Management die Funktion eines „obersten Markenwächters" wahrnehmen sollte, welcher trotz notwendiger Innovationen der Marke und wechselnden Werbeauftritten einen unangetasteten Markenkern über Jahrzehnte hinweg sicherstellt.[395] Problematisch ist auch, dass das Top-Management selbst ebenso wie die Markenmanager zunehmend kürzer ihre Führungspositionen bekleiden.

Kurzfristiger Erfolgsdruck und kurzfristige Entlohnungsmechanismen

Auch die Markenführung steht wie alle Unternehmensteilbereiche unter einem kurzfristigen Erfolgsdruck. Der Aufbau einer starken Marke und eines entsprechenden Markenimages stellt jedoch einen langwierigen Prozess dar, der im Widerspruch zu den Interessen der oft kurzfristig agierenden und an finanziell messbaren Erfolgen interessierten Investoren steht.[396] Getrieben von einem – allerdings falsch verstandenen – Shareholder-Value-Gedanken erhöht sich

---

391 Vgl. Esch (2005d), S. 54.

392 Vgl. Aaker (1996), S. 30.

393 Vgl. Esch (2005d), S. 54.

394 Siehe neben Esch (2005d), S. 54 auch Riesenbeck/Perrey (2005), S. 49 f., 314.; Güldenberg (2006), S. 30.

395 Als positives Beispiel dient der seit 1992 Vorsitzende des Vorstands bei der Porsche AG Wendelin Wiedeking, der die Markenpflege als einen wesentlichen Bestandteil seiner Aufgabe betrachtet: „Die Marke ist in einem Unternehmen gleichbedeutend mit den Kronjuwelen, und mit denen muss man sehr sorgfältig umgehen. Man holt sie nicht immer heraus, setzt sie nicht immer auf, aber man muss wissen, dass man sie hat und dass man sie sorgfältig putzen und pflegen muss." Vgl. Riesenbeck/Perrey (2005), S. 49.

396 Vgl. Esch (2005d), S. 55.

zunehmend die Orientierung an kurzfristigen finanziellen Quartalsergebnissen zu Ungunsten langfristig ausgerichteter und monetär schwer bewertbarer Größen.[397]

Auch die Markenführung steht im Rahmen der Allokation um die finanziellen Ressourcen in zunehmendem Maße unter dem Druck, ihren Beitrag zur Wertsteigerung des Unternehmens zu belegen. Typischerweise werden Markenmanager zu einer Verbesserung kurzfristiger Performance-Kennzahlen, bei einer gleichzeitigen Vernachlässigung der damit verbundenen Auswirkungen auf den Markenwert, angehalten.[398] Andernfalls droht eine Kürzung des Budgets zu Gunsten vermeintlich erfolgversprechenderer Investitionen.[399] Eine unbegründete wesentliche Kürzung des Budgets würde jedoch eine kontinuierliche Markenführung konterkarieren, da die Markenführung zu einschneidenden Änderungen ihrer bisherigen Maßnahmen gezwungen würde. In einer vom Shareholder-Value-Ansatz getriebenen Beurteilung der Maßnahmen der Markenführung besteht die Problematik, dass in dieser finanzwirtschaftlichen Konzeption die für die Markenführung bedeutsamen verhaltenswissenschaftlichen Größen, wie bspw. das Markenimage, nur schwer berücksichtigt werden können. Der Barwert einzelner Maßnahmen der Markenführung und die von diesen Maßnahmen ausgehenden Wirkungen sind nur unpräzise zu bestimmen bzw. nur langfristig beobachtbar.[400] Der Markenerfolg einer kontinuierlichen Markenführung lässt sich anhand kurzfristiger quantitativer Größen daher nur eingeschränkt bewerten.

Auch von kurzfristig orientierten Entlohnungsmechanismen werden die Entscheidungsträger zu einer kurzfristig ausgerichteten Markenführung angehalten.[401] Der von den Investoren ausgehende kurzfristige Erfolgsdruck auf die Führung der Marke wird durch die Schaffung von einer langfristig erfolgreichen Markenführung entgegenstehenden Anreizsystemen verstärkt.[402] Da die Fokussierung der Markenführung auf kurzfristige, monetäre Größen Fehlentscheidungen verursachen kann, sind verhaltenswissenschaftliche Größen wie das Markenimage und die Markenbekanntheit bei der Erfolgsbewertung einzubeziehen.[403] Andernfalls ist eine Vernachlässigung der langfristigen Ziele zu Gunsten kurzfristiger Zielsetzungen

397 Der Shareholder-Value-Ansatz versucht, die einzelnen Maßnahmen der Unternehmensführung hinsichtlich ihrer Eignung zur Steigerung des Unternehmenswerts zu beurteilen. Das angeführte fehlerhafte und zu kurzfristig ausgerichtetem Handeln verleitende Verständnis vieler Manager führt Rappaport – der Begründer des Shareholder-Value-Konzepts – auf deren Irrglauben zurück, dass sich der Kapitalmarkt an kurzfristigen Gewinnen anstelle der langfristigen Bewertung von Cash-Flows orientieren würde. Tatsächlich gebe es jedoch genügend Beweise für eine langfristige Sichtweise des Kapitalmarkts; Vgl. Rappaport (1999), S. 83.

398 Vgl. Berthon/Hulbert/Pitt (1999), S. 58.

399 Vgl. Belz (2006), S. 96.

400 Vgl. Esch (2005d), S. 55.

401 Die Erfolgsbewertung der Markenführung wird in der Regel in Form einer jährlichen Betrachtung vorgenommen; Vgl. Kapferer (1992), S. 31. Zum Teil kommt es bereits zu einer quartalsweisen Messung; Vgl. Esch (2005d), S. 56.

402 Vgl. Berthon/Hulbert/Pitt (1999), S. 58.

403 Vgl. Esch (2005d), S. 56.

zu erwarten. Eine alleinige Kopplung der Bezüge und der Beurteilungen der Markenmanager an finanzielle Kennzahlen – wie bspw. dem Aktienkurs oder von durch die Marke induzierte Umsätze – anstelle verhaltenswissenschaftlicher Kenngrößen ist daher kritisch zu betrachten.[404]

Spannungsfeld zwischen Kontinuität contra Agilität

Die Markenführung agiert ferner in einem Spannungsfeld zwischen Kontinuität contra Agilität. Für die Verankerung eindeutiger Gedächtnisstrukturen bei den Konsumenten ist eine längerfristige Konstanz in den Marketing-Maßnahmen und insbesondere bei den kommunikativen Maßnahmen der Marke notwendig.[405] Da die Markenführung jedoch mit einer in zunehmendem Maße schnelllebigeren Gesellschaft konfrontiert wird, sind im Rahmen der Markenführung auch die aktuellen gesellschaftlichen Entwicklungen und Trends zu berücksichtigen.[406] Die sich hierdurch verändernden Konsumentenbedürfnisse erfordern Aktualisierungen der Marke. Dieses Spannungsfeld der Marke macht eine entsprechende Markenstrategie notwendig, die zum einen eine Basis für Kontinuität darstellt und zum anderen ausreichendes Potenzial zur Anpassung an die sich verändernden Zielgruppen und den Zeitgeist ermöglicht.[407]

Es gilt, die Marke unter Anwendung einer dynamisch-kontinuierlichen Markenführung innerhalb der Erfolgszone zwischen den Dimensionen Kontinuität und Agilität zu manövrieren. Die Markenführung hat dabei Sorge zu tragen, dass weder ausschließlich auf die Kontinuität fokussiert wird, während notwendige Veränderungen unterbleiben, noch dürfen die Veränderungsbestrebungen zu massiv sein, so dass diese zu Lasten einer kontinuierlichen Markenführung gehen.[408] Im Falle veränderter Rahmenbedingungen droht durch Festhalten an der Positionierung (Markenstarre) ein Verlust an Relevanz und Aktualität der Marke, während bei Änderung einer im Kern tragfähigen Positionierung ohne Notwendigkeit (Markenaktio-

---

404 Vgl. Kapferer (1992), S. 31.
Beispielsweise ließen sich durch massive kurzfristige Rabattaktionen die Umsätze und Erträge einer Premiummarke kurzzeitig steigern. Ein anhand quantitativer Indikatoren gemessener Erfolg des Markenmanagers und seine Entlohnung würden dadurch erhöht. Die langfristige Positionierung der Marke als Premiummarke wäre jedoch bedroht.
Der Schaden oder Nutzen einer kurzfristig ausgerichteten Maßnahme für die langfristige Positionierung der Marke ist von den Markenmanagern häufig nur schwer abschätzbar; Vgl. Belz (2006), S. 111. Kurzfristiges orientiertes Handeln der Markenmanager kann daher auch Schäden an der Positionierung nach sich ziehen, die nicht wissentlich von Markenmanagern in Kauf genommen wurden. Derartige Handlungen sind daher nicht zwangsläufig auf eigennütziges Handeln zurückzuführen, sondern können auch in kognitiven Beschränkungen begründet sein.

405 Vgl. Esch (1998b), S. 75.

406 Vgl. Schulze (1998), S. 303 f. sowie Abschnitt 2.1.1.3.

407 Vgl. Esch (2005d), S. 57.

408 Vgl. Esch (2005d), S. 57.

nismus) die Markenidentität gefährdet wird.[409] Vielen Unternehmen misslingt die Verfolgung einer Markenstrategie innerhalb der Erfolgszone einer dynamisch-kontinuierlichen Markenführung.[410]

---

409 Vgl. Jenner (1999), S. 23 f.
Da derartige Entscheidungen in der Regel mit großen Unsicherheiten behaftet sind, ist die Bestimmung des richtigen Zeitpunkts sowie des Ausmaßes der Neupositionierung häufig problematisch.

410 Vgl. Esch (2005d), S. 57.

3.2 Ableitung eines Strukturrahmens zur Ursachenergründung

Die Entscheidung für eine sachlich-analytische Vorgehensweise bedingt die Konzeption eines theoretisch fundierten Strukturrahmens zur Analyse identifizierter Rationalitätsdefizite in den Aufgabenfeldern der strategischen Willensbildung im Markenführungsprozess. Diese Arbeit folgt dabei der Forschungsanweisung des methodologischen Individualismus (Kapitel 3.2.1).[411]

Ausgehend von dieser Forschungsanweisung wird für die Ursachenergründung der identifizierten Rationalitätsdefizite eine akteursbezogene Perspektive gewählt. Die Ursachen für die beobachtbaren Rationalitätsdefizite liegen demnach im eigeninteressierten Handeln und den kognitiven Beschränkungen der beteiligten Akteure begründet. Die Anwendung der Methode der abnehmenden Abstraktion in der Ausprägung des RREEMM erlaubt eine methodisch fundierte Ursachenergründung unter Berücksichtigung von Erkenntnissen aus der Ökonomie sowie den Verhaltenswissenschaften (Kapitel 3.2.2).

Eigeninteressiertes Handeln von Akteuren wird durch die in der ökonomischen Theorie unterstellte Nutzenmaximierung reflektiert und bildet die Kerntheorie des RREEMM-Modells. Kognitive Beschränkungen lassen sich durch zweckmäßige Erweiterung der Annahmen des RREEMM-Modells berücksichtigen. Durch Verwendung des RREEMM-Modells können so zur Ursachergründung der Defizite sowohl die unterschiedlichen Ausprägungen von eigeninteressiertem Handeln als auch verhaltenswissenschaftliche Phänomene in einem gemeinsamen Strukturrahmen integriert werden (Kapitel 3.2.3).

3.2.1 Verfolgung des methodologischen Individualismus

Dem methodologischen Individualismus folgend werden alle sozialen Phänomene, insbesondere die Funktionsweise sozialer Institutionen, als Ergebnis der Entscheidungen und Handlungen von Individuen verstanden.[412] Demnach resultieren soziale Phänomene aus den Handlungen von Individuen in Interaktionszusammenhängen.[413] Die sich aus dem Zusammenwirken von Akteuren ergebenden sozialen Zustände sind nicht notwendigerweise als bewusst von einem Akteur herbeigeführt anzusehen.[414] Gemäß der Forschungsanweisung des methodologi-

411 Zum Begriff des methodologischen Individualismus Vgl. Schumpeter (1970), S. 88-98; Albert (1977), S. 183.
Zur Zweckmäßigkeit des methodologischen Individualismus für eine theoriegesteuerte Analyse an der Schnittstelle zwischen Ökonomie und Soziologie siehe insbesondere die Ausführungen bei Lindenberg (1991), S. 50 f.

412 Vgl. Popper (2000), S. 348.

413 Vgl. Heine et al. (2006), S. 4.

414 Vgl. Meyer (2005), S. 3.

schen Individualismus wird in Form einer Mikrofundierung[415] zur Erklärung eines Makro-Explanandums – sozialwissenschaftliches Phänomen – der Zugang über die Mikroebene – individuelles Verhalten des Akteurs – gewählt.[416]

Dieser Erklärungsansatz der Mikrofundierung[417] verfolgt das Ziel, die Akteure in Bezug auf die zu analysierende Problemstellung derart zu modellieren, dass deren Verhalten erklärt werden kann.[418] Gemäß dem Konzept der pragmatischen Reduktion[419] sind die Individuen anhand eines möglichst einfachen Modells zu modellieren, um die zu untersuchende Problemstellung durch möglichst einfache und allgemeingültige Zusammenhänge zu erklären.[420] Eigenschaften der Akteure, die keinen Beitrag zur Erklärung des Untersuchungsobjekts liefern, sind im Sinne einer komplexitätsreduzierenden Modellierung zu vernachlässigen.[421]

Übertragen auf die Problemstellung dieser Arbeit werden gemäß der Forschungsanweisung des methodologischen Individualismus die Ursachen der Rationalitätsdefizite der Markenführung auf das Handeln der einzelnen Akteure – d. h. der jeweiligen Markenmanager – zurückgeführt. Anhand der einschlägigen Literatur identifizierte Rationalitätsdefizite können demnach anhand der Ziele und Eigenschaften der Markenmanager erklärt werden. Das Konzept der pragmatischen Reduktion fordert eine problemspezifische Modellierung der Markenmanager, die gerade ausreichend zur Erklärung der zu untersuchenden Rationalitätsdefizite ist.

Die Erörterung des dieser Untersuchung zu Grunde liegenden Controllingverständnisses hat gezeigt, dass im Rahmen der Untersuchung von Rationalitätsdefiziten in einer identitätsorientierten Markenführung und der Konzeption einer kontextspezifischen Rationalitätssicherung sowohl die „Wollens-" als auch die „Könnens-" Dimension der Akteure zu berücksichtigen sind. Bei der problemspezifischen Modellierung der Markenmanager als Akteure sind daher sowohl deren Ziele – die aus deren eigeninteressiertem Handeln resultieren – als auch deren Eigenschaften – in Form ihrer kognitiven Beschränkungen – zu integrieren. Für eine methodologisch-reflektierte, theoriegeleitete Integration verhaltenswissenschaftlicher Erkenntnisse in den ökonomischen Ansatz wurde von HEINE ET AL. die auf den Soziologen LINDENBERG

415 Die Mikrofundierung steht dabei im Gegensatz zur Mikrotheorie, bei der sowohl das Explanans, als auch das Explanandum auf der Ebene des Individuums liegen. Die Mikrotheorie verfolgt das Ziel der Generierung und Prüfung von Hypothesen auf der Mikroebene anstelle der bei der Mikrofundierung betrachteten Makroebene; Vgl. Zintl (1989), S. 56.

416 Zur Veranschaulichung der Erklärungsstrategie des methodologischen Individualismus Vgl. auch die Darstellung der „Coleman'schen Badewanne", Gerecke (1998), S. 158 oder Heine et al. (2006), S. 4.

417 Mikrofundierungen zum Treffen von Annahmen und Modellierungsentscheidungen über das handelnde Individuum werden auch als handlungstheoretische Fundierung oder Handlungstheorie bezeichnet; Vgl. Homann/Suchanek (2000), S. 22 f.

418 Vgl. Coleman (1990), S. 2.

419 Für eine detaillierte Erörterung des Konzepts der pragmatischen Reduktion siehe auch Suchanek (1994), S. 33-84.

420 Vgl. Suchanek (1994), S. 100-108.

421 Für eine ausführliche Darstellung siehe auch Müller (2008), S. 47.

zurückgehende Methode der abnehmenden Abstraktion als zweckmäßig herausgearbeitet.[422] Diese Methode erscheint auch für diese Arbeit zweckmäßig und wird im Rahmen der Ursachenergründung der identifizierten Rationalitätsdefizite angewendet.

3.2.2 Methode der abnehmenden Abstraktion zur Erweiterung des ökonomischen Ansatzes

Die Methode der abnehmenden Abstraktion stellt eine interdisziplinäre Forschungsmethode dar, die es erlaubt, eine festgelegte Kerntheorie problemspezifisch derart um Brückenannahmen zu erweitern, dass die zu untersuchende Problemstellung durch das konzipierte Modell erklärt werden kann.[423] Im Rahmen der Methode der abnehmenden Abstraktion versucht LINDENBERG die Vorteile der hohen analytischen Kraft der ökonomischen Forschung mit den Vorteilen der hohen deskriptiven Exaktheit der soziologischen Forschung zu verbinden.[424] Durch eine jeweilige problemspezifische Erweiterung einer ökonomisch geprägten Kerntheorie um nicht ökonomische Erkenntnisse in Form expliziter Brückenannahmen wird die deskriptive Exaktheit des Modells vergrößert.[425]

Gemäß LINDENBERG erhöht sich die Eignung der im Rahmen der Methode der abnehmenden Abstraktion als Kerntheorie eingesetzten Handlungstheorie umso mehr, je weniger Informationen über ein Individuum benötigt werden, da zur Erklärung von Makrophänomenen das Modell auf eine möglichst große Gruppe von Individuen anwendbar sein soll.[426] Die Möglichkeit einer flexiblen Erweiterung durch Brückenannahmen stellt eine weitere Anforderung an die einzusetzende Handlungstheorie dar.[427]

Von diesen Anforderungen ausgehend entwickelte LINDENBERG zur Untersuchung von Problemstellungen an der Schnittstelle von Ökonomie und Verhaltenswissenschaften das

---

422 Für eine Gegenüberstellung des ökonomischen Imperialismus, des Paralleldiskurses, des Sequenzverfahrens und der Methode der abnehmenden Abstraktion als alternative Strategien zur interdisziplinären Forschung und einer ausführlichen Herleitung der Zweckmäßigkeit der Methode der abnehmenden Abstraktion zur Modellierung ökonomischer Akteure mit begrenzten kognitiven Fähigkeiten Vgl. Heine et al. (2006), S. 9-14.

423 Als Resultat diverser aufeinander aufbauender Forschungspapiere (Vgl. Meyer/Heine (2005); Meyer (2005) und Heine et al. (2006)) wurde basierend auf dem Akteursmodell (Vgl. Bach et al. (2002)) am damaligen Lehrstuhl für Controlling und Telekommunikation an der WHU (Heute Lehrstuhl für Controlling und Unternehmenssteuerung als Teil des Instituts für Management und Controlling (IMC)) an der Otto Beisheim School of Management in Vallendar die Methode der abnehmenden Abstraktion als zweckmäßige Methode zur Modellierung ökonomischer Akteure mit begrenzten kognitiven Fähigkeiten herausgearbeitet.

424 Vgl. Lindenberg (1991), S. 29-31.

425 Vgl. Lindenberg (1992), S. 3 und 6.

426 Vgl. Lindenberg (1992), S. 7.

427 Vgl. Lindenberg (1992), S. 8.

RREEMM-Modell (Resourceful, Restricted, Evaluating, Expecting, Maximizing Man).[428] Als Kerntheorie liegt die ökonomische Nutzentheorie zu Grunde. Die einzelnen Annahmen des RREEMM-Modells sind gemäß dem ökonomischen Rationalprinzip wie folgt zu verstehen:

- Resourceful: Der Akteur sucht aktiv und intelligent aus dem gesamten Entscheidungsraum nach Möglichkeiten, die Ziele zu realisieren.
- Restricted: Die Wahlmöglichkeiten des Akteurs sind aufgrund knapper Güter beschränkt.
- Evaluating: Der Akteur bewertet frühere, jetzige und zukünftige Zustände und Geschehnisse.
- Expecting: Zukünftige Geschehnisse werden vom Akteur mit einer bestimmten Wahrscheinlichkeit erwartet.
- Maximizing: Angesichts der beschränkten Möglichkeiten versucht der Akteur gemäß seinen Möglichkeiten, den für ihn zu erwartenden Gesamtnutzen zu maximieren.[429]

Anhand einer Erweiterung dieser fünf Annahmen des RREEMM-Modells kann der Akteur entsprechend der Methode der abnehmenden Abstraktion derart modelliert werden, dass zusätzlich zu seinen aus dem ökonomischen Rationalprinzip resultierenden Eigenschaften verhaltenswissenschaftliche Erkenntnisse in das Modell integriert werden können. Der hohe Abstraktionsgrad des RREEMM-Modells erlaubt sowohl die Einbindung der Ziele – in Form von eigeninteressiertem Handeln („Wollen“) – als auch der Eigenschaften – aufgrund kognitiver Beschränkungen („Können“) – des Akteurs. Auf diese Untersuchung angewandt verlangt dabei das Konzept der pragmatischen Reduktion bei der konkreten Ausdifferenzierung der Ziele und Eigenschaften des Akteurs, dass die Erweiterung des RREEMM-Modells nur insoweit erfolgt, als es zur Ergründung der Ursachen der in der Untersuchung betrachteten Rationalitätsdefizite in den Aufgaben der identitätsorientierten Markenführung erforderlich ist.

---

428 Vgl. Lindenberg (1991), S. 55 und Lindenberg (1992), S. 8 f.

429 Definition des RREEMM-Modells nach Lindenberg: „Die erste Annahme (‚resourceful') bedeutet, daß der Mensch aktiv und intelligent nach Möglichkeiten der Zielrealisierung sucht. Die zweite Annahme besagt, daß Güter knapp sind, wodurch die Wahlmöglichkeiten beschränkt sind. Die dritte Annahme bezieht sich auf die Tatsache, daß Menschen (frühere, jetzige und zukünftige) Zustände und Geschehnisse bewerten. Zukünftige Zustände und Geschehnisse werden, viertens, vom Menschen mit einer bestimmten Wahrscheinlichkeit erwartet. Angesichts der Beschränkung der Möglichkeiten und angesichts der Tatsache, dass der Mensch erfinderisch ist, versucht er, fünftens, aus den beschränkten Möglichkeiten noch das Beste zu machen.“ Lindenberg (1991), S. 55.

3.2.3 Grundlegende Ursachenformen von Rationalitätsdefiziten

In diesem Abschnitt werden die Akteure der Markenführung als Strukturrahmen zur Ursachenergründung der Rationalitätsdefizite in der Markenführung modelliert. Die potenziell aus dem menschlichen Handeln der Markenmanager resultierenden Ursachen werden nach den Zielen – als eigeninteressiertem Handeln der Akteure (Kapitel 3.2.3.1) – und den Eigenschaften – als kognitive Beschränkungen der Akteure (Kapitel 3.2.3.2) – differenziert betrachtet.

3.2.3.1 Rationalitätsdefizite aufgrund eigeninteressierten Handelns

Die vom Akteur verfolgten Ziele werden durch den ökonomischen Ansatz als Kerntheorie des RREEMM-Modells reflektiert. Der ökonomische Ansatz geht vom homo oeconomicus als Akteur aus, der seinen individuellen Nutzen zu maximieren versucht.[430] Das den Markenmanagern unterstellte eigeninteressierte Handeln ist eine Konsequenz der Nutzenmaximierung.[431]

Stimmen die individuellen Ziele eines Akteurs nicht mit den gemeinsamen Zielen der in der Unternehmung zusammengeschlossenen Akteure überein, kommt es zu Zielkonflikten.[432] Wird nicht durch eine entsprechende Anreizgestaltung eine Übereinstimmung der Ziele erreicht, kann dies zu opportunistischem und eigeninteressiertem Handeln des individuellen Akteurs führen.[433] Derartiges eigeninteressiertes Handeln wird in dieser Untersuchung als potenzielle Ursache für Rationalitätsdefizite aufgefasst, sofern es der Realisierung der Unternehmensziele entgegenwirkt.[434] Nachfolgend werden vier Ausprägungen von eigeninteressiertem Handeln dargestellt.

Arbeitsscheues Verhalten

Arbeitsscheues Verhalten[435] des Akteurs äußert sich in Form der Phänomene soziales Faulenzen sowie Trittbrettfahren.[436] Unter sozialem Faulenzen wird die mit zunehmender Größe der Gruppe zurückgehende Bereitschaft des individuellen Gruppenmitglieds zum Erbringen von Leistungen für die Gruppe verstanden.[437] Als Trittbrettfahrer unterlässt ein Individuum die

---

430 Die Realisierung seiner Ziele ist für den Akteur Nutzen stiftend; Vgl. Bach et al. (2001), S. 98.
431 Siehe auch Homann/Suchanek (2000), S. 414.
432 Vgl. Jost (2000), S. 481 ff.; Staehle (1999), S. 389 f.
433 Opportunistisches Handeln stellt ein auf die Verfolgung von Eigeninteressen unter Anwendung von Arglist abzielendes Verhaltensmuster dar; Vgl. Williamson (1985), S. 47; Jost (2000), S. 483. Von der Komponente Arglist wird in dieser Untersuchung ebenso wie bei Paefgen (Vgl. Paefgen (2008), S. 62) abgesehen.
434 Siehe hierzu auch Florissen (2005), S. 124 sowie Kapitel 2.2.1.4.
435 Terberger (Vgl. Terberger (1994), S. 2) verwendet den Begriff Arbeitsleid.
436 Vgl. Schäffer (2001), S. 99 sowie Schäffer (2002), S. 87.
437 Das Konzept des sozialen Faulenzens geht auf Ringelmann (1913) zurück; siehe auch Latané/Williams/Harkins (1979), S. 822 f.; Nitzsch (2002), S. 68 f.; Wilke/Knippenberg (1996), S. 470 f.

Erbringung jeglicher Leistungen für eine Gruppe, profitiert jedoch von deren Gruppenleistung.[438] Aus Unternehmenssicht verursacht arbeitsscheues Verhalten Rationalitätsdefizite, wenn erforderliche Leistungen nicht oder nur mit einer unzureichenden Sorgfalt erbracht werden.[439] Zur Überwindung der Arbeitsscheu des Akteurs und somit zur Erreichung der vom Unternehmen intendierten Ziele bedarf es geeigneter Anreize.[440] Insbesondere bei der Betrachtung von Führungskräften – wie z.B. Markenmanagern – ist eine ausschließliche Fokussierung auf arbeitsscheues Verhalten jedoch als unzureichend zur Erklärung von eigeninteressiertem Handeln anzusehen.[441]

Abweichende Karrierepräferenzen

Das individuelle Streben der Akteure nach Macht, Selbstverwirklichung, Vermögen, Einfluss oder Autorität kann eine weitere Ursache für potenzielle Zielkonflikte sein.[442] Die Macht eines Akteurs steigt umso mehr, je größer der ihm unterstellte Bereich ist.[443] Neben diesem mittelbaren Machtzuwachs werden mit dem Streben nach einem größeren Einflussbereich ferner Einkommens-, Sicherheits- und Beförderungsziele verfolgt.[444] Der Grad der Zielerreichung der individuellen Karriereziele zeigt sich in der Größe der dem Akteur unterstellten Abteilung bzw. des ihm unterstehenden Budgets.[445] Der Einfluss abweichender Karrierepräferenzen auf das Handeln von Akteuren ist als umso größer einzuschätzen, je jünger der jeweilige Akteur ist.[446] Aufgrund des häufig vergleichsweise jungen Alters der Markenmanager stellt dieses Phänomen im Kontext der Markenführung eine potenziell bedeutsame Ursache für eigeninteressiertes Handeln der Akteure dar.

Abweichende Risikopräferenzen

Ferner können Zielkonflikte aus abweichenden Risikopräferenzen zwischen dem handelnden Akteur und dem Unternehmen resultieren. Die Akteure können aus Sicht des Unternehmens

Als ursächlich wird insbesondere die vom Individuum subjektiv empfundene mangelnde Identifizierbarkeit seines Beitrags zur Gruppenleistung angesehen; Vgl. Latané/Williams/Harkins (1979), S. 829 f.

438 Das Konzept des Trittbrettfahrers geht auf Kerr (Vgl. Kerr (1983)) zurück; siehe auch Nitzsch (2002), S. 68 f.; Wilke/Knippenberg (1996), S. 469.
Tritt das Phänomen Trittbrettfahren bei einzelnen Angehörigen einer Gruppe auf, vermindert sich als Resultat die Leistungsbereitschaft der gesamten Gruppe; Vgl. Kerr (1983), S. 825 ff.

439 Vgl. Müller (2008), S. 56 sowie Jensen/Meckling (1976), S. 313.

440 Vgl. Schäffer (2001), S. 99. Siehe auch Harris/Raviv (1979), S. 232; Holmström/Ricart i Costa (1986), S. 835.

441 Siehe auch Küpper (1997), S. 52.

442 Vgl. Müller (2008), S. 57.
Siehe außerdem Florissen (2005), S. 126 und Schäffer (2001), S. 101, die sich insbesondere auf Machtpräferenzen der Akteure konzentrieren.

443 Vgl. Marris (1963), S. 186.

444 Vgl. Williamson (1964), S. 34; Jost (2000), S. 24.

445 Vgl. Müller (2008), S. 57.

446 Vgl. Gibbons/Murphy (1990), S. 468 ff.

sowohl eine zu geringe Risikobereitschaft aufweisen – bspw. zur Sicherung des eigenen Arbeitsplatzes[447] – als auch eine zu hohe Risikobereitschaft – falls bspw. der Fehlschlag eines Projekts proportional geringere Auswirkungen für ihn als ein Erfolg hat.[448] Aus Perspektive des Unternehmens können daher sowohl eine zu geringe als auch eine zu hohe Risikobereitschaft der Akteure zu Rationalitätsdefiziten führen.

Abweichende Zeitpräferenzen

Zielkonflikte aufgrund abweichender Zeitpräferenzen entstehen, wenn der Akteur einen vom Unternehmen abweichenden Zeithorizont verfolgt. Der für den Akteur relevante Zeithorizont wird maßgeblich durch seine mutmaßliche Verweildauer im Unternehmen bzw. in der jeweiligen Position beeinflusst und ist im Regelfall kürzer gefasst als der des Unternehmens.[449] Verstärkt wird dieser Einfluss durch eine auf kurzfristigen Erfolgen basierende Beförderungspolitik des Unternehmens[450] und durch auf kurzfristige Zielerreichungen ausgerichtete Anreizsysteme.[451]

3.2.3.2 Rationalitätsdefizite aufgrund kognitiver Beschränkungen

Eine strenge Ausrichtung am ökonomischen Ansatz – der von den individuellen Nutzen maximierenden und dabei vollkommen rational handelnden Akteuren ausgeht – wäre zur Ursachenergründung von Rationalitätsdefiziten unzureichend.[452] In dieser Untersuchung werden daher als weitere Ursache für irrationales Entscheiden und Handeln kognitive Beschränkungen der Akteure herangezogen. Zur Berücksichtigung der kognitiven Beschränkungen im Strukturrahmen dieser Untersuchung wird wie von LINDENBERG vorgeschlagen eine problemspezifische Erweiterung der Annahmen des RREEMM-Modells vorgenommen.[453] Die kognitiven Beschränkungen der Akteure sind auf deren begrenzte Informationsverarbeitungskapazität zurückführbar, so dass als theoretisches Fundament zur inhaltlichen Erweiterung des

447 Vgl. Williamson (1964), S. 32.

448 Vgl. Schäffer (2001), S. 101; Eisenführ/Weber (2003), S. 31 f.
Begründet mit dem „Risk/Return-Paradoxon" erwartet Schäffer eine erhöhte Risikobereitschaft im Falle einer wirtschaftlich schwierigen Situation und analog eine geringe Risikobereitschaft in wirtschaftlich guten Zeiten; Vgl. Schäffer (2001), S. 101 sowie die dort zitierten Untersuchungen von Bowmann (1980) und Perlitz/Löbler (1985).

449 Vgl. Eisenführ/Weber (2003), S. 32.

450 Vgl. Schäffer (2001), S. 101 f.

451 Siehe zu den unternehmensbezogenen Rahmenbedingungen der Markenführung, die zu einer Kurzfristorientierung und somit zu abweichenden Zeitpräferenzen der Markenmanager führen können, auch Kapitel 3.1.4.

452 Siehe für die zu analysierenden Rationalitätsdefizite Kapitel 3.3.

453 Die Erweiterung der Annahmen des RREEMM-Modells erfolgte in einem revolvierenden Prozess und nur insoweit, als es zur Ursachenergründung der in Kapitel 3.3 analysierten Rationalitätsdefizite zweckmäßig war.

RREEMM-Modells der zur deskriptiven Entscheidungstheorie zuzuordnende Informationsverarbeitungsansatz herangezogen wird.[454] Im Detail erfolgen Erweiterungen der Resourceful-, Evaluating-, Expecting- sowie Maximizing-Annahmen des RREEMM-Modells.[455]

3.2.3.2.1 Erweiterung der Resourceful-Annahme

Die Resourceful-Annahme des RREEMM-Modells besagt, dass der Akteur aktiv und intelligent aus dem gesamten Entscheidungsraum nach Möglichkeiten zur Zielrealisierung sucht.[456] Gemäß einer strengen Orientierung am ökonomischen Rationalprinzip würde der Akteur über ein allumfassendes Wissen hinsichtlich aller denkbaren Alternativen verfügen. In Anbetracht des tatsächlich in realiter beobachtbaren Handelns von Akteuren erscheinen daher Erweiterungen der Resourceful-Annahme angebracht.

Wissensbeschränkungen

Wissensbeschränkungen[457] sind die Differenz zwischen dem bei einem Akteur tatsächlich vorhandenen Wissensbestand und einer fiktiven Allwissenheit.[458] Es lassen sich objektive und subjektive Wissensdefizite unterscheiden. Objektive Wissensdefizite sind abhängig von der Komplexität und Dynamik der spezifischen zu realisierenden Handlung und sind unabhängig vom individuellen Akteur.[459] Subjektive Wissensdefizite hingegen sind abhängig vom Erfahrungswissen des individuellen Akteurs, welches im Zeitablauf durch Lernen verändert werden kann.[460] Das Ausmaß der Wissensbeschränkungen wird somit von der Komplexität und der Dynamik des Handlungskontextes sowie vom Erfahrungswissen des individuellen Akteurs

---

454 Vgl. Kirsch/Klein (1977), S. 87 ff.; Abel (1977), S. 53 ff.; für eine ausführliche Diskussion des Informationsverarbeitungsansatzes siehe auch Paefgen (2008), S. 57 ff.

455 Eine Erweiterung der Restricted-Annahme wird nicht vorgenommen. Nach der Restricted-Annahme wird die Menge der zur Verfügung stehenden Handlungsalternativen aufgrund von Budgetrestriktionen der Akteure beschränkt. Diese Budgetrestriktionen lassen sich um technische oder soziale Restriktionen erweitern (Vgl. Homann/Suchanek (2000), S. 31 f.). Unter dieses weite Verständnis von Budgetrestriktionen können auch kognitive Beschränkungen generell subsumiert werden. In dieser Untersuchung erfolgt jedoch eine direkte Zuordnung der einzelnen kognitiven Beschränkungen durch Erweiterungen der übrigen Annahmen, so dass eine Erweiterung der Restricted-Annahme nicht erforderlich ist.
Eine vergleichbare Vorgehensweise bei der Erweiterung des RREEMM-Modells wurde auch von Rullkötter, Müller und Paefgen gewählt; Vgl. Rullkötter (2009), S. 36; Müller (2008), S. 66; Paefgen (2008), S. 71 f.
Ferner verzichten Müller und Paefgen im Rahmen der von ihnen untersuchten Problemstellungen auch auf eine Erweiterung der Maximizing-Annahme des RREEMM-ModellS. Zur Analyse der Rationalitätsdefizite in der Markenführung erscheint jedoch eine Erweiterung der Maximizing-Annahme zweckmäßig.

456 Vgl. Lindenberg (1991), S. 55.

457 Für Wissensbeschränkungen wird in dieser Untersuchung auch das Synonym Wissensdefizite verwendet.

458 Vgl. Herzog (1999), S. 70.

459 Vgl. Herzog (1999), S. 70; Schäffer (2001), S. 87.

460 Vgl. Florissen (2005), S. 97.

beeinflusst.[461] In Abhängigkeit des Wissensinhalts können Wissensdefizite hinsichtlich der drei verschiedenen Wissensarten Faktenwissen – „Gewusst-Was“ –, Methodenwissen – „Gewusst-Wie“ – sowie Beziehungswissen – „Gewusst-Wer“ – separiert werden.[462]

Beschränkte Wahrnehmungsfähigkeit

Zur Vermehrung des Wissens eines Akteurs sind wissensgenerierende Fähigkeiten erforderlich.[463] Diese wissensgenerierenden Fähigkeiten manifestieren sich in den individuellen Kapazitäten des Akteurs zur Aufnahme, Verarbeitung und Weitergabe von Wissen.[464] Die kognitiven Fähigkeiten zur Wissensgenerierung werden durch die nur begrenzt zur Verfügung stehenden Ressourcen Aufmerksamkeit und Gedächtnis beschränkt.[465] Die beschränkte Aufmerksamkeit macht eine Filterung der dem Akteur dargebotenen Informationen erforderlich, um die Aufmerksamkeit auf die zum gegebenen Zeitpunkt relevanten Sachverhalte zu fokussieren.[466] Durch diese Fokussierung auf einen Teil der dem Akteur dargebotenen Informationen wird gleichzeitig die Ressource Gedächtnis geschont,[467] so dass dem Akteur ein Haushalten mit seinen kognitiven Ressourcen unterstellt werden kann.[468] Die Wahrnehmung der Realität wird dabei vom Akteur auf einen vereinfachten – für ihn repräsentativen – Teilbereich der realen Welt begrenzt.[469] Falls aufgrund beschränkter Wahrnehmungsfähigkeiten relevante Aspekte einer Situation unberücksichtigt bleiben, kann dies dazu führen, dass Problemtatbestände nicht erkannt oder Ziele, Handlungsalternativen sowie Wirkungszusammenhänge zwischen den Zielen und Handlungsalternativen vernachlässigt werden.[470] Handlungen auf Basis fehlerhafter oder unberücksichtigter Informationen werden als „ignorant action“ bezeichnet und Handlungen, die auf Entscheidungen ohne Berücksichtigung aller relevanten Handlungsalternativen basieren, als „rash action“.[471]

Verzerrungen durch mentale Modelle

Bei der Identifikation von Alternativen werden vom Akteur Mechanismen zur Vereinfachung und Komplexitätsreduktion der Realität eingesetzt. Zur Repräsentation des vorhandenen

461 Siehe auch Simon (1957), S. 81 ff.
462 Vgl. Paefgen (2008), S. 67. Für eine ausführliche Darstellung der unterschiedlichen Wissensarten siehe Florissen (2005), S. 97 f.; sowie Zimbardo/Gerrig (1999), S. 234 ff.; Herzog (1999), S. 71.
463 Vgl. Rullkötter (2009), S. 31.
464 Vgl. Florissen (2005), S. 99 f.
465 Vgl. Kirsch (1977a), S. 84 ff.; Nitzsch (2002), S. 2 ff.; zu den beschränkenden und begrenzt verfügbaren Ressourcen Aufmerksamkeit bzw. Gedächtnis siehe detailliert auch Simon (1978), S. 13; Zimbardo (1995), S. 266 ff. bzw. Kirsch (1977b), S. 87 ff.
466 Siehe auch Simon (1983), S. 20 f.
467 Vgl. Florissen (2005), S. 100.
468 Vgl. Nitzsch (2002), S. 20.
469 Vgl. Denzau/North (1994), S. 4; Langer (2002), S. 59.
470 Vgl. Florissen (2005), S. 100; siehe auch Weber/Liekweg (2001), S. 468.
471 Vgl. Schoeffler (1954), S. 249 ff. sowie die Ausführungen von Florissen (2005), S. 101.

Wissens dienen u. a. mentale Modelle.[472] Mentale Modelle sind vom kognitiven System des Individuums generierte vereinfachte interne Darstellungen der realen Welt zur Interpretation seiner Umwelt.[473] Sie strukturieren das beim Akteur vorhandene Wissen und dienen der Simulation, Antizipation und Bewertung von Ereignissen und Zuständen.[474] Fehlende aber für die Modellbildung relevante Informationen werden durch Hypothesen ersetzt, die primär in Form von Analogiebildungen mit bereits bekannten und als vergleichbar betrachteten Sachverhalten erzeugt werden.[475] Durch das vom mentalen Modell bewirkte Framing[476] kann eine objektive Einschätzung der betrachteten Entscheidungssituation verhindert werden. Aufgrund von Pfadabhängigkeiten oder unzureichenden Informationen münden auf Basis von subjektiven Lernprozessen und Erfahrungen gebildete mentale Modelle zum Teil in keiner angemessenen Repräsentation des betrachteten Handlungskontextes.[477] Die Bewertung von Sachverhalten unter Verwendung von auf Vergangenheitsdaten basierenden mentalen Modellen kann zu einer unzureichenden Antizipation von Veränderungen in der Umwelt der betrachteten Entscheidungssituation führen, so dass neue Rahmenbedingungen und Informationen ungenügende Berücksichtigung im Entscheidungsprozess finden. Je größer die Komplexität und Intransparenz der betrachteten Sachverhalte sind, desto bedeutsamer ist der Einfluss der mentalen Modelle auf die Entscheidung und die Handlung der Akteure.[478]

Verzerrungen durch Heuristiken

Bei der Anwendung von Wissen werden vom Akteur Heuristiken zur Vereinfachung und Reduktion der Komplexität bei der Informationsverarbeitung eingesetzt. Heuristiken sind vereinfachende Informationsverarbeitungsprozesse mit dem Ziel, trotz eines verringerten Einsatzes an Ressourcen die Lösung für eine Problemstellung oder zumindest einen Näherungswert von hinreichender Güte zu bestimmen.[479] Durch Anwendung von *Repräsentativitätsheuristiken* werden auf Basis einer verfügbaren Information Aussagen über weitere Sachverhalte getroffen.[480] Die Urteilsbildung findet hierbei nicht auf Basis objektiver Wahrscheinlichkeiten statt, sondern derart, dass das Resultat der Urteilsfindung dem als repräsenta-

472 Vgl. Müller (2008), S. 61; insb. FN 296; zu weiteren Formen der Wissensrepräsentation in der kognitiven Psychologie siehe auch Kluwe (2001), S. 353 f.

473 Vgl. Denzau/North (1994), S. 4.

474 Vgl. Kluwe (2001), S. 354.

475 Vgl. Johnson-Laird (1983), S. 108.

476 Unter Framing wird die Bildung von kognitiven Strukturen zur Ordnung und Komplexitätsreduktion der Informationen verstanden; Vgl. Russo/Schoemaker (1989), S. 15.

477 Vgl. Müller (2008), S. 62.

478 Vgl. Kluwe (2000), S. 220.

479 Vgl. Russo/Schoemaker (1989), S. 81. Russo/Schoemaker subsumieren unter Heuristiken bspw. Daumenregeln („rules of thumb"); Vgl. Russo/Schoemaker (1989), S. 80 f. Siehe zur empirischen Fundierung der Heuristiken auch Kanning (2001), S. 202; Tversky/Kahneman (1986), S. 39 ff.; Jost (2000), S. 256 ff. sowie Nitzsch (2002), S. 19 ff.

480 Vgl. Tversky/Kahneman (1986), S. 39; Kanning (2001), S. 202.

tiv eingeschätzten Ergebnis entspricht. Die *Verfügbarkeitsheuristik* bezeichnet das Phänomen, dass je leichter Informationen zu Ereignissen im Gedächtnis des Akteurs verfügbar sind, desto bevorzugter finden diese im Rahmen der Urteilsbildung Verwendung.[481] Besonders im Gedächtnis des Akteurs präsente Informationen dominieren demnach und werden bei der Entscheidungsfindung übergewichtet. Bei der *Verankerungsheuristik* wird vom Akteur – basierend auf einer Information – ein Bezugspunkt geschaffen, von welchem aus nachfolgende Informationen zur Bewertung in Relation gesetzt werden.[482] Neue Informationen werden dann vom Akteur nicht objektiv, sondern unter Einbeziehung bereits gemachter und gegebenenfalls subjektiver Erfahrungen aufgenommen und verarbeitet.

Wahrnehmungsverzerrungen

Aufgrund seiner beschränkten Wahrnehmungsfähigkeiten ist für den Akteur eine selektive Auswahl bei der Wahrnehmung der ihm von der Umwelt dargebotenen Informationen erforderlich. Die so bewirkten Wahrnehmungsverzerrungen lassen sich in Verfügbarkeitsverzerrungen und Bestätigungsverzerrungen unterscheiden. *Verfügbarkeitsverzerrungen* beschreiben das Phänomen, dass der Akteur bei seiner Entscheidungsfindung den am leichtesten zur Verfügung stehenden Informationen eine überhöhte Bedeutung zuschreibt.[483] Je nachdem, ob die Ursache für die Verfügbarkeitsverzerrung in der Reihenfolge der Informationsaufnahme, der Informationsausprägung oder dem Kontext der Informationsaufnahme liegt, lassen sich verschiedene Effekte unterscheiden:[484] Beim *Primacy-Effekt* wird den vom Akteur zuerst erfassten im Vergleich zu später wahrgenommenen Informationen eine höhere Bedeutung zugeschrieben.[485] Beim *Recency-Effekt* wird den vom Akteur als Letztes erfassten Informationen im Vergleich zu vorher wahrgenommenen Informationen eine höhere Bedeutung zuerkannt.[486] Als *Halo-Effekt* wird das Phänomen bezeichnet, dass ein Sachverhalt einzig basierend auf einer besonders prägnanten Information beurteilt wird und weitere relevante Informationen ohne Berücksichtigung bleiben.[487] Beim *Vividness-Effekt* werden besonders impulsiv und anschaulich als Erinnerungen im Gedächtnis des Akteurs verankerte Informationen übergewichtet, da diese aufgrund ihres höheren Reizniveaus einen vergleichsweise leichten Zugriff erlauben.[488] Gemäß dem *Kontext-Effekt* sind im betrachteten Kontext bereits abgefragten Informationsinhalten ähnelnde Informationen leichter abrufbar.[489] *Bestätigungsverzerrun-*

481 Vgl. Tversky/Kahneman (1986), S. 46; Kanning (2001), S. 202.
482 Vgl. Tversky/Kahneman (1986), S. 49; Kanning (2001), S. 203.
483 Vgl. Aguilar (1967), S. 14; Russo/Schoemaker (1989), S. 82 sowie 92; Tversky/Kahneman (1986), S. 46.
484 Vgl. Florissen (2005), S. 109. Zu den nachfolgenden Ausführungen siehe auch die bei Florissen angeführten Quellen; Vgl. Florissen (2005), S. 109 f.
485 Vgl. Jost (2000), S. 251 f.; Staehle (1999), S. 203.
486 Vgl. Jost (2000), S. 252; Staehle (1999), S. 204; Nitzsch (2002), S. 14.
487 Vgl. Jost (2000), S. 252; Staehle (1999), S. 203.
488 Vgl. Nitzsch (2002), S. 14.
489 Vgl. Nitzsch (2002), S. 17.

gen treten auf, falls der Akteur sich auf Informationen fokussiert, die mit seinen Überzeugungen und Wertvorstellungen konform sind und gleichzeitig seinem Einstellungssystem widersprechende Informationen vernachlässigt.[490] Bestätigungsverzerrungen sind nicht nur im Rahmen der Komplexitätsreduktion im Entscheidungsprozess zu beobachten, sondern treten ferner auch im Rahmen der ex post Evaluation des Akteurs von Fehlschlägen auf, um eine Rechtfertigung für die von ihm getätigte Fehlentscheidung zu suchen.[491]

Groupthink

Groupthink bezeichnet eine Selbstüberschätzung der Gruppenleistung sowie des Strebens nach Einmütigkeit – gegebenenfalls unter Ausübung von Druck auf Andersdenkende – in einer Gruppe.[492] Dieses Streben nach Einmütigkeit innerhalb einer Gruppe lässt sich dadurch erklären, dass eine übereinstimmende Meinung Sympathie zwischen den Akteuren generiert und von den Akteuren die Interaktion in Gruppen von Gleichgesinnten gesucht wird.[493] Das Auftreten von Groupthink verursachende Faktoren sind eine hohe Gruppenkohäsion,[494] die Isolation von weiteren Experten innerhalb und außerhalb des Unternehmens sowie die Konfrontation mit hohem Stress in der betrachteten Entscheidungssituation.[495] Zu Rationalitätsdefiziten aufgrund von Groupthink kann es bspw. dadurch kommen, dass eine voreilige Festlegung für eine Handlungsalternative durch die Gruppe erfolgt, ohne zuvor sämtliche relevanten Handlungsalternativen analysiert zu haben, da die Gruppe durch ihre Einmütigkeit von ihrer Ansicht zu sehr überzeugt ist.[496]

Koordinationsprobleme

Aufgrund der zum Zwecke der Produktivitätssteigerung in den Unternehmen vorgenommenen Arbeitsteilung und Aufgabendifferenzierung kommt es zu Koordinationsproblemen, falls eine unzureichende Abstimmung des gemeinsamen Handelns der Akteure hinsichtlich der Erfüllung der gemeinsamen Unternehmensziele vorliegt.[497] *Sachliche Koordinationsprobleme*

---

490 Vgl. Russo/Schoemaker (1989), S. 75 f.; Auer-Rizzi (1998), S. 154 f.; Nitzsch (2002), S. 10. Eine theoretisch fundierte Begründung für Bestätigungsverzerrungen liefert die kognitive Dissonanztheorie nach Festinger; siehe hierzu Festinger (1957) sowie auch Irle (1971), S. 145 ff.; Wenninger (2001), S. 330.

491 Vgl. Staehle (1999), S. 202.

492 Vgl. Auer-Rizzi (1998), S. 187 f.; siehe auch Kleindorfer/Kunreuther/Schoemaker (1993), S. 217.

493 Vgl. Festinger/Aronson (1960), S. 226 f.

494 Gruppenkohäsion beschreibt den Zusammenhalt innerhalb der Gruppe. Eine hohe Gruppenkohäsion entsteht aus einer hohen Attraktivität der Gruppe für jedes Gruppenmitglied; siehe hierzu auch Festinger (1954), S. 131 f.; Cartwright/Zander (1960), S. 72-74.

495 Vgl. Janis (1982), S. 245-254 und die Ausführungen von Florissen (2005), S. 129-132 sowie die dort angeführten Quellen.

496 Im gemeinsamen Entscheiden von Gruppen kann es auch zu einem Risikoschub kommen. Die Gruppe erwägt dann Alternativen mit einem deutlich höheren Risiko einzugehen, als es ein einzelner Akteur dieser Gruppe tun würde; Vgl. Kogan/Wallach (1967), S. 242-262.

497 Vgl. Adam (1996), S. 355.

liegen vor, falls die Erfüllung von interdependenten Teilaufgaben verschiedenen Aufgabenträgern obliegt, es jedoch nur zu einem für die Erfüllung der Aufgabe unzureichenden Transfer von Informationen zwischen den involvierten Akteuren kommt.[498] Auslösende Faktoren sind räumliche Distanzen, technische Schnittstellenprobleme sowie kulturelle Differenzen[499] zwischen den einzelnen Organisationsteileinheiten eines Unternehmens.[500] *Zeitliche Koordinationsprobleme* können auftreten, falls sukzessiv aufeinander aufbauende Teilaufgaben einer Handlung von verschiedenen Akteuren wahrgenommen werden und nur eine unzureichende zeitliche Abstimmung zwischen den Akteuren – als Träger dieser Teilaufgaben – vorliegt, so dass unnötige Wartezeiten an den Schnittstellen entstehen.[501]

3.2.3.2.2 Erweiterung der Evaluating-Annahme

Aus einer strengen ökonomischen Perspektive besagt die Evaluating-Annahme des RREEMM-Modells, dass der Akteur frühere, jetzige und zukünftige Zustände und Geschehnisse vollkommen rational bewertet.[502] Für eine rationale Bewertung sind gemäß der ökonomischen Theorie in einer Nutzenfunktion darstellbare Präferenzen des Akteurs erforderlich.[503] Diese Präferenzen müssen vollständig, vergleichbar sowie transitiv sein, so dass die Alternativen in eine konsistente Rangfolge gebracht werden können.[504] Aufgrund der Beschränktheit und der Selektivität der Informationsverarbeitung von Akteuren werden die Anforderungen in der Realität hinsichtlich der Vollständigkeit, Vergleichbarkeit sowie der Transitivität der

Die vorgenommene Unterscheidung in sachliche und zeitliche Koordinationsprobleme erfolgt in Anlehnung an Florissen; Vgl. Florissen (2005), S. 132-135 sowie die Ausführungen von Rullkötter (2009), S. 35 f.

498 Beispielhaft ist eine Informationsbeschaffung durch einen Akteur und das Treffen einer Entscheidung basierend auf den übermittelten Informationen durch einen weiteren Akteur denkbar; Vgl. Rullkötter (2009), S. 35. Im Falle eines unzureichenden Informationsflusses wäre in dem angeführten Beispiel die Inputrationalität im Entscheidungsprozess nicht gewährleistet.

499 Die Kultur einer Gesellschaft kann als deren Wissen, Erfahrung, Symbolik, Rituale, Werte und Normen verstanden werden; Vgl. Biermann (2004), S. 65. Unter Unternehmenskultur wird in Anlehnung an das Verständnis von Organisationskultur das Mindset an gemeinsamen Grundannahmen verstanden, die von den Unternehmensangehörigen zur Lösung von internen und externen Problemen entwickelt, als geeignet befunden und weitergegeben werden, Vgl. Schein (1983), S. 14-16.

500 Vgl. Florissen (2005), S. 133 f. Abweichende Unternehmenssubkulturen zwischen verschiedenen Unternehmensteileinheiten beeinflussen die jeweiligen mentalen Modelle und üben einen bedeutsamen Einfluss auf die Teilentscheidungen des gemeinsamen Handelns aus; Vgl. Gregory (1983), S. 368; Hutt/Walker/Frankwick (1995), S. 23. Kulturelle Unterschiede zwischen den Unternehmensteileinheiten können den Informationsfluss innerhalb des Unternehmens deutlich hemmen; Vgl. Weinrauch/Anderson (1982), S. 293; Brockhoff (1994), S. 14.

501 Vgl. Adam (1996), S. 364.

502 Vgl. Lindenberg (1991), S. 55 f. sowie Kapitel 3.2.2.

503 Vgl. Connolly/Ordóñez (2003), S. 500.

504 Vgl. Eichenberger (1992), S. 7 f.; siehe auch Varian (1991), S. 32 f.

Präferenzen nicht immer erfüllt, so von stets rationalen Bewertungshandlungen in jeder Situation zu abstrahieren ist.[505]

Beschränkte Bewertungsfähigkeiten

Ebenso wie die wissensgenerierenden Fähigkeiten[506] unterliegen auch die Bewertungsfähigkeiten der Akteure – aufgrund ihrer begrenzten kognitiven Verarbeitungskapazitäten – Beschränkungen. Zum einen fällt den Akteuren die Bestimmung des jeweiligen Zielbeitrags der verschiedenen Handlungsalternativen schwer, da für eine präzise Transformation der Handlungsalternative in die Dimension der Zielgröße spezielle Schemata erforderlich sind.[507] Zum anderen verfolgen Akteure typischerweise nicht nur ein Ziel, sondern werden bei ihrer Bewertung der Handlungsalternativen mit einem Präferenz- bzw. Zielsystem konfrontiert.[508] Die von der subjektiven Erwartungsnutzentheorie[509] unterstellte Bildung einer vollständigen und überschneidungsfreien Rangfolge der Handlungsalternativen gemäß den Präferenzen der Akteure ist wegen der vielschichtigen Zielsysteme in vielen Fällen nicht möglich.[510] Aufgrund beschränkter Bewertungsfähigkeiten der Akteure kann es zu einer irrationalen Bewertung der Handlungsalternativen mit der Folge kommen, dass eine Alternative mit einem suboptimalen Zielbeitrag ausgewählt wird. Die Bewertungsfähigkeiten eines Akteurs können sich im Zeitablauf aufgrund von Erfahrungen und seiner ihm gegebenen Lernfähigkeit verbessern. Diese Lernfähigkeit kann jedoch durch seine begrenzten Kapazitäten zur Aufnahme, Verarbeitung und Speicherung von Informationen, durch seine begrenzten kombinatorischen Fähigkeiten bei der Analyse von Abweichungsursachen sowie durch seine begrenzte Fähigkeit zur bewussten Explizierung von implizit vorhandenem Wissen beschränkt werden.[511]

Bewertungsverzerrungen

Bewertungsverzerrungen sind zum einen bei der Bewertung des Zielbeitrags einer Handlungsalternative – Werturteilsbildung – und zum anderen bei der Bestimmung des Ursache-Wirkungszusammenhangs zwischen einem Resultat und einer Handlung – Kausalurteilsbil-

---

505 Vgl. Connolly/Ordóñez (2003), S. 500 f.; Müller (2008), S. 67 sowie die dort genannten Quellen, insbesondere Jost (2000), S. 197 ff.

506 Vgl. Kapitel 3.2.3.2.1.

507 Bspw. ist in der Ökonomie das Problem beobachtbar, dass die Fähigkeiten der Akteure für eine monetäre Bewertung qualitativer Faktoren begrenzt sind; Vgl. Florissen (2005), S. 102.

508 Vgl. Tenbruck (1972), S. 25.

509 Gemäß der Erwartungsnutzentheorie existiert unter bestimmten Annahmen an die Präferenzen eines Akteurs eine individuelle Nutzenfunktion, nach welcher der Akteur diejenige Handlungsalternative, deren Erwartungsnutzen höher als der einer anderen Alternative ist, präferiert. Vgl. zur Erwartungsnutzentheorie Neumann/Morgenstern (1944).

510 Siehe auch Tenbruck (1972), S. 23 f.; Simon (1986), S. 100 f.; March (1990), S. 315-319. Das Phänomen, dass Akteure intransitive Präferenzurteile abgeben und dadurch keine Bildung einer transitiven Präferenzordnung möglich ist, wurde empirisch in Form von Experimenten nachgewiesen; Vgl. Schauenberg (1985), S. 285.

511 Vgl. Schäffer (2001), S. 61 f. sowie Florissen (2005), S. 103.

dung – beobachtbar.[512] Eine Ursache ist, dass der vom Akteur wahrgenommene subjektive Nutzen einer Handlungsalternative durch die relative Veränderung zu einem Bezugspunkt mit einer abnehmenden Sensitivität wahrgenommen wird.[513] Eine zweite Ursache liegt in der Anwendung von Verankerungsheuristiken begründet, ohne eine ausreichende Anpassung aufgrund neuer Erkenntnisse vorzunehmen.[514] Eine bedeutsame Erklärung für Bewertungsverzerrungen liefert auch die auf empirischen Erkenntnissen basierende S-förmige Wertfunktion, so dass Gewinne und Verluste vom Akteur nicht als gleichwertig angesehen werden.[515] Die folgenden Ausprägungen von Bewertungsverzerrungen werden in dieser Untersuchung einbezogen:

- *Verlustaversion:* Der Akteur bewertet einen Verlust höher als einen gleichwertig hohen Gewinn, so dass die Vermeidung eines Verlusts vom Akteur als nutzenstiftender als eine gleich hohe Gewinnerzielung erachtet wird.[516]

- *Status quo bias* bzw. Besitztumseffekt: Beim Besitztumseffekt verlangt der Akteur einen höheren Betrag für den Verkauf einer Sache, als er für deren Erwerb zu zahlen bereit wäre, so dass Handlungsalternativen in Relation zu einem Bezugspunkt in Abhängigkeit von einem Besitzverlust oder Besitzgewinn unterschiedlich bewertet werden.[517] Dieses Phänomen führt zum Status quo bias, da zur Vermeidung möglicher Nachteile eine Handlungsalternative nahe am Status quo bevorzugt wird, sofern die potenziellen Vorteile nicht deutlich die potenziellen Nachteile überwiegen.[518]

- *Regret-Effekt:* Aufgrund der Regret aversion widerstrebt es dem Akteur, die von ihm getroffenen Entscheidungen ex post bereuen zu müssen.[519] Als Regret-Effekt wird das Phänomen bezeichnet, dass der Akteur die Bewertung der Handlungsalternativen

---

512 Vgl. Jost (2000), S. 197 f. sowie S. 284. Für eine vertiefte Darstellung von Bewertungsverzerrungen siehe auch Florissen (2005), S. 113-119 sowie die dort genannten Quellen.

513 Vgl. Russo/Schoemaker (1989), S. 25; Nitzsch (2002), S. 104 sowie Kahneman/Knetsch/Thaler (2000), S. 165.

514 Vgl. Auer-Rizzi (1998), S. 138; zur Verankerungsheuristik siehe auch Kapitel 3.2.3.2.1.

515 Vgl. Kahneman/Tversky (2000a), S. 3 f.; Schaub (1997), S. 170 f.; Florissen (2005), S. 114. Diese Wertfunktion verläuft im Gewinnbereich konkav und im Verlustbereich konvex.

516 Vgl. Kahneman/Tversky (2000a), S. 3; Schaub (1997), S. 171.

517 Vgl. Thaler (1980), S. 43-47; Eisenführ/Weber (2003), S. 365; Kahneman/Tversky (2000a), S. 13; Jost (2000), S. 303. Dieses Phänomen zeigt sich auch daran, dass Opportunitätskosten in Form verpasster Gewinnchancen als geringfügiger betrachtet werden als realisierte Verluste; Vgl. Kahneman/Knetsch/Thaler (2000), S. 168; Florissen (2005), S. 115.

518 Vgl. Samuelson/Zeckhauser (1988). Zur Beziehung des Besitztumseffekts zum Status quo bias; Vgl. Nitzsch (2002), S. 119.

519 Vgl. Nitzsch (2002), S. 107.

derart vornimmt, dass ein nachträgliches Bereuen der Entscheidung möglichst vermieden wird.[520]

- *Sunk Cost-Effekt:* Der Sunk Cost-Effekt beschreibt den Hang eines Akteurs, die Entscheidung für eine Handlungsalternative fortzuschreiben und diese aufgrund der bereits getätigten Investitionen beizubehalten, obwohl es sich bei diesen sunk costs um unwiederbringliche und daher nicht entscheidungsrelevante Investitionen handelt.[521] Der Akteur bewertet irrational, falls er durch das Vorliegen von sunk costs eine Entscheidungsalternative vorteilhafter bewertet als ohne das Vorliegen von bereits getätigten Investitionen.[522]
- *Immediately-Effekt:* Beim Immediately-Effekt präferiert der Akteur eine Handlungsalternative, deren Ergebnis näher am Bezugspunkt Gegenwart liegt, überproportional gegenüber einer Handlungsalternative, deren Ergebnis erst mit einer zeitlichen Verzögerung zu erwarten ist.[523]
- *Splitting-Effekt:* Der Akteur hat die Tendenz, einem in verschiedene Unterziele aufgegliederten Oberziel eine höhere Gewichtung bei der Bewertung zukommen zu lassen, als dem Oberziel für sich genommen, so dass es zu einer Übergewichtung aufgegliederter Ziele bei der Verfolgung mehrerer Zielgrößen kommen kann.[524]

Kontrollillusion

Zur Weiterentwicklung der Bewertungsfähigkeiten des Akteurs sind Kontrollen erforderlich, damit der Akteur anhand einer Reflexion der Fehler seiner vorhergehenden Bewertungshandlungen Lerneffekte erzielen kann. Aufgrund des Phänomens Kontrollillusion ist der Akteur der Ansicht, dass er den Ausgang der Situation unter Kontrolle hat. Er unterliegt der Illusion, auch ohne Kontrollen das Resultat der Situation vollkommen zu überschauen. Der Akteur hält daher die Durchführung von Kontrollhandlungen für nicht erforderlich und unterlässt diese.[525] Irrationales Handeln des Akteurs kann sich dadurch, obwohl dieses vermeidbar gewesen wäre, wiederholen.

---

520 Vgl. Thaler (1980), S. 52; Jost (2000), S. 202 f. Im Extremfall unterbleiben nicht zwingend erforderliche Entscheidungen aufgrund der Regret aversion aus Sorge vor einem nachträglichen Bedauern der Entscheidung gänzlich; Vgl. Thaler (1980), S. 51.

521 Vgl. Thaler (1980), S. 47 f.; Baron (1994), S. 508-511; Schaub (1997), S. 158; Hammond/Keeney/Raiffa (1998), S. 50; Russo/Schoemaker (1989), S. 24.

522 Siehe auch Jost (2000), S. 217.

523 Vgl. Kleindorfer/Kunreuther/Schoemaker (1993), S. 172; Nitzsch (2002), S. 125. Aufgrund des Immediately-Effekts werden gemäß dem Greshamschen Gesetz der Planung Aufgaben der operativen Planung zu Lasten von Aufgaben der strategischen Planung bevorzugt bearbeitet, obwohl ausreichende Kapazitäten für beide Aufgabenfelder vorhanden wären; Vgl. Leschke (1996), S. 194; Herzog (1999), S. 189.

524 Vgl. Eisenführ/Weber (2003), S. 142 f.

525 Vgl. Kahneman/Tversky (2000b), S. 476.

Selbstwertdienliche Attributionstendenzen

Beim Lernen aus Ergebnissen vorhergehender Bewertungshandlungen kann die Wahrnehmung des Akteurs durch selbstwertdienliche Attributionstendenzen verzerrt werden. Dieses Phänomen wird anhand des sogenannten Akteur-Beobachter-Effekts deutlich. Aufgrund fundamentaler Attributionsfehler neigt ein Akteur dazu, die Ursachen für Handlungsergebnisse verstärkt auf interne anstatt auf externe Faktoren zurückzuführen, während ein Dritter in diesen Fällen eher externe Ursachen heranziehen würde.[526] Um den Selbstwert zu sichern, werden positive Resultate den eigenen Fähigkeiten und negative Resultate externen Einflüssen zugeschrieben.[527] Dies kann dazu führen, dass der tatsächliche Ursache-Wirkungszusammenhang vom Akteur nicht verinnerlicht wird und nur ein unzureichendes Lernen durch eine Reflexion der Handlungsergebnisse stattfindet.

3.2.3.2.3 Erweiterung der Expecting-Annahme

Die Expecting-Annahme des RREEMM-Modells besagt entsprechend der ökonomischen Theorie, dass der Akteur die Eintrittswahrscheinlichkeiten für Ereignisse bzw. Zustände ausreichend exakt für rationales Entscheiden antizipieren kann.[528] Der Akteur könne demnach Unsicherheit in sein Nutzenkalkül derart integrieren, dass seine Nutzenerwartung mit den jeweiligen Eintrittswahrscheinlichkeiten der Ereignisse bzw. Zustände gewichtet wird.[529] Das in der Praxis beobachtbare Verhalten von Akteuren lässt ein vollkommen rationales Einschätzen dieser Eintrittswahrscheinlichkeiten bezweifeln.[530]

Beschränkte Prognosefähigkeiten

Der Akteur ist aufgrund von beschränkten Prognosefähigkeiten nicht im Stande, sämtliche auf Vergangenheitsdaten basierenden Wirkungszusammenhänge zu begreifen, deren Verzerrungen aufgrund stochastischer Einflüsse zu erkennen und sämtliche relevanten Einflussgrößen bei seinen Prognosehandlungen zu berücksichtigen.[531] Auch die unzureichende kognitive Flexibilität des Akteurs zum In-Frage-Stellen seiner bestehenden mentalen Modelle in Anbet-

---

526 Vgl. Jost (2000), S. 296; Nitzsch (2002), S. 35.

527 Vgl. Jost (2000), S. 298.

528 Vgl. Lindenberg (1991), S. 55 f.

529 Vgl. Eichenberger (1992), S. 15; Müller (2008), S. 71. Für eine ausführliche Diskussion der theoretischen Basis der Expecting-Annahme und seiner Erweiterung im RREEMM-Modell Vgl. Müller (2008), S. 71-74.

530 Rationale Prognosehandlungen behindernde kognitive Verzerrungen werden durch Defekte der Datenbasis, Fehler bei der Verarbeitung von Wahrscheinlichkeiten sowie mangelnde Kritik an der eigenen Urteilsfähigkeit bedingt; Vgl. Miller (2003), S. 54-58. Da sich die Erweiterung der Expecting-Annahme des RREEMM-Modells auf die Eigenschaften des Akteurs bezieht, werden Defekte der Datenbasis in diesem Abschnitt nicht weiter berücksichtigt, sondern es werden nur die akteursbezogenen Ursachen aufgenommen.

531 Vgl. Adam (1996), S. 194 f.; Florissen (2005), S. 101.

racht eines veränderten Handlungskontextes führt zu einer zu engen Sichtweise auf die Problemstellung, wodurch bedeutsame zukünftige Zustände nicht ausreichend antizipiert werden.[532]

Prognoseverzerrungen

Beim Abgeben von Prognosen kann es resultierend aus den bereits im Rahmen der Erweiterung der Resourceful-Annahme dargestellten Verfügbarkeitsverzerrungen – aufgrund der Primacy-, Recency-, Halo-, und Vividness-Effekte – zu einer bevorzugten Verwendung bestimmter Informationen kommen.[533] Zusätzlich können bei Prognosehandlungen von Akteuren weitere Phänomene zu einer Verwendung von hinsichtlich ihrer Repräsentativität unfundierten Informationen und so zu Prognoseverzerrungen führen:[534] Nach dem *Gesetz der kleinen Zahl* wird eine unzureichend umfangreiche Stichprobe als repräsentativ für die zu untersuchende Grundgesamtheit erachtet.[535] Beim *Basisraten-Effekt* werden Häufigkeitsverteilungen von Ereignissen nicht berücksichtigt.[536] Beim *Sicherheitseffekt* kommt es zu einer Überbewertung von sichereren verglichen mit unsicheren Ereignissen.[537] Nach der *Regression zur Mitte* werden wahrgenommene Eintrittswahrscheinlichkeiten früherer Ereignisse als repräsentativ für zukünftige Ereignisse gesehen.[538] Beim *Konjunktionseffekt* wird die gemeinsame Wahrscheinlichkeit konjunktiver Ereignisse höher geschätzt, als ihre Einzelwahrscheinlichkeiten.[539]

Unzureichende Reflexion eigener Einschätzungen

Der Akteur sollte selbstkritisch die Resultate seiner Prognosehandlungen hinterfragen, um gegebenenfalls eine Revision einer Über- bzw. Unterschätzung vornehmen zu können und Lerneffekte zu ermöglichen. Jedoch kann es zu einem nur unzureichend kritischen Hinterfragen der eigenen Einschätzung kommen. Durch das Phänomen *Kontrollillusion* meint der Akteur bei Prognosehandlungen die Kontrolle über eine situationsbedingte Unsicherheit zu besitzen, wodurch eine systematische Überschätzung der Erfolgswahrscheinlichkeit bedingt wird.[540] Beim *Overconfidence-Effekt* werden das eigene Wissen und die eigenen Fähigkeiten

---

532 Vgl. Florissen (2005), S. 101 f.

533 Vgl. Kap 3.2.3.2.1.

534 Vgl. Kahneman/Tversky (1973), S. 273 sowie 249-251.

535 Vgl. Tversky/Kahneman (1986), S. 41; Miller (2003), S. 56.

536 Vgl. Kleindorfer/Kunreuther/Schoemaker (1993), S. 87 ff.; Miller (2003), S. 56.

537 Vgl. Schaub (1997), S. 172.

538 Vgl. Kleindorfer/Kunreuther/Schoemaker (1993), S. 93 f.; Auer-Rizzi (1998), S. 136 f.

539 Vgl. Auer-Rizzi (1998), S. 138 f.; Jost (2000), S. 265-267 siehe auch Tversky/Kahneman (1986), S. 51; Eisenführ/Weber (2003), S. 187 f.

540 Vgl. Kleindorfer/Kunreuther/Schoemaker (1993), S. 95 f.; Nitzsch (2002), S. 55-58. Zum Phänomen Kontrollillusion siehe auch Kapitel 3.2.3.2.2.

zur Prognose vom Akteur systematisch überschätzt.[541] Dadurch unterlässt der Akteur eine weiterführende Datengenerierung, die zu einer Bestätigung bzw. Revision des gefällten Urteils führen würde.[542] Gemäß dem *Optimismus-Effekt* neigen Akteure beim Abgeben von Wahrscheinlichkeitsurteilen bei positiven Ereignissen dazu, eine erhöhte Wahrscheinlichkeit anzusetzen und die Eintrittswahrscheinlichkeit von negativen Ereignissen zu unterschätzen.[543]

3.2.3.2.4 Erweiterung der Maximizing-Annahme

Die Maximizing-Annahme des RREEMM-Modells besagt, dass der Akteur die aus objektiver Sicht beste Handlungsalternative auswählt.[544] Gemäß der ökonomischen Theorie würde der Akteur demnach zur Nutzenmaximierung stets die mathematisch optimale Handlungsalternative bestimmen.[545] Angesichts der bisherigen Überlegungen hinsichtlich der Eigenschaften des mit Hilfe des erweiterten RREEMM-Modells erweiterten Akteurs sowie real beobachtbaren Verhaltens ist eine stets rationale Nutzenmaximierung jedoch in Frage zu stellen.

Subjektive Optimierung

Es ist nicht davon auszugehen, dass der Akteur aufgrund seiner kognitiven Beschränkungen stets in der Lage ist, die objektiv optimale Handlungsalternative zu bestimmen. Der Akteur wird vielmehr diejenige Handlungsalternative auswählen, die aus seiner subjektiv wahrgenommenen Situation die den Nutzen am meisten maximierende Handlungsalternative darstellt.[546] So wird sich der Akteur z.B. an den durchschnittlichen anstatt der marginalen Kosten orientieren und keine wirkliche Grenzbetrachtung der Situation vornehmen.[547] Hierdurch kommt es nur aus subjektiver Perspektive des Akteurs zu einer optimalen Nutzenmaximierung.

Satisfizierung

Die Aussage, dass ein Akteur stets nach Erreichung des optimalen Nutzenniveaus strebt, ist angesichts des real beobachtbaren Verhaltens von Akteuren nicht haltbar. In vielen Fällen

---

541 Vgl. Camerer/Lovallo (1999), S. 306 f.; Connolly/Ordóñez (2003), S. 498 f.
Für eine Übersicht über verschiedene Bereiche, in welchen ein Overconfidence-Effekt beobachtbar ist, Vgl. Yates (1990), S. 94-99. In durch eine besonders hohe Unsicherheit gekennzeichneten Situationen neigen Experten vergleichsweise stärker zu einem Overconfidence-Effekt als Laien; Vgl. Griffin/Tversky (1992), S. 430.

542 Vgl. Kleindorfer/Kunreuther/Schoemaker (1993), S. 97 f.; Hammond/Keeney/Raiffa (1998), S. 56; Nitzsch (2002), S. 55-58.

543 Vgl. Langer/Roth (1975), S. 951-955; Shefrin (2007), S. 3.

544 Vgl. Lindenberg (1991), S. 55.

545 Vgl. Lindenberg (1991), S. 56. Das mathematische Optimum ist aus ökonomischer Perspektive diejenige Alternative, bei welcher die marginalen Kosten identisch mit dem marginalen Nutzen sind.

546 Vgl. Müller (2008), S. 76.

547 Vgl. Herrnstein/Mazur (1987), S. 40 ff.

wird ein mit einer Entscheidungssituation konfrontierter Akteur vielmehr bereits mit der Erreichung eines bestimmten Zielerreichungsgrads befriedigt sein.[548]

Einen Überblick über das Spektrum der aus der Kerntheorie des RREEMM-Modells resultierenden Ausprägungen von eigeninteressiertem Handeln sowie der anhand zweckmäßiger Erweiterungen der jeweiligen Annahmen in das RREEMM-Modell integrierten kognitiven Beschränkungen der Akteure als Ursache für Rationalitätsdefizite gibt Abbildung 6.

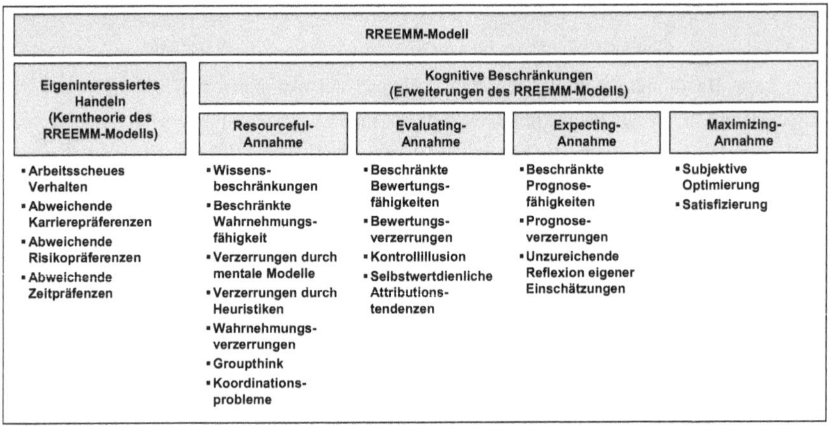

Abbildung 6: Grundlegende Ursachenformen von Rationalitätsdefiziten

548 Vgl. Simon (1955), S. 110. Siehe auch Heine et al. (2006), S. 32; Schmitz/Wehrheim (2006), S. 18 f.

3.3 Potenzielle Rationalitätsdefizite und deren Ursachen in der strategischen Willensbildung der Markenführung

Nachfolgend werden potenzielle Rationalitätsdefizite in den Aufgabenfeldern der strategischen Willensbildung der identitätsorientierten Markenführung dargestellt sowie deren vom Handeln der Markenmanager ausgehenden Ursachen ergründet.

Die Identifikation der Rationalitätsdefizite erfolgt interpretierend-deskriptiv. Hierzu werden von Experten auf dem Gebiet der Markenführung beschriebene soll-rationale Zustände mit in der Praxis beobachtbaren inferioren Zuständen verglichen. Die Beschreibung der inferioren Zustände basiert auf empirischen Hinweisen aus der einschlägigen Literatur. Hierbei handelt es sich um direkte und indirekte empirische Hinweise sowie zur weiteren Fundierung um Analogiebildungen mit in vergleichbaren Kontexten beschriebenen Rationalitätsdefiziten. Zielsetzung ist die Identifikation wesentlicher Defizite für jedes der untersuchten Aufgabenfelder.

Die Ursachenergründung erfolgt theoriegeleitet in Hypothesenform. Als Strukturierungsrahmen dient das RREEMM-Modell. Es wird eine möglichst umfassende Ermittlung der aus dem eigeninteressierten Handeln und den kognitiven Beschränkungen der Markenmanager resultierenden Ursachen angestrebt. Dem Konzept der pragmatischen Reduktion folgend, wird für jedes Rationalitätsdefizit eine individuelle problemspezifische Erweiterung der Annahmen des RREEMM-Modells vorgenommen. Vereinzelt lassen sich diese theoriegeleitet bestimmten Ursachen durch empirische Erkenntnisse untermauern.

Die Strukturierung der Rationalitätsdefizite erfolgt anhand der Abfolge der einzelnen Aufgabenfelder in der strategischen Willensbildung des Markenführungsprozesses. Untersucht wurden daher Defizite in den Aufgabenfeldern Situationsanalyse (Kapitel 3.3.1), Markenzielbildung (Kapitel 3.3.2), Markenstrategiebildung (Kapitel 3.3.3), Markenidentitätsbestimmung (Kapitel 3.3.4) sowie Markenpositionierung (Kapitel 3.3.5). Das Kapitel schließt mit einem Zwischenfazit (Kapitel 3.3.6).

3.3.1 Aufgabenfeld Situationsanalyse

Die Basis für eine rationale Wahrnehmung der Aufgaben in der Willensbildung des Markenführungsprozesses bildet eine fundierte Analyse der Rahmenbedingungen und der Ausgangssituation der Marke innerhalb des Aufgabenfelds Situationsanalyse.[549] Um eine effektive und effiziente Markenführung zu unterstützen, gilt es umfassende Kenntnisse bezüglich Konsumenten-, Wettbewerbs- und Unternehmensdaten zu erlangen.[550] Hierzu sind die erforderlichen Daten zu beschaffen und in entscheidungsunterstützende Informationen aufzubereiten.

In der Literaturanalyse haben sich drei Problemfelder als besonders relevant herausgestellt. Diese werden nachfolgen als die potenziellen Rationalitätsdefizite unzureichende Erschließung unternehmensinterner und -externer Quellen (Kapitel 3.3.1.1), unzureichender Methodeneinsatz zur Datengenerierung (Kapitel 3.3.1.2) sowie unzureichende entscheidungsunterstützende Aufbereitung von Informationen für die Markenführung (Kapitel 3.3.1.3) beschrieben und analysiert.[551]

3.3.1.1 Unzureichende Erschließung unternehmensinterner und -externer Quellen

Defizitbeschreibung:

Eine Voraussetzung zur umfassenden Gewinnung und Auswertung von Informationen bezüglich der derzeitigen und zukünftigen externen und internen Rahmenbedingungen des Unternehmens im Rahmen der Situationsanalyse bildet die Erschließung der für die einwandfreie Anwendung der eingesetzten Methoden relevanten externen und internen Datenquellen. Andernfalls könnte es der Markenführung an wesentlichen Daten zur Durchführung einer rationalen Situationsanalyse mangeln. Als Folge könnten relevante Daten unberücksichtigt bleiben oder es könnte zur Verwendung qualitativ unzureichend geeigneter Daten aus zweckentfremdeten Datenquellen kommen. Dies würde zu Lasten der Qualität der von der Markenführung angestellten Analysen und somit auch der daraus generierten Informationen gehen.

Es finden sich jedoch Hinweise darauf, dass es in der Praxis zu einer unzureichenden Erschließung von Datenquellen kommt. So werden externe Marktforschungsunternehmen nur

---

549 Vgl. Burmann/Blinda/Nitschke (2003), S. 11.

550 Siehe auch Kapitel 2.1.2.1.

551 Von der Analyse weiterer potenzieller Rationalitätsdefizite im Rahmen der Situationsanalyse, die insbesondere die Informationsbereitstellung betreffen, wird in dieser Untersuchung abgesehen, da diese Defizite nur in geringem Maße spezifisch für den Kontext der Markenführung sind. Für eine beispielhafte Betrachtung von typischerweise auftretenden Rationalitätsdefiziten der Führung bei der Informationsbereitstellung siehe die anhand des Preismanagements getätigten Ausführungen von Florissen (2005), S. 138-155.

von einem geringen Teil der Unternehmen zur Situationsanalyse in der Markenführung hinzugezogen.[552] Dies deutet darauf hin, dass umfassende Informationen über die Konsumenten aus externen Datenquellen der Markenführung typischerweise kaum zur Verfügung stehen, unabhängig davon, ob dies basierend auf Kosten-Nutzen-Überlegungen im jeweiligen Fall zweckmäßig wäre. Auch bleiben bereits in den Unternehmen vorhandene Daten nicht selten ungenutzt oder werden nicht systematisch erfasst und ausgewertet.[553] Daher ist grundsätzlich in Frage zu stellen, ob die Markenmanager ausreichend über die erforderliche Kenntnis bzw. den Zugang zu sämtlichen für die Markenführung relevanten unternehmensinternen Datenquellen verfügen und ob diese ausreichend erschlossen werden.[554]

Ursachenergründung:

Die Annahme **eigeninteressierten Handelns** der Markenmanager in Form von *arbeitsscheuem Verhalten* liefert eine Erklärung für das identifizierte Rationalitätsdefizit. Sowohl die unternehmensinterne als auch die -externe Erschließung von Datenquellen erhöht den Arbeitsaufwand der Markenmanager. So setzt die erfolgreiche Erschließung der relevanten Datenquellen eine vorhergehende Suche, Evaluation und Auswahl voraus, die mit der erforderlichen Sorgfalt von den Markenmanagern zu erbringen wäre. Wenn es sich um arbeitsvermeidende Markenmanager handelt, dann werden diese versucht sein, die Anzahl der verwendeten Datenquellen möglichst gering zu halten und sich auf die aus ihrer Sicht für die Durchführung der Situationsanalyse besonders bedeutsamen bzw. auf leicht zugängliche Datenquellen zu beschränken.

Ebenso können *abweichende Karrierepräferenzen* der Markenmanager einen Beitrag zur Erklärung einer unzureichenden Erschließung von Datenquellen leisten. Besonders eine Erschließung unternehmensexterner Datenquellen – bspw. in Form von Erhebungen durch Marktforschungsunternehmen – kann sehr kostenintensiv sein. Um die eigene Person für höhere Positionen zu empfehlen, könnte es aus Sicht der Markenmanager zweckmäßig erscheinen, sich als besonders effizient darzustellen. Wenn die Markenmanager eigene Karrie-

---

552 So ermittelte Baumgarth in einer Studie unter B-2-B Unternehmen, dass nur 20,6% der befragten Unternehmen mit Marktforschungsunternehmen zusammenarbeiten; Vgl. Baumgarth (2006), S. 17.

553 Vgl. Riesenbeck/Perrey (2005), S. 104.
Daten wie aus bereits vorhandener qualitativer Marktforschung, Scannerdaten, Transaktionsdaten, Daten aus Loyalitätsprogrammen oder Clickstreams im Internet bleiben bei vielen Unternehmen unberücksichtigt. Diese könnten durch geeignete Analysetechniken oder durch Systematisierung der Datenerhebung für eine Verwendung durch die Markenführung erschlossen werden; Vgl. Riesenbeck/Perrey (2005), S. 104 f.

554 Die unzureichende Erschließung von Datenquellen wurde auch im Kontext des Preismanagements im Problemfeld Informationsbereitstellung konzeptionell erörtert (Vgl. Florissen (2005), S. 139) und empirisch konnte sowohl eine unzureichende Erschließung interner als auch externer Quellen nachgewiesen werden (Vgl. Rullkötter (2009), S. 165-169). In der Forschung zur Markenführung wurde diese Thematik bislang nur ungenügend beleuchtet, so dass keine eindeutigen Erkenntnisse vorliegen. Aufgrund der Vergleichbarkeit der Kontexte ist aus Sicht des Autors das Auftreten dieses Rationalitätsdefizits potenziell auch im Kontext der Markenführung zu erwarten.

reziele verfolgen und sofern ihr Bereichserfolg anhand monetärer Kennzahlen gemessen wird, werden sie aufgrund des kurzfristigen Erfolgsdrucks und kurzfristig ausgerichteter Entlohnungsmechanismen versuchen, die Aufwendungen möglichst gering zu halten. Um einen möglichst hohen Erfolg für den eigenen Bereich vorzuweisen und die eigene Fähigkeit zur Erreichung gesetzter Ziele mit einem möglichst geringen Mitteleinsatz zu demonstrieren, werden die Markenmanager daher die Erschließung externer Quellen vernachlässigen und bspw. auf weniger geeignete – aber leichter zugängliche – Datenquellen ausweichen.

Auch kognitive Beschränkungen der Markenmanager können das identifizierte Rationalitätsdefizit begründen. Aus den Erweiterungen der **Resourceful-Annahme** ergeben sich weitere Erklärungen.[555] Wenn bei den Markenmanagern relevante *Wissensbeschränkungen* vorliegen, dann können diese das beschriebene Defizit bewirken. Aufgrund der relativen Unerfahrenheit der jungen Markenmanager ist potenziell von derartigen Wissensbeschränkungen auszugehen. Erstens kann ihr Wissen hinsichtlich der zur Auswahl stehenden Quellen zur Datenbeschaffung begrenzt sein. Zweitens sind Wissensdefizite dahingehend zu erwarten, welche Datenquellen als Inputfaktoren für eine korrekte Anwendung der Willensbildungsverfahren in der Markenführung erforderlich sind. Drittens kann es an Kenntnis fehlen, an welche Personen bzw. Institutionen sich die Markenmanager zur Erschließung bestimmter Datenquellen zu wenden haben. Unternehmensintern ist dies in einem bislang noch unzureichenden Aufbau formaler bzw. informeller Netzwerke mit den relevanten Bereichen begründbar.[556] Unternehmensextern wird diese Problematik noch stärker ausgeprägt sein, da dort der zeitliche und monetäre Suchaufwand ungleich höher sein wird.[557]

Auch wenn *beschränkte Wahrnehmungsfähigkeiten* der Markenmanager vorliegen, kann es zu einer unzureichenden Erschließung von Quellen zur Datenbeschaffung kommen. Aufgrund der beschränkten Ressourcen Aufmerksamkeit und Gedächtnis können die Markenmanager nur eine begrenzte Anzahl an Datenquellen bei der Entscheidungsfindung einbeziehen. Aus der Grundgesamtheit der externen und internen Datenquellen können daher nicht alle potenziell relevanten Quellen von den Markenmanagern identifiziert werden. Stattdessen könnten relevante Datenquellen übersehen werden und als Folge bei der Auswahl der zur Datengenerierung einzubeziehenden Datenquellen keine Berücksichtigung finden.

---

555 Mit dieser sowie mit sämtlichen nachfolgend angeführten Erweiterungen der Resourceful-Annahme sind stets die Erweiterungen der Resourceful-Annahme des RREEMM-Modells gemeint. Dies gilt analog für die Erweiterungen der Evaluating-Annahme, der Expecting-Annahme sowie der Maximizing-Annahme.

556 Die relevanten unternehmensinternen Bereiche umfassen bspw. den Vertrieb, das Rechnungswesen, das Controlling sowie die Produktion.

557 Ähnlich wurde dies auch für die Erschließung externer Datenquellen im Preismanagement konstatiert, Vgl. Florissen (2005), S. 140.

Wenn *Wahrnehmungsverzerrungen* in Form von Verfügbarkeitsverzerrungen der Markenmanager auftreten, dann können bspw. Primacy- bzw. Recency-Effekte dazu führen, dass insbesondere zuerst bzw. zuletzt identifizierte Datenquellen bevorzugt erschlossen werden. Weitere relevante Datenquellen würden hingegen nicht gleichberechtigt bei der Situationsanalyse einbezogen oder blieben gänzlich unberücksichtigt.

Ebenso können *Koordinationsprobleme* das identifizierte Rationalitätsdefizit verursachen. Wenn es aufgrund von sachlichen Koordinationsproblemen zu einem unzureichenden formellen bzw. informellen Austausch zwischen der Markenführung sowie anderen Bereichen und als Folge zu einem unzureichenden Transfer von Informationen kommt, dann entspricht dies einer unzureichenden Erschließung von Datenquellen. Diese Form von Koordinationsproblemen sind umso ausgeprägter zu erwarten, je größer die Distanzen, Schnittstellenprobleme oder kulturellen Differenzen zwischen der Markenführung und den betreffenden Bereichen ausfallen. Auch eine fehlende Unterstützung der Markenführung durch das Top-Management kann diese Problematik verstärken, da im Falle von Bereichsegoismen die Bereitschaft der Akteure gering sein wird, bereichsinterne Informationen zu übermitteln.[558] Wenn eine unzureichende zeitliche Abstimmung zwischen den mit der Situationsanalyse beauftragten Markenmanagern und den Lieferanten der Daten vorliegt, dann kommen als Ursache ferner zeitliche Koordinationsprobleme in Betracht. Dies ist bspw. der Fall, wenn externe Marktforschungsergebnisse oder interne Berichtsdaten nicht rechtzeitig für eine Berücksichtigung durch die Markenführung in der Situationsanalyse zur Verfügung stehen.

Weitere Erklärungen ergeben sich durch die Erweiterungen der **Evaluating-Annahme**. Wenn die Markenmanager *beschränkten Bewertungsfähigkeiten* unterliegen, dann könnten diese nicht befähigt sein, den aus der Erschließung der jeweiligen Datenquellen entstehenden Zielbeitrag korrekt zu antizipieren. Aus einer rationalen Perspektive sollte die Markenführung zur Datengenerierung alle Datenquellen als relevant erachten und erschließen, deren Erwartungsnutzen den für ihre Erschließung erforderlichen Aufwand übersteigt. Beschränkte Bewertungsfähigkeiten der Markenmanager können jedoch dazu führen, dass diese weder den aus der Erschließung resultierenden Erwartungsnutzen noch den zur Erschließung erforderli-

---

558 Wenn interne Manager anderer Bereiche aufgrund von machtpolitischen Überlegungen oder Bereichsegoismen eine zurückhaltende Herausgabe ihrer Bereichsinformationen vornehmen, dann könnte dies zu einer unzureichenden Erschließung relevanter Datenquellen für die Markenführung führen. Rationale Bewertungshandlungen der Markenmanager könnten so durch eine verzögerte, fehlende oder selektive Herausgabe der Informationen erschwert werden. Insbesondere in der selektiven Herausgabe ihrer Informationen könnten die Manager einzelner Bereiche eine Möglichkeit zur Durchsetzung ihrer Interessen sehen. Durch eine Weitergabe ausgewählter Informationen könnten die Manager bewirken, dass diejenigen Informationen in der Entscheidungsfindung berücksichtigt werden, die ihren Interessen dienen. Zum Phänomen Macht siehe bspw. Brettschneider (2000), S. 55 f.

chen Aufwand präzise bestimmen können und so aufgrund von fehlerhaften Bewertungshandlungen nur eine unzureichende Erschließung der relevanten Datenquellen vornehmen.

Wenn das Phänomen *Kontrollillusion* auftreten sollte, dann gehen die Markenmanager davon aus, einen vollkommenen Überblick über die Situation zu haben. Eine umfassende Erschließung interner und externer Datenquellen zur Gewährleistung einer breiten Informationsbasis bezüglich der internen und externen Rahmenbedingungen würde von den Markenmanagern zur Durchführung der Situationsanalyse als nicht erforderlich angesehen. Als Folge würde eine zur kritischen Reflexion der eigenen Ansichten notwendige Erschließung weiterer Datenquellen von den Markenmanagern als überflüssig bzw. als Vergeudung von Ressourcen betrachtet und daher unterlassen.

Auch die Erweiterung der **Maximizing-Annahme** unterstützt die Ursachenergründung des identifizierten Rationalitätsdefizits. Wenn das Phänomen *Satisfizierung* auftritt, dann geben sich die Markenmanager mit der Erschließung einer begrenzten Anzahl an Datenquellen zur Bewältigung ihrer Aufgaben zufrieden, sofern sie durch Verwendung der durch diese Quellen generierten Daten das vorgegebene oder anvisierte Zielniveau erreichen können. Sie würden daher nicht sämtliche relevanten Quellen, deren Zielbeitrag einen positiven Erwartungsnutzen beinhalten, erschließen. Aus der rationalen Sicht eines Dritten würde es deshalb zu einer unzureichenden Erschließung von Datenquellen kommen.

3.3.1.2 Unzureichender Methodeneinsatz zur Datengenerierung

Defizitbeschreibung:

Der Einsatz geeigneter Methoden im Rahmen der Datengenerierung ist sowohl für die Generierung unternehmensexterner als auch unternehmensinterner Daten aus den erschlossenen Quellen erforderlich.[559] In der Literatur finden sich Anhaltspunkte dafür, dass rationale Situationsanalysen in der Markenführung von einer unzureichenden Verwendung zweckmäßiger Methoden zur Datengenerierung gefährdet werden. So wird angeführt, dass es bei der Bestimmung der Ist-Positionierung häufig zum Einsatz ungeeigneter Messverfahren kommt, bei denen den Konsumenten Listen mit verschiedenen Marken und vorgegebenen Eigenschaften zur Beurteilung vorgelegt werden.[560] Schwachpunkte derartiger Imagemessungen sind zum einen, dass sich das tatsächliche Image einer Marke aufgrund komplexerer Wirkungszusammenhänge durch relativ allgemein gehaltene Eigenschaften kaum erfassen lässt.[561] Zum

---

559 Bspw. ist das Markenimage sowohl unternehmensintern als auch unternehmensextern durch den Einsatz geeigneter Methoden zu erheben.
560 Vgl. Haedrich/Tomczak/Kaetzke (2003), S. 74.
561 Bspw. innere Bilder der Konsumenten; Vgl. Haedrich/Tomczak/Kaetzke (2003), S. 75.

anderen wird den Konsumenten eine Liste von Eigenschaften vorgelegt, von denen einige Eigenschaften möglicherweise nicht relevant für das Markenimage sind, während andere für das Markenimage bedeutsame Eigenschaften hingegen nicht auf der Liste angeführt werden.[562] Zwar lassen sich Erhebungen mit derartigen Methoden leicht durchführen sowie auswerten und eignen sich gut für ein Benchmarking, jedoch werden die differenzierenden und relevanten Eigenschaften oft nicht gemessen.[563]

Neben der Imagemessung wird zur Entscheidungsunterstützung der Markenführung gefordert, eine ausreichende Marktsegmentierung unter Einsatz geeigneter Methoden vorzunehmen.[564] Werden in der Marktsegmentierung die richtigen Methoden eingesetzt, lassen sich weiter gehende und differenziertere Informationen bezüglich der Bedürfnisse der Konsumenten gewinnen, als dies bspw. alleinig durch Einsatz typischer Methoden zur Erhebung des Markenimage möglich ist.[565] Dadurch lassen sich die Präferenzen und Bedürfnisse der Konsumenten sowie individuelle Entscheidungsmechanismen umfassender erforschen.[566] Informationen über die Verhaltenswirkung der Marke unterstützen bei der Identifikation von Schwachstellen in der eigenen Markenpositionierung. Um den mit den Methoden verbundenen Zeit- und Kostenaufwand zu vermeiden, lehnen Praktiker diese zumeist ab, obwohl sie die unterschiedlichen Ansätze weder nachvollziehen noch die methodischen Unterschiede im Detail bewerten können. Die Diskussion bezüglich des richtigen Verfahrens spielt dabei eine untergeordnete Rolle.[567]

Der Einsatz unzureichend umfassender Methoden bzw. eine fehlerhafte Anwendung der eingesetzten Methoden führen zu einer unzureichenden Generierung von Daten aus den

---

Auch lassen sich mit diesen Messverfahren keine umfassenden Erkenntnisse über die bei den Anspruchsgruppen der Marke vorherrschende Markenwahrnehmung (Brand Experience) generieren. „Brand Experience is conceptualized as sensations, feelings, cognitions, and behavioral responses evoked by brand-related stimuli that are part of a brands´s design and identity, packaging, communications, and environments." Brakus/Schmitt/Zarantonello (2009), S. 52. Imagemessungen anhand einer Befragung von Checklisten werden die tatsächlich durch die genannten Stimuli ausgelösten Emotionen nur unzureichend erfassen können.

562 Vgl. Haedrich/Tomczak/Kaetzke (2003), S. 75.
In der Praxis werden Messungen des Markenimage bislang nur vereinzelt durchgeführt. Gemäß einer Studie unter B-to-B Unternehmen erfolgt im Rahmen der Situationsanalyse bei nur 16% der Unternehmen eine Erhebung des Markenimage zur Untersuchung der Bedürfnisse der Konsumenten und des derzeit durch die Marke bewirkten Befriedigungsgrads; Vgl. Baumgarth (2006), S. 17.

563 Vgl. Esch (2005d), S. 160.

564 Vgl. Riesenbeck/Perrey (2005), S. 86 ff. sowie S. 101 ff.

565 Zu den weiterführenden Verfahren gehören bspw. Conjoint-Analysen wie die Hierarchisch Individualisierte Limit Conjoint-Analyse (HILCA); Vgl. Riesenbeck/Perrey (2005), S. 104. Zur HILCA siehe insbesondere Voeth (2000) sowie für eine beispielhafte Anwendung der HILCA auch Braun (2006).

566 Für eine nähere Untersuchung, wie sich das Markenimage auf das Kaufverhalten der Konsumenten auswirkt, stehen Methoden wie bspw. der Markenkauftrichter zur Verfügung; Vgl. Riesenbeck/Perrey (2005), S. 116 f.

567 Vgl. Riesenbeck/Perrey (2005), S. 104.

erschlossenen Quellen und resultieren in einer für die Situationsanalyse ungenügenden Datenbereitstellung.[568]

Ursachenergründung:

Wenn den Markenmanagern *arbeitsscheues Verhalten* als Ausprägung von **eigeninteressiertem Handeln** unterstellt wird, dann ergibt sich eine Erklärung für das identifizierte Rationalitätsdefizit. Sowohl die Erarbeitung des für den Einsatz erforderlichen Methodenwissens als auch der Einsatz von Methoden zur Datengenerierung sind mit Arbeitsaufwand für die Markenmanager verbunden. Je vielfältiger und komplexer die einzusetzenden Methoden sind, desto größer wird diese Arbeitsbelastung werden. Arbeitsvermeidende Markenmanager könnten daher versucht sein, den Einsatz von Methoden zur Datengenerierung möglichst gering zu halten. Sie werden sich auf die aus ihrer Sicht zur Erfüllung der Aufgaben wesentlichen Methoden beschränken bzw. diese Methoden mit einer mangelnden Sorgfalt einsetzen. Dies gilt sowohl für Datengenerierung, die von den Markenmanagern selbst vorgenommen wird, als auch für Datengenerierung, die Dritten übertragen wurde, da sowohl die Führung dieser Dritten als auch die Auswertung der von diesen generierten Daten mit zusätzlichem Arbeitsaufwand verbunden sind. Je umfassender und komplexer die zur Datengenerierung eingesetzten Methoden sind, desto umfangreicher werden tendenziell auch die erhobenen Daten und der mit ihrer Auswertung verbundene Arbeitsaufwand ausfallen.

Auch wenn *abweichende Risikopräferenzen* der Markenmanager vorliegen, dann könnte dies zu dem identifizierten Rationalitätsdefizit führen. Ein umfassender Methodeneinsatz zur Datengenerierung könnte von risikoaversen Markenmanagern gescheut werden, falls der damit verbundene Ressourcenaufwand – bspw. aufgrund mangelnder Erfahrung mit bestimmten Methoden – einem für sie unsicheren Nutzen gegenübersteht. Risikoaverse Markenmanager werden sich demnach tendenziell auf den Einsatz von Methoden fokussieren, deren Erwartungsnutzen in Form ihres Beitrags zur Entscheidungsunterstützung der Markenführung sie möglichst präzise antizipieren können.

Auch die Einbeziehung kognitiver Beschränkungen der Markenmanager unterstützt die Ursachenergründung. So könnten *Wissensbeschränkungen* der Markenmanager als Erweiterung der **Resourceful-Annahme** das identifizierte Rationalitätsdefizit bewirken. Aufgrund der Vielzahl der unterschiedlichen in Abhängigkeit vom Untersuchungsziel einsetzbaren Methoden zur Datengenerierung werden hohe Anforderungen an das Wissen der Markenma-

---

[568] So wird in der Literatur aufgrund der hohen Komplexität und der zahlreichen Facetten starker Marken für deren umfassende Betrachtung eine Untersuchung dieser Marken unter unterschiedlichem – auch qualitativem – Methodeneinsatz aus den Perspektiven verschiedener Stakeholder der Marke für zweckmäßig erachtet, während in der Praxis üblicherweise keine umfassende Betrachtung erfolgt; Vgl. Diamond et al. (2009), S. 118.

nager gestellt. Potenziell wären Wissensdefizite der Markenmanager hinsichtlich der Fragestellungen, welche Methoden für den jeweiligen Untersuchungszweck eingesetzt werden sollten, wie diese Methoden anzuwenden sind sowie welche unternehmensinternen oder -externen Experten hinzugezogen werden sollten, zu erwarten. Das Rationalitätsdefizit könnte somit durch Beschränkungen hinsichtlich des erforderlichen Fakten-, Methoden- und Beziehungswissens verursacht werden.

Ferner könnte die Entstehung des identifizierten Rationalitätsdefizit auf *beschränkte Wahrnehmungsfähigkeiten* der Markenmanager zurückgeführt werden. Da die zur Datengenerierung einsetzbaren Methoden kontinuierlich von der Wissenschaft und der Praxis neu- und weiterentwickelt werden, werden die Markenmanager aufgrund ihrer beschränkten Ressourcen an Aufmerksamkeit und Gedächtnis über keinen allumfassenden Überblick über die existierenden Methoden verfügen. Neue Methoden und ihre Einsatzmöglichkeiten, die eine noch umfassendere bzw. aussagekräftigere Datengenerierung ermöglichen würden, werden den Markenmanagern daher nur teilweise bekannt sein. Auch um eine Überforderung ihrer kognitiven Fähigkeiten durch eine zu große Menge an zu berücksichtigenden Informationen zu vermeiden, werden die Markenmanager eine tiefergehende Erforschung der Konsumentenbedürfnisse unterlassen und ihre begrenzte Aufmerksamkeit auf einen für sie überschaubaren Ausschnitt der Realität konzentrieren, der durch den Einsatz von weniger umfassenden Methoden erforschbar ist. Wenn aufgrund einer beschränkten Wahrnehmungsfähigkeit der Markenmanager relevante Methoden bei der Bestimmung der zur Datengenerierung einzusetzenden Methoden nicht berücksichtigt werden, dann kann dies daher ursächlich für das identifizierte Rationalitätsdefizit sein.

Wenn die Markenmanager *Verzerrungen durch mentale Modelle* unterliegen, dann kann dies dazu führen, dass die Markenmanager im Entscheidungsprozess zur Auswahl der zu verwendenden Methoden bei ihren altbekannten Methoden verhaftet bleiben. Durch das aus den mentalen Modellen der Markenmanager resultierende Framing könnten veränderte Rahmenbedingungen der Markenführung nur unzureichend antizipiert werden. Sich wandelnde Umweltbedingungen bzw. neue Konzepte der Markenführung könnten jedoch andere Anforderungen als bislang an die generierten Daten stellen, so dass eine Umstellung der zur Datengenerierung verwendenden Marktforschungsmethoden erforderlich wäre. Aufgrund des Framings könnten die Markenmanager die Notwendigkeit zum Einsatz umfassenderer Methoden zur Datengenerierung nicht erkennen, sondern bedingt durch mentale Modelle an den ihnen bekannten Methoden festhalten.

Auch die Erweiterungen der **Evaluating-Annahme** tragen zur Erklärung des identifizierten Rationalitätsdefizits bei. Wenn die Markenmanager *beschränkten Bewertungsfähigkeiten* unterliegen, dann können diese kognitiven Beschränkungen dazu führen, dass die Markenmanager den jeweiligen Zielbeitrag der verschiedenen Methoden zur Datengenerierung nicht korrekt bestimmen können. Eine rationale Gegenüberstellung der verschiedenen Methoden bei der Auswahlentscheidung unter Kosten-Nutzen-Gesichtspunkten wird dadurch erschwert. Die Unsicherheit bei der Bestimmung des Zielbeitrags wird bei neuen bislang noch nicht verwendeten Methoden tendenziell höher ausfallen als bei bereits etablierten Methoden, da bei ersteren Vergangenheitswerte weder bezüglich des mit diesen Methoden verbundenen Aufwands noch des Zielbeitrags zur Verfügung stehen. Eine korrekte Antizipation des Erwartungsnutzens wird dadurch erschwert. Im Falle beschränkter Bewertungsfähigkeiten werden die Markenmanager daher tendenziell den Einsatz etablierter Methoden, deren Erwartungsnutzen sie präziser als bei neuen Methoden bestimmen können, präferieren, auch wenn durch den Einsatz fortgeschrittenerer Methoden umfassendere Daten generierbar wären. Die Fähigkeit zur Bewertung der Methoden zur Datengenerierung wird umso beschränkter sein, je beschränkter die Lernfähigkeiten der Markenmanager sind, da sich deren Bewertungsfähigkeiten dann in umso geringerem Maße im Zeitablauf verbessern werden.

Ferner kann die Evaluation der als Handlungsalternativen zur Verfügung stehenden Methoden zur Datengenerierung *Bewertungsverzerrungen* unterliegen. Wenn die Markenmanager von umfassenderen Methoden keinen deutlich höheren Beitrag zur Zielerreichung als von bislang verwendeten Methoden erwarten oder deren mögliche Nachteile nicht deutlich die zu erwartenden Vorteile überwiegen, dann werden sie diese aufgrund des Status quo bias in ihrer Bewertungshandlung tendenziell benachteiligen. Ebenso kann der Sunk Cost-Effekt dazu führen, dass die Markenmanager bedingt durch bisherige methodenspezifische Investitionen zu einer Fortschreibung der bislang verwendeten Methoden verleitet werden.[569] Diese Effekte werden vermutlich umso stärker zum untersuchten Rationalitätsdefizit führen, je stärker der kurzfristige Erfolgsdruck auf die Markenführung sein wird.

Auch wenn die Markenmanager aufgrund des Phänomens *Kontrollillusion* glauben, die Marktsituation vollkommen zu überschauen, dann könnte dies das identifizierte Rationalitätsdefizit verursachen. Eine umfangreiche Generierung von Daten im Rahmen der Situationsanalyse würde dann aus Sicht der Markenmanager nicht nur vernachlässigbar, sondern überflüssig, da sie der Ansicht sind, mit dem Einsatz der bisherigen Methoden und somit auch ohne den Einsatz umfassender Methoden die Marktsituation bereits ausreichend einschätzen zu können.

Wenn die Markenmanager dem Phänomen *Satisfizierung* als Erweiterung der **Maximizing-Annahme** unterliegen, dann kann dies eine Ursache für das identifizierte Rationalitätsdefizit

---

569 Diese Investitionen können bspw. Investitionen zur Einarbeitung, für Schulungen, für die Anschaffung von Software oder sonstige Lizenzen oder zur Etablierung von Geschäftsbeziehungen zu externen Dienstleistern umfassen.

darstellen, da die Markenmanager dann mit dem Zielbeitrag der bislang verwendeten Methoden zufrieden sind. Eine weitere Optimierung der Ergebnisse der Situationsanalyse durch den Einsatz umfassenderer Methoden und der damit verbundenen Generierung aussagekräftigerer Daten würde von den Markenmanagern als nicht erforderlich angesehen, da das gesetzte Anspruchsniveau bereits durch Einsatz der bisherigen Methoden erfüllt wird.

3.3.1.3 Unzureichende entscheidungsunterstützende Aufbereitung von Informationen für die Markenführung

Defizitbeschreibung:

Damit die durch den Einsatz geeigneter Methoden aus den erschlossenen Quellen generierten Daten die Entscheidungsfindung der Markenführung unterstützen können, sind diese zu entscheidungsrelevanten Informationen aufzubereiten.[570] Die organisationale Fähigkeit, gesammelte Daten zu analysieren und aufzubereiten, wird auch in den Veröffentlichungen zu Marketingkompetenzen beschrieben und wurde empirisch untersucht.[571] BLINDA bezeichnet diese Fähigkeit als Markeninformationsabsorptionskompetenz und sieht in ihr eine Veredelungskompetenz, da sie durch Entwicklung zielgerichteter Ressourcen aus Inputgütern eine Informationsgrundlage für die Entscheidungsfindung der Markenführung schafft.[572]

Empirisch konnte belegt werden, dass überdurchschnittlich erfolgreiche Markenorganisationen ein höheres Maß an Markeninformationsabsorptionskompetenz aufweisen als weniger erfolgreiche Markenorganisationen.[573] Diese aus Expertensicht bei letzterer Gruppe unterdurchschnittlich ausgeprägte organisationale Fähigkeit zur Aufbereitung entscheidungsunterstützender Informationen für die Markenführung deutet auf ein potenzielles Rationalitätsdefizit hin, welches in einer mangelnden oder fehlerhaften Anwendung von Methoden zur Aufbereitung der generierten Daten oder der Bereitstellung der aufbereiteten Informationen besteht. Außerdem könnten die angewandten Methoden unzureichend für den jeweiligen Zweck sein. Die unzureichende Bereitstellung geeigneter Informationen könnte die beobachtbare Problematik erklären, dass Markenmanager zu häufig markenbezogene Handlungen auf der Basis

---

570 So sind bspw. erhobene Daten bezüglich des Markenimage der eigenen sowie der Wettbewerbsmarken durch Verwendung zweckmäßiger Methoden derart aufzubereiten und darzustellen, dass sie als Entscheidungsgrundlage für die nachfolgenden Aufgaben der Markenführung herangezogen werden können. Unter Methoden zur Transformation der generierten Daten sollen hier Instrumente verstanden werden, die die erhobenen Daten aggregieren, aufbereiten sowie die Resultate visualisieren.

571 Vgl. Ramaswami/Bhargava/Srivastava (2004); Vorhies/Morgan (2005); Conant/Mokwa/Varadarajan (1990).

572 Vgl. Blinda (2007), S. 179.

573 Vgl. Blinda (2007), S. 277 f.
So lässt sich für das Item „bessere entscheidungsrelevante Aufbereitung von Informationen für das Management" eine signifikant bessere Einschätzung konstatieren; Vgl. Blinda (2007), S. 277.

eines unzureichenden Verständnisses hinsichtlich der Bedürfnisse der Konsumenten und daher basierend auf fehlerhaften Annahmen treffen.[574] Auch im vergleichbaren Kontext des Preismanagements lassen sich derartige Rationalitätsdefizite bei der Aufbereitung und Bereitstellung von entscheidungsrelevanten Informationen beobachten, die sich durch Analogiebildung auf den Kontext der Markenführung übertragen lassen.[575]

Ursachenergründung:

Wenn die Handlungen der Markenmanager von *arbeitsscheuem Verhalten* als Ausprägung des **eigeninteressierten Handelns** beeinflusst werden, dann kann dies eine Ursache für das identifizierte Rationalitätsdefizit darstellen. Je sorgfältiger die Aneignung der erforderlichen Kenntnisse zur Anwendung der Methoden zur Aufbereitung der generierten Daten in entscheidungsunterstützende Informationen sowie deren Anwendung vorgenommen werden, desto größer wird der damit verbundene Arbeitsaufwand für die Markenmanager sein. Arbeitsvermeidende Markenmanager werden sich daher tendenziell nur soweit in die relevanten Methoden einarbeiten, wie sie dies zur Aufbereitung der Informationen gerade für erforderlich halten und diese Methoden so minimal wie gerade nötig anwenden. Aus rationaler Perspektive sollte hingegen solange Aufwand in die Aufbereitung der Informationen gesteckt werden, bis der Quotient aus Erwartungsnutzen und Aufwand größer eins ist.

Auch kognitive Beschränkungen der Markenmanager kommen als Ursache des identifizierten Rationalitätsdefizits in Betracht. Wenn es aufgrund von *Wissensbeschränkungen* als Erweiterung der **Resourceful-Annahme** den Markenmanagern an der erforderlichen Kenntnis mangelt, welche Methoden in Abhängigkeit der jeweiligen Situation und des Untersuchungszwecks zweckmäßig wären bzw. wie diese Methoden fehlerfrei anzuwenden sind, dann kann dies in einer Verwendung unzureichender Methoden bzw. in einer fehlerhaften Anwendung zweckmäßiger Methoden resultieren. Ursächlich für das Rationalitätsdefizit wäre in diesen Fällen mangelndes Faktenwissen bzw. mangelndes Methodenwissen der Markenmanager.

Je *beschränkter* die *Wahrnehmungsfähigkeiten* der Markenmanager sind, desto gravierender werden diese Wissensdefizite hinsichtlich der Auswahl und der Anwendung der Methoden ausfallen. Aufgrund der begrenzt vorhandenen Kapazität an Aufmerksamkeit stehen den Markenmanagern nur in beschränktem Maße kognitive Ressourcen zur Wissensgenerierung zur Verfügung. Die Markenmanager müssen daher eine Filterung bezüglich der zur Aufbereitung der Informationen in Betracht zu ziehenden Methoden vornehmen. Für die Verfolgung von Neu- und Weiterentwicklungen der Methoden zur Aufbereitung der Daten zu entscheidungsunterstützenden Informationen sowie zur Beobachtung, ob aufgrund veränderter Um-

574 Vgl. Keller (2005), S. 99.
575 Vgl. Florissen (2005), S. 154 sowie Rullkötter (2009), S. 169-177.

weltbedingungen die Prämissen der verwendeten Methoden nicht mehr erfüllt werden und daher der Einsatz anderer Methoden erforderlich wird, könnte die zur Verfügung stehende Ressource Aufmerksamkeit wegen anderer Verpflichtungen unzureichend sein.

Ebenso können *Koordinationsprobleme* ursächlich für das beschriebene Rationalitätsdefizit sein. Wenn bedingt durch sachliche Koordinationsprobleme die mit der Aufbereitung entscheidungsunterstützender Informationen betrauten Akteure über eine unzureichende Kenntnis hinsichtlich des tatsächlich zur Willensbildung der Markenführung erforderlichen Informationsbedarfs verfügen, dann könnte es von den Akteuren zur Aufbereitung von entscheidungsunterstützenden Informationen in einer für eine rationale Willensbildung ungeeigneten Form kommen. Als Folge würde das bereitgestellte Informationsangebot nicht dem Informationsbedarf der Markenführung entsprechen. Zu zeitlichen Koordinationsproblemen würde es kommen, falls das Angebot an entscheidungsunterstützenden Informationen zeitlich mit deren Bedarf derartig auseinanderfällt, dass die Informationen nicht mehr wesentlich die Entscheidungsfindung unterstützen können.

Auch fehlerhafte Bewertungshandlungen der Markenmanager kommen als Ursache für das identifizierte Rationalitätsdefizit in Betracht, so dass zur Ursachenergründung Erweiterungen der **Evaluating-Annahme** zweckmäßig erscheinen. Aufgrund grundsätzlich anzunehmender *beschränkter Bewertungsfähigkeiten* der Markenmanager werden diese den jeweiligen Erwartungsnutzen der einzelnen Methoden zur Aufbereitung der Daten häufig nur unpräzise bestimmen können. Der mit der Anwendung der verschiedenen Methoden verbundene Zielbeitrag zur Bereitstellung entscheidungsunterstützender Informationen für die Markenführung würde den Markenmanagern dann nur eingeschränkt ersichtlich werden. Das identifizierte Rationalitätsdefizit kann schließlich Folge fehlerhafter Aufwand-Nutzen-Überlegungen sein. Je beschränkter die Lernfähigkeiten der Markenmanager sind, desto weniger werden sich deren Fähigkeiten zur Bewertung der als Handlungsalternativen zur Verfügung stehenden Methoden im Zeitablauf verbessern.[576]

Ferner könnten die Markenmanager bei der Evaluation der Handlungsalternativen *Bewertungsverzerrungen* unterliegen. Wenn ein Status quo bias auftritt, dann werden die Markenmanager neuere Methoden beinhaltende Handlungsalternativen, von denen sie keinen deutlich höheren Beitrag zur Zielerreichung erwarten als von bislang verwendeten Methoden oder deren mögliche Nachteile nicht deutlich die zu erwartenden Vorteile überwiegen, in ihren Bewertungshandlungen benachteiligen. Ebenso könnte der Sunk Cost-Effekt bewirken, dass

---

576 Zu berücksichtigen ist ferner, dass Lerneffekte im Zeitablauf häufig nur bei den von den Markenmanagern verwendeten Methoden zu erwarten sein werden, sofern eine explizite Auseinandersetzung mit bislang nicht verwendeten Methoden unterbleibt. Eventuelle Verzerrungen durch mentale Modelle würden dadurch im Zeitablauf tendenziell verstärkt.

die Markenmanager an der Fortschreibung von bislang verwendeten Methoden festhalten, um nicht die bisherige Verfolgung einer suboptimalen Handlungsalternative eingestehen zu müssen. Diese Effekte werden jedoch tendenziell umso geringer ausfallen, je kürzer die bisherige Verweildauer der Markenmanager auf ihrer Position ausfällt.

Ein Auftreten des identifizierten Rationalitätsdefizits könnte auch auf das Phänomen *Kontrollillusion* zurückführbar sein. Wenn dieses Phänomen die Markenmanager zu der Annahme veranlasst, dass sie die Marktsituation vollkommen überschauen können, dann werden sie die Durchführung einer umfangreichen Situationsanalyse durch Aufbereitung generierter Daten unter Einsatz geeigneter Methoden und die Bereitstellung der so generierten entscheidungsunterstützenden Informationen als vernachlässigbar einschätzen.

Wenn das Handeln der Markenmanager ferner vom Phänomen *Satisfizierung* als Erweiterung der **Maximizing-Annahme** beeinflusst wird, dann könnten sich die Markenmanager mit einem aus der Situationsanalyse entstehenden Zielbeitrag, der ein bestimmtes Anspruchsniveau erfüllt, zufriedengeben. Bei Erfüllung dieses Anspruchsniveaus würden die Markenmanager eine Verbesserung der für die Markenführung bereitgestellten entscheidungsunterstützenden Informationen als nicht erforderlich ansehen und die Informationen nur unzureichend für eine rationale Entscheidungsfindung aufbereiten.

3.3.2 Aufgabenfeld Markenzielbildung

Im Aufgabenfeld Markenzielbildung gilt es, ausgehend von den Unternehmenszielen, ein geeignetes Markenzielsystem zu entwickeln.[577] Ein solches Markenzielsystem ist für eine Ausrichtung der verschiedenen Markenführungsaufgaben auf eine gemeinsame Zielsetzung erforderlich und wird u. a. als Grundlage zur Durchführung eines zweckmäßigen Performance Measurements benötigt.[578] Die Markenziele bilden Kriterien, anhand welcher die markenstrategischen Alternativen zu bewerten sind.[579] Rationalitätsdefizite bei der Entwicklung des Markenzielsystems können daher auch weitere bedeutsame Defizite nach sich ziehen, da eine gemeinsame Ausrichtung der verschiedenen Markenführungsteilaufgaben sowie die Durchführung einer zweckmäßigen Markenerfolgskontrolle gefährdet werden. Nachfolgend werden die potenziellen Rationalitätsdefizite fehlerhafte Auswahl der Markenziele und Zielkonflikte im Markenzielsystem (Kapitel 3.3.2.1) sowie Zurechnungs- und Operationalisierungsprobleme bei der Bestimmung der Markenzielgrößen (Kapitel 3.3.2.2) untersucht.

3.3.2.1 Fehlerhafte Auswahl der Markenziele und Zielkonflikte im Markenzielsystem

Defizitbeschreibung:

Da die zentrale Zielgröße Markenwert als Zielvorgabe für die Markenführung zu komplex und abstrakt ist, ist diese Zielgröße in operationale Subziele zu untergliedern.[580] Als Vorgabe für die Markenführung sind daher geeignete ökonomische und verhaltenswissenschaftliche Zielgrößen auszuwählen und direkt oder indirekt auf die Erreichung der übergeordneten Unternehmensziele auszurichten.[581] Diese Zielgrößen sind in einem Markenzielsystem zu integrieren und dabei die Kausalbeziehungen der Ziele untereinander sowie zu sonstigen Zielsystemen des Unternehmens zu ergründen und zu berücksichtigen.[582] Fehlt ein klares langfristig angelegtes Markenzielsystem als zentrale Wegweiserfunktion, besteht die Gefahr einer reagierenden anstelle einer agierenden Markenführung, die, anstatt eine geradlinige Linie zu verfolgen, eine Politik des „muddling through" betreibt.[583]

---

577 Siehe auch die Ausführungen in Kapitel 2.1.1.5 sowie 2.1.2.2.
578 Vgl. Esch (2005d), S. 79.
579 Vgl. Gaiser (2005), S. 44.
580 Vgl. Gaiser (2005), S. 45.
581 Siehe auch die Kapitel 2.1.1.5 und 2.1.2.2 sowie z.B. Hofbauer/Schmidt (2007), S. 35; Kriegbaum (2001), S. 69.
582 Vgl. Esch (2005d), S. 75.
583 Vgl. Gaiser (2005), S. 44.

Ein potenzielles Rationalitätsdefizit stellt dabei eine fehlerhafte Auswahl der Markenzielgrößen dar. Die Auswahl der Markenziele wird von den individuellen Zielen der Markenmanager – wie bspw. Arbeitsvermeidung, Einkommensmaximierung, Karrierestreben, Sicherheit, Macht – beeinflusst, so dass von diesen nicht zwingend die aus rationaler Perspektive für das Unternehmen optimalen Markenzielgrößen ausgewählt werden. Zu den Anforderungen für eine geeignete Auswahl der Markenziele gehören die Bestimmung einer adäquaten Anzahl von Markenzielgrößen,[584] eine ausreichende Ausrichtung hinsichtlich der Erreichung übergeordneter Unternehmensziele bei der Auswahl der Zielgrößen,[585] sowie dass es nicht zu Zielkonflikten zwischen den Markenzielen untereinander oder mit den übrigen Zielsystemen des Unternehmens kommt.[586] Zur Ableitung zweckmäßiger und auf die Förderung der Unternehmensziele ausgerichteter Markenziele dient dabei die Markenvision.[587] In der Praxis mangelt es den Markenverantwortlichen jedoch in vielen Fällen an einer klaren Markenvision.[588] Eine Bestimmung eindeutiger Ziele wird dadurch erschwert.

Außerdem sollten auch bei der Entwicklung eines Markenzielsystems die generellen Anforderungen an ein Zielsystem – Vollständigkeit, Redundanzfreiheit, Messbarkeit, Präferenzunabhängigkeit sowie Einfachheit – ausreichend Berücksichtigung finden.[589] Aufgrund von Defiziten im Entwicklungsprozess des Markenzielsystems können jedoch fehlende, kooperative oder konfliktäre Interdependenzen von den Markenmanagern unberücksichtigt bleiben.[590] Wenn die angeführten Anforderungen nicht erfüllt werden, dann kann es bei der Auswahl der Markenziele und somit bei der Entwicklung des Markenzielsystems zu Rationalitätsdefiziten kommen, die eine eindeutige Ausrichtung der Markenführung auf die Erreichung der globalen Unternehmensziele gefährdet.

---

584 Die Auswahl zu weniger Markenzielgrößen könnte aufgrund der Komplexität der Markenführung zu einer Vernachlässigung relevanter Aspekte führen. Ähnlich konstatiert dies auch Rullkötter für den Kontext des Preismanagements; Vgl. Rullkötter (2009), S. 112 f.

585 Vgl. Meffert (1998), S. 74 ff.

586 So sollte das Markenzielsystem sowohl in Einklang mit den Unternehmenszielen als auch mit den Zielsystemen der übrigen Bereiche des Unternehmens wie bspw. mit den Produktions-, Vertriebs-, oder Finanzzielen sein. Die Ergebnisse einer Studie der Markenberatung TAIKN haben gezeigt, dass der Beitrag der Markenführung zum Unternehmenserfolg umso höher ausfällt, desto stärker die Markenführung über alle Unternehmensbereiche hinweg integriert wird; Vgl. Burkhardt/Hofmann (2008), S. 30. Bei der Bestimmung der Markenziele sollten daher zur Vermeidung von Zielkonflikten und zur Hebung von Synergieeffekten die Ziele der relevanten Teilbereiche des Unternehmens berücksichtigt werden.

587 Vgl. Davis (2002), S. 37.

588 So gaben im Falle durchschnittlich und weniger erfolgreicher Marken die Befragten das Item „Die Markenverantwortlichen verfügen über eine klare Markenvision" eine signifikant geringere Einschätzung ab als bei überdurchschnittlich erfolgreichen Marken; Vgl. Blinda (2007), S. 279.

589 Vgl. Keeney (1992), S. 82 ff.; Eisenführ/Weber (2003), S. 60 f.
Für die Messbarkeit gilt, dass die Zielerreichung möglichst treffend und eindeutig messbar sein soll.

590 Siehe auch Florissen (2005), S. 165.

Ursachenergründung:

Das beschriebene potenzielle Rationalitätsdefizit könnte in **eigeninteressiertem Handeln** der Markenmanager begründet sein. Wenn *arbeitsscheues Verhalten* das Handeln der Markenmanager bei der Entwicklung eines zur Ausrichtung und Steuerung der Markenführung zweckmäßigen Markenzielsystems beeinflusst, dann ist aufgrund der zahlreichen Interdependenzen zwischen den verschiedenen zur Auswahl stehenden Markenzielen, den Unternehmenszielen sowie den Zielsystemen anderer Bereiche von einem hohen Arbeitsaufwand zur Einarbeitung in die Wirkungszusammenhänge, zur Abstimmung der Markenziele untereinander sowie und mit den übrigen Zielsystemen des Unternehmens auszugehen.[591] Die Folge von arbeitscheuem Verhalten und der damit einhergehenden unzureichenden Sorgfalt bei der Konzeption des Markenzielsystems wären demnach potenzielle Zielkonflikte innerhalb des Markenzielsystems sowie mit sonstigen Zielsystemen des Unternehmens.

Abweichende Karrierepräferenzen der Markenmanager könnten dazu führen, dass die Markenmanager die von ihnen zu erreichenden Ziele selbst bestimmen wollen. Wenn eine strenge Orientierung der Markenführung an den übergeordneten Unternehmenszielen aus Sicht der Markenmanager mit einer zu starken Eingrenzung ihres gestalterischen Handlungsraums einhergehen würde, dann könnten die Markenmanager ihre Möglichkeit, sich selbst als „Macher" zu positionieren, bedroht sehen.[592] Die stetige Verfolgung von mit den übergeordneten Unternehmenszielen abgestimmten Markenzielen würde einem eigenständigen Agieren der Markenmanager entgegenstehen. Anstelle eines ausgewogenen Markenzielsystems werden die Markenmanager dann auch tendenziell eine Übergewichtung derjenigen Ziele befürworten, von denen sie sich den größten Nutzen für ihre Karrierezwecke versprechen.

Das Handeln der Markenmanager könnte auch von *abweichenden Risikopräferenzen* gelenkt werden. Wenn die Risikoneigung der Markenmanager geringer als die aus Unternehmenssicht rationale Risikoneigung ausfallen sollte, dann werden diese tendenziell konservativere Ziele befürworten, als aus den übergeordneten Unternehmenszielen abzuleiten wäre. Die Markenmanager werden in diesen Fällen auf die Bestimmung von ihrer Risikoneigung entsprechenden Markenzielen hinwirken. Als Folge könnte eine an den Risikopräferenzen der Marken-

---

591 Insbesondere die Abstimmung mit den übrigen Zielsystemen des Unternehmens könnte sich als sehr aufwendig erweisen, da die Abstimmung der Markenziele untereinander von der Markenführung alleine vorgenommen werden kann, wohingegen zur Abstimmung mit den übrigen Zielsystemen eine Interaktion mit den Akteuren anderer Bereiche erforderlich wird, wodurch sich die Komplexität der Aufgabenstellung massiv erhöhen dürfte.

592 Diese Überlegungen erfolgen unter der Prämisse, dass karriereorientierte Markenmanager zur Erfüllung ihrer eigenen Karriereziele bestrebt seien, möglichst große, erfolgreiche und auf sie zurückführbare Veränderungen zu bewirken. Diese sind aus ihrer Sicht geeignet, um sich gegenüber höheren Instanzen des Unternehmens bzw. externen Personalvermittlern für unternehmensinterne bzw. unternehmensexterne höhere Positionen zu empfehlen. Übergeordnete Unternehmensziele – die über Jahre hinweg einen vorgegebenen und stetigen Pfad verfolgen – würden dem entgegenstehen.

manager ausgerichtete Bestimmung von Markenzielen in einem nur unzureichend an den Unternehmenszielen orientierten Markenzielsystem resultieren.

Wenn die Markenmanager *abweichenden Zeitpräferenzen* unterliegen, dann könnte dies zu einer Bevorzugung von Markenzielen mit einer kurzfristigeren Ausrichtung führen, als es aus den übergeordneten Unternehmenszielen abzuleiten wäre. Während Unternehmensziele üblicherweise einen Planungshorizont von bis zu fünf Jahren aufweisen und dies auch für die Markenziele gelten sollte, könnten die Markenmanager zur Antizipation eines Planungshorizonts geneigt sein, der eher ihrer typischen Verweildauer von ein bis zwei Jahren entspricht. Ein kurz- bis mittelfristiger Planungshorizont bei der Auswahl der Markenziele könnte jedoch zu potenziellen Zielkonflikten mit den langfristig ausgerichteten Unternehmenszielen führen.

Auch die Erweiterung der **Resourceful-Annahme** um *Wissensbeschränkungen* der Markenmanager liefert eine potenzielle Erklärung für das beschriebene Rationalitätsdefizit. Wenn die an der Bildung der Markenziele beteiligten Akteure über keine ausreichende Kenntnis bezüglich der langfristigen übergeordneten Unternehmensziele verfügen, dann können die übergeordneten Unternehmensziele nur unzureichend in der Markenzielbildung berücksichtigt werden.[593] Auch wenn die Markenmanager die Ursache-Wirkungszusammenhänge zwischen den Zielen nicht eindeutig bestimmen können, dann könnten die Abhängigkeiten zwischen den Teilzielen fehlerhaft antizipiert werden sowie deren Unterscheidung in Unter- und Oberziele bei der Integration im Markenzielsystem unzureichend erfolgen.[594] Außerdem könnte fehlende Kenntnis darüber, welche Akteure anderer Bereiche zur Abstimmung mit dem Markenzielsystem zweckmäßigerweise einzubinden wären, einen Mangel hinsichtlich des erforderlichen Beziehungswissens und so eine relevante Ursache für potenzielle Zielkonflikte darstellen.[595]

Wenn das Handeln der Markenmanager *Verzerrungen durch mentale Modelle* unterliegt, dann kann das dadurch verursachte Framing eine Vernachlässigung von für die Entwicklung eines ausgeglichenen Markenzielsystems relevanten Teilaspekten bewirken. Aufgrund der zahlreichen Interdependenzen zwischen den verschiedenen Zielgrößen und der damit verbundenen hohen Komplexität der betrachteten Entscheidungssituation könnten die Markenmanager zur

593 Diese Problematik wird umso gravierender sein, in je geringerem Maße Vertreter des Top-Managements bei der Bestimmung der Markenziele eingebunden werden, da diese Führungskräfte das erforderliche Faktenwissen bezüglich der Unternehmensziele und der -strategie mitbringen würden.

594 Sowohl Faktenwissen hinsichtlich der Wirkungsbeziehungen zwischen den Zielen als auch zweckmäßiges Methodenwissen zur Ergründung und Visualisierung dieser Wirkungsbeziehungen werden erforderlich sein, um die komplexen Interdependenzen innerhalb eines Markenzielsystems sowie zu weiteren Zielsystemen des Unternehmens umfassend nachvollziehen zu können.

595 Je kürzer der Zeitraum, den die Akteure bislang auf ihrer jeweiligen Position verweilen, ausfallen wird, desto eingeschränkter werden diese bislang Möglichkeit gehabt haben, die erforderlichen Beziehungen aufzubauen.

Verhinderung einer kognitiven Überforderung gezwungen sein, derartige mentale Modelle zu verwenden. Die Markenmanager würden dann die Auswahl der Markenziele auf die aus ihrer subjektiven Perspektive wesentlichen Teilaspekte fokussieren. Dies kann zur Vernachlässigung relevanter Aspekte und zu einem unausgewogenen Markenzielsystem führen.

Aufgrund von *Wahrnehmungsverzerrungen* könnte es zu einer einseitigen Auswahl der Markenziele und zu einem unausgewogenen Markenzielsystem kommen. So könnten durch den Halo-Effekt oder den Vividness-Effekt bestimmte Sachverhalte bzw. Ereignisse besonders prägnant die Wahrnehmung der Markenmanager beeinflussen. Die dadurch bewirkten Verfügbarkeitsverzerrungen könnten dann sowohl bei der Auswahl als auch bei der Gewichtung der Markenziele zu einer Fokussierung auf einzelne Aspekte bei einer gleichzeitigen Vernachlässigung anderer wesentlicher Teilaspekte der Markenführung führen.[596]

Auch *Koordinationsprobleme* könnten das identifizierte Rationalitätsdefizit bewirken. Wenn es nur zu einem unzureichenden Informationstransfer zwischen den die Unternehmensziele oder die Ziele anderer Bereiche festlegenden Akteuren sowie den die Markenziele bestimmenden Akteuren kommt, dann können sachliche Koordinationsprobleme auftreten. Als Ursache könnten Schnittstellenprobleme, kulturelle Differenzen sowie räumliche Distanzen zwischen den betreffenden Bereichen in Betracht kommen. Wenn die Unternehmens- und die Markenziele zeitlich isoliert und unabgestimmt voneinander festgelegt werden sollten, dann können zusätzlich zeitliche Koordinationsprobleme auftreten. In diesem Fall würden die Unternehmensziele oder die Ziele anderer Bereiche nicht rechtzeitig als Leitlinie für eine Orientierung der Markenziele an diesen zur Verfügung stehen.

Die Erweiterung der **Evaluating-Annahme** um *beschränkte Bewertungsfähigkeiten* der Markenmanager kann einen weiteren Beitrag zur Ursachenergründung des identifizierten Rationalitätsdefizits leisten. Aufgrund dieser kognitiven Beschränkungen könnten die Markenmanager die Zielbeiträge der jeweiligen Markenziele zur Erreichung der übergeordneten Unternehmensziele nur unzureichend antizipieren. Die Bewertung der einzelnen Zielbeiträge ist auch für eine ausgewogene Gewichtung der Ziele innerhalb des Markenzielsystems erfor-

[596] Diese Phänomene könnten eine bei der Marke E.ON beobachtbare einseitige Fokussierung auf die Steigerung der Markenbekanntheit der Corporate Brand bei gleichzeitiger Vernachlässigung der Kommunikation von Markeninhalten erklären.
So konnte die Marke E.ON bspw. innerhalb von vier Monaten nach ihrer Einführung einen hohen Bekanntheitsgrad in der deutschen Bevölkerung erreichen. Die gestützte Bekanntheit lag bei 93% und die ungestützte Werbeerinnerung bei 66%. Das Ziel „Aufbau einer Corporate Brand" wurde durch diesen hohen Bekanntheitsgrad gefördert, allerdings mit einer unklaren Zwecksetzung, da eine Corporate Brand für sich genommen keinen ökonomischen Nutzen generiert. Hierfür müssten vielmehr die Inhalte der Corporate Brand in den anvisierten Zielsegmenten zu einer Kauf- bzw. Auswahlpräferenz bei den Konsumenten führen. Als Folge des geringen Nutzens der Markenbekanntheit wurden die Kommunikationsaufwendungen für klassische Werbung der Energiebranche in den Folgejahren auf rund ein Drittel reduziert. Vgl. Riesenbeck/Perrey (2005), S. 47 sowie Michael (2002).

derlich. Als Folge kann es zur Auswahl von Markenzielen kommen, die nur unzureichend auf die Erreichung der übergeordneten Unternehmensziele bzw. des Oberziels der Markenführung – der Steigerung des Markenwerts – ausgerichtet sind oder es könnten potenziell relevante Markenziele mit einem tatsächlich hohen Einfluss auf den Markenerfolg unberücksichtigt bleiben.

Auch könnten die Bewertungshandlungen bei der Markenzielauswahl und deren Integration im Markenzielsystem durch *Bewertungsverzerrungen* beeinflusst werden. So könnte der Splitting-Effekt dazu führen, dass durch die Untergliederung eines Oberziels in mehrere Unterziele, dieses Oberziel im Markenzielsystem schließlich eine stärkere Gewichtung bekommt, als ihm die Markenmanager in einer isolierten Betrachtung zurechnen würden. Im Vergleich zu anderen Markenzielgrößen im Markenzielsystem würde dieses Markenziel dann übergewichtig berücksichtigt werden.

Wenn die Markenmanager dem Phänomen *Kontrollillusion* unterliegen, dann könnten sie tendenziell der Auswahl der Markenziele sowie der Entwicklung eines Markenzielsystems keine größere Bedeutung zumessen. Beides würde in diesem Fall aus ihrer Sicht eine Verschwendung von Ressourcen darstellen, da sie von einem bestmöglichen Überblick bezüglich der aktuelle Entscheidungssituation ausgehen und glauben, auch ohne Orientierung an einem Markenzielsystem die richtigen markenstrategischen Entscheidungen zu treffen sowie geeignete Maßnahmen auszuwählen. Auch würden sie bei Auftreten dieses Phänomens keine größere Notwendigkeit für ein Markenzielsystem als Grundlage zur Durchführung von Markenerfolgskontrollen sehen, so dass es insgesamt zu einer unzulänglichen Auseinandersetzung mit Markenzielen und dem Markenzielsystem kommen könnte.

Auch wenn *selbstwertdienliche Attributionstendenzen* bei den Markenmanagern zu beobachten sind, dann könnte dies zu einer Beeinträchtigung rationaler Bewertungshandlungen bei der Auswahl der Markenziele im Markenzielsystem führen. Die Markenmanager wären dann grundsätzlich geneigt, die Ursachen für zu verzeichnende Markenerfolge – wie eine Steigerung des Markenwerts – auf ihre eigenen Handlungen und Entscheidungen zurückzuführen.[597] Sie würden dann von einer Analyse der tatsächlichen Ursache-Wirkungszusammenhänge und somit, ob diese Erfolge auf nicht beeinflussbare externe Einflüsse bzw. auf die Handlungen und Entscheidungen unternehmensexterner Akteure zurückgehen, absehen. Die daraus resultierende fehlerhafte Antizipation der Ursache-Wirkungszusammenhänge könnte zu einer fehlerhaften Bestimmung der Markenziele führen, da die Beziehungen zwischen den Markenzielen sowie deren Einflussgrößen unkorrekt antizipiert würden.

---

[597] Im Falle selbstwertdienlicher Attributionstendenzen werden die Markenmanager kein ausgeprägtes Interesse verspüren, durch die Entwicklung eines Markenzielsystems die tatsächlichen Ursache-Wirkungszusammenhänge für diese Markenerfolge zu ergründen.

Wenn das Phänomen *subjektive Optimierung* als Erweiterung der **Maximizing-Annahme** auftreten sollte, dann könnte dies dazu führen, dass die Markenmanager keine objektive Auswahl und Gewichtung der Markenziele vornehmen. Anstelle der Auswahl der am dichtesten am Optimum liegenden Entscheidungsalternative werden die Markenmanager diejenigen Markenziele im Markenzielsystem integrieren, die ihnen aus der spezifischen Situation heraus geeignet erscheinen. Den die aktuelle Situation der Marke dominierenden Aspekten würde zu Lasten langfristig optimal auf die Erreichung der Unternehmensziele abgestimmter Markenziele im Markenzielsystem eine zu hohe Bedeutung beigemessen.

3.3.2.2 Zurechnungs- und Operationalisierungsprobleme bei der Bestimmung der Markenzielgrößen

Defizitbeschreibung:

Bei der Bestimmung der von der Markenführung zu verfolgenden Ziele sind für den Kontext der Markenführung relevante Zielgrößen auszuwählen und für die ausgewählten Markenzielgrößen ist ein adäquates Anspruchsniveau hinsichtlich der angestrebten Zielhöhe sowie des Zeitbezugs zu bestimmen. Dabei sind die Markenzielgrößen nicht nur adäquat hinsichtlich deren Inhalt, Ausmaß, Zeit- sowie Segmentbezug zu operationalisieren, sondern es muss durch die betreffenden Akteure eine ausreichende Einflussnahme auf den Zielerreichungsgrad möglich sein.

Als typische Problematiken bei der Entwicklung von Zielsystemen der Markenführung werden in der Literatur Zurechnungs- und Operationalisierungsprobleme genannt.[598] Zurechnungsprobleme treten im Falle unklarer Wirkungsbeziehungen zwischen den Maßnahmen der Markenführung und den ökonomischen Effekten wie Umsatz oder Preiseffekten auf. Es lassen sich sachliche Zurechnungsprobleme, da häufig weitere interne und externe Faktoren für die Entwicklung der ökonomischen Effekte verantwortlich sind, sowie zeitliche Zurechnungsprobleme, da die Maßnahmen der Markenführung häufig erst mit zeitlicher Verzögerung die ökonomischen Effekte bewirken, differenzieren.[599] Die Wahrscheinlichkeit für das Auftreten von Zurechnungsproblemen steigt umso mehr, je geringer die Beeinflussbarkeit der Markenzielgröße durch die Maßnahmen der Markenführung ist, je schwieriger die Beeinflussung anhand von Messungen belegbar ist und je geringer die Auswirkung der Markenzielgröße auf die angestrebte Verhaltensänderung der Konsumenten ist.[600]

598 Siehe u. a. Köhler (1971), S. 64 f.; Kroeber-Riel (1972), S. 25 f.; Kroeber-Riel (1993b), S. 29-32; Esch (2005d), S. 79.

599 Vgl. Baumgarth (2008), S. 117 f.

600 Siehe auch Kroeber-Riel/Esch (2004), S. 37.

Operationalisierungsprobleme treten auf, falls eine Markenzielgröße durch gänzlich unterschiedliche Maßnahmen beeinflusst werden kann.[601] Die Zielformulierungen sollten daher nicht zu abstrakt für eine Handlungsanweisung formuliert sein. Markenziele können als operational formuliert angesehen werden, falls diese hinsichtlich ihres Inhalts, Ausmaßes, Zeit- sowie Segmentbezugs präzise definiert sind.[602] Ausschlaggebend für die Eignung einer Markenzielgröße sollte letztendlich ihr Einfluss auf die direkten und indirekten ökonomischen Effekte sein.[603]

Ursachenergründung:

Wenn **eigeninteressiertes Handeln** in der Ausprägung von *arbeitsscheuem Verhalten* der Markenmanager das Handeln der Markenmanager beeinflusst, dann kann dies eine Erklärung für das identifizierte Rationalitätsdefizit liefern. Die aus einer möglichst arbeitsvermeidend durchgeführten Bestimmung und Operationalisierung der Markenzielgrößen resultierende unzureichende Sorgfalt könnte ursächlich dafür sein, dass Zurechnungs- und Operationalisierungsprobleme auftreten. Um die Zurechnungsprobleme möglichst gering zu halten, ist eine umfassende Beschäftigung mit den Wirkungszusammenhängen der einzelnen Markenzielgrößen, deren ökonomischen Effekten sowie sonstigen beeinflussenden Faktoren erforderlich. Ebenso sollten Inhalt, Ausmaß, Zeit- sowie Segmentbezug der Markenziele mit der notwendigen Sorgfalt bestimmt werden. Je unpräziser diese Bestimmung erfolgt, desto stärker werden die beobachtbaren Operationalisierungsprobleme sein.

Wenn aufgrund *abweichender Karrierepräferenzen* der Markenmanager eigene Karriereziele in den Fokus ihres Handelns rücken, dann werden diese bei der Bestimmung und Operationalisierung der Markenzielgrößen um leicht zu erfüllende Ziele und Anspruchsniveaus bemüht sein. Sachliche und zeitliche Zurechnungsprobleme der Markenziele könnten den Markenmanagern unter diesen Umständen sogar von Vorteil erscheinen, da diese im Falle von erreichten Zielen Erfolge vorweisen und im Falle von verfehlten Zielen nicht beeinflussbare Faktoren als Begründung heranziehen könnten. Auch möglichst unpräzise operationalisierte Markenziele können im Interesse der Markenmanager sein. Je unpräziser die Markenziele inhaltlich operationalisiert sind, desto mehr Handlungsfreiheit bietet sich den Markenmanagern bei der Auswahl der Maßnahmen zur Erfüllung der Markenziele. Falls sich die ursprünglich anvisierten Maßnahmen nicht als ausreichend zur Erfüllung der Zielvorgaben erweisen sollten, können die Markenmanager dann auf Maßnahmen ausweichen, die zwar ein Erreichen der

601 Vgl. Esch (2005d), S. 79.
602 Vgl. Burmann/Meffert (2005b), S. 78 sowie Meffert (2000), S. 680 f.
603 Für eine Übersicht der direkten und indirekten ökonomischen Markeneffekte siehe Baumgarth (2008), S. 117.

Zielvorgabe wahrscheinlicher machen, jedoch mit anderen negativen Effekten für den Markenerfolg verbunden sein könnten.[604] Bei der Höhe des angestrebten Zielerreichungsgrads könnten die Markenmanager – bspw. durch die Weitergabe ausgewählter Informationen an ihre Vorgesetzten – bemüht sein, die Zielvorgabe so weit wie möglich nach unten zu manipulieren.[605] Dadurch können die Markenmanager bei der Zielevaluation die gesetzten Zielvorgaben mit einer hohen Wahrscheinlichkeit erreichen oder übertreffen und sich selbst sowie ihr Handeln als besonders erfolgreich herausstellen.[606]

Wenn *abweichende Risikopräferenzen* bei den Markenmanagern vorliegen, dann könnte dies im Rahmen der Operationalisierung zur Bestimmung nicht adäquater Anspruchsniveaus für die Markenziele führen. Zur Verwirklichung ihrer individuellen Einkommensziele werden risikoaverse Akteure grundsätzlich ein möglichst geringes Risiko bei der Erreichung der Ziele anstreben, um so eine möglichst hohe Entlohnung möglichst präzise antizipieren zu können. Risikoscheue Markenmanager könnten tendenziell ferner eine möglichst geringe Zurechenbarkeit der Markenzielgrößen befürworten, da dann ihr eigener Zielerreichungsgrad nur unwesentlich von der Gesamtentwicklung divergieren dürfte und weniger von ihrer individuellen Leistung abhängig wäre.

Wenn die Markenmanager *abweichenden Zeitpräferenzen* unterliegen, dann könnte dies eine unzureichende Operationalisierung hinsichtlich des Zeitbezugs der Markenziele begünstigen. Sowohl kurzfristige Karriereziele als auch kurzfristige Entlohnungsziele der Markenmanager könnten für diese hinsichtlich der Definition des Zeitbezugs der Markenziele einen möglichst kurzfristigen Zeithorizont erstrebenswert machen, wohingegen die Markenziele aus Unternehmenssicht eher langfristig ausgerichtet sein sollten; auch um zeitliche Zurechnungsprobleme zu vermeiden.

Auch die Integration kognitiver Beschränkungen der Markenmanager unterstützt bei der Ursachenergründung. So können *Wissensbeschränkungen* als eine Erweiterung der **Resourceful-Annahme** als relevante Ursache in Betracht gezogen werden. Aufgrund der umfangreichen Wirkungsbeziehungen zwischen den Markenzielen, den ökonomischen Effekten und beeinflussenden Faktoren sind zur Bestimmung und Operationalisierung der Markenzielgrößen markenzielrelevante Informationen aus verschiedenen Funktionsbereichen zum eigenen

604 Bspw. könnte das Anspruchsniveau unzureichend inhaltlich operationalisierter Markenziele – wie ein bestimmter Bekanntheitsgrad oder eine Umsatzhöhe – durch kurzfristig orientierte Verkaufsaktionen erreichbar sein, auch wenn dies in Konflikt zu übergeordneten Markenzielen stehen würde.

605 Diese Problematik ist tendenziell umso stärker zu erwarten, je größer die Informationsasymmetrie zwischen den Markenmanagern und ihren Vorgesetzten ausfällt.

606 In Verbindung mit den Anreizsystemen wird sich ein hoher Zielerreichungsgrad im Regelfall auch positiv auf die Erreichung der persönlichen Einkommensziele der Markenmanager auswirken.

Unternehmen, über Konsumenten sowie über Wettbewerber erforderlich.[607] Wenn es den Markenmanagern an diesen Informationen fehlt, dann mangelt es ihnen am erforderlichen Faktenwissen. Wenn die Markenmanager aufgrund mangelnder Erfahrung ferner keine ausreichende Kenntnis hinsichtlich der Methoden und deren korrekten Anwendung verfügen, um anhand dieser Informationen geeignete Markenzielgrößen zu bestimmen, diese ausreichend zu operationalisieren sowie deren wesentliche Einflussfaktoren zu ergründen, dann mangelt es ihnen am erforderlichen Methodenwissen.

Wenn die Markenmanager *beschränkten Bewertungsfähigkeiten* als Erweiterung der **Evaluating-Annahme** unterliegen, dann werden diese tendenziell den von den Maßnahmen der Markenführung ausgehenden Einfluss auf die Markenzielgröße oder auf die abzielenden ökonomischen Effekte nur eingeschränkt bestimmen können und gegebenenfalls eine fehlerhafte Zurechenbarkeit antizipieren. Vergleichbares gilt für den von der jeweiligen Operationalisierung der Markenzielgröße ausgehenden Zielbeitrag zur Erreichung des übergeordneten Markenziels – der Steigerung des Markenwerts. Bei der Operationalisierung wird dies als Folge der Zurechnungsproblematik insbesondere die Festlegung der Höhe des von der Markenführung zu verfolgenden Anspruchsniveaus betreffen. Eine Folge beschränkter Bewertungsfähigkeiten der Markenmanager wäre eine fehlerhafte Antizipation der Wirkung auf die ökonomischen Effekte bei der Auswahl von Markenzielgrößen oder bei deren Operationalisierung, so dass die Vorgaben nur eingeschränkt erfüllt werden können oder nicht der intendierten Zielsetzung entsprechen.

Auftretende *Bewertungsverzerrungen* der Markenmanager würden die beschriebene Problematik der Bewertung der von den Markenzielgrößen sowie ihren Operationalisierungen ausgehenden Zielbeiträge verstärken. Wenn die Phänomene Verlustaversion und der Immediately-Effekt die Bewertungshandlungen der Markenmanager beeinflussen, dann könnten diese eine dahingehende Verzerrung bei der Bestimmung und Operationalisierung der Markenzielgrößen bewirken, dass auf eine kurzfristige Vermeidung von Markenwertverlusten abzielende Markenziele als bedeutsamer angesehen werden als auf eine langfristige Steigerung des Markenwerts ausgerichtete. Aus rationaler Unternehmenssicht wäre hingegen im Regelfall die Entwicklung von Perspektiven zur Förderung des langfristigen Markenerfolgs als wesentliche Zielsetzung zu betrachten.

Zurechnungsprobleme könnten auch auf *selbstwertdienliche Attributionstendenzen* der Markenmanager zurückführbar sein. Wenn die Markenmanager diesem Phänomen unterliegen, dann werden sie positive Entwicklungen tendenziell zu stark auf ihren persönlichen Einfluss

---

[607] Eine vergleichbare Bedrohung der Rationalität durch Wissensbeschränkungen sieht Florissen bei der Auswahl und Operationalisierung von Preiszielgrößen, Vgl. Florissen (2005), S. 157 f.

zurückführen und für negative Resultate eher externe Faktoren als verantwortlich ansehen. Insbesondere wenn die Markenmanager ihren Einfluss auf die einzelnen Markenzielgrößen, basierend auf Vergangenheitsdaten, zu ermitteln versuchen, kann dies zu fehlerhaften Bewertungshandlungen hinsichtlich der Zurechenbarkeit führen, da die Markenmanager diese dann „zu ihren Gunsten" verzerrt antizipieren werden.

Auch kognitive Beschränkungen der Markenmanager bei der Durchführung von Prognosehandlungen im Rahmen der Markenzielbildung können eine Erklärung für das identifizierte Rationalitätsdefizit darstellen. Wenn *beschränkte Prognosefähigkeiten* als Erweiterung der **Expecting-Annahme** auftreten, dann werden die Markenmanager bei ihren Prognosehandlungen zur Bestimmung geeigneter Anspruchsniveaus für die Markenziele nicht sämtliche Wirkungszusammenhänge erfassen sowie Einflussfaktoren auf die Markenzielgrößen und die ökonomischen Effekte berücksichtigen können. Eine Festlegung adäquater Anspruchsniveaus für die Markenziele im Rahmen der Operationalisierung wird dadurch erschwert. Da grundsätzlich von zu hohen Zielvorgaben eine demotivierende Wirkung für die Akteure ausgeht und bei zu niedrig angesetzten Zielvorgaben die Akteure tendenziell einen geringen Einsatz erbringen werden,[608] sind sowohl zu hohe als auch zu geringe Zielvorgaben mit einer gegenüber dem theoretischen Optimum reduzierten Leistung verbunden.

Wenn die Markenmanager bei ihren Prognosehandlungen zur Bestimmung der adäquaten Anspruchsniveaus ferner *Prognoseverzerrungen* unterliegen, dann könnten durch Primacy- oder Recency-Effekte bedingte Verfügbarkeitsverzerrungen zu einer Übergewichtung bestimmter Einflussfaktoren in Abhängigkeit von ihrer zeitlichen Erfassung führen. Aufgrund des Phänomens Regression zur Mitte könnte auch ein auf Vergangenheitsdaten der erreichten Zielhöhe basierender Mittelwert als repräsentativ für ein adäquates Anspruchsniveau angesehen und nur eine unzureichende Reflexion veränderter Rahmenbedingungen vorgenommen werden.

Auch wenn die Markenmanager nur eine *unzureichende Reflexion eigener* Einschätzungen vornehmen, dann kann dies Zurechnungs- oder Operationalisierungsprobleme erklären. Bedingt durch die Phänomene Overconfidence-Effekt und Kontrollillusion könnten die Markenmanager geneigt sein, ihre kognitiven Fähigkeiten zur Prognose zukünftiger Zustände sowie ihren Einfluss auf die Erreichung dieser Zustände systematisch zu überschätzen. Dies kann sowohl zur Bestimmung ungeeigneter Anspruchsniveaus hinsichtlich der Zielhöhe

---

608 Vgl. Höller (1978), S. 121-123 sowie Weber/Schäffer (2006), S. 64 f.
Im Falle einer leichten Überforderung der Aufgabenträger durch ein leicht über dem Leistungsniveau liegendes Anspruchsniveau wird noch von einem positiven Anreiz ausgegangen. Bessere Leistungen durch höhere Zielvorgaben sind insbesondere bei erfolgsorientierten Managern zu erwarten, wohingegen bei misserfolgsvermeidenden Managern nur von einem geringen positiven Effekt ausgegangen wird; siehe auch Wiswede (1995), S. 69-71.

sowie des Zeitbezugs der Markenziele führen als auch zu einer fehlerhaften Einschätzung der Zurechenbarkeit der ausgewählten Markenziele, da die Markenmanager von überhöhten eigenen Einflussmöglichkeiten ausgehen. Eine kritische Revision der Operationalisierung der Markenziele und deren Zurechenbarkeit wird von den Markenmanagern als nicht erforderlich angesehen und daher unterlassen.

Wenn von der Annahme stets optimale Ziele festlegender Markenmanager durch Erweiterung der **Maximizing-Annahme** um das Phänomen *Satisfizierung* abstrahiert wird, dann werden die Markenmanager anstelle von aus Unternehmenssicht optimalen Markenzielgrößen und optimalen Operationalisierungen sich für Markenziele und Anspruchsniveaus entscheiden, deren Erreichung ein zufriedenstellendes Nutzenniveau anstelle eines Optimums verspricht. Dadurch könnten sich die Akteure in ihren Anstrengungen zurückhalten und es würde weiteres Potenzial für Steigerungen in Folgeperioden zur Verfügung stehen. Die Anspruchsniveaus der Zielvorgaben werden tendenziell umso geringer ausfallen, je stärker das Phänomen Satisfizierung ausgeprägt ist.

3.3.3 Aufgabenfeld Markenstrategiebildung

Grundsätzlich stehen markenstrategische Entscheidungen im Aufgabenfeld Markenstrategiebildung zum einen bei der Schaffung eines neuen markenstrategischen Konzepts bspw. bei einer Produktneueinführung sowie zum anderen bei einer Restrukturierung eines bestehenden markenstrategischen Konzepts an.[609] Dabei sollten sowohl die zeitpunktbezogene Perspektive im Rahmen der Gestaltung der Markenarchitektur als auch die zukunftsgerichtete Perspektive im Rahmen der Bestimmung der Markenevolutionsstrategie berücksichtigt werden.[610]

Für das Aufgabenfeld Markenstrategiebildung wurden die drei potenziellen Rationalitätsdefizite fehlerhafte Generierung, Bewertung und Auswahl alternativer Markenstrategien (Kapitel 3.3.3.1), Markenstarre durch unzureichenden Einsatz markenstrategischer Optionen im Zeitablauf (Kapitel 3.3.3.2) sowie Markenaktionismus durch unzureichende Kontinuität der verfolgten Markenstrategie (Kapitel 3.3.3.3) identifiziert.

3.3.3.1 Fehlerhafte Generierung, Bewertung oder Auswahl alternativer Markenstrategien

Defizitbeschreibung:

Ist einer der oben genannten Anlässe für eine markenstrategische Entscheidung gegeben, obliegt es der Markenführung in Einklang mit den Markenzielen, eine zweckmäßige Markenstrategie zu bestimmen. Im Rahmen des Entscheidungsprozesses zur Festlegung der Markenstrategie sollten die Markenmanager potenzielle Markenstrategieoptionen generieren, diese bewerten und die zu verfolgende Markenstrategie auswählen. Bei den markenstrategischen Entscheidungen müssen die Markenmanager auch die Interdependenzen zu den übrigen Marken im Unternehmensportfolio berücksichtigen.[611] Die damit verbundene Komplexität stellt eine Herausforderung an die Fähigkeiten der Markenmanager dar.[612] Der Führung erfolgreicher Marken scheint gegenüber weniger erfolgreichen Marken eine bessere Abstimmung der strategischen Position der Marke im Rahmen der Markenarchitektur zu gelingen, so

---

609 Vgl. Becker (2005), S. 3; Esch (2005d), S. 275.

610 Vgl. Burmann/Meffert/Blinda (2005), S. 184.

611 Vgl. Burmann/Meffert (2005a), S. 164 f.
So wurde bspw. bei Unilever das gestiegene Markenportfolio neben Effizienzverlusten auch für einen Verlust an Profilschärfe der einzelnen Marken verantwortlich gemacht und daher von 2.000 auf 400 Marken reduziert. Siehe auch Riesenbeck/Perrey (2005), S. 260 ff.
Das Problemfeld Mehrmarkencontrolling wird in dieser Arbeit nur am Rande behandelt, für eine vertiefte Betrachtung siehe bspw. die Arbeit von Kullmann (2006).

612 „Auf diese Weise angewachsene Markenportfolios stellen die Markenverantwortlichen vor ein breites Spektrum an Führungsherausforderungen. Hierbei sind insbesondere steigende Komplexitätskosten durch einen erheblich gewachsenen Koordinationsbedarf relevant." Burmann/Meffert (2005a), S. 164.

dass bei den weniger erfolgreichen Marken hier ein potenzielles Rationalitätsdefizit vermutet werden kann.[613]

Generell wurde in einer empirischen Studie für Unternehmen erfolgreicher Marken signifikant sowohl eine höhere strategische Markenplanungskompetenz als auch eine höhere Markenevolutionskompetenz gegenüber Unternehmen mit weniger erfolgreichen Marken konstatiert.[614] Dies weist auf Defizite der Markenmanager bei der Generierung, Bewertung und Auswahl der Markenstrategien hin.[615] Ausgehend von diesen Hinweisen wird als potenzielles Rationalitätsdefizit in dieser Entscheidungssituation unterstellt, dass von Markenmanagern relevante markenstrategische Optionen nicht identifiziert, identifizierte Optionen fehlerhaft bewertet oder hinsichtlich der Maximierung des Markenerfolgs suboptimale Markenstrategien ausgewählt werden.[616]

Ursachenergründung:

Wenn das Handeln der Markenmanager von *arbeitsscheuem Verhalten* als Ausprägung **eigeninteressierten Handelns** beeinflusst wird, dann kann dies eine Erklärung für eine unzureichende Generierung und Bewertung von markenstrategischen Handlungsalternativen geben. Jede generierte und als relevant in die Bewertung einbezogene markenstrategische Option ist mit zusätzlichem Arbeitsaufwand für die betreffenden Akteure verbunden. Um den zu leistenden Arbeitsaufwand möglichst gering zu halten, werden arbeitsvermeidende Markenmanager daher nur die aus ihrer Sicht wesentlichsten Handlungsalternativen berücksichtigen und diese gegebenenfalls einer Bewertung mit unzureichender Sorgfalt unterziehen. Dabei könnten weitere potenziell relevante Handlungsalternativen unberücksichtigt bleiben oder fehlerhaft bewertet werden.

Abweichende Karrierepräferenzen der Markenmanager könnten dazu führen, dass in Konflikt zu den individuellen Karrierezielen der Markenmanager stehende markenstrategische Alternativen von vornherein unberücksichtigt bleiben bzw. dass die Bewertung dieser Alternativen tendenziell negativ ausfällt. So könnte aus Sicht der Markenmanager der Aufbau einer eigenständigen Einzelmarke für die eigene Karriere attraktiv erscheinen, obwohl aus Unternehmenssicht in der spezifischen Situation eine zur Markenfamilie gehörende Subbrand erfolgversprechender wäre. Die Führung einer Einzelmarke ist für die Markenmanager jedoch mit

613 Vgl. Blinda (2007), S. 279.

614 Vgl. Blinda (2007), S. 278-282.

615 Derartige Defizite der Führungskräfte bei der Generierung, Bewertung und Auswahl strategischer Optionen konnten auch im Kontext des Preismanagements konzeptionell hergeleitet und empirisch bestätigt werden; Vgl. Florissen (2005), S. 168-171 bzw. Rullkötter (2009), S. 185-190.

616 Zu den verschiedenen markenstrategischen Optionen siehe die Ausführungen in Kapitel 2.1.2.2.

höheren Freiheitsgraden verbunden und eröffnet so mehr Gestaltungsspielraum, um ihre Fähigkeiten unter Beweis zu stellen.

Auch *abweichende Zeitpräferenzen* der Markenmanager können das identifizierte Rationalitätsdefizit erklären. Je kurzfristiger der antizipierte Zeithorizont der individuellen Ziele der Markenmanager ausfällt, desto stärker werden die Markenmanager mit diesem Zeithorizont in Konflikt stehende markenstrategische Optionen vernachlässigen bzw. diese tendenziell negativer bewerten.[617] Wenn die Markenmanager abweichenden Zeitpräferenzen unterliegen, dann werden sie verstärkt diejenigen markenstrategischen Optionen berücksichtigen und tendenziell positiver bewerten, die mit ihrem individuellen Zeithorizont in Einklang sind.

Auch kognitive Beschränkungen der Markenmanager könnten das potenzielle Rationalitätsdefizit erklären. Wenn die **Resourceful-Annahme** um *Wissensbeschränkungen* erweitert wird, dann kann anhand von mangelndem Faktenwissen erklärt werden, dass die Markenmanager möglicherweise über keinen umfassenden Überblick hinsichtlich der verschiedenen zur Auswahl stehenden Markenstrategien verfügen.[618] Aufgrund dieser unzureichenden Wissensbasis können die Markenmanager anstelle sämtlicher potenziell als relevant zu erachtenden markenstrategischen Optionen nur die ihnen bekannten Optionen als Handlungsalternativen bei der Generierung, Bewertung und Auswahl der Markenstrategien berücksichtigen. Ebenso kann begrenztes Methodenwissen hinsichtlich der Durchführung strategischer Analysen und Bewertungen fehlerhafte oder unzureichende Bewertungs- und Auswahlhandlungen nach sich ziehen. Als Folge begrenzten Methodenwissens würde die Bestimmung der zu verfolgenden Markenstrategie dann in zu großem Maße intuitiv und nur unzureichend reflexiv erfolgen.

Wenn *beschränkte Wahrnehmungsfähigkeiten* der Markenmanager in die Ursachenergründung einbezogen werden, dann wären die Markenmanager aufgrund ihrer begrenzten Ressource Aufmerksamkeit bei der Generierung alternativer Markenstrategien gezwungen, sich auf die aus ihrer Sicht zum aktuellen Zeitpunkt relevanten Sachverhalte zu fokussieren. Durch diese Fokussierung könnten relevante Aspekte der die Marke betreffenden Umwelt unberücksichtigt bleiben, so dass Problemtatbestände von der Markenführung nicht erkannt und als Folge tatsächlich geeignete markenstrategische Handlungsalternativen vernachlässigt werden. Dies würde somit eine eingeschränkte Generierung markenstrategischer Handlungsalternativen sowie die fehlende Einbeziehung mancher markenstrategischer Handlungsalternativen im Markenstrategieauswahlprozess erklären.

---

617 Grundsätzlich ist auch der umgekehrte Fall denkbar, dass die Markenmanager einen längeren Zeithorizont in ihrer Planung präferieren und daher bspw. eine kurzfristige Elimination der Marke nicht in Betracht ziehen.

618 Für einen Überblick über unterschiedliche Typisierungsansätze der Markenstrategieoptionen im Schrifttum Vgl. Kapitel 2.1.2.2 sowie die dort genannten Quellen.

Wenn die Markenmanager ferner *Verzerrungen durch mentale Modelle* unterliegen, dann könnte das mit den mentalen Modellen verbundene Framing bewirken, dass die Markenmanager die Entscheidung über die in die Strategiebewertung einzubeziehenden markenstrategischen Optionen und somit die Generierung der Handlungsalternativen nicht objektiv treffen. Bestimmte Markenstrategien, mit denen die Markenmanager in der Vergangenheit praktische Erfahrungen gemacht haben bzw. über welche besonders umfangreiches theoretisches Wissen vorliegt, könnten aufgrund dieses Phänomens zu einer eingeengten und nicht repräsentativen Sichtweise auf die relevanten markenstrategischen Optionen führen. Durch Analogiebildungen ersetzen die Markenmanager fehlende situationsspezifische – jedoch für die Verfolgung dieser Markenstrategien relevante – Aspekte, so dass diese als markenstrategische Optionen zweckmäßig erscheinen und eine Einbeziehung weiterer Optionen aus Sicht der Markenmanager überflüssig wird.

Auch eine Erweiterung der **Evaluating-Annahme** liefert Erklärungsansätze für das identifizierte Rationalitätsdefizit. Wenn die Markenmanager nur über *beschränkte Bewertungsfähigkeiten* verfügen, dann könnte dies eine nur eingeschränkte Bewertung der als relevant eingestuften markenstrategischen Optionen erklären. Diese kognitive Beschränkung führt dazu, dass den Markenmanagern dann eine präzise Bestimmung der mit der jeweiligen Handlungsalternative verbundenen Zielbeiträge unter Berücksichtigung des Markenzielsystems und der unterschiedlichen Dimensionen der Markenzielgrößen erschwert wird. Die Anforderungen an die Bewertungsfähigkeiten der Markenmanager bei der Evaluation und der Bildung einer eindeutigen Präferenzrangfolge der verschiedenen Handlungsalternativen sind dabei umso größer, je komplexer das Markenzielsystem ist, und umso stärker sind fehlerhafte Bewertungshandlungen zu erwarten.

Auch die mit *Bewertungsverzerrungen* der Markenmanager verbundenen Phänomene liefern weitere Erklärungen für das identifizierte Rationalitätsdefizit. Aufgrund von Verlustaversion könnten markenstrategische Handlungsoptionen, die kurzfristig mit einem reduzierten Markenerfolg verbunden sind, tendenziell nachteiliger bewertet werden.[619] Der Status quo bias und der Sunk Cost-Effekt könnten zur Vermeidung einer Abkehr von der bislang verfolgten Markenstrategie führen. Bedingt durch diese Phänomene könnten die Markenmanager die Generierung, Bewertung und Auswahl einer von dieser Markenstrategie abweichenden markenstrategischen Option vernachlässigen oder tendenziell negativ ausfallen lassen, um bereits in die Realisierung dieser Markenstrategie getätigte Investitionen zu rechtfertigen, obwohl diese tatsächlich als nicht entscheidungsrelevant anzusehen wären.

---

619 Viele markenstrategische Optionen werden auf kurzzeitige Sicht das Risiko einer Verringerung des Markenerfolgs beinhalten, da Veränderungen im Markenauftritt oder der Markenhierarchie zunächst in den Gedächtnisstrukturen der Konsumenten verankert werden müssen, bevor diese Veränderungen ihre positive Wirkung auf den Markenerfolg entfalten können.

Wenn den Markenmanagern *beschränkte Prognosefähigkeiten* als Erweiterung der **Expecting-Annahme** zugeschrieben werden, dann ist das identifizierte Rationalitätsdefizit anhand unzureichender Prognosehandlungen im Rahmen der Evaluation der markenstrategischen Optionen erklärbar. Aufgrund dieser kognitiven Beschränkungen könnten bei diesen Prognosehandlungen nur eine Teilmenge der relevanten markenstrategischen Einflussgrößen berücksichtigt oder Wirkungszusammenhänge nicht oder nur fehlerhaft erkannt werden. Auch eine aufgrund mentaler Modelle bewirkte unzureichende kognitive Flexibilität der Markenmanager zur Berücksichtigung veränderter Handlungskontexte könnte eine fehlerhafte Bemessung des Prognoseraums bewirken und so fehlerhafte Prognosehandlungen nach sich ziehen.

Die Erweiterung der **Maximizing-Annahme** um das Phänomen *subjektive Optimierung* kann eine weitere Ursache für die Auswahl einer suboptimalen Markenstrategie liefern. Bedingt durch ihre Ziele und Eigenschaften werden die Markenmanager nicht grundsätzlich aus den generierten und bewerteten markenstrategischen Optionen die optimale Markenstrategie auswählen, sondern könnten sich vielmehr für eine Handlungsalternative entscheiden, die ihnen aus der aktuellen Situation und aus ihrer subjektiven Perspektive heraus am vorteilhaftesten erscheint.

3.3.3.2 Markenstarre durch unzureichenden Einsatz markenstrategischer Optionen im Zeitablauf

Defizitbeschreibung:

Markenstrategien sollten eine dauerhafte Ausrichtung aufweisen. Im Zeitablauf sind jedoch zu gegebenen Anlässen eine Evaluation hinsichtlich der dem Unternehmen zur Verfügung stehenden markenstrategischen Optionen durchzuführen und gegebenenfalls eine Korrektur der Markenstrategie vorzunehmen.[620] Dies betrifft in der dynamischen Perspektive vor allem die Markenevolutionsstrategie, welche die Entwicklungsrichtung der Marke angesichts veränderter Markt- und Unternehmensbedingungen für die anstehenden zwei bis fünf Jahre vorgeben soll.[621] Derartige strategische Grundsatzentscheidungen können auch Anpassungen der Markenidentität oder der Positionierung erforderlich machen.[622]

620 Siehe auch Becker (2005), S. 311.

621 Vgl. Burmann/Meffert/Blinda (2005), S. 184.
Zu den grundsätzlichen dynamischen markenstrategischen Optionen siehe Kapitel 2.1.2.2 sowie Burmann/Meffert/Blinda (2005), S. 184-209 oder Baumgarth (2004), S. 142-159.

622 Da häufig keine allgemeingültigen Handlungsempfehlungen abgegeben werden, ob eine Änderung an der Markenidentität oder der Positionierung vorgenommen werden sollte, sollte zumindest eine Betrachtung der zugehörigen Entscheidungsprozesse erfolgen; Vgl. Jenner (1999), S. 24.

Wie bereits festgestellt, liegen häufig die markenstrategischen Entscheidungen in den Händen junger und unerfahrener Markenmanager, die typischerweise nur für zwei bis drei Jahre auf dieser Position verweilen, bis sie sich für einen Wechsel auf andere Positionen bewährt haben.[623] Diese eher kurze Verweildauer steht jedoch im Konflikt zum oben angeführten Planungshorizont der Markenevolutionsstrategie.[624] Dieser Konflikt zwischen dem aufgrund abweichender Präferenzen und kognitiver Beschränkungen von den Markenmanagern antizipierten Planungshorizont und dem des Unternehmens könnte eine wesentliche Erklärung für die in der Literatur angeführten Phänomene Markenstarre und Markenaktionismus darstellen.[625]

In vielen Unternehmen fehlt es an einer ausreichend dynamisch-kontinuierlichen Markenstrategie.[626] So wird Markenstarre als häufig bei Unternehmen beobachtbar genannt.[627] Grundsätzlich sollte die über zwei bis fünf Jahre zu verfolgende Markenstrategie kompatibel zu den gegebenen internen und externen Rahmenbedingungen und den Unternehmens- und Markenzielen festgelegt werden. Da sich die Markenführung jedoch nicht in einem statischen, sondern in einem dynamischen Umfeld bewegt, ist im Falle von Veränderungen dieser Bezugsgrößen die ursprüngliche Markenstrategie dahingehend zu prüfen, ob diese unter Berücksichtigung der veränderten Rahmenbedingungen beizubehalten, anzupassen oder zu ersetzen ist. Ein kompromissloses Festhalten an der eingeschlagenen Markenstrategie kann in fehlgeleitete Maßnahmen der Markenführung münden und gefährdet nachhaltig den Markenerfolg.[628] Da die Entscheidung für einen strategischen Wandel in der Markenführung im Regelfall unter Unsicherheit zu treffen ist, könnte der richtige Zeitpunkt bereits verstrichen sein, wenn aufgrund der Indikatoren eindeutig ein Wechsel der Markenstrategie geboten erscheint.[629]

Ursachenergründung:

Wenn *arbeitsscheues Verhalten* als Ausprägung des **eigeninteressierten Handelns** die Entscheidungsfindung der Markenmanager beeinflusst, dann kann dies einen Beitrag zur

623 Vgl. Haedrich/Tomczak/Kaetzke (2003), S. 75. Siehe auch u. a. Güldenberg (2006), S. 30; Esch/Wicke/Rempel (2005), S. 38; Kapferer (1992), S. 32.

624 Vgl. Burmann/Meffert/Blinda (2005), S. 184.

625 Siehe zum Spannungsfeld zwischen Markenstarre und Markenaktionismus sowie zur Problematik von Markenaktionismus am Beispiel der Gefährdung der Markenidentität durch unnötige Veränderungen an der Positionierung der Marke Jenner (1999), S. 23 f. sowie die Ausführungen in Kapitel 3.1.4. Siehe auch Staudacher (2008), S. 32 sowie Meffert/Burmann/Kirchgeorg (2008), S. 354; 377. Auch Keller (2005), S. 100 beklagt das häufige Misslingen der Markenmanager, die Balance zwischen Konsistenz und Veränderung der Marke zu wahren.
Das potenzielle Rationalitätsdefizit Markenaktionismus wird in Kapitel 3.3.3.3 untersucht.

626 Vgl. Esch (2005d), S. 57.

627 Vgl. Jenner (1999), S. 26.

628 Im Kontext des Preismanagements bezeichnet Florissen das kompromisslose Festhalten an einer einmal gewählten Strategie als Strategiedogmatismus, Vgl. Florissen (2005), S. 173.

629 Vgl. Jenner (1999), S. 24.

Erklärung des identifizierten Rationalitätsdefizits leisten. Um den geeigneten Zeitpunkt für eine Anpassung der markenstrategischen Ausrichtung zu ermitteln und nicht in Markenstarre zu verfallen, bedarf es einer intensiven Beobachtung der Umweltbedingungen sowie der markenstrategischen Einflussgrößen. Je intensiver und sorgfältiger diese Beobachtung sowie das Antizipieren zukünftig zu erwartender Veränderungen erfolgen, desto größer wird jedoch der daraus resultierende Arbeitsaufwand. Eine Änderung der Markenstrategie zieht auch einen hohen Anpassungsbedarf in den übrigen Aufgabenfeldern der Markenführung nach sich.[630] Arbeitsvermeidende Markenmanager würden daher tendenziell nur eine eingeschränkte Beobachtung von Veränderungen der Umweltbedingungen und falls überhaupt nur möglichst geringe Modifikationen an der Markenstrategie vornehmen, um sowohl den mit der Wahrnehmung dieser Aufgabe verbundenen Arbeitsaufwand als auch den nachfolgenden Arbeitsaufwand zu minimieren.

Auch *abweichende Karrierepräferenzen* können in Verbindung mit *abweichenden Zeitpräferenzen* der Markenmanager zu dem identifizierten Rationalitätsdefizit führen. Wenn die Markenmanager innerhalb eines absehbaren Zeitraums eine Versetzung antizipieren, dann könnten sie weniger gewillt sein, einen Wechsel der Markenstrategie zu initiieren.[631] Die Umsetzung einer neuen markenstrategischen Ausrichtung würde einem anderen Akteur obliegen, während die Einflussmöglichkeiten für eine erfolgreiche Umsetzung des derzeitigen Markenmanagers als eher gering einzustufen wären. Aus Sicht des Markenmanagers könnte die Bedrohung bestehen, dass ein Misserfolg der neuen markenstrategischen Ausrichtung auf eine vermeintliche Fehlentscheidung von ihm zurückgeführt, Erfolge hingegen der Leistung seines Nachfolgers zugesprochen werden könnten.[632] Außerdem könnten die Markenmanager wenig gewillt sein, gegen Ende ihrer Verweildauer auf dieser Position die bislang von ihnen

630 Bspw. müssen die Markenidentität und die Markenpositionierung mit der Markenstrategie konform sein. Veränderungen an der Positionierung der Marke machen wiederum Veränderungen an den markenbezogenen Maßnahmen im Marketing-Mix erforderlich.

631 Bspw. erfordert die Neu- bzw. Umpositionierung der Marke aufgrund einer neuen markenstrategischen Ausrichtung eine gewisse Zeitspanne, da die neuen markenspezifischen Informationen zunächst in den Gedächtnisstrukturen der Konsumenten verankert werden müssen. Hierzu sind bspw. Aufwendungen in die Markenkommunikation zu tätigen, deren Wirkung auf Konsumentenseite erst nach einem längeren Zeitraum beobachtbar ist. Aufgrund dieser kurzfristig erhöhten Aufwendungen wird es vermutlich zu einem kurzfristig verringerten markenspezifischen Deckungsbeitrag kommen, auch wenn auf langfristige Sicht ein erhöhter markenspezifischer Deckungsbeitrag in zukünftigen Perioden zu erwarten wäre.

632 Von zukünftig höheren Erträgen der Marke würden aufgrund der typischerweise kurzen Verweildauern im Falle eines personellen Wechsels die Nachfolger profitieren, so dass diese einen höheren markenspezifischen Deckungsbeitrag als ihre Vorgänger vorweisen könnten. Die Belohnung würde so dem Nachfolger zuteil, obwohl die erfolgreichen Entscheidungen und Handlungen unter der Führung des Vorgängers vollzogen wurden. Die Leistung des vorhergehenden Markenmanagers könnte sogar einen fälschlicherweise negativen Eindruck hinterlassen, falls als Ursache des gesteigerten Markenerfolgs eine vermeintlich höhere Leistungsfähigkeit des nachgefolgten Markenmanagers herangezogen werden würde. Falls ein Markenmanager in absehbarer Zeit einen Stellenwechsel antizipieren würde, würde er daher von einer neuen markenstrategischen Ausrichtung, die eine Umpositionierung der Marke beinhalten würde, tendenziell absehen.

verfolgte Markenstrategie zu revidieren, um nicht den Anschein zu erwecken, bislang eine falsche Markenstrategie verfolgt zu haben. Wenn die Markenmanager aus Karriereüberlegungen einen gegenüber der Unternehmensperspektive abweichenden Zeithorizont verfolgen, dann könnten sie geneigt sein, die möglichen markenstrategischen Optionen nur unzureichend auszuschöpfen.

Auch *Wissensbeschränkungen* als Erweiterungen der **Resourceful-Annahme** kommen als Ursache für das identifizierte Rationalitätsdefizit in Betracht. Eine Voraussetzung für die Verwendung der markenstrategischen Optionen im Zeitablauf und somit zur Vermeidung von Markenstarre bildet das Vorliegen von ausreichendem Faktenwissen hinsichtlich der aktuellen und zukünftigen Umweltbedingungen sowie im Falle veränderter Rahmenbedingungen der grundsätzlichen Handlungsalternativen. Selbst bei Kenntnis der in der betrachteten Situation zweckmäßigen markenstrategischen Option könnten die Markenmanager von einem Einsatz dieser Option absehen, falls ihnen das zu deren Umsetzung in der Willensbildung und Willensdurchsetzung erforderliche Methodenwissen fehlen sollte. Wenn die Markenmanager, bspw. bedingt durch eine bislang eher kurze Verweildauer auf ihrer Position, ferner über ein beschränktes formelles und informelles Netzwerk verfügen und noch nicht sämtliche Beziehungen zu den übrigen für die Markenstrategieentwicklung relevanten Führungskräften knüpfen konnten, dann könnten sie aufgrund dieses beschränkten Beziehungswissens über die die Kontinuität der Markenführung bedrohenden und eine Anpassung erforderlich machenden Entwicklungen nur unzureichend im Bilde sein.

Wenn aufgrund *beschränkter Wahrnehmungsfähigkeiten* die Markenmanager eine Filterung der ihnen zur Verfügung stehenden Informationen vornehmen müssen, dann könnte diese Fokussierung auf die aus Sicht der Markenmanager relevanten Sachverhalte dazu führen, dass Veränderungen der Bezugsgrößen der Markenstrategie nur unzureichend registriert oder antizipiert werden. Dadurch könnten die Markenmanager bedeutsame Veränderungen der Umwelt der Marke übersehen, die eine Revision der aktuellen Markenstrategie sowie gegebenenfalls eine neue Ausrichtung für angebracht erscheinen lassen würden.

Auch das Phänomen *Groupthink* könnte das beschriebene Rationalitätsdefizit bewirken. Da Markenstrategien typischerweise gemeinsam durch Interaktion mehrerer Akteure bestimmt werden, könnte ein Wechsel der Markenstrategie den innerhalb der Gruppe gefundenen Konsens bedrohen.[633] Um Konflikte innerhalb der Gruppe zu vermeiden und die Sympathie

---

633 Die Gruppe der bei der Bestimmung der Markenstrategie involvierten Akteure könnte potenziell mehrere Markenmanager, Angehörige der Unternehmensleitung, Führungskräfte anderer Bereiche, sonstige interne Akteure sowie externe Akteure wie bspw. Berater umfassen.

zwischen den Akteuren der Gruppe aufrechtzuerhalten, könnten die Markenmanager zur Beibehaltung der eingeschlagenen Strategie geneigt sein.[634]

Außerdem könnten *Koordinationsprobleme* verantwortlich für das beschriebene Rationalitätsdefizit sein. So könnten sachliche Koordinationsprobleme auftreten, falls die Markenmanager nicht ausreichend über Änderungen der markenstrategischen Bezugsgrößen informiert werden.[635] Wenn die Markenmanager zwar in ausreichendem Maße über Veränderungen der Bezugsgrößen der Markenstrategie in Kenntnis gesetzt werden, dies jedoch zu einem für ein Ausschöpfen der markenstrategischen Optionen zu späten Zeitpunkt geschieht, dann könnten zusätzlich zeitliche Koordinationsprobleme rationalitätsgefährdend sein.

Wenn *beschränkte Bewertungsfähigkeiten* der Markenmanager als Erweiterung der **Evaluating-Annahme** vorliegen, dann könnten fehlerhafte Bewertungshandlungen bei der Evaluation der markenstrategischen Optionen das identifizierte Rationalitätsdefizit bewirken. Aufgrund dieser kognitiven Beschränkungen könnten die Markenmanager die Auswirkungen veränderter Bezugsgrößen auf den Zielbeitrag der derzeit verfolgten Markenstrategie zur Erreichung der Markenziele sowie auf die Zielbeiträge der sonstigen markenstrategischen Optionen nur unzureichend antizipieren könnten. Die Bildung einer eindeutigen und fehlerfreien Rangfolge der markenstrategischen Handlungsalternativen würde so erschwert.[636]

Auch *Bewertungsverzerrungen* der Markenmanager könnten das identifizierte Rationalitätsdefizit erklären. Wenn die Markenmanager einem Status quo bias unterliegen, dann müsste für eine Abkehr von der bisherigen Markenstrategie die als neue markenstrategische Option anvisierte Handlungsalternative deutliche Vorteile und nur geringe Nachteile gegenüber der

---

634 Beim Abgeben von Werturteilen innerhalb einer Gruppe könnten ferner aufgrund der den einzelnen Akteuren innewohnenden Macht Aussagen und Argumente höhergestellter Gruppenangehöriger kritiklos aufgenommen werden und eine unreflektierte Zustimmung stattfinden. Junge und erst seit Kurzem an der Führung einer Marke beteiligte Markenmanager könnten ihre Meinung bezüglich eines Wechsels der Markenstrategie nur schwer gegenüber höherrangigen und bereits länger der Organisation angehörenden Kollegen behaupten. Selbst falls ein neuer Markenmanager einen Anlass für einen erforderlichen Wechsel der Markenstrategie identifiziert, könnte auch im Falle fehlender Argumente gegen einen Wechsel der Markenstrategie ein in der Hierarchie höher eingestufter Akteur seine von abweichenden Präferenzen oder kognitiven Beschränkungen beeinflusste Sichtweise – gegebenenfalls unter Ausübung von Druck – durchsetzen, um einen Wechsel zu verhindern. Vgl. hierzu sowie zum Phänomen Macht allgemein Brettschneider (2000), S. 55 f.
Bspw. könnte ein für die verschiedenen Marken eines Bereichs verantwortlicher Markenmanager den Faktor Macht einsetzen, um die Markenverantwortlichen der einzelnen Submarken von einer Einzelmarkenstrategie abzuhalten, auch wenn so in einem betrachteten situativen Kontext ein höherer aggregierter Gesamterfolg zu erwarten wäre.

635 Bspw. sollten die Markenmanager rechtzeitig Kenntnis über Anpassungen der Unternehmensstrategie oder veränderter externer Rahmenbedingungen, die von anderen Funktionen des Unternehmens (bspw. durch den Vertrieb) festgestellt werden, erlangen.

636 Das Fehlen einer derartigen Rangfolge der markenstrategischen Handlungsalternativen würde die Erklärung liefern, dass es den Markenmanagern im Falle von Markenstarre nicht bewusst ist, dass eine neue markenstrategische Option mit einem höheren Zielbeitrag als die derzeitige Markenstrategie verbunden wäre.

bisherigen Markenstrategie aufweisen. Ob die neue Handlungsalternative näher am Optimum liegt und somit zu präferieren wäre, ist bei Auftreten eines Status quo bias von untergeordneter Bedeutung. Diese Bewertungsverzerrung könnte durch den Immediately-Effekt noch verstärkt werden, da dann die mit einem Wechsel der markenstrategischen Ausrichtung verbundenen kurzfristigen Nachteile gegenüber den langfristig entstehenden Vorteilen übergewichtet in die Bewertung einfließen würden. Der Sunk Cost-Effekt könnte ferner bewirken, dass bereits in die derzeitige Markenstrategie getätigte jedoch nicht entscheidungsrelevante Investitionen in die Bewertung einbezogen werden. Mit einem Wechsel der Markenstrategie verbundene Handlungsalternativen würden dadurch unattraktiver erscheinen.

Aufgrund *beschränkter Prognosefähigkeiten* als Erweiterung der **Expecting-Annahme** könnten die Markenmanager nicht befähigt sein, sämtliche relevanten zukünftigen Einflussgrößen sowie deren Wirkungszusammenhänge mit den Bezugsgrößen der Markenstrategie präzise zu antizipieren. In Verbindung mit einer unzureichenden kognitiven Flexibilität hinsichtlich ihrer mentalen Modelle würde dies dazu führen, dass die Markenmanager zukünftige Veränderungen, die bereits heute eine Anpassung der Markenstrategie erforderlich machen würden, nicht ausreichend vorwegnehmen können.

Bedingt durch den Overconfidence-Effekt könnten die Markenmanager im Rahmen ihrer Prognosehandlungen ferner nur eine *unzureichende Reflexion ihrer eigenen Einschätzung* vornehmen. Eine systematische Überschätzung ihrer eigenen Prognosefähigkeiten könnte dazu führen, dass die Markenmanager eine Überprüfung von in der Vergangenheit getroffenen Prognosen hinsichtlich zukünftiger Entwicklungen der Umweltbedingungen der Marke sowie auch der bisherigen Markenstrategie als obsolet einschätzen. Die Durchführung weiterer Prognosen und die Evaluation weiterer markenstrategischer Optionen sowie eine Konfrontation der bisherigen Markenstrategie mit diesen Resultaten würden daher unterlassen.

3.3.3.3 Markenaktionismus durch unzureichende Kontinuität der verfolgten Markenstrategie

Defizitbeschreibung:

Markenaktionismus in Form einer unzureichenden Kontinuität im markenstrategischen Handeln bildet das andere in der Literatur genannte und in der Praxis beobachtbare Extrem von fehlerhaftem markenstrategischem Verhalten zur Markenstarre.[637] Ursächlich für Markenaktionismus ist ein Anvisieren von kurzfristig zu realisierenden Erfolgen bei gleichzeitiger

[637] So kann bspw. eine markenstrategische Entscheidung für eine Neuausrichtung einer an sich tragfähigen Positionierung die Markenidentität gefährden; Vgl. Jenner (1999), S. 24 sowie Esch (2005d), S. 57. Siehe zur Markenstarre die Ausführungen in Kapitel 3.1.4 sowie 3.3.3.2.

Vernachlässigung des langfristigen Planungshorizonts.[638] Häufig versuchen Markenmanager aufgrund fehlender Geduld, den Aufbau der Marke durch zur markenstrategischen Stoßrichtung unpassende Maßnahmen zu beschleunigen und gefährden so die kontinuierliche Verankerung der Marke in den Gedächtnisstrukturen der Anspruchsgruppen.[639]

Aus Markenaktionismus resultierende Wechsel der Markenstrategie bzw. der Markenevolutionsstrategie gefährden die geforderte Kontinuität in der Markenführung.[640] Um die erforderliche Kontinuität bei der Ausrichtung der Markenstrategie gewährleisten zu können, sollten die Markenmanager Veränderungen der Umwelt der Marke und deren Auswirkungen auf die markenstrategischen Bezugsgrößen mindestens fünf Jahre im Voraus vorwegnehmen.[641] Dieser Planungshorizont steht jedoch in Konflikt mit dem typischerweise von den Markenmanagern antizipierten Planungshorizont von zwei bis drei Jahren.[642] Die mit einem Wechsel der markenstrategischen Ausrichtung verbundenen langfristigen Konsequenzen für den Erfolg der Markenführung werden nur unzureichend berücksichtigt.

Zu diesen langfristigen Konsequenzen gehören bspw. die Gefährdung des Aufbaus bzw. einer aufgebauten Brand Community und der aus dieser hervorgehenden Markenloyalität der Konsumenten.[643] Nach dem Customer-Centric Model stehen die Konsumenten nicht in einer isolierten Beziehung zur Marke, sondern befinden sich in einem Beziehungsgeflecht zwischen der Marke, dem Produkt, dem Händler sowie anderen Konsumenten.[644] Bei Wechseln in der Markenstrategie sollte daher berücksichtigt werden, dass die in der Brand Community geteilten Werte und Erfahrungen als verbindende Elemente nur in geringem Maße beeinträchtigt werden, um die Markenloyalität der Konsumenten nicht zu gefährden. Neben der Markenloyalität zur eigenen Marke erzeugt eine Brand Community unter ihren Angehörigen auch eine entgegengesetzte Loyalität gegenüber Wettbewerbsmarken.[645] Durch Markenaktionismus wird daher nicht nur die Bindung der Kunden an die eigene Marke gefährdet, sondern es könnte auch zu einer schwindenden Abneigung gegenüber den Wettbewerbsmarken kommen.

---

638 Siehe auch Meffert/Burmann/Kirchgeorg (2008), S. 354, die für die Problematik einer unzureichenden Kontinuität in der verfolgten Markenstrategie den Begriff „Labeling" verwenden.
Zur Ursache eines abweichenden Planungshorizonts siehe die Überlegungen in Kapitel 3.3.3.2.

639 Vgl. Keller (2005), S. 100.

640 Zur Markenevolutionsstrategie als dynamische Perspektive der Markenstrategien siehe Burmann/Meffert/Blinda (2005), S. 184 ff.

641 Siehe auch Collins/Porras (1996).

642 Vgl. Haedrich/Tomczak/Kaetzke (2003), S. 75.

643 Vgl. McAlexander/Schouten/Koening (2002), S. 50 f.

644 Vgl. McAlexander/Schouten/Koening (2002), S. 50 f. sowie Muniz/O'Guinn (2001). Für eine Darstellung des Customer-Centric Models sei auf die genannten Quellen verwiesen.

645 Vgl. Thompson/Sinha (2008), S. 65.

Ursachenergründung:

Abweichende Karrierepräferenzen als Ausprägung von **eigeninteressiertem Handeln** der Markenmanager könnten einen Erklärungsbeitrag für das dargestellte Rationalitätsdefizit liefern. Getrieben von ihrem persönlichen Streben nach Karriere könnten sich die Markenmanager dem Druck ausgesetzt sehen, sich auf Basis ihrer Tätigkeiten für weitergehende unternehmensinterne und unternehmensexterne Aufgaben zu empfehlen. Wenn sich die Akteure bei der Entscheidungsfindung im Rahmen der Bestimmung der Markenstrategie auf die Maximierung des eigenen Karriereerfolgs fokussieren, dann könnte aus ihrer Sicht das Vorweisen einer erfolgreichen strategischen Neuausrichtung einer Marke attraktiver erscheinen als eine bestehende Marke unverändert weitergeführt zu haben. Die tatsächlichen mit dem Wechsel der Markenstrategie verbundenen Konsequenzen für den Unternehmens- und Markenerfolg würden hingegen eine untergeordnete Rolle spielen.[646]

Markenaktionismus lässt sich auch durch *abweichende Risikopräferenzen* der Markenmanager erklären. Ein Wechsel der Markenstrategie beinhaltet sowohl Risiken als auch Chancen. Wenn die Markenmanager eine erhöhte Risikoneigung innehaben, würde aus ihrer Sicht das Eingehen eines erhöhten Risikos bei der Konzeption der Markenstrategie zu einem höheren Erwartungsnutzen als aus Sicht des Unternehmens führen. Eine derartige erhöhte Risikoneigung der Markenmanager könnte bspw. durch einen gefühlten Erfolgsdruck bewirkt werden.[647]

Auch *abweichende Zeitpräferenzen* der Markenmanager stellen eine potenzielle Ursache dar. Wenn die Markenmanager aufgrund der kurzen Verweildauern auf ihrer jeweiligen Position das Vorweisen von Erfolgen in dieser Zeit aus einer opportunistischen Sicht für erforderlich halten, dann wird der antizipierte Planungshorizont der Markenmanager zur Verwirklichung ihrer eigenen Ziele kürzer als der aus Unternehmenssicht rationale Planungshorizont ausfallen. Kurzfristig durch einen Wechsel der Markenstrategie zu erzielende Erfolge werden daher in den Vordergrund rücken, während die mit diesem Wechsel verbundenen Konsequenzen für den langfristigen Markenerfolg aus Sicht der Markenmanager an Bedeutung verlieren. Aus Unternehmensperspektive hingegen sollte eine erfolgversprechende Markenstrategie am langfristigen Markenerfolg ausgerichtet sein.

---

646 Die Verlockung von Markenaktionismus aus Karrierebeweggründen könnte ferner dadurch verstärkt werden, dass die Markenmanager versuchen könnten einen im Vergleich zum vor dem Wechsel der Markenstrategie höheren Markenerfolg als Erfolg der eigenen Leistung zu verkaufen und im Gegenzug Fehlschläge mit von ihnen selbst nicht beeinflussbaren Effekten zu rechtfertigen.

647 Dieser gefühlte Erfolgsdruck der Markenmanager könnte bspw. aus ihrem Karrierestreben resultieren oder durch die Anreizsysteme des Unternehmens bewirkt werden.

Auch kognitive Beschränkungen wie eine Erweiterung der **Resourceful-Annahme** um *Wissensbeschränkungen* der Markenmanager kommen als Ursache für das identifizierte Rationalitätsdefizit in Betracht. Wenn es den Markenmanagern an Faktenwissen hinsichtlich der für einen Wechsel der Markenstrategie relevanten Bezugsgrößen, deren Wirkungszusammenhängen sowie an den mit einem Wechsel der Markenstrategie verbundenen Konsequenzen mangelt, dann könnten Veränderungen der Umwelt einen Wechsel der Markenstrategie angebracht erscheinen lassen, selbst wenn ihr Einfluss auf die Gültigkeit der Markenstrategie aus rationaler Sicht als eher gering einzustufen wäre und die negativen Konsequenzen überwiegen würden. Gleiches gilt für einen Mangel des zur korrekten Antizipation der Veränderungen der Bezugsgrößen, der Wirkungszusammenhänge und deren Auswirkungen auf die Gültigkeit der Markenstrategie erforderlichen Methodenwissens.

Auch eine Erweiterung der **Evaluating-Annahme** um *beschränkte Bewertungsfähigkeiten* liefert eine potenzielle Ursache für das identifizierte Rationalitätsdefizit. Je beschränkter die Bewertungsfähigkeiten der Markenmanager sind, desto problematischer wird sich eine präzise Bestimmung der Zielbeiträge der einzelnen Strategieoptionen zum Markenerfolg gestalten. Verstärkt wird diese Problematik dadurch, dass diese Handlungsalternativen nicht allein auf monetärer Basis, sondern in Anbetracht der verschiedenen Zielgrößen des Markenzielsystems zu bewerten sind. Die präzise Bewertung wird auch umso problematischer sein, je größer die Komplexität der jeweiligen markenstrategischen Option ausfällt. Da die mit einer Veränderung der markenstrategischen Ausrichtung verbundene Handlungsalternative aufgrund der zahlreichen zu berücksichtigenden Wirkungszusammenhänge von größerer Komplexität als eine Beibehaltung der Markenstrategie sein dürfte, wären hier potenziell gravierendere Bewertungsfehler zu erwarten. Als Folge einer durch eine größere Unsicherheit bedingte Fehlbewertung dieser Handlungsalternative könnte ein Wechsel der Markenstrategie vermeintlich vorteilhaft erscheinen.

Ferner könnten *beschränkte Prognosefähigkeiten* der Markenmanager als Erweiterung der **Expecting-Annahme** ursächlich für das identifizierte Rationalitätsdefizit sein. Im Rahmen der Prüfung der aktuellen Markenstrategie auf ihre zukünftige Gültigkeit ist die Prognose der Eintrittswahrscheinlichkeit von zukünftigen für die Marke relevanten Geschehnissen und ihrer Auswirkungen auf die Bezugsgrößen der Markenstrategie erforderlich. Zu diesen Geschehnissen gehören bspw. Veränderungen im Wettbewerbsumfeld sowie bei der Struktur und den Bedürfnissen der Konsumenten. Wenn die Markenmanager aufgrund beschränkter Prognosefähigkeiten nur einen Teil der für die Prognose der Bezugsgrößen der Markenstrategie relevanten Einflussfaktoren berücksichtigen oder deren zukünftige Zustände fehlerhaft antizipieren, dann könnte als Folge dieser fehlerhaften Prognosehandlungen die Gültigkeit der derzeitigen Markenstrategie ungerechtfertigt in Frage gestellt werden und den Markenmanagern ein Wechsel der Markenstrategie notwendig erscheinen.

Auch könnten *unzureichende Reflexionen der eigenen Einschätzungen* der Markenmanager rationale Prognosehandlungen gefährden. Wenn aufgrund des Overconfidence-Effekts und des Phänomens Kontrollillusion die Markenmanager systematisch ihre eigenen Fähigkeiten zur Prognose der Eintrittswahrscheinlichkeiten der für die Bezugsgrößen der Markenstrategie relevanten Geschehnisse überschätzen, dann könnten sie umfassende und durch weitere Datengenerierung fundierte Analysen zur Überprüfung ihrer Einschätzung, ob ein Wechsel der Markenstrategie tatsächlich zu einer Steigerung des Markenerfolgs führen würde, für überflüssig halten. Eine kritische Reflexion ihrer Entscheidung – die eingeschlagene markenstrategische Ausrichtung zu wechseln – würde als Folge nicht oder nur unzureichend erfolgen.

Eine weitere potenzielle Ursache für Markenaktionismus liefert eine Erweiterung der **Maximizing-Annahme** um das Phänomen der *subjektiven Optimierung*. Wenn dieses Phänomen die Handlungen der Markenmanager beeinflusst, dann werden sie nicht die markenstrategische Handlungsalternative mit dem objektiv betrachtet höchsten Nutzen für das Unternehmen auswählen, sondern sich in der betrachteten Entscheidungssituation für die aus ihrer subjektiven Perspektive optimale markenstrategische Option entscheiden. Aufgrund einer veränderten Marktsituation könnten sich die Markenmanager durch ihre subjektive Wahrnehmung zu einer situationsspezifischen Anpassung der Markenstrategie gedrängt fühlen, auch wenn objektiv betrachtet keine Veränderung der aktuellen Markenstrategie erforderlich wäre. Bei einer solchen subjektiven Betrachtungsweise könnten bereits generierte Markenwerte – bspw. in Form einer bei den Konsumenten erfolgreich verankerten Markenidentität – vernachlässigt werden und nicht in die Entscheidungsfindung einfließen.

3.3.4 Aufgabenfeld Markenidentitätsbestimmung

Im Rahmen einer identitätsorientierten Markenführung sollte die Bestimmung der Soll-Markenidentität einen wesentlichen Bestandteil im Markenführungsprozess bilden. Häufig fehlt es in den Unternehmen jedoch sogar gänzlich an einer definierten Soll-Markenidentität.[648] Als wesentliche einer rationalen Bestimmung der Soll-Markenidentität entgegenstehende Rationalitätsdefizite lassen sich eine unzureichende Analyse und Synthese der Ist-Markenidentitäten (Kapitel 3.3.4.1) sowie die unzureichende Konzeption der Soll-Markenidentität (Kapitel 3.3.4.2) separieren.[649]

3.3.4.1 Unzureichende Analyse und Synthese der Ist-Markenidentitäten

Defizitbeschreibung:

Eine umfassende Analyse der im Rahmen der Situationsanalyse erhobenen Innen- und Außensichten der Markenidentität und deren Synthese sollten die Basis zur Bestimmung der Soll-Markenidentität bilden.[650] Es können unterschiedliche Markenimages bei Bestands- und Neukunden, aber auch unterschiedliche Identitätsvorstellungen bei den verschiedenen internen Zielgruppen vorliegen.[651] Diese unterschiedlichen Identitätsvorstellungen sollten separat analysiert und gemeinsam im Rahmen der Soll-Markenidentität adressiert werden. Falls bei der Gegenüberstellung der Innen- und Außensicht der Markenidentität starke Abweichungen beobachtbar sein sollten, weisen diese auf ein Umsetzungsdefizit hin, welches eine Anpassung der markenbezogenen Maßnahmen erforderlich macht.[652] Es wird gefordert, dass die Analyse der verschiedenen Identitätsbestandteile als Kern der Marke mit Sorgfalt in einer ganzheitlichen und nicht in einer isolierten Betrachtung erfolgen sollte.[653]

Wenn die Ist-Markenidentitäten der verschiedenen externen und internen Anspruchsgruppen der Marke nur unzureichend differenziert analysiert werden sollten, dann liegen keine aussagekräftigen Erkenntnisse über die einzelnen bei diesen Gruppen verankerten Markenidentitäten vor. In der Praxis werden die internen und die externen Sichten häufig nicht gleichberechtigt berücksichtigt, sondern es kann zu einer Fokussierung auf die interne Perspektive der

648 Nur 60% der weniger erfolgreichen Unternehmen verfügen über eine festgelegte Soll-Markenidentität, gegenüber 74% der erfolgreichen Unternehmen; Vgl. Burkhardt/Hofmann (2008), S. 32.

649 Eine separate Untersuchung des potenziellen Rationalitätsdefizits einer Unterlassung der Bestimmung der Soll-Markenidentität wird nicht vorgenommen, sondern es sei auf die Ausführungen im Rahmen des Rationalitätsdefizits einer unzureichenden Konzeption der Soll-Markenidentität verwiesen.

650 Vgl. Esch (2005d), S. 121.

651 Vgl. Burmann/Meffert (2005b), S. 111.

652 Vgl. Esch/Langner/Rempel (2005), S. 127.

653 Vgl. Keller (2005), S. 88 und auch S. 99 f.

Marke[654] oder auch zu einer übergewichteten Betrachtung des externen Markenimages kommen.[655] Eine unzureichende Analyse der internen Ist-Markenidentität könnte die beobachtbare Problematik erklären, dass häufig die Soll-Markenidentität nur unzureichend die Eigenschaften und Einstellungen der Mitarbeiter des Unternehmens oder die Unternehmenskultur widerspiegelt.[656] Eine unzureichende Auseinandersetzung mit den externen Ist-Markenidentitäten könnte wiederum eine fehlerhafte Analyse einzelner Identitätsbestandteile für den Markenerfolg begründen. Falls bei der Synthese der Ist-Markenidentitäten Übereinstimmungen und Abweichungen nur zum Teil und nicht ganzheitlich von den Markenmanagern erfasst oder die Bedeutung der einzelnen Identitätsbestandteile fehlerhaft antizipiert werden sollten, wird nur eine unvollständige Informationsbasis für eine rationale Konzeption der Soll-Markenidentität geschaffen.

Ursachenergründung:

Als Ausprägung von **eigeninteressiertem Handeln** könnte *arbeitsscheues Verhalten* der Markenmanager eine Erklärung für das beschriebene Rationalitätsdefizit liefern. Je differenzierter und umfassender die Ist-Markenimages der einzelnen Anspruchsgruppen untersucht werden und je sorgfältiger deren Gegenüberstellung im Rahmen der Abweichungsanalyse vorgenommen wird, desto größer ist der damit verbundene Arbeitsaufwand für die Markenmanager. Um ihren Aufwand zu minimieren, könnten arbeitsvermeidende Akteure daher geneigt sein, die Analyse und Synthese der Ist-Markenidentitäten mit einer unzureichenden Sorgfalt vorzunehmen. Arbeitsscheues Verhalten der Markenmanager könnte gar dazu führen, dass Teilaufgaben – wie bspw. eine segmentspezifische Analyse der Identitätsbestandteile – unterlassen werden.

Eine Erweiterung der **Resourceful-Annahme** um *Wissensbeschränkungen* der Markenmanager gibt eine weitere Erklärung für das beschriebene Rationalitätsdefizit. Wenn im Rahmen der Situationsanalyse nur unzureichende Daten bezüglich der bei den externen und internen Anspruchsgruppen vorliegenden Markenidentitäten generiert oder fehlerhaft zu entscheidungsunterstützenden Informationen aufbereitet wurden, dann mangelt es den Markenmanagern für eine fundierte Analyse und Synthese der Ist-Identitäten am erforderlichen Faktenwissen. Ferner könnte den Markenmanagern relevantes Methodenwissen fehlen, so dass diese

654 Vgl. Burkhardt (1998).

655 Vgl. De Chernatony (1999), S. 165.

656 So konnte Blinda z. T. signifikante Unterschiede zwischen überdurchschnittlich erfolgreichen gegenüber durchschnittlich bzw. weniger erfolgreichen Marken hinsichtlich der Items „Das Know-how unserer Mitarbeiter passt sehr gut zur Identität der Marke“, „Alle unsere Mitarbeiter fühlen sich unserer Marke sehr eng verbunden“ sowie „Die Identität der Marke passt sehr gut zu unserer Unternehmenskultur“ feststellen; Vgl. Blinda (2007). Dieser mangelnde Fit bei durchschnittlich bzw. weniger erfolgreichen Unternehmen hinsichtlich der internen Ist- und der Soll-Markenidentität könnte auf eine unzureichende Beschäftigung mit der internen Ist-Markenidentität hindeuten.

über keine ausreichende Kenntnis hinsichtlich zur Analyse und Synthese der Ist-Markenidentitäten zweckmäßiger Methoden verfügen.

Wenn aufgrund *beschränkter Wahrnehmungsfähigkeiten* die Markenmanager ihre Aufmerksamkeit wesentlich fokussieren müssen, dann könnten sie als Folge gegebenenfalls nur eine Teilmenge der relevanten Bestandteile der Ist-Markenidentitäten erfassen oder nicht alle relevanten Abweichungen sowie Schnittmengen bei der Gegenüberstellung der externen und internen Markenidentitäten identifizieren. Da die Markenmanager in diesem Fall nur einen eingeschränkten Teilbereich der Ist-Markenidentitäten wahrnehmen, könnten potenziell für den Markenerfolg relevante Identitätsbestandteile sowie Wirkungsbeziehungen zwischen den Identitätsbestandteilen unerkannt und daher bei der Abweichungsanalyse unberücksichtigt bleiben.

Auch *Verzerrungen durch mentale Modelle* der Markenmanager könnten ursächlich für das potenzielle Rationalitätsdefizit sein. Wenn die Markenmanager aufgrund von subjektiven Lernprozessen und auf Vergangenheitsdaten beruhenden Erkenntnissen ihre Wahrnehmung auf in der Vergangenheit als relevant erachtete Identitätsbestandteile fokussieren, dann könnten darüber hinausgehende Identitätsbestandteile in ihren Analysen vernachlässigt werden. Sowohl bei der spezifischen Analyse der einzelnen Ist-Identitäten als auch bei der Synthese der Ist-Identitäten könnte daher das durch die mentalen Modelle der Markenmanager verursachte Framing bewirken, dass nur ein unzureichender Anteil der Identitätsbestandteile Berücksichtigung bei den Analysen findet.

Wenn das Phänomen *Kontrollillusion* als Erweiterung der **Evaluating-Annahme** auftritt, dann könnte dieses Phänomen dazu führen, dass die Markenmanager Analysen und Synthesen der Ist-Identitäten als überflüssig einschätzen. Die Markenmanager wären in diesem Fall der Auffassung, dass sie auch ohne die Durchführung expliziter Untersuchungen die Übereinstimmungen und Diskrepanzen zwischen den externen und den internen Ist-Identitäten sowie die Bedeutung einzelner Identitätsbestandteile überschauen können.

3.3.4.2 Unzureichende Konzeption der Soll-Markenidentität

Defizitbeschreibung:

Die Soll-Markenidentität fungiert als eine strategische Vorgabe der Markenführung und bietet eine Orientierung für nachfolgende Aufgaben im Markenführungsprozess – wie bspw. die Markenpositionierung und die Ausgestaltung der markenbezogenen Maßnahmen im Marketing-Mix.[657] Zum einen ist das Selbstverständnis der Marke aus Unternehmenssicht zu reflektieren, zum anderen sollten die aktuellen und zukünftigen Bedürfnisse der anvisierten externen Anspruchsgruppen der Marke Berücksichtigung finden. Bei einer hohen Heterogenität zwischen den unter einer Marke agierenden Produkten sollte die Soll-Markenidentität von einem möglichst geringen spezifischen Produktnutzen geprägt sein und sich verstärkt an dem größten gemeinsamen Nenner der unter der Marke subsumierten Produkte orientieren.[658] Ferner ist eine ausreichende Einbettung der Soll-Markenidentität in die Markenstrategie zu berücksichtigen.[659]

Bei der Konzeption der Soll-Markenidentität gilt es zu beachten, dass Marken bei den Anspruchsgruppen rationale und emotionale sowie verbale und nonverbale Impressionen bewirken.[660] Häufig ignorieren Markenmanager jedoch die vollständige Bandbreite an Assoziationen, welche die Marke charakterisieren.[661] Einzelne potenzielle Identitätsbestandteile der Soll-Markenidentität sollten dahingehend untersucht werden, ob diese ein bedeutsames Element der Marke darstellen und für die Anspruchsgruppen Wert stiften, ob diese zu einer Differenzierung von den Wettbewerbsmarken beitragen, ob diese bei den Anspruchsgruppen Anklang finden, ob diese die Mitarbeiter motivieren und ob diese glaubwürdig sind.[662] Ferner sind die Identitätsbestandteile nicht isoliert, sondern als Ganzes zu betrachten und es ist die Stimmigkeit der Identitätsbestandteile zu wahren.[663] Ohne eine ausreichende Übereinstimmung zwischen den Identitätsbestandteilen und den Kompetenzen des Unternehmens kommt es andernfalls wieder zu einer Gefährdung der Glaubwürdigkeit der Markenidentität und der angestrebten Markenpositionierung.[664]

Trotz der Bedeutung der Markenidentität im Rahmen einer identitätsorientierten Markenführung fehlt es den Unternehmen häufig gänzlich an einer definierten Soll-Markenidentität.[665] Sofern vorhanden ist diese teilweise auch nicht umfassend und klar definiert.[666] Eine unpräzise

657 Vgl. Esch (2005d), S. 119.
658 Vgl. Esch/Langner/Rempel (2005), S. 126.
659 Vgl. Esch/Langner/Rempel (2005), S. 126; Esch (2005d), S. 119.
660 Vgl. Esch (2005d), S. 119.
661 Vgl. Keller (2005), S. 99.
662 Vgl. Aaker/Joachimsthaler (2000), S. 57.
663 Vgl. Esch (2005d), S. 119.
664 Vgl. Burmann/Meffert (2005c), S. 65.
So wird die Glaubwürdigkeit der Marke insbesondere dann gefährdet, wenn das mit der Markenidentität und den auf dieser basierenden Maßnahmen im Marketing-Mix kommunizierte Markenversprechen nicht eingehalten wird; Vgl. Keller (2005), S. 99 f.
665 So verfügten gemäß einer Studie nur 60% bzw. 74% der weniger erfolgreichen bzw. erfolgreichen Unternehmen über eine festgelegte Soll-Markenidentität; Vgl. Burkhardt/Hofmann (2008), S. 32.
666 So wurde für überdurchschnittlich erfolgreiche Marken eine umfassender und klarer definierte Soll-Markenidentität als bei durchschnittlich und weniger erfolgreichen Marken angegeben; Vgl. Blinda (2007), S. 279.

oder unzutreffend bestimmte Soll-Markenidentität stellt jedoch eine unzureichende Vorgabe für die nachfolgenden Aufgaben der Markenführung dar.

Ursachenergründung:

Aus der Kategorie **eigeninteressierten Handelns** könnte *arbeitsscheues Verhalten* der Markenmanager ursächlich für eine unzureichende Konzeption der Soll-Markenidentität sein. Wenn die Markenmanager auf die Reduzierung ihres eigenen Arbeitsleids abzielen, dann könnten sie die Auswahl der Identitätsbestandteile mit einer unzureichenden Sorgfalt vornehmen. Eine umfassende Abstimmung und Prüfung, ob die zusammengeführten Bestandteile der Soll-Markenidentität wesentliche der aktuellen und zukünftigen Bedürfnisse der unterschiedlichen externen und internen Anspruchsgruppen der Marke ansprechen und gleichzeitig dieses Leistungsversprechen auch vom Unternehmen erfüllt werden kann, könnte dadurch vernachlässigt werden.[667]

Eine unzureichende Bestimmung der Soll-Markenidentität könnte auch auf *Wissensbeschränkungen* als Erweiterung der **Resourceful-Annahme** zurückführbar sein. Falls basierend auf der Analyse und Synthese der Ist-Markenidentitäten der relevanten Anspruchsgruppen für eine rationale Bestimmung der Soll-Markenidentität keine ausreichenden Erkenntnisse vorliegen, handelt es sich um Defizite hinsichtlich des relevanten Faktenwissens.[668] Falls die Markenmanager nicht über die erforderliche Kenntnis hinsichtlich der Anwendung von zur Konzeption der Soll-Markenidentität zweckmäßigen Methoden verfügen, dann kommen Defizite in Bezug auf das erforderliche Methodenwissen als Ursache in Betracht.[669] Da bspw. zur Gewährleistung einer ausreichenden Einbettung der Soll-Markenidentität in die Unternehmensstrategie und der Konformität mit der Unternehmenskultur eine Einbindung der relevanten Akteure des Unternehmens zweckmäßig wäre, könnten Defizite in diesen Bereichen auch auf unzureichendes Beziehungswissen zurückführbar sein.

Wenn in Anbetracht der Fülle der bei der Konzeption der Soll-Markenidentität zu berücksichtigenden Informationen in Verbindung mit *beschränkten Wahrnehmungsfähigkeiten* die Markenmanager nicht zur Aufnahme und Verarbeitung aller relevanten Informationen befähigt sein sollten, dann kommt es zu einer Überflutung der beschränkten Aufmerksamkeit der

---

667 Derartige Diskrepanzen zwischen dem mit der Markenidentität verbundenen Leistungsversprechen und den tatsächlich mit der Marke bzw. dem Produkt verbundenen Leistungen konnten signifikant deutlicher bei durchschnittlich und weniger erfolgreichen Marken als bei erfolgreichen Marken identifiziert werden; Vgl. Blinda (2007), S. 287.

668 Aufgrund der Heterogenität der unterschiedlichen Stakeholder sowie innerhalb der verschiedenen Segmente einer Anspruchsgruppe der Marke sind bei diesen unterschiedliche Ist-Markenidentitäten sowie aktuelle und zukünftige Bedürfnisse zu erwarten, die im Regelfall nur schwer vollständig zu erfassen sein werden.

669 Für eine Darstellung und Bewertung verschiedener zur Erfassung der Markenidentität geeigneter Methoden siehe bspw. Esch (2005d), S. 93-119.

Markenmanager mit potenziell relevanten Informationen. Die Markenmanager würden dann nicht sämtliche relevanten Informationen bei der Konzeption der Soll-Markenidentität einbeziehen können.[670] Als Folge einer eingeschränkten Berücksichtigung der dargebotenen Informationen könnten relevante Entscheidungsalternativen hinsichtlich der Ausgestaltung der Soll-Markenidentität übersehen werden und daher nicht in der Entscheidungsfindung Berücksichtigung finden.

Aufgrund von *Wahrnehmungsverzerrungen* könnten die Markenmanager nicht alle ihnen zur Verfügung stehenden Informationen gleichberechtigt wahrnehmen. Wenn Bestätigungsverzerrungen die Entscheidungsfindung der Markenmanager beeinflussen, dann könnten im Einklang mit der von den Markenmanagern subjektiv empfundenen Ist-Markenidentität stehende Identitätsbestandteile präferiert und bei der Konzeption der Soll-Markenidentität übergewichtet werden. Als weitere Folge könnten gleichzeitig dem Einstellungssystem der Markenmanager entgegenstehende – wenn auch potenziell relevante – Handlungsalternativen unberücksichtigt bleiben.

Wenn aufgrund des Phänomens *Groupthink* eine große Einmütigkeit zwischen den an der Konzeption der Soll-Markenidentität beteiligten Markenmanagern vorliegt, dann könnte dies zu einer übergewichteten Berücksichtigung der unternehmensinternen Vorstellungen der Markenidentität bei einer gleichzeitigen Vernachlässigung der Konsumentenbedürfnisse führen. Da sich die Markenmanager als Experten auf ihrem Gebiet betrachten, könnten sie ihre gemeinsame Vorstellung von der Markenidentität als „richtig" ansehen und ihre Gruppenleistung systematisch überschätzen. Diskrepanzen zu den durch Marktforschung im Rahmen der Situationsanalyse erhobenen Markenimages der Konsumenten sowie deren Bedürfnissen könnten dabei als unrepräsentativ oder fehlerhaft angesehen und daher ignoriert werden.

Auch könnten *beschränkte Bewertungsfähigkeiten* der Markenmanager als Erweiterung der **Evaluating-Annahme** ursächlich für eine unzureichende Konzeption der Soll-Markenidentität sein. Wenn die Markenmanager aufgrund ihrer beschränkten Verarbeitungskapazitäten sowie der Vielzahl der in ihren Bewertungshandlungen zu berücksichtigenden Entscheidungsalternativen zur Ausgestaltung der Soll-Markenidentität keine präzise Bewertung des jeweiligen Zielbeitrags zum Markenerfolg vornehmen können, dann wird auch die Bildung einer eindeutigen Präferenzfolge der Entscheidungsalternativen schwerfallen. Eine derartige Präferenzfolge wäre jedoch für eine eindeutige Bestimmung der optimalen Entscheidungsalternative erforderlich. Bei der Konzeption der Soll-Markenidentität wird die

---

670 So könnten die Markenmanager aufgrund umfassender Analysen der verschiedenen internen und externen Ist-Identitäten sowie den aktuellen und zukünftigen Bedürfnissen der relevanten Anspruchsgruppen der Marke mit einer Vielzahl an Informationen konfrontiert werden.

Bestimmung des Zielbeitrags einer Entscheidungsalternative zusätzlich dadurch erschwert, dass eine monetäre Bewertung der Identitätsbestandteile kaum möglich sein dürfte.[671]

Wenn die Markenmanager aufgrund von *selbstwertdienlichen Attributionstendenzen* diejenigen Identitätsbestandteile, die ex post betrachtet den größten Beitrag zum Markenerfolg geleistet haben, eigenen Überlegungen anstelle von im Rahmen der Situationsanalyse durchgeführten Analysen zuschreiben, dann werden sie in den Folgeperioden die intern und extern erhobenen Ist-Markenidentitäten und die Erkenntnisse aus deren Analyse und Synthese tendenziell in verringertem Maß bei der Konzeption der Soll-Markenidentität berücksichtigen. Stattdessen werden die Markenmanager verstärkt diejenigen Identitätsbestandteile in die Konzeption der Soll-Markenidentität einbeziehen, die ihrer Ansicht nach relevant sind. Als Folge würden die Handlungsergebnisse der vergangenen Perioden nur unzureichend von den Markenmanagern untersucht und die tatsächlichen Ursache-Wirkungszusammenhänge nur eingeschränkt erkannt. Das bei den Konsumenten verankerte Markenimage könnte so von den Markenmanagern in übertriebenem Ausmaß dem eigenen Einfluss in Form einer Prägung des Markenimage durch markenbezogene Maßnahmen zugeschrieben und der Einfluss externer Effekte negiert werden. Das Resultat selbstwertdienlicher Attributionstendenzen der Markenmanager wäre daher eine unzureichende Konzeption der Soll-Markenidentität in den Folgeperioden.

Auch Erweiterungen der **Expecting-Annahme** wie *beschränkte Prognosefähigkeiten* der Markenmanager könnten Aufschluss über die Ursachen des identifizierten Rationalitätsdefizits geben. Im Rahmen der Konzeption der Soll-Markenidentität sollten die Markenmanager neben den derzeitigen Ist-Identitäten und Ist-Idealvorstellungen der relevanten Anspruchsgruppen der Marke insbesondere auch zukünftig zu erwartende Entwicklungen und Bedürfnisverschiebungen bei den Konsumenten berücksichtigen. Die Prognose der zukünftigen Bedürfnisse und Idealvorstellungen der Anspruchsgruppen sowie der Eintrittswahrscheinlichkeiten verschiedener Szenarien ist jedoch mit einer umso größeren Unsicherheit verbunden, je beschränkter die Bewertungsfähigkeiten der Markenmanager sind. Aufgrund dieser kognitiven Beschränkungen werden die Markenmanager im Rahmen ihrer Prognosehandlungen nur einen Teil der für die Konzeption der Soll-Markenidentität relevanten Wirkungszusammenhänge verstehen, nicht alle verzerrenden Einflüsse berücksichtigen sowie nur Teilmengen der potenziell relevanten Einflussgrößen einbeziehen können.

Eine vollständig rationale Prognose der zukünftigen für die Markenidentität relevanten Umweltzustände wird ferner durch *Prognoseverzerrungen* gefährdet. Aufgrund des zu den

---

[671] Bspw. werden Investitionsprojekte in Sachinvestitionen vergleichsweise leichter und eindeutiger monetär bewertbar sein, als die mit einer potenziellen Entscheidung für eine bestimmte Soll-Markenidentität verbundenen monetären Auswirkungen abzuschätzen sind.

Verfügbarkeitsverzerrungen zählenden Phänomens Recency-Effekt könnten die Markenmanager systematisch die Eintrittswahrscheinlichkeiten potenzieller zukünftiger Ereignisse oder Zustände überschätzen, deren Informationen sie erst kürzlich erfasst haben.[672] Auch Phänomene wie das Gesetz der kleinen Zahl oder die Regression zur Mitte kommen als Ursache für Prognoseverzerrungen in Betracht. Auf unzureichend umfangreichen Stichproben basierende Abweichungsanalysen zwischen Ist-Identitäten oder Idealvorstellungen oder in vorhergehenden Perioden beobachtete Eintrittswahrscheinlichkeiten von Ereignissen oder Zuständen könnten ohne ausreichendes Hinterfragen der Einflussfaktoren als repräsentativ angesehen werden. Als Folge würden bei im Rahmen der Konzeption der Soll-Markenidentität stattfindenden Prognosehandlungen bestimmte Ereignisse oder Zustände eine übergewichtete Berücksichtigung finden.

Das Treffen von rationalen Prognosen im Rahmen der Bestimmung der Soll-Markenidentität könnte ferner durch eine *unzureichende Reflexion der eigenen Einschätzungen* gefährdet werden. So könnte der Overconfidence-Effekt dazu führen, dass die Markenmanager ihre eigenen Kenntnisse und Fähigkeiten zur Prognose von für die Markenidentität relevanten zukünftigen Ereignissen und Zuständen systematisch überschätzen. Weitergehende Analysen zur Überprüfung ihrer Einschätzung würden daher von den Markenmanagern als für verzichtbar angesehen und unterlassen.

---

672 So könnten die Markenmanager einen bspw. kürzlich in einem Artikel wahrgenommenen Trend aufgrund des Recency-Effekts in seiner Bedeutung für die gesamtgesellschaftliche Entwicklung verzerrt und signifikant als zu bedeutsam in seinem Einfluss für die Zweckmäßigkeit der Markenidentität einschätzen. Als Folge würde die Eintrittswahrscheinlichkeit dieses zukünftigen und die Zweckmäßigkeit der Markenidentität beeinflussenden Zustands als zu hoch eingeschätzt sowie bei der Ausgestaltung der Soll-Identität in zu starkem Maße berücksichtigt.

3.3.5 Aufgabenfeld Markenpositionierung

Im Aufgabenfeld Markenpositionierung wurden die drei potenziellen Rationalitätsdefizite einer unzureichend schriftlich bestimmten Positionierung (Kapitel 3.3.5.1), eine reaktive Entwicklung des Positionierungskonzepts anstelle einer langfristigen aktiven Entwicklung von Perspektiven (Kapitel 3.3.5.2) sowie eine Fokussierung auf sich mit dem Wettbewerb deckende sachliche Positionierungseigenschaften (Kapitel 3.3.5.3) identifiziert und analysiert.

3.3.5.1 Unzureichend schriftlich bestimmte Positionierung

Defizitbeschreibung:

Im Aufgabenfeld Markenpositionierung soll ein Konzept zur Verankerung der wesentlichen Bestandteile der Soll-Markenidentität in den Gedächtnisstrukturen der Konsumenten mit dem Ziel entwickelt werden, dass die Konsumenten die eigene Marke gegenüber den Wettbewerbsmarken präferieren.[673] Die Überlegungen zur Positionierung der Marke bilden einen zentralen Punkt der strategischen Überlegungen in einem marktorientierten Unternehmen und sollten aufgrund ihrer strategischen Bedeutung einen mittel- bis langfristigen Planungshorizont aufweisen.[674] Das Ergebnis der Markenpositionierung bietet eine Orientierung für nachfolgende Aufgaben der Markenführung.

Eine Studie im Bereich von B-to-B tätigen Unternehmen hat jedoch ergeben, dass nur in rund 28% der befragten Unternehmen eine schriftliche Markenpositionierung vorliegt und es demnach in den übrigen 72% der Unternehmen an schriftlichen Vorgaben zur Ausrichtung der markenbezogenen Aktivitäten auf die Vermittlung einer eindeutigen Positionierung mangelt.[675] Aus der Sicht der großen Strategieberatungen, Werbeagenturen und Marktforschungsinstitute wird die Positionierung jedoch als derart bedeutsam angesehen, dass rund 96% dieser Dienstleister die Markenpositionierung als strategischen Faktor explizit in ihren Ansätzen zur Markenführung berücksichtigen.[676] Diese von unternehmensexternen Experten der Markenpositionierung beigemessene hohe Bedeutung scheint sich somit im überwiegenden Teil der Unternehmen nicht widerzuspiegeln.

Als Folge einer fehlenden schriftlichen Positionierung liegen in der Mehrzahl der Unternehmen keine Arbeitsergebnisse zu den Überlegungen bezüglich der Positionierungsziele und

---

673 Siehe auch die Ausführungen in Kapitel 2.1.1.4.
674 Vgl. Esch/Andresen (1996); Esch (1992); Esch (2005d), S. 146.
675 Vgl. Baumgarth (2006), S. 17.
676 Vgl. Zednik/Strebinger (2008), S. 306. Aus Sicht des Autors verkörpert die Ansicht dieser Institutionen eine Expertenmeinung, so dass ein Abweichen davon als potenzielles Rationalitätsdefizit angesehen werden kann.

Positionierungsstrategien vor oder zumindest nicht in einer eindeutigen und formal kommunizierten Form. Häufig findet sich stattdessen nur eine vage Vorstellung von den Positionierungszielen und der Positionierungsstrategie in den Köpfen der Geschäftsführung.[677] Klare Ausführungen würden jedoch eine strategische Orientierung für die mit der Ausgestaltung des Positionierungskonzepts sowie mit der Markenintegration beauftragten Akteure bzw. die „Kreativen“ bieten. Wenn jedoch für die ausführenden Akteure nur unzureichende Vorgaben als Orientierungshilfe für ihre marken- und positionierungsbezogenen Tätigkeiten vorliegen, wird eine langfristig angelegte und auf die Erreichung der gemeinsamen Zielsetzung abgestimmte Ausrichtung der verschiedenen markenbezogenen Aktivitäten gefährdet.

Ursachenergründung:

Arbeitsscheues Verhalten als Ausprägung **eigeninteressierten Handelns** der Markenmanager könnte eine Erklärung für eine fehlende schriftliche Positionierung darstellen. Wenn die Markenmanager die Vermeidung von Arbeitsleid anstreben, dann könnten sie die Durchführung fundierter Positionierungsüberlegungen, deren Resultate in einer schriftlichen Positionierung enthalten sind, unterlassen. Überlegungen zur Positionierung der Marke werden zwar als bedeutsam für den Markenerfolg und zur erfolgreichen Transformation der Soll-Markenidentität auf den Markt angesehen, grundsätzlich lassen sich die nachfolgenden operativen Aufgaben der Markenführung auch isoliert ohne die Vorgaben einer schriftlichen Positionierung ausüben. Das Fehlen einer eindeutigen Vorgabe würde jedoch eine präzise Abstimmung der markenbezogenen Instrumente im Marketing-Mix und somit die Maximierung des Markenerfolgs gefährden.

Auch *Wissensbeschränkungen* der Markenmanager als Erweiterung der **Resourceful-Annahme** könnten eine Erklärung des identifizierten Rationalitätsdefizits liefern. Aufgrund von mangelndem Faktenwissen könnte den Markenmanagern die Bedeutung der Positionierung für den Markenerfolg sowie die Bedeutung einer schriftlichen Positionierung als Handlungsvorgabe zur Ausrichtung der markenbezogenen Maßnahmen auf eine gemeinsame Zielsetzung hin nicht bewusst sein. Unzureichendes Faktenwissen könnte auch hinsichtlich der für rationale Positionierungsüberlegungen erforderlichen Informationen vorliegen.[678] Unzureichendes Methodenwissen hinsichtlich der Wahrnehmung dieser Aufgabe könnte

[677] Eine weitere empirische Studie hat gezeigt, dass bei 77% der erfolgreichen Unternehmen gegenüber nur 59% der weniger erfolgreichen Unternehmen eine festgelegte und fokussierte Markenpositionierung vorliegt; Burkhardt/Hofmann (2008), S. 32.

[678] Für rationale Positionierungsüberlegungen bedarf es einer umfassenden Situationsanalyse der eigenen Markenpositionierung, der Positionierung der relevanten Wettbewerbsmarken sowie der manifestierten und latenten Konsumentenbedürfnisse.
In der Praxis werden jedoch z. B. Marken-Image-Messungen bzw. Markenwertermittlungen von nur rund 16% bzw. 6% der befragten B2B Unternehmen durchgeführt und nur rund 21% der Unternehmen arbeiten mit externen Marktforschungsunternehmen zusammen; Vgl. Baumgarth (2006), S. 17.

ferner ursächlich für das Unterlassen von Positionierungsüberlegungen oder einer schriftlichen Darstellung der Ergebnisse sein.

Eine Erweiterung der **Maximizing-Annahme** um das Phänomen *Satisfizierung* könnte eine weitere Erklärung für das beschriebene Rationalitätsdefizit liefern. Wenn die Markenmanager mit der derzeitigen Positionierung der Marke sowie den markenbezogenen Maßnahmen zufrieden sein sollten, dann könnten sie von Positionierungsüberlegungen sowie einer schriftlichen Fixierung der Positionierung als strategische Vorgabe absehen. Sofern die an die Marke gesetzten Mindestziele erfüllt werden, wäre es bei Auftreten dieses Phänomens von geringer Bedeutung, ob es sich beim derzeitigen Positionierungskonzept und den markenbezogenen Maßnahmen um eine nahe am Optimum liegende Entscheidungsalternative handelt.

3.3.5.2 Reaktive Entwicklung des Positionierungskonzepts anstelle langfristiger aktiver Entwicklung von Perspektiven

Defizitbeschreibung:

Imageuntersuchungen zur Aufdeckung von Defiziten der eigenen Marke bei den Positionierungseigenschaften im Vergleich zum Image von Wettbewerbsmarken gelten als weit verbreitet.[679] Auf Basis dieser Imageuntersuchungen versuchen Markenmanager im Vergleich zu den Wettbewerbsmarken schwächere Positionierungseigenschaften auszugleichen, obwohl diese Eigenschaften bereits erfolgreich von den Wettbewerbsmarken besetzt sind.[680] Durch ein solches Vorgehen erfolgt die Entwicklung der Markenpositionierung im Zeitablauf jedoch nur reaktiv auf die Positionierung der Wettbewerbsmarken sowie auf die Wahrnehmung der Konsumenten.[681] Das Streben nach einer relativ zu den Wettbewerbsmarken verbesserten Positionierung auf übereinstimmenden Eigenschaftsdimensionen verhindert jedoch auf langfristige Sicht eine eigenständige Positionierung der Marke.[682] Außerdem werden bei der Verfolgung einer derartigen Defizitausgleichsstrategie Teile der bisher in den Aufbau positionierungsrelevanter Gedächtnisstrukturen getätigten Investitionen vernichtet.[683]

Um nicht auf den üblichen Eigenschaftsdimensionen zu verharren, wird für die Unternehmenspraxis eine (pro-)aktive Positionierung für eine deutliche Differenzierung von der

679 Vgl. Kroeber-Riel (1993b), S. 49; Esch (2005d), S. 160.

680 Vgl. Haedrich/Tomczak/Kaetzke (2003), S. 75.

681 Vgl. Kroeber-Riel (1993b), S. 49.

682 Zur Bedeutung einer auf einen langfristigen Erfolg der Marke ausgerichteten Positionierung für eine nachhaltige Steigerung des eigenen Markenwerts Vgl. Kapitel 2.1.1.5.

683 Vgl. Esch (2005b), S. 253. Durch die notwendige Fokussierung auf wenige Positionierungseigenschaften führt die Betonung auf die Eigenschaft – deren Defizit ausgeglichen werden soll – zu einer Vernachlässigung anderer – für eine eigenständige Markenpositionierung jedoch erforderlicher – Positionierungseigenschaften.

Konkurrenz als zunehmend bedeutsamer angesehen.[684] Insbesondere wird in solchen Fällen eine (pro-)aktive Vorgehensweise bei der Positionierung propagiert, falls zukünftig das Marktsegment beeinflussende Änderungen der Einstellungen und Bedürfnisse der Konsumenten zu erwarten sind, eine stärkere Konkurrenzmarke die gleiche Positionierung verfolgt oder aufgrund unternehmenspolitischer Gründe eine Angleichung der Markenpositionierung an die Unternehmenspositionierung erforderlich ist.[685] Die Durchführung einer proaktiven Positionierung eröffnet die Möglichkeit, neue Nutzendimensionen in der Wahrnehmung der Nachfrager zu etablieren.[686] Durch explorative Marktforschung identifizierte latente Bedürfnisse der Konsumenten können dabei als Grundlage dienen, um die Marke auf neuen Eigenschaftsdimensionen zu positionieren und den Reference-Frame zu verändern.[687]

Mit Hilfe einer proaktiven Positionierung lassen sich die etablierten Spielregeln des Marktes in Frage stellen und durch Suchen einer Positionierungslücke die Marktführer herausfordern.[688] Zur Vermeidung eines stetigen Anpassungsbedarfs der Markenpositionierung, welche den Aufbau eines klaren Markenimage gefährdet, sollte dabei auch eine Antizipation der zukünftigen Marktsituation erfolgen.[689] Durch Adressierung latenter und zukünftiger Bedürfnisse der Konsumenten kann die Markenpositionierung eine dauerhafte und profitable Alleinstellung im Markt ermöglichen und einen strategischen Wettbewerbsvorteil für das Unternehmen schaffen.[690]

Ursachenergründung:

Wenn das Handeln der Markenmanager von *arbeitsscheuem Verhalten* als Ausprägung des **eigeninteressierten Handelns** geleitet wird, dann könnte darin eine Erklärung für eine reaktive Entwicklung des Positionierungskonzepts liegen. Eine Orientierung an den Positionierungseigenschaften der Konkurrenz und die Verfolgung einer Defizitausgleichsstrategie bei der Konzeption des Positionierungskonzepts dürften im Vergleich zur aktiven Entwicklung eines eigenständigen Positionierungskonzepts mit einem geringeren Arbeits- und Zeitaufwand verbunden sein. Anstelle eigener Überlegungen ist nur ein Reagieren auf die relative Position zu den Wettbewerbern erforderlich. Arbeitsvermeidende Markenmanager könnten daher geneigt sein, eine reaktive Entwicklung des Positionierungskonzepts einer aktiven

---

684 Vgl. Haedrich/Tomczak/Kaetzke (2003), S. 52 ff.; Tomczak/Roosdorp (1996), S. 29.

685 Vgl. Wind (1982), S. 530 ff.

686 Vgl. Köhler (2001), S. 57.

687 Der Reference-Frame beschreibt den etablierten kognitiven Positionierungsraum; Vgl. Keller (2003), S. 136 ff.; Herrmann (1999), S. 134 ff.

688 Vgl. Ries/Trout (1986), S. 80.

689 Vgl. Kroeber-Riel/Esch (2004).

690 Vgl. Weindlmaier/Maidl (2002), S. 2.
Durch eine proaktive und latente Bedürfnisse der Konsumenten berücksichtigende Entwicklung der Positionierung wird eine Positionierung der Marke ermöglicht, die in der Wahrnehmung der Konsumenten Alleinstellungsmerkmale aufweist.

Entwicklung von Perspektiven vorzuziehen, um sich dem Anstellen eigener Überlegungen zu entziehen.

Auch *abweichende Karrierepräferenzen* von Markenmanagern kommen als Ursache in Betracht. Wenn die vorwiegend jungen Markenmanager ein zügiges Weiterkommen auf ihrem Karrierepfad verfolgen, dann könnte die Verwendung einer Defizitausgleichsstrategie und die damit verbundene Orientierung an den Marken der Wettbewerber aus ihrer Sicht die Wahrscheinlichkeit von gravierenden Fehleinschätzungen hinsichtlich der Bedürfnisse der Konsumenten verringern, sofern die Markenmanager den Wettbewerbern eine adäquate Einschätzung hinsichtlich der Bedürfnisse der Konsumenten unterstellen. Hingegen könnte eine auf Fehleinschätzungen hinsichtlich dieser Bedürfnisse basierende Positionierung der eigenen Marke zu einer massiven Verschlechterung der relativen Positionierung zu den Wettbewerbsmarken führen, sofern die Wettbewerber gleichzeitig die Bedürfnisse der Konsumenten korrekt antizipieren. Bei stetiger Verfolgung einer Defizitausgleichsstrategie würde auch bei einer Fehleinschätzung der Bedürfnisse durch die Wettbewerber die relative Markenpositionierung immerhin nicht verschlechtert. Aus Sicht der Markenmanager könnten so die nächste Beförderung gefährdende mögliche Fehlentscheidungen vermieden werden. Dies wird umso mehr gelten, je geringer die bis zur nächsten Beförderung antizipierte Zeitspanne ausfällt.[691]

Basierend auf ähnlichen Überlegungen kommen *abweichende Risikopräferenzen* als Erklärung in Betracht. So könnten risikoaverse Markenmanager den Einsatz einer Defizitausgleichsstrategie bevorzugen. Eine Konzentration auf mit der Konkurrenz übereinstimmende Positionierungseigenschaften und ein stetiges Verbessern der Markenpositionierung auf diesen Dimensionen dürfte auf kurze Sicht ein geringeres Risiko für den Markenerfolg beinhalten, als der Versuch, mit der Marke neue Positionierungseigenschaften zu besetzen. Auf langfristige Sicht hingegen dürfte der Aufbau einer von der Konkurrenz eigenständigen Positionierung tendenziell mit einem geringeren Risiko für den Markenerfolg verbunden sein, sofern diese Positionierung von den Konsumenten angenommen wird. Aufgrund von kurzfristigem Erfolgsdruck und kurzfristig orientierten Anreizsysteme werden die Markenmanager jedoch eher geneigt sein, kurzfristig erhöhte Risiken zu vermeiden.

Auch *abweichende Zeitpräferenzen* der Markenmanager könnten eine Ursache für das beschriebene Rationalitätsdefizit darstellen. Die erfolgreiche Verankerung neuer Positionierungseigenschaften in den Gedächtnisstrukturen der Konsumenten erfordert einen gewissen Zeitraum und eine verstärkte Kommunikation neuer Positionierungseigenschaften im Rahmen der markenbezogenen Maßnahmen. Dies dürfte mit einer Vernachlässigung der bisherigen

691 Siehe auch die Ausführungen zu abweichenden Zeitpräferenzen.

Positionierungseigenschaften einhergehen. Es ist daher tendenziell ein kurzfristiger Rückgang des Markenerfolgs zu Gunsten eines langfristig höheren Markenerfolgs zu erwarten. Wieder könnten kurzfristiger Erfolgsdruck und kurzfristig orientierte Anreizsysteme ursächlich für abweichende Zeitpräferenzen der Markenmanager sein, die zu einer Bevorzugung des kurzfristigen Markenerfolgs führen.

Ursächlich für das beschriebene Rationalitätsdefizit können auch *Wissensbeschränkungen* der Markenmanager als eine Erweiterung der **Resourceful-Annahme** sein. So könnte es den Markenmanagern am für eine aktive Entwicklung von Perspektiven und zur Identifikation eigenständiger Positionierungseigenschaften erforderlichen Faktenwissen hinsichtlich der latenten und zukünftig zu erwartenden Bedürfnisse der Konsumenten mangeln. Ursächlich könnte auch ein Mangel am zur Generierung dieser Informationen und zur Bestimmung der für den langfristigen Markenerfolg zweckmäßigsten Positionierungseigenschaften notwendigen Methodenwissen sein. Zusätzlich kann es den Markenmanagern am erforderlichen Beziehungswissen fehlen, um durch Hinzuziehen geeigneter externer oder interner Experten das eigene mangelnde Fakten- und Methodenwissen zu kompensieren.[692]

Wenn *beschränkte Wahrnehmungsfähigkeiten* der Markenmanager in die Ursachenergründung einbezogen werden, dann könnten unzureichende Fähigkeiten zum Erkennen von auf die Positionierung einwirkenden und eine aktive Entwicklung von Perspektiven erforderlich machenden Einflussfaktoren eine Erklärung für das beschriebene Rationalitätsdefizit liefern. Aufgrund der nur beschränkt zur Verfügung stehenden Ressource Aufmerksamkeit müssen die Markenmanager bei der Entwicklung des Positionierungskonzepts ihre Wahrnehmung auf Teilaspekte der Realität konzentrieren. Falls diese Teilaspekte vor allem die relative Positionierung zu den Wettbewerbsmarken und die Frage, wie diese auf den erhobenen Eigenschaftsdimensionen verbessert werden kann, umfassen, dann könnten Problemtatbestände wie zu erwartende Änderungen der Einstellungen und Bedürfnisse der Konsumenten, eine die gleiche Positionierung verfolgende stärkere Wettbewerbsmarke oder eine notwendige Angleichung der Markenpositionierung an die Unternehmenspositionierung nicht erkannt werden.

Auch könnten *Verzerrungen durch mentale Modelle* das beschriebene Rationalitätsdefizit bewirken. Wenn die Markenmanager sich bei der Entwicklung des Positionierungskonzepts in einem kognitiven Rahmen bewegen, dann wäre der Umfang der in die Entscheidungsfindung einbeziehbaren Teilaspekte der Umwelt begrenzt. Aufgrund dieses Framings könnten Veränderungen auf Konsumenten- oder Wettbewerbsseite nur unzureichend als Veränderungen der Rahmenbedingungen antizipiert werden und so bei der Entwicklung des Positionierungskon-

692 Auf externer Seite können derartige Experten bspw. durch Marktforschungsinstitute und auf interner Seite durch kundennah arbeitende Vertriebsmitarbeiter verkörpert werden.

zepts nur eingeschränkt Berücksichtigung finden. Stattdessen würden auf Vergangenheitsdaten beruhende mentale Modelle im Entscheidungsfindungsprozess überwiegen und aktuelle oder zukünftige Veränderungen des Marktes, bspw. aufgrund von veränderten Konsumentenbedürfnissen, nur unzureichend in die Problemlösung einbezogen werden.

Auch Erweiterungen der **Evaluating-Annahme** können zur Erklärung des beschriebenen Rationalitätsdefizits beitragen. Wenn *beschränkte Bewertungsfähigkeiten* der Markenmanager die Entscheidungsfindung beeinflussen, dann könnten diese ursächlich für eine unzureichende Bestimmung der Zielbeiträge der verschiedenen Entscheidungsalternativen sein. Die Markenmanager können dann nur eine eingeschränkt aussagekräftige Bewertung der verschiedenen Entscheidungsalternativen hinsichtlich des Positionierungskonzepts vornehmen. Die Evaluation einer auf einer Defizitausgleichsstrategie basierenden Entscheidungsalternative dürfte geringere Anforderungen an die Bewertungsfähigkeiten der Markenmanager als die Evaluation einer eine Umpositionierung auf einer oder mehreren Eigenschaftsdimensionen beinhaltenden Entscheidungsalternative stellen, da Letztere eine größere Anzahl an Unsicherheitsfaktoren beinhaltet. Eine mangelnde Befähigung der Markenmanager, derartige Entscheidungsalternativen präzise zu bewerten oder eine daraus resultierende fehlerhafte Bewertung der Zielbeiträge dieser Entscheidungsalternativen, könnte dazu führen, dass diese Alternativen nicht oder nur mit fehlerbehaftetem Zielbeitrag in der Entscheidungsfindung berücksichtigt werden.

Begrenzte kognitive Fähigkeiten der Markenmanager bei Prognosehandlungen könnten eine weitere Ursache für die reaktive Entwicklung von Positionierungskonzepten darstellen. Wenn *beschränkte Prognosefähigkeiten* als Erweiterung der **Expecting-Annahme** die Entscheidungsfindung der Markenmanager beeinflussen, dann werden die Markenmanager zukünftige Entwicklungen der Konsumentenbedürfnisse sowie der Positionierungen der Wettbewerbsmarken nur unzureichend antizipieren können. Die aktive Entwicklung erfolgversprechender Perspektiven für das Positionierungskonzept wird ohne aussagekräftige Prognosehandlungen bezüglich dieser zukünftigen Zustände nur schwer möglich sein. Als Folge könnten in der Entscheidungsfindung diejenigen Entscheidungsalternativen präferiert werden, für deren Beitrag zur Zielerreichung möglichst zuverlässige Prognosen abgegeben werden können oder die Entscheidung wird aufgrund von fehlerhaften Prognosen hinsichtlich dieser Umweltbedingungen gefällt. Aufgrund der geringeren Anzahl der zu berücksichtigenden Einflussfaktoren, der damit verbundenen geringeren Komplexität sowie geringeren Unsicherheit, werden Prognosehandlungen hinsichtlich einer eine Defizitausgleichsstrategie verfolgenden Entscheidungsalternative geringere Anforderungen an die Prognosefähigkeiten der Markenmanager stellen, als die von einer größeren Komplexität und größeren Unsicherheit gekennzeichnete Prognose einer aktiven Um- oder Neupositionierung der Marke.

Die Erweiterung der **Maximizing-Annahme** um das Phänomen *Satisfizierung* kann eine weitere Erklärung für eine reaktive Entwicklung des Positionierungskonzepts liefern. Wenn die Markenmanager mit der erreichten Positionierung der Marke sowie dem mit dieser Positionierung verbundenen Zielbeitrag zum Unternehmenserfolg zufrieden sind und das an die Markenführung gestellte Anspruchsniveau erfüllt wird, dann könnte aus Sicht der Markenmanager die Anwendung einer Defizitausgleichsstrategie rational erscheinen, um so die relative Positionierung der Marke im Vergleich zu den Wettbewerbsmarken aufrechtzuerhalten oder relativ zu verbessern. Sofern die derzeitigen vom Markenzielsystem vorgegebenen Anforderungen erfüllt werden, wäre es für die Markenmanager aufgrund des Phänomens Satisfizierung dabei nicht entscheidungsrelevant, ob diese Vorgehensweise die optimale Handlungsalternative darstellt und zu einer Maximierung des Markenerfolgs führt.

3.3.5.3 Fokussierung auf sich mit dem Wettbewerb deckende sachliche Positionierungseigenschaften

Defizitbeschreibung:

Um die Positionierung einer Marke längerfristig verfolgen und durch entsprechende Lernprozesse bei den relevanten Anspruchsgruppen der Marke eine eindeutige Verankerung des Markenimage in deren Gedächtnisstrukturen erzielen zu können, empfiehlt sich eine von der Konkurrenz eigenständige Positionierung. Um sich gegenüber den Wettbewerbsmarken zu behaupten, sollte eine Marke bei mindestens einer Eigenschaft ein herausragendes Nutzenmerkmal aufweisen und gleichzeitig bei den übrigen Eigenschaften aus Sicht der Konsumenten keine maßgeblichen Wettbewerbsnachteile verzeichnen.[693] Zu diesem Zweck sollten Points of Difference in der Markenpositionierung geschaffen werden.[694] Innerhalb der meisten Branchen kommt es jedoch häufig zu einer Fokussierung auf wenige und übereinstimmende Positionierungseigenschaften.[695] Als Folge deckt sich die Markenpositionierung mit den Wettbewerbsmarken und in den Märkten werden überwiegend bereits bekannte Bedürfnisse der Konsumenten von den Marken angesprochen.[696] Durch diese sich mit den Marken der Wettbewerber deckende Positionierung gestaltet sich eine Abgrenzung von den Wettbe-

---

693 Vgl. Riesenbeck/Perrey (2005), S. 52.

694 Vgl. Keller (2003), S. 142 f.
Ein Point of Difference bezeichnet eine Positionierungseigenschaft, mit der sich die Positionierung der Marke von den Wettbewerbsmarken differenziert. Für einen zweckmäßigen Point of Difference gilt zum einen, dass bei den Konsumenten ein Bedürfnis nach dieser Positionierungseigenschaft vorliegen sollte und zum anderen, dass das Unternehmen auch befähigt ist, die mit dieser Positionierungseigenschaft verbundenen Versprechen zu erfüllen.

695 Vgl. Kroeber-Riel/Esch (2004). So wurden durchschnittlich von allen Marken innerhalb einer Branche insgesamt ca. sechs Positionierungseigenschaften bestimmt; Vgl. o.V. (1991), S. 43.

696 Vgl. Haedrich/Tomczak/Kaetzke (2003), S. 74.

werbsmarken in der Wahrnehmung der Konsumenten problematisch.[697] Eine Ursache hierfür ist, dass differenzierende Positionierungseigenschaften und latente Konsumentenbedürfnisse von den Imageanalysen der Marktforschungsinstitute zur Bestimmung der Ist-Positionierung häufig nicht erfasst werden.[698] Die Ableitung einer falschen Handlungsempfehlung, um auf Basis der Ist-Position die Positionierung der eigenen Marke auf bereits von den Wettbewerbern erfolgreich besetzten Positionierungseigenschaften zu verbessern, stellt ein typisches zu beobachtendes Problemfeld bei Positionierungen dar.[699]

Kritik wird auch am häufig auftretenden Festhalten an sachlichen Positionierungseigenschaften geübt.[700] In Wachstumsbranchen mit einem hohen kognitiven Involvement der Konsumenten gelten derartige Positionierungseigenschaften als zielführend, sofern es sich bei den Marken um echte Innovationen handelt.[701] Auf gesättigten Märkten mit einem niedrigen kognitiven Involvement der Konsumenten gilt eine Differenzierung von den Wettbewerbsmarken ohne emotionale Positionierungseigenschaften hingegen als schwer möglich.[702] In Abhängigkeit von der Branche sollten daher verstärkt emotionale Positionierungseigenschaften Berücksichtigung finden.[703] Die Markenführung sollte bei der Bestimmung der Positionierungseigenschaften berücksichtigen, dass die Konsumenten ihre Kaufentscheidung nicht aufgrund von Produkteigenschaften, sondern aufgrund des subjektiv wahrgenommenen Produktnutzens treffen.[704] Durch emotionale Positionierungseigenschaften lässt sich der von den Konsumenten subjektiv wahrgenommene Nutzen des mit der Marke verbundenen Produkts erhöhen und es wird eine deutlichere Differenzierung gegenüber den Wettbewerbsmarken ermöglicht.

Ursachenergründung:

Arbeitsscheues Verhalten von Markenmanagern als Ausprägung von **eigeninteressiertem Handeln** könnte einen Beitrag zur Erklärung des identifizierten Rationalitätsdefizits leisten. Eine Orientierung an sachlichen und branchentypischen Positionierungseigenschaften dürfte mit einem geringeren Arbeitsaufwand für die Markenmanager einhergehen, als die Bestim-

697 Die Unternehmen präferieren die Verfolgung vorherrschender Moden gegenüber einer deutlichen Differenzierung von den Wettbewerbern; Vgl. Burkhardt (1998).

698 Vgl. Esch (2007), S. 167.

699 Vgl. Haedrich/Tomczak/Kaetzke (2003), S. 75.

700 Vgl. Esch (2007), S. 165.

701 Vgl. Tomczak/Reinecke (1995), S. 501 f. sowie Haedrich/Tomczak/Kaetzke (2003), S. 74.

702 Vgl. Esch (2007), S. 166 sowie Haedrich (1999), S. 379 ff.

703 Um eine emotionale Beziehung zwischen den Konsumenten und der Marke herzustellen, ist der Einsatz von Emotionen – welche die Herzen und die Psyche der Konsumenten ansprechen – im Rahmen der Positionierung sowie der Kommunikation der Markeninhalte erforderlich; Vgl. Ghodeswar (2008), S. 7.
Die jüngere Forschung zum emotional branding zeigt, dass Markenmanager emotionalen Komponenten sowie der Funktion von Marken, emotionale Beziehungen zu den Stakeholdern herzustellen, eine zunehmende Bedeutung beimessen; Vgl. Diamond et al. (2009), S. 118.

704 Vgl. Rothschild (1987), S. 156.

mung eigenständiger und von den sachlichen Dimensionen abweichender Positionierungseigenschaften. Anstelle selbst Überlegungen vornehmen zu müssen, kann so auf bestehende branchenübliche Konzepte zugegriffen werden. Sofern die Markenmanager den aus einer vertieften Beschäftigung mit den Positionierungseigenschaften der Marke generierbaren Grenznutzen für geringwertiger als den durch einen anderweitigen Einsatz dieser Ressourcen generierbaren Nutzen einschätzen, könnten sie ihren mit dieser Aufgabe verbundenen Arbeitsaufwand zu minimieren versuchen und die Bestimmung der Positionierungseigenschaften nur mit unzureichender Sorgfalt vornehmen.

Auch *abweichende Risikopräferenzen* der Markenmanager könnten eine vehemente Orientierung an branchentypischen Positionierungseigenschaften erklären. Zum einen könnte aus Sicht der Markenmanager eine Orientierung an den Positionierungseigenschaften der Wettbewerber eine Fehlpositionierung der Marke im Markt weniger wahrscheinlich machen.[705] Zum anderen könnten sich die Markenmanager im Falle einer die Bedürfnisse der Konsumenten verfehlenden Positionierung der Marke darauf berufen, dass es den Wettbewerbern ebenso ergangen sei und dass dieser Fehlschlag daher überwiegend auf externe Faktoren und nicht auf ein fehlerhaftes Handeln der Markenführung zurückzuführen wäre. Demnach würden die Positionierungseigenschaften umso deckungsgleicher mit denen der Wettbewerbsmarken sein, je risikoaverser die Markenmanager eingestellt sind.

Wenn der vom Markenmanager antizipierte Planungshorizont von dem aus Unternehmenssicht rationalen Planungshorizont abweicht, dann könnten auch *abweichende Zeitpräferenzen* als Ursache für das beschriebene Rationalitätsdefizit in Betracht kommen. Da zur Verankerung produktferner emotionaler Positionierungseigenschaften in den Gedächtnisstrukturen der Konsumenten eine gewisse Zeitspanne erforderlich ist, setzt der Aufbau einer langfristig eigenständigen Positionierung mit diesen Positionierungseigenschaften einen langfristigen Planungshorizont voraus. Ein Fokussieren auf wenige branchentypische und sachliche Positionierungseigenschaften könnte hingegen darauf hindeuten, dass diese Markenmanager sich auf die kurz- bzw. mittelfristige Positionierung der Marke konzentrieren und somit einen eher kurz- bis mittelfristigen Planungshorizont verfolgen.[706]

Auch könnten *Wissensbeschränkungen* der Markenmanager als Erweiterung der **Resourceful-Annahme** eine Erklärung für das beschriebene Rationalitätsdefizit liefern. Wenn die Mar-

[705] Dies setzt voraus, dass die Markenmanager den Wettbewerbern zielgerichtete Überlegungen zur Positionierung der Marke unterstellen.

[706] Aufgrund des langen für die Verankerung von Positionierungseigenschaften in den Gedächtnisstrukturen der Konsumenten erforderlichen Zeitraums, wäre vermutlich selbst in einem jungen Wachstumsmarkt mit einem hohen Involvement der Konsumenten eine frühzeitige Einbeziehung emotionaler Positionierungseigenschaften zweckmäßig, um die Marke so rechtzeitig für die Zeit auf einem gesättigten Markt und dem damit verbundenen niedrigeren Involvement der Konsumenten vorzubereiten.

kenmanager nur über unzureichende Informationen bezüglich der manifestierten und latenten Konsumentenbedürfnisse verfügen, dann liegen Defizite hinsichtlich des für eine rationale Bestimmung der Positionierungseigenschaften erforderlichen Faktenwissens vor. Ebenso kann grundsätzlich in Frage gestellt werden, ob bspw. zur fehlerfreien Anwendung von Positionierungsmodellen oder zur Identifikation relevanter emotionaler Positionierungseigenschaften ausreichende Methodenkenntnisse bei den Markenmanagern vorhanden sind.

Verzerrungen durch mentale Modelle können eine weitere Ursache für das identifizierte Rationalitätsdefizit darstellen. Wenn aufgrund des durch mentale Modelle bewirkten Framings die Markenmanager keine objektive Einschätzung hinsichtlich der auszuwählenden Positionierungseigenschaften vornehmen, sondern die im Zeitablauf mit den Positionierungen gesammelten subjektiven Erfahrungen der Markenmanager zu einer vereinfachten Betrachtung der Realität führen, dann könnte dies eine unzureichende Antizipation veränderter Rahmenbedingungen nach sich ziehen. Diese veränderten Rahmenbedingungen könnten jedoch eine Berücksichtigung von den Wettbewerbern abweichender und emotionaler Positionierungseigenschaften zweckmäßig oder gar erforderlich machen. Mentale Modelle könnten die Markenmanager daher von notwendigen Überlegungen abhalten, ob von den Positionierungseigenschaften der Wettbewerber abweichende und emotionale Positionierungseigenschaften in Anbetracht der aktuellen oder einer zukünftig zu erwartenden Umweltsituation in die Positionierung zu integrieren sind. Als Folge würden Entscheidungsalternativen mit derartigen Positionierungseigenschaften nicht generiert und der in Betracht kommende Alternativenraum zu eng definiert.

Auch *Verzerrungen durch Heuristiken* kommen als Ursache für sich mit dem Wettbewerb deckende sachliche Positionierungseigenschaften in Betracht. Überlegungen zur Positionierung der eigenen Marke am Markt sowie zu den Positionierungseigenschaften gehen mit einer intensiven Auseinandersetzung mit den Positionierungen der Wettbewerbsmarken einher. Wenn aufgrund dieser Beschäftigung mit den Positionierungseigenschaften der Wettbewerbsmarken diese besonders im Gedächtnis der Markenmanager präsent sind, dann könnte das Phänomen Verfügbarkeitsheuristik die Urteilsbildung der Markenmanager dahingehend verzerren, dass diese besonders präsenten Eigenschaften übergewichtet bei der Auswahl der Positionierungseigenschaften berücksichtigt werden. Verankerungsheuristiken könnten bewirken, dass die in der Branche vorherrschenden Positionierungen der Wettbewerbsmarken als Anker betrachtet und zu diesem Bezugspunkt neue und aus weiteren Positionierungseigenschaften bestehende Entscheidungsalternativen in Relation gesetzt werden. Die Folge dieser Verfügbarkeits- und Verankerungsheuristiken wären subjektive Bewertungshandlungen der Markenmanager, so dass Entscheidungsalternativen, die von den Wettbewerbsmarken abweichende Positionierungseigenschaften einbeziehen, vernachlässigt oder nicht im Entscheidungsprozess einbezogen würden.

Eine Fokussierung auf branchengleiche Positionierungseigenschaften könnte auch auf *Wahrnehmungsverzerrungen* der Markenmanager zurückführbar sein. Wenn aufgrund von Verfügbarkeitsverzerrungen eine selektive Wahrnehmung der Umwelt bewirkt wird, dann wird den im Gedächtnis der Markenmanager am leichtesten zur Verfügung stehenden Positionierungseigenschaften eine überhöhte Bedeutung im Rahmen der Generierung der Entscheidungsalternativen beigemessen werden. So könnte bedingt durch den Primacy- bzw. den Recency-Effekt diesen Positionierungseigenschaften eine überhöhte Bedeutung zugeschrieben werden, falls zu Beginn bzw. zum Abschluss der Informationsanalyse im Rahmen der Alternativengenerierung eine Betrachtung der Positionierungseigenschaften der Wettbewerbsmarken vorgenommen wird. Ebenso könnte der Kontext-Effekt eine bevorzugte Berücksichtigung der Positionierungseigenschaften der Wettbewerbsmarken im Entscheidungsfindungsprozess bewirken, da in der Wahrnehmung der Markenmanager der betrachtete Kontext Positionierung der eigenen Marke mit den in ihren Gedächtnisstrukturen verankerten Eigenschaften der Wettbewerbsmarken in Verbindung gebracht wird.

Eine Erweiterung der **Evaluating-Annahme** um *Bewertungsverzerrungen* liefert eine mögliche Erklärung für fehlerhafte Bewertungshandlungen bei der Bestimmung der Zielbeiträge der Positionierungseigenschaften. So könnte ein Status quo bias bewirken, dass eine nahe am branchentypischen Status quo liegende Entscheidungsalternative tendenziell vorteilhafter als eine Erweiterung der Positionierungseigenschaften um neue emotionale Bestandteile bewertet wird, sofern die potenziellen Vorteile der neuen Entscheidungsalternative nicht massiv etwaige Nachteile überkompensieren. Bedingt durch den Regret-Effekt könnten die Markenmanager ein nachträgliches Bereuen der Entscheidung vermeiden wollen. Bei ihren Bewertungshandlungen zur Bestimmung der Zielbeiträge der Positionierungseigenschaften würden sie dann die Vermeidung etwaiger Nachteile als bedeutsamer gegenüber der Erzielung möglicher Vorteile ansehen. Aufgrund des Immediately-Effekts könnte der auf kurzfristige Sicht durch die jeweiligen Positionierungseigenschaften erreichbare Nutzen höher als der erst zu einem späteren Zeitpunkt generierbare Nutzen bewertet werden. Der aus einem Verharren auf den derzeitigen branchentypischen Eigenschaften zeitnah generierbare Nutzenbeitrag würde dann gegenüber dem erst langfristig durch Besetzung neuer und gegebenenfalls emotionalerer Eigenschaften entstehenden Nutzen von den Markenmanagern präferiert.

Auch eine Erweiterung der **Expecting-Annahme** um *Prognoseverzerrungen* der Markenmanager zeigt eine mögliche Erklärung für das beschriebene Rationalitätsdefizit auf. Aufgrund des Phänomens Sicherheitseffekt könnte es bei den Prognosehandlungen zu einer Überbewertung der Wahrscheinlichkeit des vergleichsweise kurzfristig und sicher aus den sachlichen Positionierungseigenschaften generierbaren Nutzens gegenüber dem unter Einbeziehung von emotionalen Positionierungseigenschaften langfristig generierbaren und unsicherer prognostizierbaren Nutzen kommen. Aufgrund des Phänomens Regression zur Mitte könnten in vorhergehenden Perioden beobachtete Eintrittswahrscheinlichkeiten von Zuständen, bei denen sich sachliche und sich mit dem Wettbewerb deckende Positionierungseigenschaften als erfolgreich erwiesen haben, auch als repräsentativ für die Zukunft angesehen werden. Ein von veränderten Rahmenbedingungen ausgehender Einfluss auf die zukünftigen Eintrittswahrscheinlichkeiten derartiger Ereignisse würde nur unzureichend antizipiert.[707]

Zur Ursachenergründung könnte auch die Erweiterung der **Maximizing-Annahme** um das Phänomen *Satisfizierung* beitragen. Wenn Satisfizierung die Auswahl der Positionierungseigenschaften beeinflusst und mit den Wettbewerbsmarken deckende und sachliche Positionierungseigenschaften zur Erreichung des der Markenführung vorgegebenen Anspruchsniveaus geeignet sind, könnten sich die Markenmanager mit dem durch eine derartige Entscheidungsalternative generierbaren Nutzen zufriedengeben. Die Erreichung einer näher am Optimum liegenden Positionierung der Marke durch Einbeziehung neuer und emotionaler Positionierungseigenschaften würde dann als nicht erforderlich angesehen.

[707] Bspw. könnte dies dazu führen, dass die Markenmanager weiterhin von einem Wachstumsmarkt mit einem hohen Involvement der Konsumenten ausgehen. Dieses hohe Involvement würde sachliche Positionierungseigenschaften zweckmäßig erscheinen lassen, obwohl zukünftig ein gesättigter Markt mit einem veränderten kognitiven Involvement der Konsumenten immer wahrscheinlicher wird. Damit würde auch die Notwendigkeit zur Differenzierung von den Positionierungen der Wettbewerber durch die Einbeziehung emotionaler Positionierungseigenschaften steigen.

3.3.6 Zwischenfazit

Basierend auf den im dritten Kapitel generierten Erkenntnissen wird ein Zwischenfazit hinsichtlich der identifizierten potenziellen Rationalitätsdefizite sowie deren Ursachen gezogen (Kapitel 3.3.6.1) und es werden Überlegungen zu deren empirischen Überprüfbarkeit angestellt (Kapitel 3.3.6.2).

3.3.6.1 Identifizierte Rationalitätsdefizite und deren Ursachen

In diesem Kapitel wurden zur Schaffung eines besseren Verständnisses hinsichtlich der Bedrohung der Rationalität der Markenführung potenzielle Rationalitätsdefizite in der strategischen Willensbildung der Markenführung identifiziert sowie deren aus dem menschlichen Handeln der Markenmanager resultierenden Ursachen ergründet.

Insgesamt konnten basierend auf der einschlägigen Literatur in der strategischen Willensbildung der Markenführung 13 potenzielle Rationalitätsdefizite identifiziert werden. Eine Übersicht über die in den einzelnen Aufgabenfeldern ermittelten Defizite sowie die Art ihrer jeweiligen literaturbasierten Fundierung gibt Abbildung 7.

		Quantitative Untersuchungsergebnisse	Qualitative Expertenurteile	Problemfelder aus der Literatur	Analogiebildungen
Situationsanalyse	Unzureichende Erschließung unternehmens-interner und -externer Quellen	X		X	X
	Unzureichender Methodeneinsatz zur Datengenerierung		X	X	
	Unzureichende entscheidungsunterstützende Aufbereitung von Informationen für die Markenführung	X		X	X
Markenzielbildung	Fehlerhafte Auswahl der Markenziele und Zielkonflikte im Markenzielsystem	X			X
	Zurechnungs- und Operationalisierungsprobleme bei der Bestimmung der Markenzielgrößen		X	X	
Marken strategiebildung	Fehlerhafte Generierung, Bewertung und Auswahl alternativer Markenstrategien	X			X
	Markenstarre durch unzureichenden Einsatz markenstrategischer Optionen im Zeitablauf		X	X	
	Markenaktionismus durch unzureichende Kontinuität der verfolgten Markenstrategie		X	X	
Markenidentitätsbestimmung	Unzureichende Analyse und Synthese der Ist-Markenidentitäten	X	X	X	
	Unzureichende Konzeption der Soll-Markenidentität	X		X	
Markenpositionierung	Unzureichend schriftlich bestimmte Positionierung	X	X	X	
	Reaktive Entwicklung des Positionierungskonzepts anstelle langfristiger aktiver Entwicklung von Perspektiven		X	X	
	Fokussierung auf sich mit dem Wettbewerb deckende sachliche Positionierungseigenschaften	X	X	X	

Abbildung 7: Art der Fundierung der analysierten Rationalitätsdefizite

Die literaturgestützte Identifikation von Rationalitätsdefiziten in den Aufgabenfeldern der strategischen Willensbildung der identitätsorientierten Markenführung hat gezeigt, dass sich für jedes der Aufgabenfelder potenzielle Defizite identifizieren lassen, die eine rational vollzogene Willensbildung gefährden können. In der Untersuchung wurden keine auf Analogiebildungen beruhenden Rationalitätsdefizite berücksichtigt, sondern Analogiebildungen wurden nur zur verbesserten Fundierung identifizierter Rationalitätsdefizite eingesetzt.

Die anhand des methodologisch reflektierten Strukturrahmens des RREEMM-Modells durchgeführte Ursachergründung hat gezeigt, dass die identifizierten Rationalitätsdefizite sowohl auf eigeninteressiertes Handeln als auch auf kognitive Beschränkungen der Markenmanager zurückgeführt werden können. Die dargestellten grundlegenden Ursacheformen von Rationalitätsdefiziten konnten in der Breite als Ursachen für Rationalitätsdefizite in der Markenführung bestätigt werden.[708] Die in Abbildung 8 dargestellte Matrix gibt eine Übersicht über die hergeleiteten Ursachen der analysierten Rationalitätsdefizite.

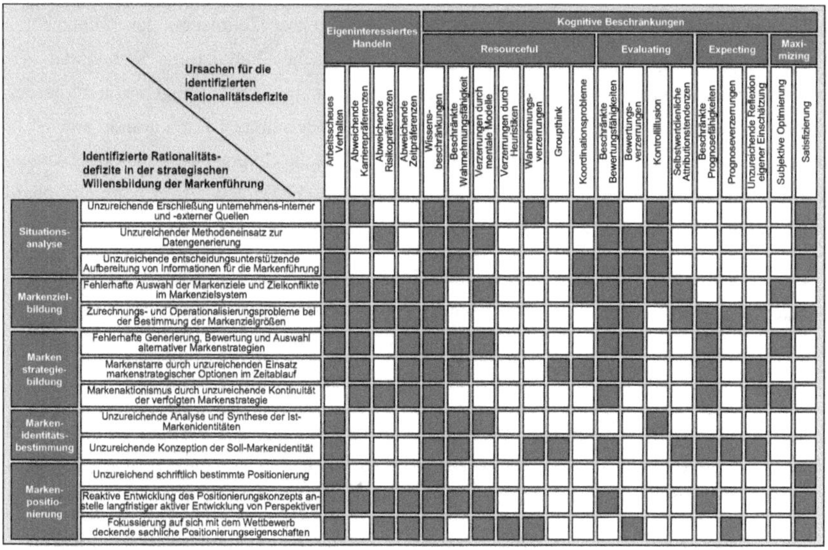

Abbildung 8: Ursachen der analysierten Rationalitätsdefizite

Diese im menschlichen Handeln der Markenmanager verortbaren Ursachen bilden die Basis zur Bestimmung einer Rationalitätssicherungskonzeption der Markenführung im Rahmen des vierten Kapitels. Basierend auf den im dritten Kapitel gewonnenen Erkenntnissen sollte ein Markencontrolling verstanden als Rationalitätssicherung der Markenführung daher sowohl potenzielles eigeninteressiertes Handeln in Form von arbeitsscheuem Verhalten und abweichenden Präferenzen von Markenmanagern als auch Wissensbeschränkungen, beschränkte

[708] Zu den grundlegenden Ursacheformen für Rationalitätsdefizite siehe Kapitel 3.2.3.

Fähigkeiten, Verzerrungen sowie weitere den kognitiven Beschränkungen zuordenbare Phänomene adressieren, um potenziellen Rationalitätsdefiziten der Markenführung umfassend zu entgegnen.

3.3.6.2 Empirische Überprüfbarkeit

In diese Untersuchung erfolgten eine literaturgestützte Identifikation und theoriegeleitete Ursachenergründung potenzieller Rationalitätsdefizite in der strategischen Willensbildung der Markenführung. Hinsichtlich der in den analysierten Aufgabenfeldern betrachteten Defizite wird dabei aufgrund der bislang unzureichenden Lage im Schrifttum explizit kein Anspruch auf Vollständigkeit erhoben. Gleichzeitig mangelt es einer Teilmenge der untersuchten Rationalitätsdefizite bislang an einer belastbaren empirischen Fundierung. Stattdessen fußt deren Identifikation auf indirekten Hinweisen oder subjektiven Erfahrungen von Experten. Zur Überprüfung der praktischen Relevanz dieser literaturgestützten Erkenntnisse sowie zur Identifikation weiterer Defizite wäre eine explizite empirische Untersuchung indiziert. Analog gilt dies für die theoriegeleitete unter Anwendung des RREEMM-Modells erfolgte Ursachenergründung sowie für eine differenzierte Analyse von Kontextfaktoren.[709]

Grundsätzlich bieten sich für eine empirische Untersuchung von Rationalitätsdefiziten in der Markenführung verschiedene Forschungsdesigns an. Nachfolgend werden die Vorgehensweisen Beobachtungen, Befragungen sowie Experimente hinsichtlich ihrer Zweckmäßigkeit zur Erforschung von Rationalitätsdefiziten der Markenführung näher betrachtet.

Von der herrschenden Meinung einschlägiger Experten abweichendes Entscheiden und Handeln im Markenführungsprozess könnte grundsätzlich durch *Beobachtungen* der Markenmanager bei der Wahrnehmung ihrer Aufgaben ermittelt werden.[710] Um eine umfassende Identifikation der potenziellen Rationalitätsdefizite, deren Ursachen sowie beeinflussende Kontextfaktoren im Markenführungsprozess vornehmen zu können, müsste eine teilnehmende Beobachtung von Markenmanagern bei der Wahrnehmung ihrer Aufgaben jedoch über einen längeren Zeitraum hinweg und bei diversen Organisationen erfolgen, um genügend aussagekräftige Ergebnisse in Form von multiplen Fallstudien zu generieren.[711] Neben dem daraus

---

709 In dieser Untersuchung wurde keine Analyse von Kontextfaktoren vorgenommen.

710 Unter Beobachtung wird das systematische Erfassen, Festhalten und Deuten sinnlich wahrnehmbaren Verhaltens zum Zeitpunkt seines Geschehens verstanden; Vgl. Atteslander (2006), S. 67 sowie zur Unterscheidung von wissenschaftlicher und alltäglicher Beobachtung König (1973), S. 1.

711 Zu Fallstudien als Forschungsmethode siehe bspw. Yin (2003); Eisenhardt (1989) sowie Borchardt/Göthlich (2007), S. 33-48.
„A case study is an empirical inquiry that investigates a contemporary phenomenon within its real-life context, especially when the boundaries between phenomenon and context are not clearly evident.“ Yin (2003), S. 13.

resultierenden hohen Aufwand zur Generierung aussagekräftiger Ergebnisse wären auch die typischen Probleme von Beobachtungen in Form einer selektiven Wahrnehmung des Beobachters sowie seiner Teilnahme im Feld als grundsätzlich problematisch einzustufen.[712]

Insbesondere aufgrund des hohen Aufwands erscheint die Beobachtung von Markenmanagern daher unpraktikabel für eine umfassende Erfassung der potenziellen Rationalitätsdefizite in der Markenführung sowie deren Ursachen. Durch Beobachtungen könnten jedoch Fallstudien zu einzelnen Rationalitätsengpässen der Markenführung bzw. zu potenziellen Rationalitätsdefiziten innerhalb eines ausgewählten Aufgabenfelds, deren Ursachen sowie deren Kontextfaktoren erstellt werden.[713] Teilnehmende Beobachtungen im Rahmen von Fallstudien könnten auch geeignet sein, um tiefergehende Erkenntnisse hinsichtlich der generellen Ziele und Eigenschaften von Markenmanagern sowie der Wirkung verschiedener Einflussfaktoren auf deren Handeln zu generieren.[714]

Zur Schaffung eines umfassenderen Überblicks über potenzielle Rationalitätsdefizite entlang der verschiedenen Aufgabenfelder im Markenführungsprozess und somit im Sinne des Forschungsinteresses dieser Untersuchung erscheinen jedoch *Befragungen* geeigneter.[715] Hierzu wäre eine zweistufige Vorgehensweise zweckmäßig: in einem ersten Schritt ein Durchführen von Experteninterviews und in einem zweiten Schritt eine auf diesen Erkenntnissen aufbauende großzahlige schriftliche Befragung.[716]

Experteninterviews finden häufig im Rahmen explorativer Interviews Anwendung.[717] In Abhängigkeit der zu untersuchenden Fragestellung wird der Expertenstatus den zu Befragenden dabei von den Forschern zuerkannt und nach MEUSER/NAGEL gelten als Experten, „wer in irgendeiner Weise Verantwortung trägt für den Entwurf, die Implementierung oder die Kon-

---

712 Zu den Problemen und Grenzen wissenschaftlicher Beobachtungen Vgl. Atteslander (2006), S. 95 f. Je häufiger oder längerfristiger Beobachtungen vorgenommen werden, desto stärker und nachhaltiger wird es zu einem Verlust an Objektivität kommen; Vgl. Kluckhohn (1940), S. 343. Durch eine längerfristige Beobachtung von Markenmanagern könnte daher die zur Identifikation von Rationalitätsdefiziten und deren Ursachen erforderliche Objektivität des Beobachters abhanden kommen.

713 Insbesondere zur Erforschung von Phänomenen in Zusammenhang mit ihren Kontextfaktoren sind Fallstudien bspw. gegenüber standardisierten Befragungen besser geeignet; Vgl. Yin (2003), S. 13. Bspw. könnten Markenmanager verschiedener Organisationen bei der Bestimmung der Soll-Markenidentität beobachtet werden, um typische Verhaltensmuster zu identifizieren.

714 Siehe zur Forschungsmethode der teilnehmenden Beobachtung bspw. auch Kluckhohn (1940), S. 331-343; Angrosino/Mays de Pérez (2008), S. 67-93.

715 Bei einer Befragung werden „durch verbale Stimuli (Fragen) ... verbale Reaktionen (Antworten) hervorgerufen: Dies geschieht in bestimmten Situationen und wird geprägt durch gegenseitige Erwartungen. Die Antworten beziehen sich auf erlebte und erinnerte soziale Ereignisse, stellen Meinungen und Bewertungen dar." Atteslander (2006), S. 101.

716 Ein vergleichbares zweistufiges Vorgehen wurde bereits erfolgreich bei der empirischen Überprüfung konzeptionell hergeleiteter Rationalitätsdefizite im Preismanagement eingesetzt; Vgl. Rullkötter (2009), S. 64.

717 Vgl. Aghamanoukjan/Buber/Meyer (2009), S. 422.

trolle einer Problemstellung“ oder „wer über einen privilegierten Zugang zu Informationen oder Personengruppen oder Entscheidungsprozesse[n] verfügt“.[718]

Eine direkte Befragung von Markenmanagern – als Vertreter der ersten Kategorie – könnte sich als wenig zielführend zur Bearbeitung der Problemstellung erweisen. Da die Ursachen für Rationalitätsdefizite der Markenführung gemäß dieser Untersuchung auf eigeninteressiertes Handeln bzw. kognitive Beschränkungen der Markenmanager zurückgeführt werden, wären von diesen sozial erwünschte unrichtige Antworten oder aufgrund unzureichender Kenntnis hinsichtlich der eigenen kognitiven Beschränkungen systematisch fehlerhafte Antworten nur schwer auszuschließen. Anstelle einer Befragung von Markenmanagern könnten daher Befragungen von Experten der zweiten Kategorie wie bspw. von eng mit Markenmanagern kooperierenden Wissenschaftlern, Markenberatern oder Veranstaltern von Schulungen für Markenmanager erfolgsversprechender zur Bestätigung der beschriebenen potenziellen Rationalitätsdefizite sowie zur Identifikation weiterer Rationalitätsdefizite und deren Ursachen erscheinen. Durch ihre enge und langjährige Zusammenarbeit mit Markenmanagern werden diese Personengruppen über eine umfassende Kenntnis von inferioren Zuständen in der Praxis der Markenführung aus der Sicht eines Dritten verfügen.

Um für den Untersuchungszweck ausreichend aussagekräftige Erkenntnisse generieren zu können, würden sich als Instrument insbesondere problemzentrierte Interviews nach WITZEL eignen.[719] Bei diesem Vorgehen verschaffen sich die Interviewer vorab ein ausreichendes Vorwissen hinsichtlich des zu untersuchenden Kontextes und nach einer Erzählphase werden im Rahmen einer Sondierungsphase ein Hinterfragen spezifischer Bereiche, ein Zurückspiegeln und ein Konfrontieren mit aufgetretenen Widersprüchen ermöglicht.[720] Ohne einschlägiges Vorwissen hinsichtlich der Aufgabenfelder des Markenführungsprozesses sowie den grundsätzlichen Ursachen von Rationalitätsdefiziten dürften den Interviewern andernfalls die Identifikation von Rationalitätsdefiziten sowie die Ergründung deren spezifischer Ursachen schwer fallen.[721] Auch wird sich insbesondere im Rahmen der Sondierungsphase der problemzentrierten Interviews den Forschern die Möglichkeit einer vertieften und umfassenden Ursachenergründung bieten.

Die bereits angeführten Fallstudien müssen nicht zwangsläufig auf Beobachtungen zurückgehen, sondern können auch auf Erkenntnissen, die mit anderen qualitativen oder quantitativen Methoden generiert wurden, basieren.[722] Zur Erstellung von Fallstudien zu spezifischen

---

718 Vgl. Meuser/Nagel (2005), S. 73.
719 Siehe hierzu Witzel (1985), S. 227-255.
720 Vgl. Lamnek (2005), S. 363 ff. sowie Aghamanoukjan/Buber/Meyer (2009), S. 421.
721 Die konzeptionellen Erkenntnisse der vorliegenden Untersuchung stellen eine geeignete Grundlage zur Schaffung eines solchen Vorwissens dar.
722 Vgl. Yin (2003), S. 15.

Rationalitätsdefiziten, deren Ursachen und Kontextfaktoren könnten insbesondere auch durch Interviews mit Markenexperten gewonnene Erkenntnisse geeignet sein.[723]

Um die literaturbasierten, theoriegeleiteten und auf Erkenntnissen der Interviews fußenden Hypothesen zu überprüfen, würde sich eine fragebogengestützte großzahlige Untersuchung anbieten. Derartige großzahlige schriftliche Befragungen zur Erforschung kontextspezifischer konzeptionell hergeleiteter Rationalitätsdefizite bewährten sich bereits bspw. im Investitionsmanagement, im Preismanagement sowie für die Eskalation des Commitments bei scheiternden Projekten.[724]

Als Untersuchungsanordnung zur detaillierten Analyse spezifischer Rationalitätsdefizite in der Markenführung, deren Ursachen sowie deren Kontextfaktoren könnten sich auch *Experimente* eignen.[725] Ein wesentlicher Vorteil von Experimenten gegenüber Beobachtungen oder Befragungen ist, dass sich in einem Experiment Extremsituationen konstruieren lassen und die jeweiligen Hypothesen unter kontrollierten Bedingungen sowie reproduzierbar getestet werden können.[726] Durch die Trennung von seinem natürlichen Umfeld wird so im Vergleich zu anderen Untersuchungsanordnungen eine Fokussierung der Aufmerksamkeit auf einige wenige Variablen erlaubt.[727]

Experimente könnten daher ein probates Mittel zum Nachweisen genereller Wirkungszusammenhänge zwischen einzelnen Rationalitätsdefiziten der Markenführung und deren aus eigeninteressiertem Handeln und kognitiven Beschränkungen der Markenmanager resultierenden Ursachen sowie diese Ursachen beeinflussende Faktoren darstellen.[728] Allerdings ist zur Anwendung von Experimenten u. a. bereits ex ante ein hohes Maß an Kenntnis hinsicht-

---

723 In der Marktforschung und der Soziologie findet sich eine Vielzahl unterschiedlicher Systematiken zur Kategorisierung und Definition qualitativer Interviewformen; Vgl. Aghamanoukjan/Buber/Meyer (2009), S. 421 sowie die dort genannten Quellen. Auf eine ausführliche Darstellung der unterschiedlichen Interviewformen wird hier verzichtet und es sei auf die genannte Quelle verwiesen. Stattdessen erfolgt eine auf Experteninterviews fokussierte Betrachtung.

724 Vgl. Broser (2009); Rullkötter (2009) bzw. Mahlendorf (2009). Für beispielhafte Darstellungen zur Konzeption von großzahligen empirischen Erhebung kontextspezifischer Rationalitätsdefizite sowie deren Ursachen sei auf diese Arbeiten verwiesen. Diese großzahligen schriftlichen Befragungen wurden entweder postalisch oder in Form von Onlinesurveys durchgeführt. Bei den angeführten Untersuchungen wurden als Experten direkt die jeweiligen Verantwortungsträger befragt.

725 „Das Experiment verstehen wir als eine wiederholbare Beobachtung unter kontrollierten Bedingungen; dabei werden eine bzw. mehrere unabhängige Variablen so manipuliert, dass eine Überprüfungsmöglichkeit der zugrunde liegenden Hypothese, d.h. der Behauptung eines Kausalzusammenhangs, in unterschiedlichen Situationen gegeben ist.“ Zimmermann (1972), S. 37 zitiert nach Atteslander (2006), S. 167.

726 Vgl. Atteslander (2006), S. 166.

727 Vgl. Yin (2003), S. 13.

728 Bspw. könnte durch eine gezielte Gestaltung der Einflussfaktoren durch Experimente analysiert werden, welche Eigenschaften und Ziele von Markenmanagern potenziell ein Rationalitätsdefizit wie die „Fokussierung auf sich mit dem Wettbewerb deckende sachliche Positionierungseigenschaften“ (Vgl. Kapitel 3.3.5.3) bewirken und wie diese Ursachen durch Kontextfaktoren wie kurzfristige Anreizsysteme oder Erfolgsdruck beeinflusst werden.

lich des Rahmens des Forschungsproblems, der entsprechenden Variablen bzw. Faktoren sowie der Hypothesen hinsichtlich der Wirkungszusammenhänge erforderlich.[729] Derzeit mangelt es jedoch an einem präzisen Verständnis hinsichtlich der zu messenden Wirkungszusammenhänge zwischen Rationalitätsdefiziten, deren Ursachen sowie Kontextfaktoren in der Markenführung. Es ist daher erst weitere Forschung erforderlich, um die Voraussetzungen für eine erfolgreiche Durchführung von Experimenten zu erfüllen.

Zur empirischen Überprüfung der Validität der in dieser Untersuchung aufgestellten Hypothesen hinsichtlich der angeführten potenziellen Rationalitätsdefizite sowie zur Identifikation weiterer Defizite in den Aufgabenfeldern der Markenführung, deren Ursachen sowie Kontextfaktoren lässt sich gemäß den in diesem Abschnitt angestellten Überlegungen festhalten:

Grundsätzlich wären teilnehmende Beobachtungen ein probates Mittel zur Erforschung von Rationalitätsdefiziten der Markenführung. Eine umfassende Erforschung potenzieller Defizite in den Aufgabenfeldern im Markenführungsprozess wäre jedoch mit einem nicht praktikabel erscheinenden Aufwand verbunden.

Stattdessen bieten sich Befragungen als geeignete Vorgehensweise an. Zunächst würde sich die Durchführung einer Befragung von einschlägigen Experten der Markenführung durch problemzentrierte Interviews empfehlen. Zur umfassenden empirischen Überprüfung potenzieller Rationalitätsdefizite sowie deren Ursachen in den Aufgabenfeldern der Markenführung wäre dann eine auf den in diesen Interviews generierten Erkenntnissen aufbauende, fragebogengestützte, großzahlige Untersuchung angebracht.

Die Durchführung von Experimenten ist basierend auf den bislang vorliegenden Erkenntnissen hingegen nicht geeignet. Vielmehr erscheinen Experimente erst zur detaillierten und differenzierten Analyse anhand von Befragungen fundiert aufgestellter Hypothesen hinsichtlich der Wirkungsbeziehungen zwischen ausgewählten Rationalitätsdefiziten der Markenführung, deren Ursachen und deren Kontextfaktoren zweckmäßig.

---

[729] Siehe zu den Grundsätzen zur Anwendung von Experimenten bspw. Atteslander (2006), S. 167.

4 Rationalitätssicherung der Markenführung

Im dritten Kapitel konnte aufgezeigt werden, dass eine rational vollzogene strategische Willensbildung der Markenführung potenziell in sämtlichen untersuchten Aufgabenfeldern aufgrund von motivatorischen und kognitiven Beschränkungen der Markenmanager gefährdet wird. Die Rationalität der Markenführung kann daher als grundsätzlich bedroht angesehen werden. Gemäß dem dieser Arbeit zu Grunde liegenden Controllingverständnis obliegt dem Markencontrolling, für die Rationalitätssicherung der Markenführung Sorge zu tragen.[730] Nachfolgend werden die Zielsetzung (Kapitel 4.1) sowie die Aufgaben (Kapitel 4.2) einer als Rationalitätssicherung der Markenführung verstandenen Markencontrollingkonzeption operationalisiert. Das vierte Kapitel schließt mit einem Zwischenfazit (Kapitel 4.3).

4.1 Zielsetzung des Markencontrollings

Das oberste Ziel des Markencontrollings ist die Rationalitätssicherung der Markenführung.[731] Dem Markencontrolling obliegt gemäß dem Konzept der Zweck-Mittel-Rationalität die Gewährleistung der Effektivität der von der Markenführung gewählten Mittel zur Realisierung der Markenziele sowie der effizienten Verwendung dieser Mittel zur Erzielung eines bestmöglichen Output-Input-Verhältnisses.[732] Dieses grundlegende Ziel des Markencontrollings – die Sicherung der Effektivität und der Effizienz der Markenführung – lässt sich anhand der zu sichernden Rationalitätsobjekte weiter konkretisieren und ausdifferenzieren.

Das ***Fundamentalziel des Markencontrollings*** besteht aus der Sicherung der Ergebnisrationalität der Markenführung.[733] Der finale Zweck der Markenführung liegt in der Realisierung der Markenziele. Ein Ziel des Markencontrollings auf der Fundamentalzielebene besteht somit in der Gewährleistung der optimalen Realisierung der Markenziele bei effizienter Mittelverwendung.

Aus Unternehmensperspektive soll die Realisierung der Markenziele einen Beitrag zur Verwirklichung der übergeordneten Unternehmensziele liefern. Da das Markencontrolling auf die Sicherung der Ergebnisrationalität der Markenführung abzielt, gehört zur Zielsetzung des Markencontrollings auf Fundamentalebene die Gewährleistung, dass erstens die auf die Realisierung der Unternehmensziele abzielenden Markenziele erfüllt werden, dass zweitens

---

730 Siehe auch Kapitel 2.2.2.4.

731 Vgl. Kapitel 2.2.2.4.

732 Siehe zur Zweck-Mittel-Rationalität Kapitel 2.2.1.1.

733 Ein Fundamentalziel stellt in einem gegebenen Kontext ein Ziel dar, welches um seiner selbst Willen verfolgt wird und aus Sicht des Entscheiders keiner weiteren Begründung bedarf, wohingegen ein Instrumentalziel verfolgt wird, da man sich von diesem einen positiven Einfluss auf die Erreichung eines Fundamentalziels erhofft; Vgl. Eisenführ/Weber (2003), S. 56.

zur Erfüllung der Markenziele keine Mittel verwendet werden, die anders eingesetzt einen besseren Beitrag zur Erfüllung der Unternehmensziele leisten würden und dass drittens keine Nebeneffekte bei der Erfüllung der Markenziele toleriert werden, die der Realisierung der Unternehmensziele entgegenwirken.

Ein alleiniges Abzielen auf die Sicherung der Ergebnisrationalität der Markenführung ist jedoch unzureichend, da eine Beurteilung der Ergebnisrationalität der Markenführung aufgrund der kontextbedingten Wissensdefizite ex ante nur beschränkt möglich ist. Um eine höhere Wahrscheinlichkeit rationalen Handelns der Markenführung zu erzielen – und somit eine möglichst hohe Ergebnisrationalität der Markenführung zu gewährleisten –, ist die Rationalität der auf die Realisierung der Markenziele ausgerichteten Inputfaktoren und Prozesse zu sichern.[734] Eine weitere Zielebene des Markencontrollings bezieht sich daher auf die Rationalitätssicherung der einzelnen Phasen im Markenführungsprozess. Diese Zielebene umfasst die ***Instrumentalziele des Markencontrollings***. Diese Ziele stellen Mittel zur Erreichung des Fundamentalziels des Markencontrollings dar. Hinsichtlich jeder einzelnen Prozessphase gilt es, die Ergebnisrationalität, die Prozessrationalität sowie die Inputrationalität zu sichern.

Gemäß dem Ziel der *Sicherung der Ergebnisrationalität* im Markenführungsprozess sollte das Ergebnis jeder einzelnen Aufgabe im Markenführungsprozess die jeweils optimale Entscheidungsalternative als Beitrag zur Realisierung der Markenziele, bei effizientem Einsatz der Mittel, darstellen. Dieses Ziel lässt sich für die einzelnen Phasen im Markenführungsprozess in jeweilige Teilziele des Markencontrollings aufgliedern. Die Teilziele gestalten sich für die einzelnen Aufgabenfelder wie folgt:

- Im Aufgabenfeld *Situationsanalyse*: Die Bereitstellung der für die Willensbildung, Willensdurchsetzung und Kontrolle der Markenführung erforderlichen Informationen bezüglich derzeitiger und zukünftiger interner und externer Rahmenbedingungen sicherzustellen.
- Im Aufgabenfeld *Markenzielbildung*: Ein ausgewogenen und Interdependenzen berücksichtigendes Markenzielsystem mit hinreichend operationalisierten und in die Unternehmensziele eingebetteten Zielgrößen sicherzustellen.
- Im Aufgabenfeld *Markenstrategiebildung*: Eine zur Realisierung der Markenziele und unter Berücksichtigung der Rahmenbedingungen im Zeitablauf in Bezug auf Flexibilität und Kontinuität geeignete Markenstrategie sicherzustellen.

---

734 Vgl. Weber/Schäffer/Langenbach (2001), S. 51.
Zum Verhältnis der verschiedenen Rationalitätsebenen untereinander siehe auch Kapitel 2.2.1.2.

- Im Aufgabenfeld *Markenidentitätsbestimmung*: Sicherstellung einer Soll-Markenidentität, die im Einklang mit den Markenzielen und der Markenstrategie als strategische Zielvorgabe für sämtliche Marketing-Maßnahmen der Marke geeignet ist, die grundlegenden Zielvorstellungen des Unternehmens berücksichtigt sowie die Marke in die Unternehmensphilosophie und -vision einbindet.

- Im Aufgabenfeld *Markenpositionierung*: Sicherstellung einer Markenpositionierung, welche unter Berücksichtigung der externen Rahmenbedingungen die zentralen Bestandteile der Markenidentität derart im Gedächtnis der relevanten Zielgruppen verankert, dass die eigene Marke gegenüber den Wettbewerbsmarken bevorzugt wird.

- Im Aufgabenfeld *Markenintegration*: Eine ausreichend wahrnehmbare, eigenständige sowie integrierte Umsetzung des Positionierungskonzepts in Maßnahmen innerhalb der markenbezogenen Instrumente des Marketing-Mix sicherzustellen.

- Im Aufgabenfeld *Implementierung und Realisation*: Sicherstellung einer Implementierung und Realisation des gebildeten Willens durch konkrete Aktivitäten.

- Im Aufgabenfeld *Markenkontrolle*: Sicherstellung von ex post Lernen und einer Verhaltensbeeinflussung der am Markenführungsprozess beteiligten und der ausführenden Akteure durch effektive Soll-Ist-Abweichungen.

Angesichts der aus der Komplexität und Dynamik der Markenführung resultierenden Unsicherheit und den damit verbundenen Wissensdefiziten ist die Bestimmung der jeweils optimalen Entscheidungsalternative ex ante im Regelfall nicht möglich. Als Resultat ist das Markencontrollingziel der Sicherung der Ergebnisrationalität im Vorhinein schwer beurteilbar. Um die Wahrscheinlichkeit rationalen Entscheidens sowie Handelns der Markenführung zu erhöhen, ist dafür Sorge zu tragen, dass die Prozesse der jeweiligen Aufgabenerfüllung der Markenführung rational ablaufen und es ist ein Übergang zur Gewährleistung der Prozessrationalität notwendig. Neben der Sicherung der Ergebnisrationalität umfasst die Zielebene der Instrumentalziele des Markencontrollings daher auch das Ziel der *Sicherung der Prozessrationalität* der einzelnen Phasen im Markenführungsprozess. Dieses Ziel verfolgt jeweils eine effiziente Transformation der Inputfaktoren bei der Erreichung des mit der Phase verbundenen Zwecks. Die Erfüllung des Ziels der Prozessrationalität bildet eine Voraussetzung zur Gewährleistung des Ziels der Ergebnisrationalität.[735] Für die einzelnen Aufgabenfelder lässt sich auch dieses Ziel in jeweilige Teilziele des Markencontrollings aufgliedern. Bspw. lautet für das Aufgabenfeld *Situationsanalyse* das entsprechende Teilziel: Sicherstellung eines

[735] Zum Verhältnis zwischen Ergebnis- und Prozessrationalität siehe auch die Ausführungen in Kapitel 2.2.1.2.

systematischen, methodisch zweckmäßigen und fehlerfreien Prozesses zur Datengenerierung und -transformation der für eine rationale Willensbildung, Willensdurchsetzung und Kontrolle im Markenführungsprozess bereitzustellenden Informationen.[736]

Zum Ziel der Sicherstellung der Prozessrationalität gehört außerdem die Abstimmung zwischen den einzelnen Phasen im Markenführungsprozess untereinander.[737] So ist sicherzustellen, dass die Markenziele unter Berücksichtigung der Ergebnisse der Situationsanalyse aufgestellt, die Markenstrategie mit Bezug auf die Markenziele ausgerichtet, die Markenidentität in Einklang mit den Markenzielen konzipiert, bei der Ableitung der Positionierungsziele, der Positionierungsstrategie sowie dem Positionierungskonzept die Markenidentität als strategische Vorgabe in die Entwicklung einbezogen wird, die Markenintegration auf die Umsetzung der Markenidentität und der Markenpositionierung abzielt sowie dass die Willensdurchsetzung in dem von der strategischen und operativen Willensbildung gesetzten Rahmen vollzogen wird. Dieses Sicherungsziel umfasst die inhaltliche und zeitliche Koordination der interdependenten Teilaufgaben im Markenführungsprozess.[738]

Im Falle hoher Komplexität und Dynamik in den einzelnen Prozessphasen der Markenführung und damit einhergehenden großen Wissensdefiziten ist zur Gewährleistung einer möglichst hohen Prozessrationalität auf die nächste Rationalitätsebene auszuweichen und die Gewährleistung der Inputrationalität zu verfolgen.[739]

Das Ziel der *Sicherung der Inputrationalität* bedeutet für das Markencontrolling, dafür Sorge zu tragen, dass die zur Wahrnehmung einer rationalen Markenführung adäquaten Einsatzfaktoren und Rahmenbedingungen vorliegen. Zur Erreichung dieser Zielsetzung ist phasenübergreifend vom Markencontrolling die Erfüllung nachfolgender Anforderungen sicherzustellen.[740] Die grundsätzliche Eignung der von der Markenführung eingesetzten Methode in Anbetracht der jeweiligen Entscheidungssituation sowie die Erfüllung der Anwendungsprämissen der Methode sind kritisch zu hinterfragen. Es ist zu gewährleisten, dass die für die jeweilige Entscheidungssituation sowie die für die zu verwendende Methode relevanten Informationen – sofern generierbar – zur Verfügung stehen und von der Markenführung einbezogen werden. Ferner gilt es sicherzustellen, dass bei den an der Entscheidungssituation

---

736 Analog sind die übrigen Teilziele des Markencontrollings um die Prozesssicht für die Aufgabenfelder Markenzielbildung, Markenstrategiebildung, Markenidentitätsbestimmung, Markenpositionierung, Markenintegration, Implementierung und Realisation sowie Markenkontrolle zu ergänzen.

737 Die Aufgabenfelder als Teilprozesse im Markenführungsprozess sind erst dann optimal, wenn diese mit den übrigen Teilprozessen optimal abgestimmt sind.

738 Neben der inhaltlichen Abstimmung umfasst die Sicherstellung der Prozessrationalität somit auch, dass Ergebnisse und Vorgaben aus vorhergehenden Aufgabenfeldern so rechtzeitig zur Verfügung stehen, dass diese berücksichtigt werden können.

739 Zum Verhältnis zwischen Input- und Prozessrationalität siehe auch die Ausführungen in Kapitel 2.2.1.2.

740 Siehe zu den nachfolgenden Ausführungen auch die beispielhaften Überlegungen zur Rationalitätssicherung eines Willensbildungsmodells bei Weber/Schäffer (2006), S. 45 f.

beteiligten Markenmanagern keine relevanten Kenntnisdefizite für eine korrekte Verwendung der Methode sowie hinsichtlich der Anwendungsprämissen vorliegen. Außerdem ist zu gewährleisten, dass die Methode und ihre Anwendungsprämissen hinreichend vor opportunistischem Handeln der Markenmanager geschützt sind.

Weitere Ziele des Markencontrollings zur Sicherung der Inputrationalität bestehen aus einer kontinuierlichen Überprüfung der aufbau- und ablauforganisatorischen Rahmenbedingungen zur Verhinderung von Koordinationsproblemen zwischen den einzelnen Aufgaben und Phasen des Markenführungsprozesses sowie aus einer dahingehenden Gestaltung der Anreizsysteme, dass die Erreichung der Markenziele gefördert und Zielkonflikte zwischen den Zielen der Markenmanager und den Zielen des Unternehmens vermieden werden.[741]

Phasenübergreifend hat das Markencontrolling ferner das Ziel, die Koordination zwischen den Phasen im Markenführungsprozess und weiteren Führungsfunktionen im Unternehmen zu gewährleisten. Diese Führungsfunktionen umfassen sämtliche Informations-, Planungs-, und Kontrollsysteme sowie Organisations- und Personalführungssysteme, die in einem relevanten interdependenten Verhältnis zu den Aufgaben der Markenführungsfunktion stehen.[742]

Aufgrund der den Aufgaben der Markenführung immanenten Komplexität und Dynamik ist deren Ausübung durch die Markenmanager mit einer solch hohen Unsicherheit verbunden, dass eine direkte Sicherung des Fundamentalziels des Markencontrollings – die Sicherstellung der Ergebnisrationalität der Markenführung – im Regelfall nicht möglich sein wird. Vielmehr ist ein Ausweichen auf die Ebene der Instrumentalziele des Markencontrollings erforderlich. Da sich die angeführte Unsicherheitsproblematik auf die einzelnen Phasen im Markenführungsprozess erstreckt, wird im Regelfall auch eine Sicherstellung der Ergebnisrationalität der einzelnen Aufgaben der Markenführung verwehrt. Die im nachfolgenden Kapitel dargestellten Aufgaben des Markencontrollings konzentrieren sich auf die Zielsetzung, die Prozess- und die Inputrationalität der Markenführung sicherzustellen. Zur Gewährleistung eines möglichst hohen Rationalitätsgrads sind in der hier skizzierten Konzeption zur Rationalitätssicherung der Markenführung vor allem die proaktiven und nur in geringerem Maß die reaktiven Rationalitätssicherungsmaßnahmen im Fokus der Betrachtung.[743]

741 Vergleichbare Überlegungen hinsichtlich der Ziele bei der Sicherung der Inputrationalität finden sich bei Florissen für den Kontext des Preismanagements; Vgl. Florissen (2005), S. 233.

742 Siehe hierzu auch das Controllingverständnis des Controllings als Koordinationsfunktion nach Horváth (1978), S. 203; Küpper (1987), S. 96 sowie die Ausführungen in Kapitel 2.2.2.1.

743 Zur Unterscheidung von proaktiven und reaktiven Rationalitätssicherungsmaßnahmen siehe Kapitel 4.2.

4.2 Aufgaben des Markencontrollings

Die Identifikation potenzieller Rationalitätsdefizite in der strategischen Willensbildung der Markenführung und deren Ursachenergründung haben gezeigt, dass in allen untersuchten Aufgabenfeldern potenziell Rationalitätsdefizite auftreten können, die sowohl mit eigeninteressiertem Handeln als auch auf mit kognitiven Beschränkungen der Markenmanager erklärt werden können.[744] Die im Hinblick auf die Ziele und Eigenschaften der Markenmanager generierten Erkenntnisse bilden eine Grundlage für die Ableitung der Aufgaben des Markencontrollings. Als grundlegendes Ziel des Markencontrollings wurde die Rationalitätssicherung der Markenführung bestimmt.[745] Die Aufgaben des Markencontrollings manifestieren sich in den Maßnahmen, die zur Gewährleistung dieser Zielsetzung notwendig sind. Um ein größtmögliches Maß an Rationalität der Markenführung zu gewährleisten, sind sowohl Maßnahmen zur Adressierung des eigeninteressierten Handelns als auch der kognitiven Beschränkungen der Markenmanager zu konzipieren. Aufgrund der mit der Markenführung verbundenen Unsicherheitsproblematik konzentrieren sich die nachfolgend dargestellten Aufgaben des Markencontrollings auf die Sicherung der Input- sowie der Prozessrationalität der Markenführung.[746]

Hinsichtlich ihres zeitlichen Bezugs zur Entstehung des Rationalitätsdefizits lassen sich die Maßnahmen zur Rationalitätssicherung in proaktive und reaktive Maßnahmen unterscheiden.[747] Bezogen auf das Markencontrolling sollen proaktive Rationalitätssicherungsmaßnahmen ex ante das Auftreten von Rationalitätsdefiziten der Markenführung vermeiden. Reaktive Rationalitätssicherungsmaßnahmen des Markencontrollings hingegen zielen auf die Identifikation und Verringerung von Rationalitätsdefiziten aus einer ex post Perspektive ab.

Um eine möglichst präzise Adressierung der Ursachen von Rationalitätsdefiziten der Markenführung zu ermöglichen, werden die grundlegenden Maßnahmen zur proaktiven Rationalitätssicherung der Markenführung weiter nach den Kriterien eigeninteressiertes Handeln (Kapitel 4.2.1) sowie kognitive Beschränkungen (Kapitel 4.2.2) differenziert. Zur Bekämpfung eigeninteressierten Handelns sind grundsätzlich andere Ansätze zweckmäßig als zur Adressierung kognitiver Beschränkungen.[748] Die Unterscheidung in diese Kategorien spiegelt auch zwei der drei grundlegenden Typen von Controlleraufgaben in Form von Begrenzungs- und Ergänzungsaufgaben wider, die an durch eigeninteressiertes Handeln bzw. an durch kognitive

744 Vgl. Kapitel 3.3.
745 Vgl. Kapitel 2.2.2.4 sowie Kapitel 4.1.
746 Vgl. Kapitel 4.1.
747 Vgl. Weber/Schäffer (2006), S. 39.
748 Vgl. Weber et al. (2003), S. 10 f.

Beschränkungen von Führungskräften bedingten Defiziten ansetzen.[749] Begrenzungs- und Ergänzungsaufgaben der Controller verfolgen das Ziel, Fehler der Führung zu verhindern oder deren Auswirkungen zu minimieren.[750] Da Entlastungsaufgaben, als dritter Typ von Controlleraufgaben, sich nicht auf Fehler der Führung beziehen, sondern durch ihre Führungsunterstützungsfunktion nur indirekt zur Rationalitätssicherung beitragen, steht dieser Aufgabentypus bei der Konzeption der Rationalitätssicherung der Markenführung nicht im Vordergrund.[751]

Bei reaktiven Rationalitätssicherungsmaßnahmen tritt die Problematik auf, dass es sich im Nachhinein nur schwierig beurteilen lässt, ob ein identifiziertes Rationalitätsdefizit auf eigeninteressiertes Handeln oder auf kognitive Beschränkungen der Markenmanager zurückzuführen ist.[752] Anstelle einer differenzierten Betrachtung wird die reaktive Rationalitätssicherung so konzipiert, dass grundsätzlich beide Ursachenkategorien adressiert werden (Kapitel 4.2.3).

Bedingt durch die Komplexität und die Dynamik der Markenführung ist weder aus theoretischer noch aus praktischer Perspektive eine mit absoluter Sicherheit zutreffende und vollständige Identifikation und Ursachenergründung der Rationalitätsdefizite der Markenführung zu erwarten.[753] Als Reaktion auf diesen Umstand könnten zur Gewährleistung eines möglichst hohen Rationalitätsgrads der Markenführung neben einer gezielten Adressierung spezifischer Rationalitätsdefizite und deren Ursachen auch umfassender angelegte Maßnahmen zweckmäßig sein.[754]

---

749 Vgl. Kapitel 2.2.2.2.

750 Vgl. Weber/Schäffer (2006), S. 38.

751 Siehe auch die Ausführungen bei Müller (2008), S. 234, FN 907 und Weber/Schäffer (2006), S. 39. Für eine ausführliche Herleitung der Aufgabentypen von Controllern siehe Weber/Schäffer/Prenzler (2001a), S. 131-151 sowie Weber/Schäffer/Prenzler (2001b), S. 25-46.

752 Siehe hierzu die Ausführungen in Kapitel 4.2.3.

753 Auf der Basis von Kosten-Nutzen-Überlegungen wäre dies auch nicht anzustreben.

754 Bei den nachfolgend dargestellten proaktiven sowie reaktiven Rationalitätssicherungsmaßnahmen zur Adressierung eigeninteressierten Handelns und kognitiver Beschränkungen der Markenmanager wurden u. a. auch die bei Müller (2008), S. 236-246; Paefgen (2008), S. 200-266; Zayer (2007), S. 157-219 sowie Florissen (2005), S. 221-295 vorgeschlagenen kontextspezifischen Rationalitätssicherungsmaßnahmen durch Analogiebildung auf ihre Verwendbarkeit zur Rationalitätssicherung der Markenführung geprüft und, sofern zweckmäßig, integriert.

4.2.1 Proaktive Rationalitätssicherung durch Adressierung eigeninteressierten Handelns der Markenmanager

Ein grundlegendes Ziel der Strategien zur Vermeidung opportunistischen Verhaltens von Akteuren ist eine Modifikation der abweichenden Präferenzen durch die Erhöhung der mit diesen abweichenden Präferenzen verbundenen Kosten.[755] Aufgrund eigener Ziele von Managern kommt es gemäß der Prinzipal-Agenten-Theorie zu einer Abweichung zwischen den Interessen der einzelnen Manager und denen des Unternehmens.[756] Die Ursachenergründung der in der Markenführung identifizierten Rationalitätsdefizite hat gezeigt, dass potenziell auch Markenmanager über abweichende Präferenzen verfügen.

Zur Bekämpfung des aus diesen abweichenden Präferenzen resultierenden eigeninteressierten Handelns von Markenmanagern bieten sich proaktiv grundsätzlich zwei Ansatzpunkte an, die es von Seiten des Markencontrollings anzuregen, auszugestalten und gegebenenfalls durchzuführen gilt. Erstens kann der Handlungsspielraum der Markenmanager verkleinert werden bzw. die Voraussetzungen geschaffen werden, dass sich die Markenmanager nur innerhalb des ihnen zur Verfügung stehenden Handlungsspielraums bewegen. Die Verkleinerung des Handlungsspielraums – bspw. durch Kontrollen – eignet sich zwar in gewissem Ausmaß zur Verhinderung von Fehlentscheidungen, jedoch werden keine positiven Anreize zum Treffen richtiger Entscheidungen in dem den Markenmanagern zur Verfügung stehenden Handlungsspielraum gesetzt.[757] Zweitens sollte deshalb vom Markencontrolling durch das Setzen angemessener Anreize versucht werden, die von den Markenmanagern verfolgten Ziele in Einklang mit den Zielen des Unternehmens zu bringen.

Das Vorliegen eines Handlungsspielraums bildet eine grundsätzliche Voraussetzung für eigeninteressiertes Handeln von Markenmanagern. Andernfalls wäre ihnen das Verfolgen eigener Ziele, die aus arbeitsscheuem Verhalten oder abweichenden Karriere-, Risiko- oder Zeitpräferenzen resultieren, nicht möglich. Gleichzeitig bildet die Existenz eines Handlungs-

---

[755] Vgl. Schäffer (2002), S. 86. Bei dieser Überlegung wird die grundsätzliche Wirkungsweise von Sanktionen und entgangenen Belohnungen gleichgesetzt. Eine entgangene Belohnung entspricht dabei den Opportunitätskosten für abweichendes Verhalten; Vgl. Schäffer (2002), S. 88. Zur Differenzierung zwischen positiven und negativen Anreizen sowie zwischen Sanktionen und Belohnungen siehe auch Laux/Liermann (1997), S. 445 f. sowie Pfohl/Stölzle (1997), S. 246.

[756] Vgl. Hirsch (2006), S. 346. Siehe auch Stern (1993), S. 35; Riegler (2000), S. 146; Faul (2004), S. 125 f. Die nachfolgenden Ausführungen zu Anreizsystemen orientieren sich an den Ausführungen zu wertorientierten Anreizsystemen von Weber und Hirsch; Vgl. Weber et al. (2004), S. 189-230 bzw. Hirsch (2006), S. 345-354. Wertorientierte Anreizsysteme verfolgen die Zielsetzung, durch finanzielle Belohnungen die Eigeninteressen der Manager auf die langfristige Unternehmenswertsteigerung auszurichten; Vgl. Hostettler/Stern (2004), S. 175; Weber et al. (2004), S. 194. Da die Markenmanager ebenso im Sinne des Unternehmens auf eine langfristig erfolgreiche Markenführung ausgerichtet werden sollen, werden wertorientierte Anreizsysteme als zweckmäßige Grundlage für Anreizsysteme der Markenführung herangezogen.

[757] Vgl. Laux (2006), S. 24.

spielraums eine notwendige Voraussetzung für Führungshandlungen.[758] Von einer zu weitgehenden Verkleinerung des Handlungsspielraums der Markenmanager ist daher abzusehen. Der Handlungsspielraum sollte proaktiv derart bemessen werden, dass die Markenmanager in den ihnen obliegenden Aufgabenfeldern aus Unternehmenssicht rationale Entscheidungen fällen können. Für eine proaktive Verkleinerung des Handlungsspielraums wurden als die drei wesentlichen Ansatzpunkte für das Markencontrolling die Einbindung des Top-Managements (Kapitel 4.2.1.1), das Gestaltungsmittel der Formalisierung (Kapitel 4.2.1.2) sowie die Ankündigung und Durchführung von Kontrollen (Kapitel 4.2.1.3) herausgearbeitet. Innerhalb dieses Handlungsspielraums lässt sich das Handeln der Markenmanager durch das Setzen geeigneter Anreize beeinflussen (Kapitel 4.2.1.4).

4.2.1.1 Einbindung des Top-Managements

Ein Ansatz zur Einschränkung des Handlungsspielraums der Markenmanager liegt in der Einbindung der Ebene des Top-Managements bei Markenführungsentscheidungen. Eine derartige Einbindung und das Ansehen der Markenführung als Top-Management-Aufgabe wird aufgrund des bedeutsamen Einflusses der Marke auf den Unternehmenserfolg und der Notwendigkeit von Kontinuität in der Führung der Marke in der Literatur wiederholt gefordert.[759] Nur so könne die erforderliche Konstanz in der Entwicklung und der Kontrolle der Markenstrategie sichergestellt werden.[760] Andernfalls würden die Auswirkungen weitreichender Unternehmensentscheidungen auf die Marke vorab nur unzureichend analysiert.[761] Stattdessen erfolgt jedoch häufig eine Delegation der Markenführungsaufgaben vom Top-Management auf untere Hierarchieebenen.[762] Eine Folge hieraus ist eine unzureichende Einbettung der Markenstrategie in die Gesamtunternehmensstrategie.[763]

Eine unzureichende Verankerung von Markenführungsentscheidungen auf der Ebene des Top-Managements kann sich auf zwei Arten äußern. Zum einen in einer unzureichenden Einflussnahme auf Markenführungsentscheidungen durch das Top-Management und zum anderen in einer unzureichenden Einbeziehung des Top-Managements bei Markenführungsentscheidungen durch die Markenmanager. Sowohl eine ausreichende Einflussnahme auf die Markenführung durch das Top-Management als auch eine ausreichende Einbeziehung des

---

758 Eine Handlung, deren sämtliche relevanten Freiheitsgrade festgelegt sind, würde eine Ausführungshandlung darstellen; Vgl. Weber/Brettel/Schäffer (1996), S. 9.

759 Siehe bspw. Esch (2005d), S. 54, 161; Riesenbeck/Perrey (2005), S. 49 f., 314; Güldenberg (2006), S. 30; Aaker (1996).

760 Vgl. Esch (1998a), S. 46 f.

761 Vgl. Jenner (2005), S. 197.

762 Vgl. Springer (2005), S. 314.

763 Vgl. Esch (2005d), S. 79, 84 ff.; Meffert (1998), S. 74 ff.; Aaker/Joachimsthaler (2000).

Top-Managements in die Markenführung durch die Markenmanager sollte durch das Markencontrolling angeregt werden. Informationsasymmetrien bzw. Kompetenzasymmetrien zwischen den Markenmanagern und dem Top-Management können andernfalls bei Vorliegen von eigeninteressiertem Handeln dazu führen, dass die Einflussnahme durch bzw. die Einbeziehung des Top-Managements in einer Form stattfindet, wie es den persönlichen Zielen der Markenmanager zum Vorteil gereicht.[764]

Da die Aufmerksamkeit des Top-Managements für eine Vielzahl weiterer Problemstellungen benötigt wird, könnte es jedoch an für eine umfassende Einbindung in die Markenführung erforderlichen Managementkapazitäten mangeln. Außerdem fehlt es im Top-Management aufgrund der jeweiligen Ausbildung und Werdegänge der Top-Manager zum Teil an den zur Markenführung relevanten Fachkenntnissen.[765] Bedingt durch andere Aufgabenschwerpunkte und ein unzureichendes Verständnis für relevante Markensteuerungsaspekte unterbleibt häufig eine intensive Auseinandersetzung des Top-Managements mit Aufgaben der Markenführung.[766] Auch scheitert die für eine unternehmensweite nachhaltige Umsetzung markenrelevanter Entscheidungen geforderte Einbeziehung und Unterstützung der höchsten Führungsebene häufig am Mangel probater Instrumente zur kontinuierlichen Einbindung der Vorstände und Direktoren, wie dies für andere Funktionsbereiche geschieht.[767]

Zur Rationalitätssicherung der Markenführung sind daher proaktive Maßnahmen zur Verringerung der Informations- und Kompetenzasymmetrien durch das Markencontrolling zu ergreifen. Um eine intensive Auseinandersetzung des Top-Managements mit Aspekten der Markenführung zu ermöglichen, ist vom Markencontrolling dafür Sorge zu tragen, dass das Top-Management die Einflussnahme auf die Markenführung neben ihren sonstigen Aufgabenschwerpunkten als eine eigene bedeutsame Aufgabe wahrnimmt, im Top-Management ein ausreichendes markenspezifisches Fachwissen vorliegt sowie zweckmäßige Instrumente zur

---

764 Paefgen bestimmte die Informations- und Kompetenzasymmetrien zwischen Controllern und Managern als wesentliche Voraussetzungen für potenzielles eigeninteressiertes Handeln von Controllern; Vgl. Paefgen (2008), S. 172-176. Die Begründung liegt darin, dass Controller die Informationen, über die die Manager verfügen, maßgeblich beeinflussen können bzw. aufgrund ihrer größeren Kompetenz Intransparenz erzeugen können. Unter den Annahmen, dass die Markenmanager wesentlich die dem Top-Management zukommenden markenrelevanten Informationen beeinflussen bzw. einen etwaigen Kompetenzvorsprung gegenüber dem Top-Management zum Erzeugen von Intransparenz einsetzen, werden durch Analogiebildung die von Paefgen konstantierten Aussagen auf die Beziehung zwischen Markenmanagern und Top-Management übertragen.

765 Vgl. Esch (2005d), S. 54 f.

766 Vgl. Esch/Wicke/Rempel (2005), S. 38.

767 Vgl. Riesenbeck/Perrey (2005), S. 77. So werden durch die Vorlage harter betriebswirtschaftlicher Kennzahlen wie Umsatz, Rendite, Kapitalkennzahlen, Kostengrößen, Durchlaufzeiten oder Produktivitätskennzahlen die Top-Führungskräfte kontinuierlich mit den Resultaten der betreffenden Funktionsbereiche konfrontiert.

Einbindung des Top-Managements entwickelt und eingesetzt werden.[768] Um langfristig die Marke als relevantes Themenfeld im Top-Management zu positionieren, sollten vom Markencontrolling die von der Marke ausgehenden positiven ökonomischen Effekte durch finanzorientierte Kennzahlen nachgewiesen werden.[769] Die Bereitstellung verhaltensorientierter Kennzahlen in Verbindung mit der Vermittlung markenspezifischen Wissens ermöglicht eine bessere Einbindung und Einflussnahme bei Markenführungsentscheidungen. Durch diese proaktiven Rationalitätssicherungsmaßnahmen kann die Einbindung des Top-Managements einen effektiven Beitrag dazu leisten, dass der Handlungsspielraum der Markenmanager so weit eingeschränkt wird, dass deren Handlungen und Entscheidungen auf die Erreichung der Unternehmensstrategie ausgerichtet werden und dass sich die Markenstrategie in die Unternehmensstrategie einfügt.[770]

4.2.1.2 Formalisierung

Eine weitere Maßnahme zur Beschränkung des Handlungsspielraums der Markenmanager bietet das Gestaltungsmittel der Formalisierung.[771] Das Mittel der Formalisierung lässt sich in die drei Teildimensionen der schriftlichen Fixierung organisatorischer Regeln (Strukturformalisierung), die Formalisierung des Informationsflusses (Aktenmäßigkeit) sowie die Leistungsdokumentation aufgliedern.[772]

Als bekanntestes und am weitesten verbreitetes Instrument zur schriftlichen Fixierung organisatorischer Regeln können Organigramme u. a. den Umfang der Abteilungs- und Stellenspezialisierung sowie die Struktur der Weisungsbefugnisse und Verantwortungsbereiche ausdrücken.[773] Durch Stellenbeschreibungen können Umfang der Weisungs- und Entscheidungsbefugnisse festgelegt, über- und nachgeordnete Stellen genannt, einzelne Rechte und Pflichten

---

768 Das Markencontrolling kann hierzu Anregungen in anderen Bereichen wie bspw. im Beteiligungs- oder Investitionscontrolling finden.

769 Vgl. Hoeffler/Keller (2003), S. 422 sowie Baumgarth (2008), S. 118.

770 Neben einer Verkleinerung des Handlungsspielraums kann die Einbindung des Top-Managements bei Markenführungsentscheidungen auch zu einer Ausschöpfung des den Markenmanagern zur Verfügung stehenden Handlungsspielraums beitragen. So trägt bspw. im Falle von risikoaversem Verhalten aufgrund abweichender Präferenzen der Markenmanager diese Einbindung zu einer gefühlten Risikoreduktion bei, da die Verantwortung geteilt wird und so bspw. aus Sicht der Markenmanager von etwaigen, aus der Handlung resultierenden, Misserfolgen geringere Konsequenzen auf deren Karriere ausgehen.

771 Unter Formalisierung wird in der Organisationsliteratur der Einsatz schriftlich fixierter organisatorischer Regeln in Form von Organisationsschaubildern, -handbüchern, Richtlinien, Stellenbeschreibungen etc. verstanden; Vgl. Kieser/Walgenbach (2007), S. 169.

772 Vgl. Kieser/Walgenbach (2007), S. 169-177. Siehe auch Pugh et al. (1968), S. 71.
Zu den verschiedenen Instrumenten zur Formalisierung organisatorischer Regelungen in der Organisationslehre siehe bspw. Schmidt (2000).

773 Vgl. Kieser/Walgenbach (2007), S. 170.

spezifiziert sowie Hinweise auf anzuwendende Richtlinien und Pläne gegeben werden.[774] Aufgrund ihrer bspw. verglichen mit Richtlinien längerfristigen Beständigkeit werden in der Praxis in vielen Organisationen nur die Kompetenzen und Verantwortlichkeiten einer Stelle fixiert.[775]

Durch eine derartige schriftliche Fixierung der für die Markenmanager geltenden organisatorischen Regeln sollte sich deren Handlungspielraum transparent und für alle beteiligten Akteure nachvollziehbar beschränken lassen.[776] Durch den Grad der Formalisierung lässt sich der Handlungsspielraum der Markenmanager zwar einerseits eingrenzen, allerdings sollte in Anbetracht der Dynamik und der damit verbundenen Unsicherheit in der Markenführung von einem zu hohen Formalisierungsgrad abgesehen werden. Die Niederschrift der Kompetenzen und Verantwortlichkeiten der Markenmanager sowie der geltenden Richtlinien sollte so ausgestaltet werden, dass eine ausreichende Flexibilität der Markenführung zur Reaktion auf veränderte Umweltbedingungen und somit die geforderte Agilität der Markenführung gegeben bleiben. Die Instrumente der Formalisierung sollten daher auch kontinuierlich auf ihre Adäquanz hinsichtlich gewandelter Rahmenbedingungen überprüft werden.[777]

4.2.1.3 Ankündigung und Durchführung von Kontrollen

Auch durch Einbindung des Markencontrollings, in Form einer Durchführung von Kontrollen innerhalb des Markenführungsprozesses, lassen sich die sich den Markenmanagern bietenden Handlungsspielräume derart reduzieren, dass die Verfolgung eigener Ziele durch die Markenmanager eingeschränkt wird.[778] So ermöglicht ein kritisches Hinterfragen der Entscheidungen und Handlungen der Markenführung in Form von Kontrollen die Identifikation opportunistischen Verhaltens von Markenmanagern.[779]

Bereits im Vorhinein übt die Ankündigung einer auf eine Handlung folgenden Kontrolle bzw. die Kenntnis bezüglich der Existenz einer Kontrollinstanz eine verhaltensbeeinflussende Wirkung auf die Akteure aus und führt zu einer Verringerung eigeninteressierten Handelns.[780]

---

[774] Vgl. Kieser/Walgenbach (2007), S. 171.

[775] Vgl. Kieser/Walgenbach (2007), S. 173. In Unternehmen werden Richtlinien zumeist in fortlaufendem Text von einer Instanz für ihren Verantwortungsbereich abgefasst. Für ein Beispiel von Richtlinien zur Erstellung von Investitionsanträgen siehe Kieser/Walgenbach (2007), S. 173-175.

[776] Neben den sich durch Formalisierung eröffnenden Möglichkeiten zur Verkleinerung des Handlungsspielraums der Markenmanager kann die mit der Formalisierung verbundene Zuweisung von Aufgaben und Entscheidungsbefugnissen möglicherweise auch zur Vermeidung von Kompetenzkonflikten beitragen; Vgl. Brummund (1983), S. 143.

[777] Vgl. Brummund (1983), S. 143.

[778] Vgl. allgemein zu dieser Wirkung von Kontrollen auf Manager Weber et al. (2003), S. 13.

[779] Die Annahme opportunistischen Verhaltens von Akteuren ist in weiten Teilen der einschlägigen ökonomischen Literatur als Motivation für die Durchführung von Kontrollen verbreitet; Vgl. Schäffer (2002), S. 88.

[780] Vgl. Weber/Schäffer (2006), S. 233; Küpper (2001), S. 178; Macharzina/Wolf (2005), S. 425.

Allein die Ankündigung von Kontrollen der Handlungen der Markenführung trägt daher dazu bei, den von den Markenmanagern gefühlten Handlungsspielraum zu verkleinern. Hierbei reicht es, wenn es sich um Kontrollen im engeren Sinne handelt.[781] Die Effektivität einer Kontrolle der Markenführung fällt umso höher aus, je größer die Akzeptanz und der Einfluss der Aufgabenträger der Kontrolle bei der Markenführung sind.[782] Im Gegensatz zu anderen Maßnahmen gegen eigeninteressiertes Handeln von Akteuren – wie der Anreizgestaltung[783] – verfügen Kontrollen zur Verkleinerung des Handlungsspielraums sowohl ex post als auch ex ante über eine rationalitätssichernde Funktion und stellen sowohl eine proaktive als auch eine reaktive Rationalitätssicherungsmaßnahme dar. Eine umfassende Diskussion von Kontrolle der Markenführung erfolgt im Rahmen der reaktiven Rationalitätssicherung.[784]

4.2.1.4 Angemessene Anreizgestaltung

In dem ihnen zur Verfügung stehenden Handlungsspielraum folgen Manager ihren eigenen Präferenzen, auch wenn diese in Konflikt mit den Zielen des Unternehmens stehen. Infolgedessen kann es zu dysfunktionalen Handlungen der Manager kommen, welche sich im Wesentlichen in zwei Ausprägungen äußern.[785] Erstens werden opportunistische Manager – ungeachtet der tatsächlichen Unternehmensperspektive – ihre Entscheidungen und Handlungen in Abhängigkeit der gesetzten Leistungsindikatoren im Sinne ihrer persönlichen Nutzenmaximierung vornehmen.[786] Zweitens schaffen Manager durch Glättung, Filterung oder gar Fälschung der weitergegebenen Informationen eine zu ihrem Vorteil gereichende Informationsasymmetrie.[787]

Die Konzeption von Anreizsystemen für Manager kann einen Beitrag zur Verringerung der Problematik abweichender Ziele sowie der mit der Prinzipal-Agenten-Beziehung verbundenen Informationsasymmetrie leisten.[788] Die Manager generieren einen Anspruch auf eine Belohnung, sofern sie das vom Unternehmen bzw. dessen Shareholdern angestrebte Ziel –

---

[781] Siehe zur Unterscheidung von Kontrollen im engeren und im weiteren Sinne die Ausführungen in Kapitel 4.2.3.

[782] Vgl. Langenbach (2001), S. 107.

[783] Siehe Kapitel 4.2.1.4.

[784] Siehe die Ausführungen zur Kontrolle als reaktive Maßnahme zur Rationalitätssicherung der Markenführung in Kapitel 4.2.3.

[785] Vgl. Jaworski/Young (1992), S. 18 ff.

[786] Vgl. Ridgway (1956), S. 240; Birnberg/Turopolec/Young (1983), S. 111 f.

[787] Vgl. Ronen/Sadan (1981); Rossiter/Percy (2005); Argyris (1971), S. B289 f.

[788] Vgl. Küpper (2001), S. 197, 243 ff.; Faul (2004), S. 259 ff.
Winter definiert wertorientierte Anreizsysteme der Führung als „Menge aller finanziellen und monetär bewerteten Anreize, die den Führungskräften für nach festgelegten Regeln bewertete Leistungsbeiträge gewährt werden, um sie zu wertsteigernden Maßnahmen zu motivieren." Winter (1996), S. 20.

langfristig den Unternehmenswert zu steigern – bestmöglich erfüllen.[789] Die Ziele der Manager und die des Unternehmens werden so in Einklang gebracht.

Um einem in Konflikt zu den Interessen des Unternehmens stehenden eigeninteressierten Handeln der Markenmanager entgegenzuwirken, sind daher neben Maßnahmen zur Verkleinerung des Handlungsspielraums geeignete Anreize unter Berücksichtigung der Präferenzen der Markenmanager zu setzen. Durch die Gestaltung zweckmäßiger Anreizsysteme wird die Wahrscheinlichkeit erhöht, dass das innerhalb ihres Handlungsspielraums stattfindende Handeln der Markenmanager im Sinne der Ziele des Unternehmens vollzogen wird.

Bei der Gestaltung eines Anreizsystems sind die zu verwendenden Bemessungsgrundlagen, die Art der den Teilnehmern angebotenen Anreize, die Freiwilligkeit der Teilnahme, die Belohnungsfunktion sowie der Auszahlungsmodus zu klären.[790] Die Anreize wertorientierter Anreizsysteme werden typischerweise auf materielle Anreize beschränkt.[791] Die nachfolgenden Ausführungen zur Gestaltung von Anreizsystemen der Markenmanager fokussieren sich – sofern nicht anders beschrieben – auf die Gewährung monetärer Anreize.[792] Da eine vom Akteur erwartete, jedoch ausbleibende Belohnung Frustrationseffekte bewirkt,[793] sollte die Beziehung zwischen der Bemessungsgrundlage, der Belohnungsfunktion sowie dem Auszahlungsmodus hinreichend definiert und den Markenmanagern vermittelt werden.

Um eine langfristig ausgerichtete Orientierung im Aufbau und der Führung der Marke zu unterstützen, sollten Anreizsysteme die Aufmerksamkeit der Markenmanager nicht nur auf die Pflege der Marke lenken, sondern auch auf das Schaffen eines tiefergehenden Verständnisses von den Konsumenten und deren Bedürfnissen sowie auf eine für die Konsumenten relevante Gestaltung der Markeninhalte abzielen.[794] Auch sollten Anreizsysteme nicht nur die Reduzierung spezifischer Rationalitätsdefizite verfolgen, sondern generell markenkonsistentes Verhalten der Mitarbeiter fördern.[795]

---

789 Vgl. Hirsch (2006), S. 347.

790 Vgl. für eine ausführliche Diskussion der einzelnen Gestaltungsmerkmale eines Anreizsystems Weber et al. (2004), S. 195-207.

791 Vgl. Weber et al. (2004), S. 196 sowie Riegler (2000), S. 151. Diese materiellen Anreize bewirken eine extrinsische Motivation. Begründet wird die Beschränkung auf materielle Anreize damit, dass diese materiellen Anreize zur Befriedigung unterschiedlicher Bedürfnisse eingesetzt werden können; Vgl. Winter (1997), S. 618.

792 Von einer expliziten Ausarbeitung von Sanktionen der Markenmanager wird mit der Begründung abgesehen, dass eine ausbleibende Belohnung mit einer Sanktion vergleichbar ist; Vgl. die Ausführungen in FN 765. Ebenso Müller; Vgl. Müller (2008), S. 237, FN 917.
Eine Ausnahme bilden die Ausführungen zur Bonusbank, die eine Verrechnung von Bonus- und Maluszahlungen ermöglicht.

793 Vgl. Siegwart (1979), S. 269.

794 Vgl. De Chernatony/Dall'Olmo Riley (1997), S. 101.

795 Vgl. Brexendorf/Tomczak (2004), S. 18 f.; Tomczak/Henkel (2007), S. 11.

Für eine proaktive Adressierung des arbeitsscheuen Verhaltens der Markenmanager bietet sich grundsätzlich ein erfolgsabhängiges Anreizsystem an. Die Ursachenergründung hat gezeigt, dass eine auf Arbeitsvermeidung zurückführbare unzureichende Sorgfalt der Markenmanager bei deren Aufgabenerbringung als Erklärung für viele der identifizierten Rationalitätsdefizite in Betracht zu ziehen ist und daher ursächlich für eine mangelhafte Qualität bei der Leistungserbringung sein kann. Aus diesem Grund und da bei Managern generell von einem hohen Arbeitspensum auszugehen ist, sollte sich die Belohnung des Anreizsystems weniger an der Quantität der von den Markenmanagern geleisteten Aufgaben, sondern vielmehr an der Qualität der erbrachten Leistung ausrichten.[796] Zur Qualitätsmessung der Leistung der Markenmanager sollten sich die Bemessungsgrundlagen vor allem an outputorientierten Größen orientieren.[797] Eine Kontrolle und Beurteilung inputorientierter Größen als Bemessungsgrundlage der Aktivitäten der Markenmanager würde sich hingegen als unverhältnismäßig aufwändig und problematisch gestalten.[798] Da die Rationalität der Markenführung durch Messung rein outputorientierter Ergebnisgrößen jedoch nur schwer beurteilt werden kann, sind die verschiedenen Messebenen zu berücksichtigen.[799]

Auf der Messebene des Ergebnisses wird zur Evaluation des Erfolgs der Markenführung als geeignete Messgröße die Steigerung des Markenwerts angesehen.[800] Der Markenwert misst das Erfolgspotenzial einer Marke.[801] Für eine evaluative Markenerfolgsmessung anhand von Ergebnisgrößen für verschiedene Aspekte des Markenführungsprozesses wird eine verhaltensorientierte Operationalisierung des Markenwerts in Form einer Erfassung der Markenstärke als zweckmäßig angesehen.[802] Die Markenstärke beschreibt die Verhaltensrelevanz einer Marke.[803] Ihre zentralen Treiber sind die Performance und Profitabilität einer Marke, die Verlässlichkeit zukünftiger Gewinnerwartungen sowie die Ausbau- und Wachstumspotenzia-

Diese Überlegungen beziehen sich auf ein generelles markenkonformes Verhalten von Mitarbeitern des UnternehmenS. Sie erscheinen jedoch im Besonderen zur Unterstützung markenkonformen Verhaltens von Markenmanagern sinnvoll.

796 Siehe auch Winter (1996), S. 69.

797 Zur Orientierung von Bemessungsgrundlagen am Input bzw. Output siehe auch Riegler (2000), S. 152.

798 Vgl. Weber et al. (2004), S. 200.
Inputorientierte Größen versuchen durch die Beurteilung der einzelnen Handlungen der Markenmanager deren Leistung zu bestimmen.

799 Siehe zur Problematik einer zeitnahen Bewertung der Ergebnisrationalität der Markenführung Kapitel 4.1 und zur Beurteilbarkeit von Leistungen als Bemessungsgrundlage von Anreizsystemen Paefgen (2008), S. 233.

800 Siehe zum Markenwert als zentrale Zielgröße im Markenzielsystem Kapitel 2.1.1.5 sowie Burmann/Meffert (2005b), S. 78 f.; Esch (2005d), S. 61.

801 Vgl. Tomczak/Reinecke/Kaetzke (2004), S. 1833.

802 Vgl. Burmann/Meffert (2005b), S. 107; siehe auch die Ausführungen in Kapitel 2.1.1.5 sowie die dort genannten Quellen.

803 Vgl. Burmann/Meffert (2005b), S. 107.

le.[804] Dadurch werden sowohl aktuelle Stärken als auch zukünftige Potenziale der Marke umfassend berücksichtigt.

Zur Berücksichtigung abweichender Zeitpräferenzen sollte im Anreizsystem der Markenführung ein ausreichendes Maß an Ausgewogenheit zwischen der Belohnung kurzfristiger und langfristiger Erfolge verankert sein. Die Bemessungsgrundlagen sollten sich hierfür an der Nachhaltigkeit der erbrachten Leistung der Markenmanager orientieren und es empfiehlt sich eine längerfristige Gestaltung des zeitlichen Horizonts der Leistungsbemessung. Eine zu sehr auf die Erreichung von Budgetgrößen ausgerichtete Bemessungsgrundlage führt zu einer gesteigerten Kurzfristorientierung der Markenmanager, weshalb von einer zu starken Kopplung zwischen Anreizsystemen und Budgeterreichung abgesehen werden sollte.[805] Anstelle der derzeitigen Performance und Profitabilität der Marke sollten sich die Bemessungsgrundlagen daher für eine gesteigerte Langfristorientierung der Markenmanager besonders an den genannten zukunftsorientierten Treibern der Markenstärke orientieren.

Auf der Messebene der Leistungserstellung können konkrete Zielvorgaben als Bemessungsgrundlagen herangezogen werden. Neben generellen Zielvereinbarungen wie bspw. eine Revision und gegebenenfalls Anpassung der markenstrategischen Ausrichtung lassen sich so auch spezifische Rationalitätsdefizite adressieren, die vom Markencontrolling in den Aufgabenfeldern der Markenführung identifiziert wurden. Auf der Messebene der Inputfaktoren können als Bemessungsgrundlagen individuelle Zielvorgaben wie bspw. der Erwerb bestimmter Methodenkompetenzen dienen und so den Markenmanagern auch Anreize geschaffen werden, kognitive Beschränkungen zu reduzieren.[806]

Die von den abweichenden Karrierepräferenzen der Markenmanager ausgehenden Macht-, Einkommens-, Sicherheits- und Beförderungsziele beeinflussen deren Handeln dahingehend, dass diese Ziele unterstützende Entscheidungsalternativen präferiert werden. Die Bemessungsgrundlagen sowie auch die Art der Belohnung der Anreizsysteme für die Markenmanager sollten dahingehend ausgestaltet werden, dass die aus einem möglichst hohen Zielerreichungsgrad resultierende Belohnung der Markenmanager diese persönlichen Ziele fördert. Um abweichenden Karrierezielen der Markenmanager entgegenzuwirken, sollte die Art der

804 Vgl. Tomczak/Reinecke/Kaetzke (2004), S. 1833 f. sowie zum Konzept der Markenstärke und deren Beziehung zum Markenwert insbesondere Srivastava/Shocker (1991), S. 7.

805 Vgl. Van der Stede (2000), S. 609; 619 f.
Um sich vor dem Risiko einer Verfehlung des Budgets zu schützen bzw. um nicht als „Underperformer" zu gelten, bieten sich dem Manager vor allem die Möglichkeiten, leicht erreichbare Ziele zu vereinbaren oder die Handlungen auf die Verbesserung des aktuellen Periodenerfolgs zu fokussieren; siehe auch Lukka (1988), S. 281 sowie für einen Überblick über das Schrifttum zur Verhaltenswirkung von Budgetierung Hartmann (2000).

806 Kognitive Beschränkungen wie bspw. unzureichendes Methodenwissen könnten bspw. zum Teil auf arbeitsvermeidendes Verhalten der Markenmanager zurückführbar sein, da die Einarbeitung in komplexere Methoden mit einem nicht unerheblichen Arbeitsaufwand verbunden ist.

Belohnung nicht nur aus monetären Anreizen bestehen, sondern es sollten positive Effekte für die Karriere der Markenmanager integriert werden.

Da die Karrierepräferenzen einzelner Markenmanager unterschiedlich ausgeprägt sein werden, empfiehlt sich eine individuelle Abstimmung der Bemessungsgrundlage und der Art der Belohnung auf die jeweiligen Ziele der Markenmanager. Zur Gewährleistung einer möglichst hohen Anreizkompatibilität sind diese vorab ausreichend zu ergründen. So könnten in Abhängigkeit der Präferenzen des Markenmanagers als Belohnung neben einem monetären Bonus die Aufnahme in ein Führungskräfteentwicklungsprogramm oder die Übernahme eines anderen Aufgabenbereichs in Aussicht gestellt werden. Weitere Arten von Belohnungen könnten in der Gewährung von Urlaubstagen oder in der Möglichkeit zum Nehmen einer Auszeit in Form eines Sabbaticals liegen.[807] Ein derartiger Anreiz könnte insbesondere arbeitsvermeidende Markenmanager zu einer höheren Leistung motivieren, da diese die so gewonnenen zeitlichen Freiräume gemäß ihren eigenen Präferenzen und zur Verwirklichung ihrer individuellen Ziele nutzen können.[808]

Für eine gesteigerte Langfristorientierung im Handeln der Markenmanager ist eine über mehrere Perioden gestaffelte Auszahlung der Belohnung in Form einer Bonusbank zweckmäßig. Durch einen derartigen Auszahlungsmodus ließe sich die aus einer Leistung der Markenmanager resultierende Belohnung mit etwaigen Maluszahlungen in Folgeperioden verrechnen.[809] Dadurch wird den Markenmanagern ein Anreiz gegeben, keine Erhöhung des kurzfristigen Markenerfolgs zu Lasten der langfristigen Erfolgsaussichten der Marke anzustreben, sondern eine kontinuierliche Entwicklung des Markenerfolgs zu verfolgen. Bonusbanken können auch einen positiven Einfluss auf die Verweildauer von Markenmanagern im Unternehmen bzw. auf der jeweiligen Position ausüben.[810] Die mit der Verwendung von Bonusbanken verbundene Verlängerung des von den Markenmanagern antizipierten Planungshorizonts sollte einen höheren Grad an Übereinstimmung mit dem Planungshorizont des Unternehmens bewirken.

Generell wird zur Begünstigung von markenkonformem Verhalten gefordert, dass die Leistung nicht nur anhand quantifizierbarer Größen – wie bspw. Umsatzgrößen – bemessen wird, sondern auch qualitative Aspekte im Anreizsystem integriert werden.[811] Um trotz der Vorzüge

---

807 Siehe zur Gewährung von Zeit als Anreiz im Rahmen von Anreizsystemen Opaschowski (1991), S. 38. Sabbatical bezeichnet ein Arbeitszeitmodell, das eine mehrmonatige Auszeit von einer Arbeitsstelle sowie eine anschließende Rückkehr auf diese Arbeitsstelle ermöglicht.

808 Siehe auch die Ausführungen von Paefgen (2008), S. 238.

809 Vgl. Weber et al. (2004), S. 206.

810 Vgl. allgemein Plaschke (2003), S. 293.

811 Vgl. Brexendorf et al. (2008), S. 343.
Zur Konzeption eines Anreizsystems zur Förderung von Brand Behavior von Mitarbeitern gilt es zunächst, ein Zielsystem bezüglich des gewünschten bzw. unerwünschten Verhaltens zu erstellen, welches belohnt

quantifizierbarer Größen – wie bspw. die mit diesen verbundene Transparenz – der Forderung nach einer Integration qualitativer Aspekte gerecht zu werden, bietet sich bspw. die Einbeziehung einer Markenscorecard in die Bemessungsgrundlage an.[812] In diesem Instrument sind sowohl Leistungstreiber als auch Ergebnisgrößen enthalten.

Hinsichtlich der Freiwilligkeit der Teilnahme ist eine größtmögliche Reduktion potenziellen eigeninteressierten Handelns von Markenmanagern durch eine verpflichtende Teilnahme zu erwarten. Abweichende Ziele verfolgende Markenmanager würden andernfalls nur in solchen Fällen teilnehmen, falls der aus der Belohnung resultierende Nutzen höher als der bei einer Verfolgung der eigenen Ziele entstehende Nutzen wäre.[813] In Hinblick auf Gruppeneffekte würde ferner im Falle einer freiwilligen Teilnahme ein negativer Leistungsanreiz für die nicht teilnehmenden Markenmanager ausgehen, da von einer höheren Leistung nicht sie selbst, sondern die teilnehmenden Markenmanager profitieren würden, sofern die Bemessungsgrundlage nicht vollständig dem jeweiligen Akteur zugerechnet werden kann.[814]

Grundsätzlich kann bei opportunistischen Markenmanagern aufgrund von Lerneffekten bezüglich der Ursache-Wirkungszusammenhänge die Gefahr bestehen, dass sie ihr zukünftiges Handeln zur persönlichen Nutzenmaximierung gemäß ihrer eigenen Präferenzen zu optimieren versuchen. Die kontinuierliche Pflege des Anreizsystems der Markenführung sollte nicht nur in einer Anpassung an veränderte externe Rahmenbedingungen bestehen, sondern auch an den Erkenntnisfortschritt angepasstes verändertes Handeln der Markenmanager antizipieren. Das Markencontrolling sollte proaktiv für eine Anpassung der Anreizsysteme an die von den Markenmanagern erzielten Lerneffekte sorgen, so dass Zielkonflikte aufgrund abweichender Präferenzen der Markenmanager auch in zukünftigen Perioden minimiert werden.

---

bzw. sanktioniert werden soll. Dieses Zielsystem ist dann stellenspezifisch in Soll-Ausprägungen und Verhaltensanweisungen zu überführen. Vgl. Brexendorf et al. (2008), S. 343.

812 Für eine ausführliche Herleitung und Diskussion der Markenscorecard – von den nachfolgend angeführten Autoren auch als Brand Balanced Scorecard oder BrandScoreCard bezeichnet – als Instrument des Markencontrollings siehe bspw. Meffert/Koers (2005), S. 273 ff.; Kropfberger/Mödritscher/Waiguny (2006), S. 505 ff.; Schmahl (2003); Linxweiler (2001); Esch/Biesalski/Buschr (2003), S. 146 f. sowie Schulz-Moll/Kam (2003).

813 Bei dieser Überlegung wird unterstellt, dass im Falle einer freiwilligen Teilnahme ein Teil der fixen Entlohnung der Markenmanager in einen variablen Gehaltsbestandteil umgewandelt wird. Eine negative Leistung aufgrund der Verfolgung eigener Ziele würde bei Teilnahme dadurch zu einer geringeren Entlohnung gegenüber einer Nichtteilnahme führen.

814 Eine vollständige Zuordenbarkeit der Bemessungsgrundlage zu einem einzelnen Akteur dürfte in der Praxis nicht gegeben sein.

4.2.2 Proaktive Rationalitätssicherung durch Adressierung kognitiver Beschränkungen der Markenmanager

Für die proaktive Adressierung kognitiver Beschränkungen der Markenmanager bieten sich verschiedene grundsätzliche Typen von Rationalitätssicherungsmaßnahmen an, die vom Markencontrolling anzuregen, auszugestalten und gegebenenfalls durchzuführen sind. Diese Maßnahmen der proaktiven Rationalitätssicherung gegen kognitive Beschränkungen lassen sich in Maßnahmen zur Erhöhung des Handlungspotenzials der Markenmanager sowie in Maßnahmen zur Erhöhung der Handlungssicherheit der Markenmanager kategorisieren.[815]

Zur Erhöhung des Handlungspotenzials der Markenmanager und somit vor allem zur Stärkung ihrer kognitiven Fähigkeiten eignet sich die Durchführung von Trainings (Kapitel 4.2.2.1). Während sich die Maßnahmen zur Erhöhung des Handlungspotenzials direkt auf die Qualifikation der Markenmanager beziehen, sind zur Erhöhung der Handlungssicherheit der Markenmanager Maßnahmen zur Gewährleistung erforderlich, dass die Handlungssituation möglichst unverzerrt wahrgenommen wird.[816] Hierzu gehören Vorgaben zum Input und zum Ablauf von Entscheidungsprozessen (Kapitel 4.2.2.2), die Bereitstellung von Fakten, Methoden und Beziehungswissen (Kapitel 4.2.2.3) sowie Herausforderungen im Rahmen eines strukturierten Konflikts (Kapitel 4.2.2.4).

4.2.2.1 Durchführung von Trainings

Wie bereits mehrfach dargelegt, sind die kognitiven Fähigkeiten von Markenmanagern zur Aufnahme und Verarbeitung von Informationen – ebenso wie diejenigen sämtlicher Führungskräfte – grundsätzlich als begrenzt anzusehen bzw. unterliegen deutlichen Verzerrungen.[817] Die zur Wahrnehmung ihrer jeweiligen Aufgaben relevanten kognitiven Fähigkeiten von Führungskräften lassen sich durch Trainings verbessern.[818] Bei Vorliegen relevanter

---

815 Die verwendete Kategorisierung der Maßnahmen zur proaktiven Rationalitätssicherung gegen kognitive Beschränkungen orientiert sich an den Ausführungen von Paefgen; siehe auch Paefgen (2008), S. 245.

816 Die nachfolgend angeführten Maßnahmen zur Erhöhung der Handlungssicherheit könnten den Markenmanagern ferner durch die mit ihnen verbundene Entlastungsfunktion einen zeitlichen Freiraum eröffnen, so dass die Markenmanager ihre zeitlichen Ressourcen stärker für eine rationale Entscheidungsfindung bei der Wahrnehmung der ihnen obliegenden Aufgaben verwenden können, da sie von der Beschaffung der zur Entscheidungsfindung erforderlichen Inputfaktoren sowie von der Strukturierung des Entscheidungsfindungsprozesses entlastet werden.

817 Für eine ausführliche Darstellung der kognitiven Beschränkungen von Akteuren siehe Kapitel 3.2.3.2.

818 Vgl. Rosenstiel (1993), S. 62.
Im angelsächsischen und deutschen Schrifttum wird das Training von Führungskräften unter verschiedenen Begriffen behandelt. So bezeichnet bspw. Becker die Maßnahmen zur Bildung und Förderung der Führung als Führungsbildung. Führungsbildung umfasst sämtliche von einer Organisation geplanten, realisierten und evaluierten Bildungs- und Förderungsmaßnahmen für die Führungskräfte, die auf eine Verbesserung von deren Fähigkeiten zur Erfüllung der Führungsaufgaben abzielen; Vgl. Becker (1999a), S. 295. Ein

kognitiver Beschränkungen der Markenmanager stellen Trainings daher ein probates Mittel dar, um diese Beschränkungen bereits vor Beginn des Entscheidungsprozesses zu verringern. Generell lassen sich Trainings zwischen der Vermittlung des zur Wahrnehmung der jeweiligen Aufgabe spezifischen Fachwissens sowie dem nachfolgend näher diskutierten spezifischen Training gegen kognitive Beschränkungen der Markenmanager unterscheiden.[819]

Zur Erhöhung der Rationalität ihrer Handlungen sollte zunächst bei den Führungskräften ein Bewusstsein für kognitive Beschränkungen erzeugt werden.[820] Dies betrifft sowohl eigene als auch kognitive Beschränkungen Dritter. Durch den Einsatz von Trainings sollten die Markenmanager daher grundsätzlich zur Erkennung kognitiver Beschränkungen befähigt und zu der Einsicht gebracht werden, dass sowohl sie als auch Dritte bei ihren Entscheidungen und Handlungen derartigen Beschränkungen unterliegen können.[821] Bspw. sollte Markenmanagern nahegebracht werden, dass ihre Prognosehandlungen systematischen Verzerrungen ausgesetzt sein können.[822] Anschließend sind sie zur Erkennung derartiger Beschränkungen zu schulen.

Neben der Generierung der erforderlichen Einsicht bei den Markenmanagern sowie deren Befähigung zur Erkennung systematischer kognitiver Verzerrungen in ihrem Handeln empfiehlt es sich, den Markenmanagern im Rahmen von Trainings in einem zweiten Schritt diejenigen Fähigkeiten zu vermitteln und zweckmäßige Instrumente zur Verfügung zu stellen, die zum Überwinden erkannter kognitiver Beschränkungen erforderlich sind.[823]

Der von Trainings ausgehende positive Einfluss auf die Verringerung kognitiver Beschränkungen sowie die tatsächliche Anwendung der Erkenntnisse durch die Führungskräfte konnten auch empirisch nachgewiesen werden.[824] Die in Form geeigneter Trainings vermittelten Grundsätze bezüglich kognitiver Beschränkungen sind demnach grundsätzlich als geeignet

breites Verständnis von Führungsbildung findet sich auch bei Heymann/Seiwert (1986), S. 58. Weitere in der Literatur verwendete Synonyme für Führungsbildung sind Managemententwicklung, Management Development oder Managementbildung; Vgl. Becker (1999b), S. 201. In dieser Arbeit findet der Begriff Training Anwendung.

819 Von der vertieften Diskussion einer Vermittlung von Fachwissen durch Trainings wird mit dem Hinweis abgesehen, dass die Notwendigkeit von Fachwissen für eine rationale Aufgabenerfüllung kein Spezifikum von Führungsaufgaben darstellt. Stattdessen sei auf die einschlägige Literatur verwiesen.

820 Vgl. Russo/Schoemaker (2002), S. 30; Nitzsch (2002), S. 100.

821 Vgl. Fischhoff (1982), S. 426.

822 Vgl. Nitzsch (2002), S. 100.

823 Vgl. Larrick (2004), S. 326.

824 Vgl. Müller (2008), S. 239 f. sowie die dort zitierten Quellen; Fong/Krantz/Nisbett (1986); Lehman/Nisbett (1990).
Für die Verankerungs- und Anpassungsheuristik wurde bspw. gezeigt, dass Führungskräfte, denen die Heuristik und deren Auswirkungen erläutert wurden, diese seltener einsetzen, sofern sie selbst den Anker gesetzt haben. Stammt der Anker von einem Dritten, war hingegen keine Verringerung der Auswirkungen beobachtbar. Vgl. Epley/Gilovich (2005), S. 207.

anzusehen, um zu einem rationaleren Handeln der Markenmanager beizutragen.[825] Die von derartigen Trainingsmaßnahmen ausgehenden Wirkungen werden dabei umso erfolgversprechender sein, desto konkreter die zu trainierenden Markenmanager die Trainingsinhalte auf ihre eigenen Tätigkeiten beziehen können und je weniger abstrakt die Wissensvermittlung vorgenommen wird.[826]

4.2.2.2 Vorgaben zum Input und zum Ablauf von Entscheidungsprozessen

Eine weitere proaktive Maßnahme zur Rationalitätssicherung gegen kognitive Beschränkungen bilden Vorgaben zum Input und zum Ablauf von Entscheidungsprozessen der Markenführung.[827] Diese Vorgaben für die Markenmanager können in Form von Richt- oder Leitlinien, Checklisten, Handlungsempfehlungen oder Kontrollen gestaltet werden.[828] Insbesondere im Falle sehr unsicherer Entscheidungssituationen können Führungskräfte diese Vorgaben zur Fundierung ihrer Entscheidungen heranziehen, anstatt eine überwiegend intuitive Urteilsfindung vorzunehmen.[829]

Durch den Einsatz vorgegebener Instrumente und der damit verbundenen Systematik lässt sich die Fehlerquote gegenüber einer vom Bauchgefühl geleiteten Markenführung reduzieren.[830] Die Vorgaben dienen den Markenmanagern als Orientierung für ihre Handlungen und geben den Markenmanagern Unterstützung bei der Wahrnehmung der komplexen Aufgaben der Markenführung, indem sie für eine verbesserte Strukturierung und Objektivierung der Entscheidungen Sorge tragen.[831] Außerdem wird die Wahrscheinlichkeit erhöht, dass die Markenmanager sämtliche relevanten Aspekte in ihren Entscheidungsfindungen berücksichtigen, auch wenn diese aufgrund unzureichender Erfahrung andernfalls vernachlässigt worden

825 Speziell für den Kontext der Markenführung konnte empirisch nachgewiesen werden, dass Trainings und Coachings von Markenmanagern, mit dem Ziel, eine verbesserte markenspezifische Führung zu erreichen, erfolgreich waren und eine Verhaltensänderung bei den geschulten Markenmanagern verzeichnet werden konnte. Vgl. Morhart/Herzog/Tomczak (2009), S. 137.

826 Vgl. Müller (2008), S. 240 sowie die dort genannten Quellen. Siehe auch insbesondere Fischhoff (1982), S. 434-437 sowie Larrick/Morgan/Nisbett (1990), S. 362.

827 Vgl. Jost (2000), S. 607.

828 So sollten bspw. bei der Führung unterschiedlicher Marken in einem Markenportfolio markenübergreifende Richtlinien für die Formulierung von Instrumentalstrategien definiert werden. Diese Richtlinien sollten sich primär auf die Schaffung formalisierter Verhaltensweisen sowie auf die Standardisierung von Prozessen und in geringerem Maß auf den Inhalt sowie die Ausgestaltung der Marketinginstrumente konzentrieren. Vgl. Meffert/Perrey (2005), S. 235 f.

829 Vgl. Müller (2008), S. 241.

830 Vgl. Riesenbeck/Perrey (2005), S. 388.

831 Vgl. Jost (2000), S. 603 f.

wären.[832] Vorgaben leisten so einen Beitrag für ein ausgewogeneres Verhältnis zwischen Intuition und Reflexion in der Markenführung.[833]

Vorgaben zum Input und Prozess der Markenführung überführen die Handlungen der Markenmanager in vorgegebene Strukturen. Hierdurch lässt sich eine Erhöhung der Transparenz der Handlung sowohl aus Sicht der Markenmanager als auch aus Sicht von Dritten erzielen und die Effektivität von Kontrollen verbessern.[834]

Vorgaben zum Prozess der Markenführung sowie zu klaren Dokumentationen der Ergebnisse einzelner Aufgabenfelder unterstützen auch bei der Wahrung der Konsistenz der Markenführung im Zeitablauf. Die Kontinuität in der Markenführung lässt sich durch die Vorgabe an die Markenmanager erhöhen, dass diese die wesentlichen Bestandteile der Markenidentität sowie der Markenpositionierung schriftlich festhalten und beschreiben.[835] Diese Dokumente können dann an nachfolgende Markenmanager übergeben werden, so dass die wesentlichen Werte der Marke auch im Falle eines Wechsels der Markenmanager nachvollziehbar bleiben.

4.2.2.3 Bereitstellung von Fakten-, Methoden- und Beziehungswissen

Die Ursachenanalyse der identifizierten Rationalitätsdefizite hat gezeigt, dass Wissensbeschränkungen der Markenmanager als potenzielle Ursache für jedes der untersuchten Rationalitätsdefizite in Betracht kommen. Eine weitere bedeutsame proaktive Rationalitätssicherungsmaßnahme besteht daher aus der Bereitstellung des für eine rationale Wahrnehmung der Tätigkeiten in den Aufgabenfeldern der Markenführung erforderlichen Fakten-, Methoden- und Beziehungswissens. Aufgabe des Markencontrollings ist hierbei für die Bereitstellung dieses Wissens Sorge zu tragen, die bereitgestellten Informationen in Abhängigkeit der betrachteten Situation in Hinsicht auf die kognitiven Beschränkungen der Markenmanager abzustimmen sowie sicherzustellen, dass die bereitgestellten Informationen von den Markenmanagern auch genutzt werden.[836] Für eine bessere Verdeutlichung wird nachfolgend eine differenzierte Betrachtung von innovativen Entscheidungssituationen sowie von Entscheidungen, die mit anderen Entscheidungen vergleichbar sind, vorgenommen.[837]

---

832 Siehe auch die Ausführungen von Paefgen hinsichtlich des Einflusses der Vorgaben von Handlungsrichtlinien auf die Aufgabenerfüllung von Controllern; Vgl. Paefgen (2008), S. 246.

833 Siehe auch Kapitel 2.1.1.1.

834 Vgl. Herzog (1999), S. 249.

835 Vgl. De Chernatony/Dall'Olmo Riley (1997), S. 101.

836 Die Sicherstellung, dass die bereitgestellten Informationen auch genutzt werden, kann bspw. im Rahmen von Kontrollen oder des strukturierten Konflikts erfolgen; siehe auch die Kapitel 4.2.1.3 bzw. 4.2.2.4.

837 Die nachfolgenden Ausführungen zur Informationsbereitstellung bei Entscheidungen gelten grundsätzlich für eine Reduzierung beschränkter kognitiver Fähigkeiten in Fällen von mangelndem Fakten-, Methoden- sowie Beziehungswissen.

Bei innovativen Entscheidungen verfügen Führungskräfte typischerweise nicht vorab über sämtliche zur Entscheidungsfindung erforderlichen Informationen bezüglich des Problems, der Ziele sowie der Entscheidungsalternativen, sondern diese Informationen müssen während des Entscheidungsprozesses zusammengetragen werden.[838] Im Rahmen der Markenführung sehen sich die Markenmanager häufig mit derartigen Entscheidungssituationen konfrontiert. Dabei durchlaufen die zur Problemlösung herangezogenen Informationen den subjektiven Filter des Entscheidungsträgers.[839]

Eine auf diesen aus den kognitiven Beschränkungen der Markenmanager resultierenden Filter abgestimmte Informationsversorgung bildet daher eine weitere proaktive Rationalitätssicherungsmaßnahme. Die Markenmanager sind in solchen Entscheidungssituationen gezielt mit den Informationen zu versorgen, die andernfalls von den Markenmanagern außer Acht gelassen würden. Aufgrund ihrer kognitiven Beschränkungen ist dabei grundsätzlich nicht das Informationsbedürfnis[840] der Markenmanager ausschlaggebend für die bereitzustellenden Informationen, sondern der aus objektiver Sicht in der betrachteten Entscheidungssituation erforderliche Informationsbedarf.[841]

Handelt es sich hingegen um Entscheidungen, die mit anderen Entscheidungen vergleichbar sind, können Benchmarks einen Beitrag für eine verbesserte Bereitstellung der erforderlichen Informationen leisten.[842] Die mit der Durchführung von Benchmarks verbundene Erschließung zweckmäßigen Erfahrungswissens kann zu einer deutlichen Reduzierung relevanter Wissensbeschränkungen führen. Als ein weltweit gängiges Führungsinstrument wird Benchmarking in Unternehmen u. a. im Qualitätsmanagement, Wissensmanagement und der Prozessverbesserung eingesetzt.[843] Der Einsatz von Benchmarking wird gezielt als Werkzeug zur Verbesserung der Marketingfähigkeiten im Unternehmen empfohlen und es wurden bereits auch Benchmarking Projekte im Bereich Markenführung durchgeführt.[844]

Anhand von Benchmarks lassen sich die bei Entscheidungen abgelaufenen Prozesse sowie deren Resultate analysieren und so die generierten Erkenntnisse bei vergleichbaren Entscheidungen verwerten. Allerdings bleiben die durch Benchmarks generierbaren Erkenntnisse in

---

838 Vgl. Kappler (1975), S. 96.

839 Vgl. Abel (1977), S. 131.

840 Das Informationsbedürfnis bezeichnet die vom Entscheidungsträger für den Entscheidungsprozess als erforderlich angesehenen Informationen.

841 Der Informationsbedarf kennzeichnet sich durch diejenigen Informationen, die von der Führung tatsächlich gebraucht werden; Vgl. Weber/Schäffer (2006), S. 82.

842 Siehe zu Benchmarks Russo/Schoemaker (2002), S. 229-233.

843 Vgl. Anderson (1999), S. 287; Rigby (2001), S. 139.

844 Vgl. allgemein zum Benchmarking als Instrument zur Verbesserung der Marketingfähigkeiten bspw. Vorhies/Morgan (2005), S. 89 f.; Woodburn (1999), S. 779 ff. sowie Brownlie (2000), S. 88-95. Zum Benchmarking speziell im Bereich Markenführung siehe Andriopoulos/Gotsi (2000), S. 360-372.

der Praxis häufig unberücksichtigt.[845] Dabei wird ein systematisches Lernen aus vergangenen Entscheidungen als erfolgreiches Mittel zur Verbesserung der Fähigkeiten von Entscheidungsträgern angesehen.[846] Außerdem erlaubt die Berücksichtigung relevanter Benchmarks die Integration einer Sicht von Dritten im Entscheidungsprozess der Markenführung, von denen ein zusätzlicher Beitrag zur Verringerung kognitiver Beschränkungen ausgehen würde. Ein grundlegendes Problem des Benchmarking ist jedoch, dass sich die Identifikation von mit der betrachteten Situation vergleichbaren Entscheidungen häufig schwierig gestaltet.[847]

Bei Defiziten hinsichtlich des für eine Aufgabenerfüllung im Rahmen der Markenführung erforderlichen Methodenwissens bietet sich dem Markencontrolling ein weiterer Ansatz zur Beseitigung dieses Rationalitätsengpasses. So kann anstelle der Anwendung einer Methode durch die Markenführung die Anwendung durch die Träger des Markencontrollings selbst erfolgen oder eine Übertragung der Aufgabe auf geeignete Dritte vorgenommen werden.[848] Das beschränkte Methodenwissen der Markenmanager wird dabei nicht direkt beseitigt, sondern der Rationalitätsengpass wird in diesen Fällen durch Bereitstellung der aus der Anwendung der Methode resultierenden Informationen adressiert.

Besonders bei Konfrontation mit innovativen und voraussichtlich nicht oder nur unregelmäßig wiederkehrenden Entscheidungssituationen ist dieser Ansatz aus Sicht des Markencontrollings als zweckmäßig zu erachten, falls der mit einer Vermittlung der erforderlichen Methodenkompetenz verbundene Aufwand den durch eine eigene Wahrnehmung oder durch Übertragung an Dritte entstehenden Aufwand übersteigen würde. Die Übertragung einer Aufgabe der Markenführung an geeignete Dritte enthält implizit auch eine Adressierung unzureichenden Beziehungswissens, sofern die Markenmanager von als potenzielle Träger der Aufgabe geeigneten Dritten nur unzureichend Kenntnis hatten. Auch hier zeigt sich, dass eine trennscharfe Abgrenzung zwischen spezifischen Rationalitätssicherungsmaßnahmen gegen beschränktes Fakten-, Methoden- und Beziehungswissen häufig nicht möglich ist.

Für eine Bekämpfung unzureichenden Beziehungswissens der Markenmanager könnte sich auch das Gestaltungsmittel der Formalisierung eignen.[849] So kann die durch Formalisierung geschaffene Transparenz zu einer verbesserten Koordination zwischen den verschiedenen markenbezogenen Aktivitäten führen.[850] Den Markenmanagern wird durch die Formalisierung

---

845 Vgl. Kahneman/Tversky (1982), S. 415.

846 Vgl. Russo/Schoemaker (2002), S. 6.

847 Vgl. Müller (2008), S. 242 sowie die dort in FN 935 angeführten Quellen.

848 In der externen Markenführung gelten externe Agenturen zur methodischen Unterstützung sowie zur Bereitstellung des erforderlichen Faktenwissens bereits als fest etabliert und auch zur Professionalisierung der internen Markenführung wird ihnen zukünftig ein zunehmender Beitrag durch Einbringen von erforderlichem Wissen prognostiziert; Vgl. Vogler (2004), S. 36 f.

849 Siehe zur Formalisierung auch die Ausführungen in Kapitel 4.2.1.2.

850 Vgl. Lukatis (1972), S. 38.

die markenrelevante Aufgaben- und Kompetenzverteilung im Unternehmen besser ersichtlich, so dass die Markenmanager die bei der jeweiligen Entscheidung einzubeziehenden Akteure einfacher und treffsicherer identifizieren können. Formalisierung könnte daher als Maßnahme zur Bereitstellung von Beziehungswissen dienen.

4.2.2.4 Herausforderungen im Rahmen eines strukturierten Konflikts

Das Hinterfragen der Entscheidungen der Markenmanager sowie der zu Grunde liegenden Entscheidungsprämissen im Rahmen eines strukturierten Konflikts stellt eine weitere Maßnahme zur Reduzierung der kognitiven Beschränkungen der Markenmanager dar.[851] Die vom Träger dieser Rationalitätssicherungsmaßnahme ausgeübte Rolle im Rahmen der Methode des strukturierten Konflikts wird auch mit dem Begriff Devil's Advocacy bzw. Advocatus Diaboli umschrieben.[852] Die Bereitschaft von Führungskräften, die eigenen Annahmen durch weiterführende Analysen zu hinterfragen sowie der Entscheidung entgegenstehende Argumente zu berücksichtigen, wird durch einen strukturierten Konflikt gemäß dem Verständnis vom Devil's Advocacy erhöht.[853]

Die Markenmanager sind dabei nicht nur auf die mit einer Entscheidung verbundenen Vor- und Nachteile hinzuweisen, sondern durch In-Frage-Stellen der der Entscheidung zu Grunde liegenden Annahmen sollen die Markenmanager zum kritischen Hinterfragen derjenigen Argumente angeregt werden, die zu der Entscheidung geführt haben.[854] Speziell für die Zusammenarbeit der Markenführung mit Werbeagenturen wurde bspw. in einer empirischen Studie bereits gezeigt, dass der Erfolg der Zusammenarbeit mit der Werbeagentur in der Funktion als Advocatus Diaboli größer ist, als wenn die Werbeagentur nur als Lieferant fungiert.[855]

Zwei grundsätzliche Strategien zur Initiierung eines strukturierten Konflikts sind consider-the-opposite sowie consider-the-alternatives.[856] Der Grundgedanke der consider-the-opposite Strategie ist die Fragestellung, welche Gründe dazu führen könnten, dass die Entscheidung

---

851 Vgl. Nitzsch (2002), S. 101; Russo/Schoemaker (2002), S. 43.

852 Vgl. Cosier (1981), S. 643; Schweiger/Sandberg/Ragan (1986), S. 51 ff.
Devil's Advocacy stellt einen Überbegriff für eine Reihe von Methoden zur Integration eines strukturierten Konflikts in der strategischen Entscheidungsfindung dar; Vgl. Schwenk (1988), S. 769.

853 Dieser Sachverhalt konnte in verschiedenen Untersuchungen beobachtet werden; Vgl. Zayer (2007), S. 208 sowie die dort genannten Quellen. Siehe auch Mason/Mitroff (1981) sowie Tjosvold (1985), S. 23 f.
Devil's Advocacy stellt einen Überbegriff für eine Reihe von Methoden zur Integration eines strukturierten Konflikts in der strategischen Entscheidungsfindung dar; Vgl. Schwenk (1988), S. 769.

854 Vgl. Schwenk (1988), S. 773 f.

855 Vgl. Walter (2006), S. 219. Das genannte Beispiel zeigt auch, dass eine Rationalitätssicherung der Markenführung durchaus von unternehmensexternen Partnern ausgehen kann.

856 Vgl. Arkes (1991), S. 494; Müller (2008), S. 242 f. sowie jeweils Larrick (2004), S. 323 f. bzw. Hirt/Markman (1995), S. 1070.

falsch sei.[857] Vom Overconfidence-Effekt oder der Verankerungsheuristik ausgehende Verzerrungen können so reduziert werden.[858] Der consider-the-opposite Ansatz bewirkt, dass die Aufmerksamkeit der Markenmanager auf potenzielle Gegenargumente gelenkt wird, die andernfalls unberücksichtigt bleiben würden.[859] Die consider-the-alternatives Strategie regt dazu an, alternative Zustände als Resultat einer Entscheidung in Erwägung zu ziehen und nach möglichen Ursachen für diese Zustände zu suchen.[860] Die Suche nach Gründen, weshalb als Resultat einer potenziellen Entscheidung ein anderer als der ursprünglich vermutete Zustand eintreffen könnte, führt zu einer ausgewogeneren und objektiveren Bewertung der relevanten Einflussfaktoren zum Zeitpunkt der Entscheidung.[861]

Der Träger dieser Rationalitätssicherungsmaßnahme braucht bei diesen Strategien über kein ausgeprägtes Detailwissen bezüglich der Entscheidungssituation zu verfügen, sondern kann auch im Falle fehlender inhaltlicher Beurteilungskompetenz durch kritisches Hinterfragen einen Beitrag zur Sicherung der Rationalität leisten.[862] Im Falle von stark mit Unsicherheit behafteten Entscheidungssituationen lässt sich die Entscheidungssicherheit der Markenmanager dadurch erhöhen, dass den Markenmanagern mit dieser Vorgehensweise die situationsbedingte Unsicherheit der betrachteten Entscheidungssituation vor Augen geführt wird.[863] Da sowohl die Entscheidungsgrundlagen vor und während des Entscheidungsprozesses als auch Entscheidungsergebnisse hinsichtlich ihrer Rationalität hinterfragt werden können, kann diese Rationalitätssicherungsmaßnahme sowohl proaktiv als auch reaktiv zur Anwendung kommen.

Als eine Form des strukturierten Konflikts im Rahmen der Markenführung wird bspw. im Rahmen der Bestimmung der Markenvision vorgeschlagen, dass ein unbeteiligter Dritter die individuellen Ansichten der an der Markenführung beteiligten Akteure sammeln und zusammenführen soll. Um ein übereinstimmendes Ergebnis zu erreichen, soll er dann im Rahmen eines Workshops die Resultate präsentieren und zur Diskussion stellen.[864] Durch ein derartiges Vorgehen ließen sich im beschriebenen Fall durch die objektivere Darstellung der Entscheidungsalternativen kognitive Beschränkungen aufgrund von Verzerrungen oder Groupthink verringern.

---

857 Vgl. Larrick (2004), S. 323. Siehe auch Fischhoff (1982), S. 438; Russo/Schoemaker (2002), S. 88 f.
858 Vgl. Arkes (1991), S. 494.
859 Vgl. allgemein Larrick (2004), S. 323.
860 Vgl. Russo/Schoemaker (2002), S. 61; Arkes (1991), S. 494.
861 Vgl. Hirt/Markman (1995), S. 1070.
862 Vgl. Weber/Schäffer (2006), S. 249.
863 Zu einer vergleichbaren Schlussfolgerung kommt Paefgen für eine Erhöhung der Handlungssicherheit von Controllern durch strukturierten Konflikt; Vgl. Paefgen (2008), S. 247.
864 Vgl. De Chernatony (1999), S. 166 f.

4.2.3 Reaktive Rationalitätssicherung gegen eigeninteressiertes Handeln und kognitive Beschränkungen der Markenmanager

Die reaktiven Rationalitätssicherungsmaßnahmen des Markencontrollings zielen darauf ab, bereits aufgetretene Rationalitätsdefizite im Handeln der Markenmanager zu identifizieren sowie diese Rationalitätsdefizite zu beseitigen bzw. zumindest zu reduzieren. Um die Markenführung zu ergänzen bzw. zu begrenzen, obliegt es dem Markencontrolling – basierend auf seinem von dem der Markenführung abweichenden Fach- und Methodenwissen oder durch Einnahme einer anderen Sichtweise – zu prüfen, ob die von den Markenmanagern gewählten Mittel zur Erreichung der Marken- und Unternehmensziele geeignet sind bzw. die Handlungsergebnisse der potenziell opportunistisch agierenden Markenmanager in Frage zu stellen.[865] Anders formuliert entsprechen diese Rationalitätssicherungsmaßnahmen des Markencontrollings grundsätzlich dem dieser Arbeit zu Grunde liegenden Verständnis von Kontrolle der Markenführung als Vergleich zwischen einem eingetretenen Ist und einem vorgegebenen Soll.[866]

Die Kontrolle der Markenführung ist dabei nicht mit der Markenkontrolle gleichzusetzen.[867] Während die Markenkontrolle selbst ein Bestandteil des Führungszyklus der Markenführung ist und diesen abschließt bzw. einen neuen Führungszyklus anstößt, stellt die Kontrolle der Markenführung im Sinne einer reaktiven Rationalitätssicherung keinen Bestandteil der Markenführung dar, sondern zielt auf eine Erhöhung der Rationalität der Markenführung entlang der Aufgaben des Markenführungszyklus ab. Auch die Rationalitätssicherung der Markenkontrolle wird davon umfasst. Der Aufgabenträger der Markenkontrolle ist typischerweise die Markenführung selbst. Die Kontrolle der Markenführung obliegt hingegen dem Markencontrolling. Eine formalisierte Vorgabe zur Durchführung regelmäßiger Kontrollen wird dabei von den kontrollierten Markenmanagern nur in geringem Maß als Misstrauen hinsichtlich ihrer Aufgabenerfüllung aufgefasst, da die Kontrollierten diese dann als Teil des Markenführungsprozesses wahrnehmen.[868]

Im Gegensatz zur proaktiven Rationalitätssicherung wird bei der reaktiven Rationalitätssicherung keine Differenzierung in Maßnahmen des Markencontrollings zur Adressierung eigeninteressierten Handelns und kognitiver Beschränkungen der Markenmanager vorgenommen. Im Rahmen der Ursachenergründung der identifizierten Rationalitätsdefizite konnte gezeigt werden, dass sich sämtliche dieser Defizite durch verschiedene Ursachen aus beiden Ursachenkategorien erklären lassen. Ex post wird sich die tatsächliche Ursache für ein Rationali-

---

865 Vgl. Schäffer/Weber (2003), S. 4 f.

866 Vgl. Kapitel 2.1.2.7.

867 Zur Markenkontrolle siehe Kapitel 2.1.2.7.

868 Vgl. allgemein Herzog (1999), S. 230.

tätsdefizit im Regelfall nicht eindeutig auf eigeninteressiertes Handeln oder auf kognitive Beschränkungen der Markenmanager zurückführen lassen, da häufig nur schwer nachzuweisen sein wird, dass das Defizit von den Markenmanagern vorsätzlich in Kauf genommen oder sogar herbeigeführt wurde.[869] Die reaktiven Maßnahmen zur Adressierung identifizierter Rationalitätsdefizite der Markenführung werden daher so gewählt, dass grundsätzlich sowohl mangelndes Wollen als auch mangelndes Können der Markenmanager adressiert werden.[870]

Ferner gestaltet sich der Übergang zwischen reaktiven und proaktiven Rationalitätssicherungsmaßnahmen der Markenführung fließend. Viele der im Rahmen der proaktiven Rationalitätssicherung vorgestellten Maßnahmen können sowohl proaktiv als auch reaktiv eingesetzt werden. Ob eine spezifische Maßnahme zur proaktiven oder zur reaktiven Rationalitätssicherung der Markenführung zählt, hängt daher nicht allein von der Art der Maßnahme, sondern vielmehr auch vom intendierten Zeitpunkt der Wirkung ab.

Damit die reaktiven Rationalitätssicherungsmaßnahmen des Markencontrollings über eine reine Abweichungsanalyse und somit über eine bloße Identifikation von Rationalitätsdefiziten in der Markenführung hinausgehen, ist die Verwendung eines erweiterten Kontrollverständnisses erforderlich. Dieses umfasst die Erarbeitung von Korrekturmaßnahmen innerhalb des vorgegebenen Handlungsspielraums bis hin zu Vorschlägen zur Veränderung des Handlungsspielraums.[871] Durch Verwendung dieses weiter gefassten Kontrollverständnisses gehört es somit auch zu den Aufgaben des Markencontrollings im Rahmen der reaktiven Rationalitätssicherung der Markenführung, die identifizierten Rationalitätsdefizite zu beseitigen bzw. diese zu reduzieren. Dem verwendeten Kontrollverständnis folgend, werden anschließend Maßnahmen zur Kontrolle der Markenführung im engeren Sinne (Kapitel 4.2.3.1) sowie im weiteren Sinne (Kapitel 4.2.3.2) unterschieden.

4.2.3.1 Kontrollen der Markenführung im engeren Sinne

Auf die proaktive rationalitätssichernde Wirkung von *Kontrollen im engeren Sinne* zur Adressierung eigeninteressierten Handelns wurde in dieser Arbeit bereits eingegangen.[872] Reaktiv stellen Kontrollen zusätzlich auch ein geeignetes Mittel zur Bekämpfung kognitiver Beschränkungen der Markenmanager dar. Gegenüber der proaktiven Wirkung von Kontrollen, deren rationalitätssichernde Wirkung sehr stark aus der Durchsetzungsfunktion der Kontrolle resultiert, kann reaktiv durch die Offenlegung kognitiver Beschränkungen der

---

869 Siehe auch die Ausführungen von Müller (2008), S. 235 f.

870 Siehe auch die Ausführungen von Paefgen (2008), S. 210.

871 Zu diesem erweiterten Kontrollverständnis siehe bspw. Weber/Schäffer (2006), S. 232 f.

872 Auf die proaktive rationalitätssichernde Wirkung von Kontrollen wurde bereits in Kapitel 4.2.1.3 eingegangen.

Markenmanager zusätzlich die Lernfunktion der Kontrolle ihre verhaltensbeeinflussende Wirkung entfalten. Die anhand von Kontrollen ermittelten tatsächlichen markenrelevanten Ursache-Wirkungszusammenhänge lassen sich in Form von Feedbacks an die Markenmanager kommunizieren. Die dabei erzielten Lerneffekte tragen so zu einer Reduzierung der kognitiven Beschränkungen der Markenmanager bei.[873]

In Anbetracht der Dynamik und des innovativen Charakters der Markenführung würde ein ergebnisbezogener Soll-Ist-Vergleich durch das Markencontrolling zu kurz greifen, um die Ziele des Markencontrollings zu erfüllen.[874] Das Markencontrolling muss auch die bei der Wahrnehmung der Aufgaben der Markenführung stattgefundenen Entscheidungsprozesse sowie die einbezogenen Inputfaktoren dahingehend prüfen, ob die im Rahmen der proaktiven Rationalitätssicherung gesetzten Vorgaben an die Markenführung erfüllt wurden.[875] Zur Erzielung eines möglichst hohen Rationalitätsgrads beinhaltet dies die Kontrolle, ob die Entscheidungsprozesse der Willensbildung gemäß der unter Experten herrschenden Meinung unter Einbeziehung der erforderlichen Inputfaktoren vollzogen wurden.

Zusätzlich sollte das Markencontrolling neben der Kontrolle der verwendeten Inputfaktoren, der abgelaufenen Entscheidungsprozesse sowie der formalen Prüfung, ob sich die Entscheidung der Markenführung in dem ihr vorgegebenen Handlungsspielraum befindet, auch inhaltlich eine kritische Überprüfung der Willensbildung der Markenmanager vornehmen.[876]

Für eine zweckmäßige Sicherung der Input-, Prozess- und auch der Ergebnisrationalität gegen eigeninteressiertes Handeln sowie kognitive Beschränkungen der Markenmanager sind daher Prämissen-, Durchführungs-, und Ergebniskontrollen erforderlich. Diese Kontrollen sollten – sofern möglich – bereits den Entscheidungsprozess begleitend erfolgen und müssen nicht erst nach Abschluss des Entscheidungsprozesses vollzogen werden. So können bei Markenführungsentscheidungen bspw. Prämissenkontrollen bereits zu Beginn des Entscheidungsprozesses durchgeführt werden oder Durchführungskontrollen zur Prüfung, ob die Aufgaben der

---

873 Vgl. allgemein zur Lernfunktion der Kontrolle Weber/Schäffer (2006), S. 233; Russo/Schoemaker (1989), S. 194 f.
Siehe auch Schäffer (2001), S. 33 ff.

874 Siehe hierzu die in Kapitel 4.1 geführte Diskussion, weshalb zur Sicherung der Ergebnisrationalität angesichts der Unsicherheit im Kontext der Markenführung ein Ausweichen auf die Sicherung der Input- und Prozessrationalität zweckmäßig ist.

875 Hierzu gehört bspw. die Prüfung, ob die Vorgaben zum Input und zum Ablauf von Entscheidungsprozessen (Vgl. Kapitel 4.2.2.2) oder ob bereitgestelltes Fakten-, Methoden- und Beziehungswissen berücksichtigt wurden.

876 Das Markencontrolling sollte bspw. prüfen, ob die Markenziele ausreichend in die Unternehmensziele eingebettet sind (Vgl. Kapitel. 3.3.2.1), ob in ausreichendem Maß die verschiedenen sich im Zeitablauf bietenden markenstrategischen Optionen berücksichtigt wurden (Vgl. Kapitel 3.3.3.2) oder ob Kontinuität versus Flexibilität der Markenführung in einem ausgewogenen Verhältnis stehen (Vgl. Kapitel 3.3.3.3 sowie Kapitel 2.1.1.4).

Markenführung mit der erforderlichen Sorgfalt erbracht werden, bereits während des Entscheidungsprozesses erfolgen, um ein frühestmögliches Gegensteuern zu begünstigen.

Zusammenfassend spielen die Kontrollen im engeren Sinne zum einen eine bedeutende Rolle bei der Identifikation von Rationalitätsdefiziten der Markenführung, zum anderen tragen sie durch ihre verhaltensbeeinflussende Wirkung bereits zur Reduzierung dieser Rationalitätsdefizite bei.

4.2.3.2 Kontrollen der Markenführung im weiteren Sinne

Die Maßnahmen des Markencontrollings zur Durchführung von Kontrollen im weiteren Sinne umfassen die Steuerung der Aufmerksamkeit der Markenmanager, Herausforderungen im Rahmen eines strukturierten Konflikts, die Bereitstellung von Fakten-, Methoden- und Beziehungswissen sowie die Verhinderung der Willensdurchsetzung.

Durch die *Steuerung der Aufmerksamkeit* der Markenmanager auf potenziell rationalitätskritische Bereiche ihrer Entscheidungen und auf bereits anhand durch Kontrollen des Markencontrollings identifizierte Rationalitätsengpässe lassen sich die Kompetenzen der Träger des Markencontrollings zum kritischen Hinterfragen auf Basis ihrer Außensicht und ihrer abweichenden Methodenkompetenz mit dem markenspezifischen Fachwissen der Markenmanager verbinden. Weitere Rationalitätsengpässe können so durch das Zusammenspiel zwischen Markencontrolling und Markenführung trotz der begrenzten Ressource Aufmerksamkeit der Markenmanager identifiziert werden, um gemeinsam spezifische Gegenmaßnahmen zur Verringerung der identifizierten Rationalitätsdefizite zu erarbeiten.

Um die begrenzte Aufmerksamkeit der Markenmanager möglichst effektiv auf die wesentlichen (potenziellen) Rationalitätsengpässe konzentrieren zu können, sollte das Markencontrolling bezüglich der jeweiligen Aufgaben der Markenführung ausreichend Kenntnis darüber haben, inwiefern eigene Präferenzen bzw. kognitive Beschränkungen der Markenmanager deren Handeln in der jeweils betrachteten Entscheidungssituation beeinflussen könnten. Dadurch wird eine explizite Adressierung einzelner Rationalitätsengpässe durch das Markencontrolling ermöglicht, um die Markenmanager zu einer Revision ihres Urteils oder ihrer Urteilsfindung zu veranlassen.

Eine weitere Maßnahme des Markencontrollings zur Identifikation potenziell rationalitätskritischer Bereiche bietet die bereits im Rahmen der proaktiven Rationalitätssicherung der Markenführung diskutierte *Herausforderung im Rahmen eines strukturierten Konflikts*.[877] Das

[877] Siehe für eine ausführlichere Darstellung zum strukturierten Konflikt die Ausführungen in Kapitel 4.2.2.4 sowie die dort genannten Quellen.

kritische Hinterfragen der von der Markenführung gefällten Entscheidung, des Entscheidungsprozesses sowie der der Entscheidung zu Grunde liegenden Annahmen durch das Markencontrolling ermöglicht sowohl eine Identifikation von Rationalitätsengpässen in der betrachteten Entscheidungssituation als auch gemeinsam mit der Markenführung die Reduzierung erkannter Rationalitätsdefizite. Das Mittel der Herausforderung der Markenführung im Rahmen eines strukturierten Konflikts stellt für das Markencontrolling eine geeignete Maßnahme dar, um auch im Falle ausgeprägter Wissensdefizite auf Seiten des Markencontrollings bezüglich der betrachteten Entscheidungssituation den Rationalitätsgrad zu erhöhen.

Auch die *Bereitstellung von relevantem Fakten-, Methoden- und Beziehungswissen* wurde bereits als proaktive Rationalitätssicherungsmaßnahme des Markencontrollings behandelt.[878] Diese Maßnahme eignet sich ebenso ex post zur Identifikation und zur Verringerung von Rationalitätsengpässen. Weiterführendes oder aktuelleres Faktenwissen kann ebenso wie abweichendes Methodenwissen des Markencontrollings eine neue Sichtweise auf eine betrachtete Entscheidungssituation ermöglichen und – falls erforderlich – die Zweckmäßigkeit einer Revision der Entscheidung verdeutlichen.

Eine neue Perspektive kann im Besonderen auch durch die Bereitstellung von relevantem Beziehungswissen eingebracht werden. So können vom Markencontrolling interne und externe Experten hinzugezogen bzw. den Markenmanagern nahegelegt werden, um deren Fachwissen zur Reduzierung wesentlicher Wissensdefizite einzubinden und eine rationalere Entscheidung zu ermöglichen. Ebenso wie bei der proaktiven Rationalitätssicherung sind dabei vom Markencontrolling die bereitgestellten Informationen auf potenzielle kognitive Beschränkungen der Markenmanager abzustimmen.

Falls durch das Markencontrolling bedeutsame Rationalitätsdefizite identifiziert wurden, es jedoch auch in Zusammenarbeit mit den Markenmanagern keine ausreichende Reduzierung dieser Rationalitätsdefizite erreicht werden kann, muss das Markencontrolling gegebenenfalls eine *Verhinderung der Willensdurchsetzung* vornehmen.[879] Die Verhinderung der Willensdurchsetzung durch das Markencontrolling stellt die finale Maßnahme dar, falls trotz der übrigen Rationalitätssicherungsmaßnahmen kein ausreichender Rationalitätsgrad erreicht werden konnte. Die Markenführung wird dann zur Durchführung einer erneuten Willensbildung veranlasst. Voraussetzung hierfür ist jedoch, dass das Markencontrolling über den

---

878 Für eine ausführliche Diskussion der Bereitstellung von Fakten-, Methoden und Beziehungswissen als Rationalitätssicherungsmaßnahme siehe Kapitel 4.2.2.3 sowie die dort genannten Quellen.

879 Dieses Mittel sollte spätestens dann vom Markencontrolling gewählt werden, falls die zu erwartenden negativen Konsequenzen aus der Umsetzung des gebildeten Willens den aus der Entscheidung resultierenden Erwartungsnutzen übersteigen würden.

hierfür erforderlichen Einfluss auf die Markenführung verfügt.[880] Eine erneute Willensbildung ist aus Sicht des Markencontrollings zweckmäßig, sofern durch ein erneutes Durchlaufen des Willensbildungsprozesses eine Verbesserung gegenüber der aktuellen Entscheidung in einem Ausmaß zu erwarten ist, welches die durch eine erneute Willensbildung entstehenden Kosten überwiegt.[881]

880 Dieser Einfluss könnte direkt auf Ausübung von Macht, durch Hinzuziehen von über die erforderliche Macht verfügenden Dritten oder durch Überzeugen der Markenmanager, eine erneute Willensbildung durchzuführen, basieren.

881 In die Entscheidung des Markencontrollings, ob eine erneute Willensbildung angestoßen werden sollte, sind nicht nur die direkt mit der Durchführung einer erneuten Willensbildung entstehenden Kosten, sondern auch die mit einem erneuten Durchlauf verbundenen Opportunitätskosten einzubeziehen.

4.3 Zwischenfazit

Die Sicherung der Effektivität und der Effizienz der Markenführung bildet das grundlegende Ziel des Markencontrollings. Die optimale Realisierung der Markenziele als finalem Zweck der Markenführung soll bei effizienter Verwendung der Mittel gewährleistet werden. Ein alleiniges Abzielen auf die Sicherung der Ergebnisrationalität der Markenführung als Fundamentalziel des Markencontrollings ist aufgrund der kontextbedingten Wissensdefizite nur eingeschränkt möglich. Daher sind die auf die Realisierung der Markenziele ausgerichteten Inputfaktoren und Prozesse zu sichern. Um das Fundamentalziel mit größtmöglicher Wahrscheinlichkeit zu erfüllen, sollte das Markencontrolling somit auf die Gewährleistung der Ergebnis-, der Prozess- sowie der Inputrationalität jeder einzelnen Phase im Markenführungsprozess abzielen.

Die Ergebnisrationalität der Markenführung lässt sich aufgrund der Unsicherheitsproblematik ex ante nur schwer beurteilen. Um einen möglichst hohen Grad an Ergebnisrationalität sicherzustellen, liegt bei den Aufgaben des Markencontrollings ein besonderes Augenmerk auf Maßnahmen zur Gewährleistung der Prozess- und Inputrationalität. Ausgehend von ihrem zeitlichen Bezug zur Entstehung des Rationalitätsdefizits sind die Maßnahmen zur Rationalitätssicherung der Markenführung in proaktive und reaktive Maßnahmen unterteilbar. Der Übergang zwischen proaktiven und reaktiven Rationalitätssicherungsmaßnahmen kann fließend sein, da verschiedene Maßnahmen sowohl proaktiven als auch reaktiven Charakter aufweisen. Die weitere Unterscheidung in Maßnahmen gegen eigeninteressiertes Handeln sowie kognitive Beschränkungen ermöglicht ein gezieltes Vorgehen gegen spezifische Ursachen. Eine derartige Differenzierung eignet sich jedoch nur bei der Konzeption der proaktiven Rationalitätssicherungsmaßnahmen, da ex post die Ursachen schwierig im eigeninteressierten Handeln bzw. bei den kognitiven Beschränkungen der Markenmanager verortbar sind.

Proaktiv eröffnen sich dem Markencontrolling grundsätzlich zwei Ansätze zur Adressierung eigeninteressierten Handelns: zum einen die Begrenzung des Handlungsspielraums der Markenmanager sowie zum anderen das Setzen geeigneter Anreize zum Treffen rationaler Entscheidungen innerhalb dieses Handlungsspielraums. Geeignete Maßnahmen zur Begrenzung des Handlungsspielraums der Markenmanager stellen die Einbindung des Top-Managements in Markenführungsentscheidungen, das Gestaltungsmittel der Formalisierung sowie die Ankündigung und Durchführung von Kontrollen dar. Um sicherzustellen, dass die Markenmanager rationale Entscheidungen innerhalb dieses Handlungsspielraums treffen, sind angemessene Anreizsysteme zu gestalten, die deren individuelle Ziele und die Ziele des Unternehmens in Einklang bringen.

Die Aufgaben des Markencontrollings zur proaktiven Bekämpfung kognitiver Beschränkungen der Markenmanager lassen sich grundsätzlich in Maßnahmen zur Erhöhung des Handlungspotenzials der Markenmanager sowie zur Erhöhung der Handlungssicherheit kategorisieren. Um das Handlungspotenzial und somit die Qualifikation der Markenmanager zu erhöhen, eignet sich die Durchführung von Trainings zur Vermittlung des erforderlichen Fachwissens sowie zur Befähigung der Markenmanager, relevante kognitive Beschränkungen zu erkennen und zu überwinden. Zur Erhöhung der Handlungssicherheit bieten sich dem Markencontrolling mehrere Ansätze: Erstens können Vorgaben zum Entscheidungsprozess den Markenmanagern Orientierung und Unterstützung bei der Strukturierung ihrer Handlungen geben. Zweitens kann für die Entscheidungssituation relevantes Wissen zur Überwindung von Wissensbeschränkungen bereitgestellt werden. Drittens lassen sich die Entscheidungen sowie die der Entscheidung zu Grunde liegenden Prämissen im Rahmen eines strukturierten Konflikts hinterfragen.

Die Aufgabe des Markencontrollings zur reaktiven Rationalitätssicherung gegen eigeninteressiertes Handeln sowie kognitive Beschränkungen der Markenmanager besteht darin, für die Durchführung von Kontrollen der Markenführung Sorge zu tragen. Die Konzeption der reaktiven Rationalitätssicherung der Markenführung folgt einem weit gefassten Verständnis von Kontrolle. Demnach sollten zusätzlich zu Abweichungsanalysen in Form von Vergleichen zwischen einem eingetretenen Ist und einem vorgegebenen Soll auch Maßnahmen wie die Steuerung der Aufmerksamkeit der Markenmanager auf rationalitätskritische Bereiche, das Hinterfragen der Entscheidungen durch Herausforderungen im Rahmen eines strukturierten Konflikts, die Bereitstellung relevanten Wissens zur Überwindung von Wissensbeschränkungen sowie gegebenenfalls die Verhinderung der Willensdurchsetzung Anwendung finden.

Die dargestellten grundsätzlichen proaktiven und reaktiven Maßnahmen zur Rationalitätssicherung sind vom Markencontrolling anzuregen, auszugestalten und gegebenenfalls durchzuführen. Die in dieser Konzeption beschriebenen Aufgaben des Markencontrollings sollen nicht als Aufforderung missverstanden werden, dass zwingend ein größtmögliches Maß an Reflexion in der Markenführung herbeizuführen sei. Aufgrund der kontextbedingten Dynamik und Unsicherheit ist ein ausgewogenes Verhältnis zwischen Intuition und Reflexion in der Markenführung erforderlich. Auch in impliziter Form bei den Markenmanagern vorhandenes Wissen und ein Gespür für neue gesellschaftliche Trends sowie zukünftige markenrelevante Entwicklungen können von wesentlicher Bedeutung für den Markenerfolg sein. Eine rein auf Reflexion basierende Markenführung würde selbst ein Rationalitätsdefizit darstellen. Das Markencontrolling sollte vielmehr grundsätzlich dafür Sorge tragen, dass die ablaufenden Entscheidungsfindungsprozesse, die zu Grunde liegenden Prämissen sowie die Entscheidungen selbst aus einer Expertensicht als rational anzusehen sind und es nicht aufgrund von motivatorischen oder kognitiven Beschränkungen der Markenmanager zu einer Bedrohung der Rationalität kommt. Ein vertieftes Verständnis der Ursache-Wirkungszusammenhänge in der Markenführung, der dort stattfindenden Prozesse sowie der die Ziele und Eigenschaften der relevanten Akteure beeinflussenden Faktoren stellt dabei eine wesentliche Voraussetzung für ein erfolgreiches Markencontrolling verstanden als Rationalitätssicherung der Markenführung dar.

5 Zusammenfassung und Ausblick

Ausgangspunkt der Untersuchung war die Forderung nach einer Steigerung der Effektivität und Effizienz beim Aufbau und der Pflege starker Marken. Gemäß dem Verständnis der Zweck-Mittel-Rationalität gilt es zur Erfüllung dieser Forderung, das rationale Handeln der Markenführung sicherzustellen. Der Controllingkonzeption der Rationalitätssicherung der Führung folgend, wurde die Gewährleistung der Rationalität der Markenführung der Funktion Markencontrolling zugeschrieben.

Die aktuelle Literatur weist hier ein Forschungsdefizit auf. Die Arbeit stellt einen ersten umfassenden Versuch dar, die Controllingkonzeption der Rationalitätssicherung der Führung auf den Kontext der Markenführung zu übertragen. Hierzu wurde durch die Einnahme einer akteursbezogenen Perspektive eine verhaltensorientierte Betrachtung des Untersuchungsobjekts Markencontrolling vorgenommen. Im einschlägigen Schrifttum zur Marken- sowie zur Markencontrollingforschung mangelt es bislang an derartigen konzeptionellen oder empirischen Arbeiten, die eine verhaltensorientierte Untersuchung der Markenführung im Allgemeinen sowie der Aufgabenfelder entlang des Markenführungsprozesses im Besonderen durchführen. Problemstellungen der Marken- sowie der Markencontrollingforschung werden im Regelfall in Form einer content- anstelle einer process-orientierten Betrachtung untersucht. Dem ökonomischem Ansatz folgend, unterstellen diese Arbeiten auf Seiten der Markenmanager vollkommen rational handelnde Akteure.

Bedingt durch die fehlenden konzeptionellen Grundlagen und des hinsichtlich der Analyse abweichender Ziele sowie kognitiver Beschränkungen der Markenmanager innovativen Charakters dieser Untersuchung, wurde die sachlich-analytische Forschungsstrategie gewählt. Im Rahmen eines zweistufigen Vorgehens erfolgte zunächst eine vertiefte Betrachtung von Rationalitätsengpässen im Kontext der Markenführung (F1a und F1b) und darauf aufbauend die Konzeption einer Rationalitätssicherung (F2).

Die Beantwortung der Forschungsfrage F1a sollte wesentliche Rationalitätsdefizite in der strategischen Willensbildung der identitätsorientierten Markenführung identifizieren. Hierzu wurden die Aufgaben der strategischen Willensbildung der Markenführung auf typischerweise beobachtbare Problemfelder hin untersucht. In der einschlägigen Literatur angeführte Hinweise auf beobachtbare inferiore Zustände der Markenführung wurden in Form von Rationalitätsdefiziten beschrieben. Dabei konnten für alle untersuchten Aufgabenfelder potenzielle Rationalitätsdefizite der Markenführung ausgemacht werden.

Die Forschungsfrage F1b befasste sich mit der Ursachenergründung der identifizierten Rationalitätsdefizite. Der Forschungsanweisung des methodologischen Individualismus folgend, wurden die Ursachen dieser Defizite auf das Handeln der Markenmanager zurückgeführt. Da dieses Handeln von deren Zielen und Eigenschaften beeinflusst wird, erfolgte zur Analyse eine Modellierung der Markenmanager. Dabei fanden sowohl Erkenntnisse des ökonomischen Ansatzes als auch der Verhaltenswissenschaften Berücksichtigung. Zur Gewährleistung eines methodologisch reflektierten Vorgehens wurde die Methode der abnehmenden Abstraktion in der konkreten Ausprägung des RREEMM-Modells als Strukturierungsrahmen herangezogen. Gemäß dem Konzept der pragmatischen Reduktion wurden die Annahmen des RREEMM-Modells um die Eigenschaften der Markenmanager nur insoweit erweitert, als dies einen zusätzlichen Beitrag zur Erklärung des betrachteten Rationalitätsdefizits zu leisten vermochte. Anhand dieser theoriegeleiteten Vorgehensweise konnten für sämtliche der untersuchten Defizite motivatorische und kognitive Begrenzungen der Markenmanager als potenzielle Ursachen ausgemacht werden.

Die durch die Beantwortung von F1a und F1b generierten Erkenntnisse bilden die Grundlage für den zweiten Schritt der Untersuchung. Zum einen begründen sie die Zweckmäßigkeit eines Markencontrollings in Form einer Rationalitätssicherungsfunktion der Markenführung, da eine auf das Handeln der Markenführung zurückführbare Bedrohung der Rationalität aufgezeigt werden konnte. Zum anderen bilden sie die Basis zur Ableitung eines Markencontrollings im Sinne der Forschungsfrage F2, wie eine Rationalitätssicherung der identitätsorientierten Markenführung zu konzipieren sei.

Die grundlegende Zielsetzung der in dieser Untersuchung beschriebenen Markencontrollingkonzeption ist die Rationalitätssicherung der Markenführung. Angesichts der durch die kontextspezifische Dynamik und Wissensdefizite bedingten hohen Unsicherheit lässt sich die Ergebnisrationalität der Markenführung ex ante nur eingeschränkt beurteilen und sichern. Zur Gewährleistung einer möglichst großen Ergebnisrationalität muss das Markencontrolling daher auf die Sicherstellung der Prozess- und Inputrationalitäten abzielen. Es ist zu gewährleisten, dass von der Markenführung adäquate Inputfaktoren berücksichtigt werden und dass die im Entscheidungsfindungsprozess ablaufende Transformation dieser Inputfaktoren rational erfolgt.

Aufgaben des Markencontrollings sind die Anregung, Gestaltung sowie gegebenenfalls Durchführung geeigneter Maßnahmen zur Rationalitätssicherung der Markenführung. Wie aufgezeigt wurde, wird die Rationalität der Markenführung durch eigeninteressiertes Handeln sowie kognitive Beschränkungen der Markenmanager bedroht. Dieser Bedrohung kann das Markencontrolling durch proaktive und reaktive Maßnahmen entgegnen. Eigeninteressiertes Handeln lässt sich proaktiv durch eine Verkleinerung des Handlungsspielraums der Markenmanager sowie durch das Setzen geeigneter Anreize zur Erreichung einer verbesserten Zielkongruenz innerhalb dieses Handlungsspielraums adressieren. Die Bedrohung der Rationalität durch kognitive Beschränkungen ist proaktiv durch Maßnahmen zur Verbesserung des Handlungspotenzials sowie der Handlungssicherheit der Markenmanager reduzierbar. Da im Nachhinein die exakte Ursache eines Rationalitätsdefizits nicht eindeutig eigeninteressiertem Handeln oder kognitiven Beschränkungen der Markenmanager zugeordnet werden kann, sollten die reaktiv vorzunehmenden und unter ein weit gefasstes Verständnis von Kontrolle subsumierbaren Maßnahmen grundsätzlich beide Ursachenkategorien adressieren. Eine Durchführung von Maßnahmen zur Rationalitätssicherung der Markenführung sollte immer dann erfolgen, wenn der zu erwartende Nutzen den mit der Maßnahme verbundenen Aufwand überwiegt.

Durch Identifikation potenzieller Rationalitätsdefizite in der strategischen Willensbildung der Markenführung, deren Ursachenergründung im Handeln der Markenmanager sowie der Konzeption der Ziele und Aufgaben eines Markencontrollings zur Adressierung dieser Defizite und Ursachen leistet die Untersuchung einen konzeptionellen Beitrag zur Verkleinerung des geschilderten Forschungsdefizits. Die Entscheidung für die Controllingkonzeption der Rationalitätssicherung der Führung erlaubt gegenüber den in der Literatur vorhandenen Ansätzen die Einnahme einer breiteren Sichtweise auf das Untersuchungsobjekt Markencontrolling. Im Sinne einer integrativen Klammer lassen sich so bereits vorliegende Erkenntnisse aus bestehenden Arbeiten zum Markencontrolling in die in dieser Arbeit skizzierte Markencontrollingkonzeption integrieren.

Allerdings unterliegt die Arbeit auch diversen Limitationen, die gleichzeitig Ansatzpunkte für weitere Forschung darstellen. Die untersuchte Problemstellung wurde in Form einer Übersichtsarbeit angegangen und weist dementsprechend eine große Breite auf. Aufgrund dieser Breite sowie der gewählten forschungsmethodischen Vorgehensweise wird kein Anspruch auf Vollständigkeit der identifizierten Rationalitätsdefizite sowie deren ergründeten Ursachen erhoben. Dies gilt auch hinsichtlich der skizzierten Markencontrollingkonzeption. Deren Fokus liegt auf der Beschreibung wesentlicher Maßnahmen zur Rationalitätssicherung der Markenführung und stellt keine abschließende Auflistung potenzieller Maßnahmen dar.

Aufgrund der interpretierend-deskriptiven und theoriegeleiteten Vorgehensweise mangelt es ferner an einer empirischen Überprüfung der aufgestellten Hypothesen. Diese wäre im Sinne einer Validierung der in dieser Untersuchung generierten Erkenntnisse zumindest für ausgewählte Teilbereiche des Untersuchungsobjekts wünschenswert. Erste Überlegungen zum Vorgehen für eine empirische Untersuchung von Rationalitätsdefiziten der Markenführung sowie deren Ursachen wurden bereits angestellt. Dabei wurde die Durchführung von Befragungen in Form eines zweistufigen Vorgehens als zweckmäßig herausgearbeitet. Zunächst empfehlen sich problemzentrierte Interviews mit einschlägigen Experten der Markenführung. Zur umfassenden empirischen Überprüfung der konzeptionell und mit diesen Interviews generierten Erkenntnisse wäre dann eine fragebogengestützte großzahlige Untersuchung geeignet. Weiterer Forschungsbedarf besteht auch hinsichtlich der Instrumente und der Träger der entwickelten Markencontrollingkonzeption.

Der geschilderte Forschungsbedarf zeigt, dass noch keine eindeutig gesicherten Erkenntnisse vorliegen. Die Arbeit soll daher keine abschließende Antwort auf die untersuchte Problemstellung darstellen. Vielmehr sollen die in dieser Arbeit aufgestellten Hypothesen, insbesondere aufgrund der verhaltensorientierten Herangehensweise, als Denkanstöße für weiterführende Arbeiten zur Marken- und Markencontrollingforschung dienen.

Literaturverzeichnis

Aaker, David A. (1996): Building Strong Brands, New York.

Aaker, David A. (2004): Brand Portfolio Strategy – Creating Relevance, Differentiation, Energy, Leverage and Clarity, New York.

Aaker, David A./Joachimsthaler, Erich (2000): Brand Leadership, New York.

Aaker, David A./Keller, Kevin L. (1990): Consumer Evaluations of Brand Extensions, in: Journal of Marketing, No. 1, Vol. 54, S. 27-41.

Abel, Bernd (1977): Problemorientiertes Informationsverhalten – Individuelle und organisatorische Gestaltungsbedingungen innovativer Entscheidungssituationen, Darmstadt.

Adam, Dietrich (1996): Planung und Entscheidung. Modelle, Ziele, Methoden. Mit Fallstudien und Lösungen, 4., vollst. überarb. und erw. Aufl., Wiesbaden.

Aghamanoukjan, Anahid/Buber, Renate/Meyer, Michael (2009): Qualitative Interviews, in: Buber, Renate/Holzmüller, Hartmut H. (Hrsg.): Qualitative Marktforschung, 2., überarb. Aufl., Wiesbaden, S. 415-436.

Aguilar, Francis Joseph (1967): Scanning the Business Environment, New York, London.

Ahlert, Dieter/Kenning, Peter/Schneider, Dirk (2000): Markenmanagement im Handel: Strategien – Konzepte – Praxisbeispiele, Wiesbaden.

Ahlert, Dieter/Schröder, Henrik (1996): Rechtliche Grundlagen des Marketing, 2., völlig überarb. Aufl., Stuttgart, Berlin, Köln.

Albert, Hans (1977): Individuelles Handeln und soziale Steuerung. Die ökonomische Tradition und ihr Erkenntnisprogramm, in: Lenk, Hans (Hrsg.): Handlungstheorien interdisziplinär, Band 4, München, S. 177-225.

Anderson, Bjørn (1999): Industrial Benchmarking for Competitive Advantage, in: Human Systems Management, No. 3/4, Vol. 18, S. 287-296.

Andresen, Thomas/Nickel, Oliver (2001): Führung von Dachmarken, in: Esch, Franz-Rudolf (Hrsg.): Moderne Markenführung, 3. Aufl., Wiesbaden, S. 639-668.

Andriopoulos, Constantine/Gotsi, Manto (2000): Benchmarking Brand Management in the Creative Industry, in: Benchmarking: An International Journal, No. 5, Vol. 7, S. 360-372.

Angrosino, Michael V./Mays de Pérez, Kimberly A. (2008): Rethinking Observation. From Method to Context, in: Davies, Charlotte A. (Hrsg.): Reflexive Ethnography. A Guide to Researching Selves and Others, 2. Aufl., Routhledge, London, S. 67-93.

Anthony, Robert N. (1965): Planning and control systems: a framework for analysis, Boston.

Argyris, Chris (1971): Management Information Systems: The Challenge to Rationality and Emotionality, in: Management Science, No. 6, Vol. 17, S. B275-B292.

Arkes, Hal R. (1991): Cost and Benefit of Judgement Errors: Implications for Debiasing, in: Psychological Bulletin, No. 3, Vol. 110, S. 486-498.

Arvidsson, Adam (2006): Brand Value, in: Journal of Brand Management, No. 3, Vol. 13, S. 188-192.

Atteslander, Peter (2006): Methoden der empirischen Sozialforschung, 11., neu bearb. und erw. Aufl., Berlin.

Auer-Rizzi, Werner (1998): Entscheidungsprozesse in Gruppen. Kognitive und soziale Verzerrungstendenzen, Wiesbaden.

Bach, Sabine/Bilgeri, Alexander/Brettel, Malte/Grothe, Martin/Langer, Christian/Miller, Axel/Schäffer, Utz/Weber, Jürgen (2002): Grundmodell einer dynamischen Theorie ökonomischer Akteure, in: CCM-Forschungspapier Nr. 6, Vallendar.

Bach, Sabine/Grothe, Martin/Schäffer, Utz/Weber, Jürgen (2001): Grundmodell einer dynamischen Theorie ökonomischer Akteure, in: Weber, Jürgen/Schäffer, Utz (Hrsg.): Rationalitätssicherung der Führung - Beiträge zu einer Theorie des Controlling, Wiesbaden, S. 95-111.

Baron, Jonathan (1994): Thinking and Deciding, 2nd edition, Cambridge.

Baum, Heinz-Georg/Coenenberg, Adolf G./Günther, Thomas (1999): Strategisches Controlling, 2. Aufl., Stuttgart.

Baumgarth, Carsten (2001): Markenpolitik. Markenwirkungen – Markenführung – Markenforschung, Wiesbaden.

Baumgarth, Carsten (2004): Markenpolitik. Markenwirkung – Markenführung – Markencontrolling, 2. Aufl., Wiesbaden.

Baumgarth, Carsten (2006): B-to-B-Marken: eine Standortbestimmung, in: Markensymposium 2006: Erfolgsfaktoren von B-to-B Marken, Siegen.

Baumgarth, Carsten (2008): Markenpolitik. Markenwirkung – Markenführung – Markencontrolling, 3., überarb. und erw. Aufl., Wiesbaden.

BBDO (1994): Auswege aus der kommunikativen Katastrophe, Düsseldorf.

Becker, Albrecht (2001): Einzel-, Familien- und Dachmarken als grundlegende Handlungsoptionen, in: Esch, Franz-Rudolf (Hrsg.): Moderne Markenführung, 3. Aufl., Wiesbaden, S. 297-316.

Becker, Albrecht (2003): Controlling als reflexive Steuerung von Organisationen, Stuttgart.

Becker, Jochen (2005): Einzel-, Familien- und Dachmarken als grundlegende Handlungsoptionen, in: Esch, Franz-Rudolf (Hrsg.): Moderne Markenführung. Grundlagen – Innovative Ansätze – Praktische Umsetzungen, 3. Aufl., Wiesbaden, S. 297-316.

Becker, Manfred (1999a): Aufgaben und Organisation der betrieblichen Weiterbildung, 2., überarb. und erg. Aufl., München, Wien.

Becker, Manfred (1999b): Personalentwicklung – Bildung, Förderung und Organisationsentwicklung in Theorie und Praxis, 2., überarb. und erw. Aufl., Stuttgart.

Belz, Christian (2006): Spannung Marke – Markenführung für komplexe Unternehmen, Wiesbaden.

Berekoven, Ludwig (1978): Zum Verständnis und Selbstverständnis des Markenwesens, in: Andreae, Clemens-August (Hrsg.): Markenartikel heute: Marke, Markt und Marketing, Wiesbaden, S. 35-48.

Berg, Hartmut/Cassel, Dieter (1981): Theorie der Wirtschaftspolitik, in: Bender, Dieter/Berg, Hartmut/Cassel, Dieter (Hrsg.): Vahlens Kompendium der Wirtschaftstheorie und Wirtschaftspolitik, Band 2, München, S. 137-211.

Berthel, Jürgen (1995): Personal-Management, 4. Aufl., Stuttgart.

Berthon, Pierre/Hulbert, James M./Pitt, Leyland F. (1999): Brand management prognostications, in: Sloan Management Review, No. 2, Vol. 40, S. 53-65.

Biermann, Benno (2004): Soziologie – Studienbuch für soziale Berufe, 4. Aufl., München.

Birdwell, Al E. (1968): A study of the influence of image congruence on consumer choice, in: Journal of Business, No. 1, Vol. 41, S. 76-88.

Birnberg, Jacob G./Turopolec, Lawrence/Young, S. Mark (1983): The Organizational Context of Accounting, in: Accounting, Organizations and Society, No. 2-3, Vol. 8, S. 111-129.

Blau, Peter Michael (1955): The Dynamics of Bureaucracy – A Study of Interpersonal Relations in Two Government Agencies, Chicago.

Blinda, Lars (2007): Markenführungskompetenzen eines identitätsbasierten Markenmanagements, Wiesbaden.

Bonoma, Thomas/Shapiro, Benson (1984): Evaluating Market Segmentation Approaches, in: Industrial Marketing Management, Vol. 13, S. 257-268.

Borchardt, Andreas/Göthlich, Stephan E. (2007): Erkenntnisgewinnung durch Fallstudien, in: Albers, Sönke/Klapper, Daniel/Konradt, Udo/Walter, Achim/Wolf, Joachim (Hrsg.): Methodik der empirischen Forschung, 2., überarb. und erw. Aufl., Wiesbaden, S. 33-48.

Bowmann, Edward, H. (1980): A Risk/Return Paradox for Strategic Management, in: Sloan Management Review, Spring, Vol. 21, S. 17-31.

Brakus, J. Josko/Schmitt, Bernd H./Zarantonello, Lia (2009): Brand Experience: What Is It? How Is It Measured? Does It Affect Loyalty?, in: Journal of Marketing, No. 3, Vol. 73, S. 52-68.

Bramseman, Urs/Heineke, Carsten/Kunz, Jennifer (2004): Verhaltensorientiertes Controlling – Konturierung und Entwicklungsstand einer Forschungsperspektive, in: DBW, Heft 5, 64. Jg, S. 550-570.

Braun, Stephan (2006): Kundenpräferenzen für produktbegleitende Dienstleistungen auf Industriegütermärkten – ein Ländervergleich, Diplomarbeit, Universität Hohenheim.

Brettschneider, Volker (2000): Entscheidungsprozesse in Gruppen – Theoretische und empirische Grundlagen der Fallstudienarbeit, Bad Heilbrunn.

Brexendorf, Tim Oliver/Tomczak, Torsten (2004): Bedeutung der internen Markenführung, in: Albers, Sönke/Hassmann, Volker/Tomczak, Torsten (Hrsg.): Verkauf – Kundenmanagement, Vertriebssteuerung, E-Commerce, Düsseldorf, S. 1-26.

Brexendorf, Tim Oliver/Tomczak, Torsten/Kernstock, Joachim/Henkel, Sven/Wentzel, Daniel (2008): Der Einsatz von Instrumenten zur Förderung von Brand Behavior, in: Tomczak, Torsten/Esch, Franz-Rudolf/Kernstock, Joachim/Herrmann, Andreas (Hrsg.): Behavioral Branding – Wie Mitarbeiterverhalten die Marke stärkt, Wiesbaden, S. 315-349.

Brockhoff, Klaus (1981): Planungskontrolle im Entwicklungsbereich, in: Brockhoff, Klaus/Krelle, Wilhelm (Hrsg.): Unternehmensplanung - Referate eines Kolloquiums an der Fernuniversität Hagen, Berlin et. al., S. 173-192.

Brockhoff, Klaus (1992): Positionierungsmodelle, in: Diller, Hermann (Hrsg.): Vahlens Großes Marketinglexikon, München, S. 880-881.

Brockhoff, Klaus (1994): Management organisatorischer Schnittstellen unter besonderer Berücksichtigung der Koordination von Marketingbereichen mit Forschung und Entwicklung, in: Joachim-Jungius-Gesellschaft der Wissenschaften (Hrsg.): Berichte aus den Sitzungen der Joachim-Jungius-Gesellschaft der Wissenschaften e.V., Hamburg, Heft 2, 12. Jg., Göttingen.

Broser, Christian (2009): Rationalitätssicherung im Finanzmanagement – eine Untersuchung des Investitionsmanagements, Vallendar.

Brownlie, Douglas (2000): Benchmarking your Marketing Process, in: Long Range Planning, No. 1, Vol. 32, S. 88-95.

Bruhn, Manfred (1994): Begriffsabgrenzungen und Erscheinungsformen von Marken, in: Bruhn, Manfred (Hrsg.): Handbuch Markenartikel, Band 1, Stuttgart, S. 3-41.

Bruhn, Manfred (2003): Markenpolitik – Ein Überblick zum "State of the Art", in: DBW, 63. Jg., S. 179-202.

Bruhn, Manfred (2004a): Begriffsabgrenzungen und Erscheinungsformen von Marken, in: Bruhn, Manfred (Hrsg.): Handbuch Markenführung, 2. Aufl., Wiesbaden, S. 3-49.

Bruhn, Manfred (2004b): Handbuch Markenführung, 2. Aufl., Band 1-3, Wiesbaden.

Brummund, Werner (1983): Zusammenarbeit zwischen Organisationseinheiten in soziotechnischen Systemen – Grundlagen zur Beschreibung und Ansätze zur strukturellen Gestaltung lateraler Kooperationsbeziehungen, Essen.

Brünne, Michael/Esch, Franz-Rudolf/Ruge, Hans-Dieter (1987): Berechnung der Informationsüberlastung in der Bundesrepublik Deutschland. Bericht des Instituts für Konsum- und Verhaltensforschung der Universität des Saarlandes, Saarbrücken.

Burkhardt, Achim (1998): Interview im Rahmen der ExBA 2008: Erfolgsfaktor Markenführung, www.taikn.de.

Burkhardt, Achim/Hofmann, Thorsten (2008): Markenmanagement – Bedeutender Schlüssel zum Erfolg, in: Excellence Barometer (ExBA) 2008, www.exba.de.

Burmann, Christoph (1991): Konsumentenzufriedenheit als Determinante der Händler- und Markenloyalität. Das Beispiel der Automobilindustrie, in: Marketing ZFP, Heft 4, 13. Jg., S. 249-258.

Burmann, Christoph/Blinda, Lars (2006): Markenführungskompetenzen – Handlungspotenziale einer identitätsbasierten Markenführung, LiM-Arbeitspapier Nr. 20, Bremen.

Burmann, Christoph/Blinda, Lars/Nitschke, Axel (2003): Konzeptionelle Grundlagen des identitätsbasierten Markenmanagements, LiM-Arbeitspapier Nr. 1, Bremen.

Burmann, Christoph/Kullmann, Mathias (2004): Strategisches Mehrmarkencontrolling – Modellkonzeption zur integrierten und dynamischen Koordination von Markenportfolios, LiM-Arbeitspapier Nr. 14, Bremen.

Burmann, Christoph/Meffert, Heribert (2005a): Gestaltung von Markenarchitekturen, in: Meffert, Heribert/Burmann, Christoph/Koers, Martin (Hrsg.): Markenmanagement – Identitätsorientierte Markenführung und praktische Umsetzung, 2. Aufl., Wiesbaden, S. 164-182.

Burmann, Christoph/Meffert, Heribert (2005b): Managementkonzept der identitätsorientierten Markenführung, in: Meffert, Heribert/Burmann, Christoph/Koers, Martin (Hrsg.): Markenmanagement – Identitätsorientierte Markenführung und praktische Umsetzung, 2. Aufl., Wiesbaden, S. 73-114.

Burmann, Christoph/Meffert, Heribert (2005c): Theoretisches Grundkonzept der identitätsorientierten Markenführung, in: Meffert, Heribert/Burmann, Christoph/Koers, Martin (Hrsg.): Markenmanagement – Identitätsorientierte Markenführung und praktische Umsetzung, 2. Aufl., Wiesbaden, S. 37-72.

Burmann, Christoph/Meffert, Heribert/Blinda, Lars (2005): Markenevolutionsstrategien, in: Meffert, Heribert/Burmann, Christoph/Koers, Martin (Hrsg.): Markenmanagement – Identitätsorientierte Markenführung und praktische Umsetzung, 2. Aufl., Wiesbaden, S. 183-212.

Burmann, Christoph/Meffert, Heribert/Koers, Martin (2005): Stellenwert und Gegenstand des Markenmanagements, in: Meffert, Heribert/Burmann, Christoph/Koers, Martin (Hrsg.): Markenmanagement – Identitätsorientierte Markenführung und praktische Umsetzung, 2. Aufl., Wiesbaden, S. 3-17.

Burmann, Christoph/Zeplin, Sabrina (2004): Innengerichtetes identitätsbasiertes Markenmanagement – State-of-the-Art und Forschungsbedarf, LiM-Arbeitspapier Nr. 7, Bremen.

Burmann, Christoph/Zeplin, Sabrina (2006): Innengerichtetes Markenmanagement – Ansätze zur Schaffung und Erhaltung von Brand Commitment in markenorientierten Unternehmen, Münster.

Calkins, Tim (2005): The Challenge of Branding, in: Tybout, Alice M./Calkins, Tim (Hrsg.): Kellogg on Branding, Hoboken, New Jersey, S. 1-10.

Camerer, Colin F./Lovallo, Dan (1999): Overconfidence and Excess Entry: An Experimental Approach, in: American Economic Review, No. 1, Vol. 89, S. 306-318.

Caroli, Tobias (2004): Managementberatung und Führungsrationalität – Ein akteurstheoretischer Ansatz, Wiesbaden.

Cartwright, Dorwin/Zander, Alvin (1960): Group Cohesiveness. Introduction, in: Cartwright, Dorwin/Zander, Alvin (Hrsg.): Group Dynamics. Research and Theory, 2nd edition, Evanston und Elmsford, S. 69-94.

Caspar, Mirko/Metzler, Patrick (2002): Entscheidungsorientierte Markenführung – Aufbau und Führung starker Marken, in: Münster, McKinsey & Company und Marketing Centrum (Hrsg.): Arbeitspapier Nr. 3/2002, Münster.

Chmielewicz, Klaus (1979): Forschungskonzeptionen der Wirtschaftswissenschaft, 2. Aufl., Stuttgart.

Coleman, James S. (1990): The Foundations of Social Theory. Camebridge, Mass., Harvard University Press.

Collins, James C./Porras, Jerry I. (1996): Built to Last, London.

Conant, Jeffrey S./Mokwa, Michael P./Varadarajan, P. Rajan (1990): Strategic types, distinctive marketing competencies and organizational performance: A multiple measures-based study, in: Strategic Management Journal, No. 5, Vol. 11, S. 365-383.

Conlisk, John (1996): Bounded rationality and market fluctuations, in: Journal of Economic Behaviour & Organization, No. 2, Vol. 29, S. 233-250.

Connolly, Terry/Ordóñez, Lisa (2003): Judgement and Decision Making, in: Borman, Walter C./Ilgen, Daniel R./Klimonski, Richard J. (Hrsg.): Handbook of Psychology, Hoboken, NJ, S. 493-517.

Corsten, Hans/Gössinger, Ralf (2004): Dienstleistungscontrolling – Konzeptioneller Rahmen und Gestaltungsfelder, in: Bensberg, Frank (Hrsg.): Trendberichte zum Controlling: Festschrift für Heinz Lothar Grob, Heidelberg, S. 311-343.

Cosier, Richard A. (1981): Dialectic Inquiry in Strategic Planning, in: Academy of Management Review, No. 4, Vol. 6, S. 643-648.

Court, David C./Leiter, Mark G./Loch, Mark A. (1999): Brand Leverage, in: The McKinsey Quarterly, No. 2, S. 100-110.

Darby, Michael/Karni, Edi (1974): Free Competition and the Optimal Amount of Fraud, in: Journal of Law and Economics, No. 1, Vol. 16, S. 67-88.

Davis, Scott M. (2000): Brand Asset Management, San Francisco.

Davis, Scott M. (2002): Brand Asset Management – Driving Profitable Growth Through Your Brands, San Francisco.

Dawar, Niraj/Parker, Philip M. (1994): Marketing universal: consumers′ use of brand name, price, physical appearance, and retailer reputation as signals of product quality, in: Journal of Marketing, No. 1, Vol. 58, S. 81-95.

De Chernatony, Leslie (1999): Brand management through narrowing the gap between brand identity and brand reputation, in: Journal of Marketing Management, No. 1-3, Vol. 15, S. 157-179.

De Chernatony, Leslie (2001): From Brand Vision to Brand Evaluation, Oxford.

De Chernatony, Leslie/Dall'Olmo Riley, Francesca (1997): The chasm between managers′ and consumers′ views of brands: the experts′ perspectives, in: Journal of Strategic Marketing, No. 2, Vol. 5, S. 89-104.

Dean, James W./Sharfman, Mark P. (1993): Procedural Rationality in the Strategic Decision-making Process, in: Journal of Management Studies, Vol. 30, S. 587-610.

Deimel, Klaus (1989): Grundlagen des Involvement und Anwendung im Marketing, in: Marketing ZFP, Heft 3, 11. Jg., S. 153-161.

Denzau, Arthur T./North, Douglass C. (1994): Shared Mental Models: Ideologies and Institutions, in: Kyklos, No. 1, Vol. 47, S. 3-31.

Diamond, Nina/Sherry, John F./Muñiz, Albert M./McGrath, Mary Ann/Kozinets, Robert V./Borghini, Stefania (2009): American Girl and the Brand Gestalt: Closing the Loop on Sociocultural Branding Research, in: Journal of Marketing, No. 3, Vol. 73, S. 118-134.

Disch, Wolfgang (2000): Was verstehen Sie unter "Marke"?, in: Marketing Journal, Heft 3, 33. Jg., S. 148-150.

Domizlaff, Hans (1992): Die Gewinnung des öffentlichen Vertrauens – ein Lehrbuch der Markentechnik, Hamburg.

Dörner, Dietrich (1987): Problemlösen als Informationsverarbeitung, 3. Aufl., Stuttgart.

Dyckhoff, Harald/Ahn, Heinz (2001): Sicherstellung der Effektivität und Effizienz der Führung als Kernfunktion des Controlling, in: Kostenrechnungspraxis, Heft 2, 45. Jg., S. 111-121.

Egner, Henninger (1984): Über "grenzüberschreitendes wissenschaftliches Arbeiten" und Dilettantismusgefahr, in: Zeitschrift für betriebswirtschaftliche Forschung, 36. Jg., S. 421-431.

Eichenberger, Reinhard (1992): Verhaltensanomalien und Wirtschaftswissenschaft. Herausforderungen, Reaktionen, Perspektiven, Wiesbaden.

Eisenführ, Franz/Weber, Martin (2003): Rationales Entscheiden, 4. Aufl., Berlin u. a.

Eisenhardt, Kathleen M. (1989): Building Theories from Case Study Research, in: Academy of Management Review, No. 4, Vol. 14, S. 532-550.

Epley, Nicholas/Gilovich, Thomas (2005): When Effortful Thinking Influences Judgemental Anchoring: Differential Effects of Forewarning and Incentives on Self-Generated and Externally Provided Anchors, in: Journal of Behavioral Decision Making, No. 3, Vol. 18, S. 199-212.

Erdem, Tülin (1998): Brand equity as a signaling phenomenon, in: Journal of Consumer Psychology, No. 2, Vol. 7, S. 131-157.

Esch, Franz-Rudolf (1992): Positionierungsstrategien – Konstituierender Erfolgsfaktor für Handelsunternehmen, in: Thexis, Heft 4, 9. Jg., S. 9-15.

Esch, Franz-Rudolf (1998a): Kommunikation 2005, in: Thexis, Heft 2, 15. Jg., S. 46-48.

Esch, Franz-Rudolf (1998b): Wirkungen integrierter Kommunikation – Teil 1: theoretische Grundlagen, in: Marketing – Zeitschrift für Forschung und Praxis, Heft 2, 20. Jg., S. 73-89.

Esch, Franz-Rudolf (2004): Strategie und Technik der Markenführung, 2. Aufl., München.

Esch, Franz-Rudolf (2005a): Aufbau starker Marken durch integrierte Kommunikation, in: Esch, Franz-Rudolf (Hrsg.): Moderne Markenführung – Grundlagen – Innovative Ansätze – Praktische Umsetzungen, 4., erw. und aktual. Aufl., Wiesbaden, S. 599-635.

Esch, Franz-Rudolf (2005b): Markenpositionierung als Grundlage der Markenführung, in: Esch, Franz-Rudolf (Hrsg.): Moderne Markenführung – Grundlagen – Innovative Ansätze – Praktische Umsetzung, 4., erw. und aktual. Aufl., Wiesbaden, S. 131-163.

Esch, Franz-Rudolf (2005c): Moderne Markenführung – Grundlagen – Innovative Ansätze – praktische Umsetzungen, 4., erw. und aktual. Aufl., Wiesbaden.

Esch, Franz-Rudolf (2005d): Strategie und Technik der Markenführung, 3. Aufl., München.

Esch, Franz-Rudolf (2007): Strategie und Technik der Markenführung, 4. Aufl., München.

Esch, Franz-Rudolf/Andresen, Thomas (1996): 10 Barrieren für eine erfolgreiche Markenpositionierung und Ansätze zu deren Überwindung, in: Tomczak, Torsten/Rudolph, Thomas/Roosdorp, Alexander (Hrsg.): Positionierung – Kernentscheidung des Marketing, St. Gallen, S. 78-94.

Esch, Franz-Rudolf/Biesalski, Alexander/Buschr, Holger (2003): Abschied vom Bauchgefühl, in: Absatzwirtschaft, Sonderausgabe zum Markenaward vom 13.03.2008, S. 144-147.

Esch, Franz-Rudolf/Geus, Patrick/Langner, Tobias (2002): Brand Performance Measurement zur wirksamen Markennavigation, in: Controlling, Heft 8/9, 14. Jg., S. 473-481.

Esch, Franz-Rudolf/Langner, Tobias/Brunner, Christian (2005): Kundenbezogene Ansätze des Markencontrolling, in: Esch, Franz-Rudolf (Hrsg.): Moderne Markenführung – Grundlagen – Innovative Ansätze – Praktische Umsetzungen, 4., erw. und aktual. Aufl., Wiesbaden, S. 1227-1261.

Esch, Franz-Rudolf/Langner, Tobias/Rempel, Jan Eric (2005): Ansätze zur Erfassung und Entwicklung der Markenidentität, in: Esch, Franz-Rudolf (Hrsg.): Moderne Markenführung – Grundlagen – Innovative Ansätze – Praktische Umsetzungen, 4., erw. und aktual. Aufl., Wiesbaden, S. 103-129.

Esch, Franz-Rudolf/Levermann, Thomas (1995): Positionierung als Grundlage des strategischen Kundenmanagements auf Konsumgütermärkten, in: Thexis, Heft 4, 12. Jg., S. 8-16.

Esch, Franz-Rudolf/Wicke, Andreas/Rempel, Jan Eric (2005): Herausforderungen und Aufgaben des Markenmanagements, in: Esch, Franz-Rudolf (Hrsg.): Moderne Markenführung - Grundlagen - Innovative Ansätze - Praktische Umsetzungen, 4., erw. und aktual. Aufl., Wiesbaden, S. 3-55.

Eschenbach, Rolf/Niedermayr, Rita (1996): Controlling in der Literatur, in: Eschenbach, Rolf (Hrsg.): Controlling, 2. Aufl., Stuttgart, S. 49-64.

Farquhar, Peter (1989): Managing brand equity, in: Marketing Research, September, Vol. 1, S. 24-33.

Faul, Katja (2004): Wertorientiertes Controlling – Ein Ansatz zur Unternehmens- und Verhaltenssteuerung in dezentralen Organisationen, Hamburg.

Festinger, Leon (1954): A Theory of Social Comparison Processes, in: Human Relations, No. 4, Vol. 7, S. 803-813.

Festinger, Leon (1957): A Theory of Cognitive Dissonance, Stanford.

Festinger, Leon/Aronson, Elliot (1960): The Arousal and Reduction of dissonance in Social Contexts, in: Cartwright, Dorwin/Zander, Alvin (Hrsg.): Group Dynamics. Research and Theory, 2. Aufl., Evanston, S. 214-231.

Fischer, Marc/Hieronimus, Fabian/Kranz, Marcel (2002): Markenrelevanz in der Unternehmensführung – Messung, Erklärung und empirische Befunde für B2C-Märkte, Münster.

Fischhoff, Baruch (1982): Debiasing, in: Kahneman, Daniel/Slovic, Paul/Tversky, Amos (Hrsg.): Judgement under Uncertainty. Heuristics and Biases, Cambridge, S. 422-444.

Florissen, Andreas (2005): Preiscontrolling – Rationalitätssicherung im Preismanagement, Wiesbaden.

Fong, Geoffrey T./Krantz, David H./Nisbett, Richard E. (1986): The Effects of Statistical Training on Thinking about Everyday Problems, in: Cognitive Psychology, No. 3, Vol. 18, S. 253-292.

Freiling, Jörg (2001): Resource-based View und ökonomische Theorie – Grundlagen und Positionierung des Ressourcenansatzes, Wiesbaden.

Gaiser, Brigitte (2005): Markenkonzeption - Markenstrategische Entscheidungen in der Markenführung, in: Gaiser, Brigitte/Linxweiler, Richard/Brucker, Vincent (Hrsg.): Praxisorientierte Markenführung - Neue Strategien, innovative Instrumente und aktuelle Fallstudien, Wiesbaden, S. 41-62.

Gerecke, Uwe (1998): Soziale Ordnung in der modernen Gesellschaft: Ökonomik, Systemtheorie, Ethik, Tübingen.

Ghodeswar, Bhimrao M. (2008): Building brand identity in competitive markets: a conceptual model, in: Journal of Product & Brand Management, Nr. 1, Vol. 17, S. 4-12.

Gibbons, Robert/Murphy, Kevin J. (1990): Optimal Incentive Contracts in the Presence of Career Concerns: Theory and Evidence, in: Journal of Political Economy, No. 3, Vol. 100, S. 468-505.

Goetzelmann, Frank (1991): Rationalität in betriebswirtschaftlichen Ansätzen, in: Wirtschaftsstudium, Heft 8/9, ohne Jg., S. 573-575.

Gomez, Peter/Probst, Gilbert (1995): Die Praxis des ganzheitlichen Problemlösens, Bern et al.

GoogleFinance (2006): The Coca-Cola Company, http://www.finance.google.com, Zugriff am 15.08.2006.

Gregory, Kathleen L. (1983): Native-View Paradigms. Multiple Cultures and Culture

Conflicts in Organizations, in: Administrative Science Quarterly, September, Vol. 28, S. 359-376.

Grey (1996): Smart Shopper: Wieviel Marke braucht der Mensch? Oder: Ein neues Preis-Leistungsbewußtsein, Düsseldorf.

Griffin, Dale/Tversky, Amos (1992): The Weighing of Evidence and the Determinants of Confidence, in: Cognitive Psychology, Vol. 24, S. 411-435.

Grochla, Erwin (1976): Praxeologische Organisationstheorie durch sachliche und methodische Integration: Eine pragmatische Konzeption, in: Zeitschrift für betriebswirtschaftliche Forschung, Heft 1, 28. Jg., S. 617-637.

Grochla, Erwin (1980): Organisationstheorie, in: Grochla, Erwin (Hrsg.): Enzyklopädie der Betriebswirtschaftslehre, Band 2, Handwörterbuch der Organisation, 2. Aufl., Stuttgart, Sp. 1795-1814.

Güldenberg, Hans (2006): Gefahren von Innen (Fallstricke in der Markenführung), in: G.E.M. Gesellschaft zur Erforschung des Markenwesens e.V. (Hrsg.): Wo lauern Gefahren für die Marke?, Frankfurt, S. 29-35.

Günther, Thomas/Kriegbaum-Kling, Catharina (2001): Brand Valuation and Control: An Empirical Study, in: Schmalenbach Business Review, No. 4, Vol. 53, S. 263-294.

Gutenberg, Erich (1929): Die Unternehmung als Gegenstand betrieblicher Theorie, Berlin et al.

Gutenberg, Erich (1989): Rückblicke, unveröffentlichtes Manuskript, Köln 1983, in: Albach, Horst (Hrsg.): Zur Theorie der Unternehmung, Schriften und Reden von Erich Gutenberg, Aus dem Nachlass, Berlin et al., S. 3-109.

Haas, Alexander (2000): Premiummarke – Quo vadis?, in: markenartikel, Heft 3, S. 36-42.

Haedrich, Günther (1999): Strategische Kommunikationsplanung für Low-Involvement-Produkte, in: Grünig, Rudolf/Pasquier, Martial (Hrsg.): Strategisches Management und Marketing: Festschrift für Prof. Dr. Richard Kühn zum 60. Geburtstag, Bern, Stuttgart, Wien, S. 379-394.

Haedrich, Günther/Tomczak, Torsten (1994): Strategische Markenführung, in: Bruhn, Manfred (Hrsg.): Handbuch Markenartikel, Stuttgart, S. 925-948.

Haedrich, Günther/Tomczak, Torsten (1996): Produktpolitik, Stuttgart, Berlin, Köln.

Haedrich, Günther/Tomczak, Torsten/Kaetzke, Philomela (2003): Strategische Markenführung – Planung und Realisierung von Markenstrategien, 3. Aufl., Bern, Stuttgart, Wien.

Hahn, Daniela (1987): Controlling: Stand und Entwicklungstendenzen unter besonderer Berücksichtigung des CIM-Konzeptes, in: Scheer, August-Wilhelm (Hrsg.): Rechnungswesen und EDV, 8. Saarbrücker Arbeitstagung, Heidelberg, S. 3-39.

Haller, Peter (1980): Spielregeln für erfolgreiche Produkte, Wiesbaden.

Hammond, John S./Keeney, Ralph L./Raiffa, Howard (1998): The Hidden Traps in Decision Making, in: Harvard Business Review, September-October, Vol. 76, S. 47-58.

Harris, Milton/Raviv, Artur (1979): Optimal Incentive Contracts with Imperfect Information, in: Journal of Economic Theory, No. 2, Vol. 20, S. 231-259.

Hartmann, Frank G.H. (2000): The appropriateness of RAPM: toward the further development of theory in: Accounting, Organizations and Society, No. 4, Vol. 25, S. 451-482.

Heigl, Anton/Schmid, Reinhold/Uecker, Peter (1989): Controlling, Interne Revision, 2., überarb. und erw. Aufl., Stuttgart/New York.

Heine, Bernd-Oliver/Hirsch, Bernhard/Hufschlag, Klaus/Lesch, Marc/Meyer, Matthias/Müller, Roman/Paefgen, Anne/Pieroth, Guido (2006): WHU-Forschungspapier Nr. 110: Zur Modellierung ökonomischer Akteure mit begrenzten kognitiven Fähigkeiten: Anleitung zu einer problemspezifischen Ausdifferenzierung des Homo oeconomicus, Vallendar.

Hennig-Thurau, Thorsten/Walsh, Gianfranco/Schrader, Ulf (2003): VHB-JOURQUAL: Ein Ranking von betriebswirtschaftlich-relevanten Zeitschriften auf der Grundlage von Expertenurteilen, www.hennigthurau.de/VHB%20JOURQUAL.html, Zugriff am 06.11.2009.

Herrmann, Christoph (1999): Die Zukunft der Marke: mit effizienten Führungsentscheidungen zum Markterfolg, Frankfurt am Main.

Herrnstein, Richard J./Mazur, James E. (1987): Making Up Our Minds: A New Model Of Economic Behavior, in: The Sciences, November/December, Vol. 27, S. 40-47.

Herzog, Andreas (1999): Gestaltung von Controllership – Die Zuordnung von Aufgaben zu Controllern, Wiesbaden.

Heymann, H. Helmut/Seiwert, Lothar J. (1986): Aufstieg nach Plan, in: Management Wissen, Heft 7, 15. Jg., S. 58-65.

Hirsch, Bernhard (2006): Wertorientierte Anreizsysteme, in: Zeitschrift für Management, Heft 4, 1. Jg., S. 344-377.

Hirt, Edward R./Markman, Keith D. (1995): Multiple Explanation – A Consider-an-Alternative Strategy for Debiasing Judgements, in: Journal of Personality & Social Psychology, No. 6, Vol. 69, S. 1069-1086.

Hoeffler, Steve/Keller, Kevin L. (2003): The marketing advantages of strong brands, in: Journal of Brand Management, No. 6, Vol. 10, S. 421-445.

Hofbauer, Günter/Schmidt, Jürgen (2007): Identitätsorientiertes Markenmanagement – Grundlagen und Methoden für bessere Verkaufserfolge, Regensburg, Berlin.

Höller, Hans (1978): Verhaltenswirkungen betrieblicher Planungs- und Kontrollsysteme, München, Florentz.

Holmström, Bengt/Ricart i Costa, Joan (1986): Managerial Incentives and Capital Management, in: Quarterly Journal of Economics, No. 4, Vol. 101, S. 835-860.

Homann, Karl/Suchanek, Andreas (2000): Ökonomik: eine Einführung, Tübingen.

Horváth, Peter (1978): Controlling: Entwicklung und Stand einer Konzeption zur Lösung der Adaptions- und Koordinationsprobleme der Führung, in: Zeitschrift für Betriebswirtschaft, Heft 3, 48. Jg., S. 194-208.

Horváth, Peter (2003): Controlling, 9. Aufl., München.

Horváth, Peter (2004): Falsche Signale aus dem Bauch!, in: Controlling, 16. Jg., S. 123.

Hostettler, Stephan/Stern, Hermann J. (2004): Das Value Cockpit: Sieben Schritte zur wertorientierten Führung für Entscheidungsträger, Weinheim.

Hutt, Michael D./Walker, Beth A./Frankwick, Gary L. (1995): Hurdle the Cross-Functional Barriers to Strategic Change, in: Sloan Management Review, Spring, o. Jg., S. 22-30.

Interbrand (2006): The BusinessWeek/Interbrand Annual Ranking of the 2006 Best Global Brands, http://www.interbrand.com, Zugriff am 15.08.2006.

IRI (2005): Erfolgreiche Neuprodukte: Ein Ausweg aus der Konsumkrise. IRI präsentiert den neuen Launch Monitor – Benchmarks zur Steuerung von Neuprodukten. Presse-Information vom April 2005.

Irle, Martin (1971): Macht und Entscheidungen in Organisationen. Studie gegen das Linie-Stab-Prinzip, Frankfurt am Main.

Irmscher, Markus (1997): Markenwertmanagement – Aufbau und Erhalt von Markenwissen und -vertrauen im Wettbewerb; eine informationsökonomische Analyse, Frankfurt am Main, Berlin, Bern, New York, Paris, Wien.

Irrek, Wolfgang (2002): Controlling als Rationalitätssicherung der Unternehmensführung? Denkanstöße zur jüngsten Entwicklung in der Controllingdiskussion, in: Kostenrechnungspraxis, 46. Jg., S. 46-51.

James, William (1890): The Principles of Psychology, New York.

Janis, Irving Lester (1982): Groupthink – Psychological Studies of Policy Decisions and Fiascoes, Boston.

Jaworski, Bernhard J./Young, Mark S. (1992): Dysfunctional Behaviour and Management Control: an empirical Study of Marketing Managers in: Accounting, Organizations and Society, No. 1, Vol. 17, S. 17-35.

Jenner, Thomas (1999): Markenführung als Lernprozess, in: Harvard Business manager, Heft 5, 21. Jg., S. 20-29.

Jenner, Thomas (2003): Marketing-Planung, Stuttgart.

Jenner, Thomas (2005): Funktion und Bedeutung von Marken-Audits im Rahmen des Marken-Controllings, in: Marketing, Heft 3, 27. Jg., S. 197-207.

Jensen, Michael C./Meckling, William H. (1976): Theory of the Firm: Managerial Behavior, Agendy Costs and Ownership Structures, in: Journal of Financial Economics, No. 4, Vol. 3, S. 305-360.

Johnson-Laird, Philip N. (1983): Mental Models. Towards a Cognitive Science of Language, Inference, and Consciousness, Cambridge et al.

Jost, Peter-J. (2000): Organisation und Motivation: Eine ökonomisch-psychologische Einführung, Wiesbaden.

Kaas, Klaus Peter (1990a): Langfristige Werbewirkung und Brand Equity, in: Werbeforschung & Praxis, Heft 3, 35. Jg., S. 48-52.

Kaas, Klaus Peter (1990b): Marketing als Bewältigung von Informations- und Unsicherheitsproblemen im Markt, in: Die Betriebswirtschaft, Heft 4, 50. Jg., S. 539-548.

Kahneman, Daniel/Knetsch, Jack L./Thaler, Richard, H. (2000): Anomalies. The Endowement Effect, Loss Aversion, and Status Quo Bias, in: Kahneman, Daniel/Tversky, Amos (Hrsg.): Choices, Values, and Frames, Cambridge et al., Nachdruck 2002, S. 159-170.

Kahneman, Daniel/Tversky, Amos (1982): Intuitive Prediction: Biases and Corrective Procedures, in: Kahneman, Daniel/Slovic, Paul/Tversky, Amos (Hrsg.): Judgement under Uncertainty. Heuristics and Biases, Cambridge, S. 414-421.

Kahneman, Daniel/Tversky, Amos (2000a): Choices, Values, and Frames, in: Kahneman, Daniel/Tversky, Amos (Hrsg.): Choices, Values, and Frames, Cambridge et al., Nachdruck 2002, S. 1-16.

Kahneman, Daniel/Tversky, Amos (2000b): Conflict Resolution. A Cognitive Perspective, in: Kahneman, Daniel/Tversky, Amos (Hrsg.): Choices, Values, and Frames, Cambridge, S. 473-487.

Kahneman, Daniel/Tversky, Amos (1973): On the Psychology of Prediction, in: Psychological Review, No. 4, Vol. 80, S. 237-251.

Kanning, Uwe (2001): Heuristiken, in: Wenninger, Gerd (Hrsg.): Lexikon der Psychologie. In fünf Bänden, Band 2 (F-L), Heidelberg, Berlin, S. 202-203.

Kanter, Donald L. (1981): It Could Be: Ad Trends Flowing from Europe to U.S., in: Advertising Age, February, S. 49-52.

Kapferer, Jean-Noel (1992): Die Marke – Kapital des Unternehmens, Landsberg/Lech.

Kapferer, Jean-Noel (2001): Strategic Brand Management, 2nd edition, Upple Saddle River, New Jersey.

Kappler, Ekkehard (1975): Informationskosten aus der Sicht der Informationsökonomik und des Informationsverhaltens, in: Zeitschrift für Organisation, Heft 2, 44. Jg., S. 95-104.

Kappler, Ekkehard (1993): Rationalität und Ökonomik, in: Wittmann, Waldemar/Kern, Werner/Köhler, Richard/Küpper, Hans-Ulrich/Wysocki, Klaus v. (Hrsg.): Handwörterbuch der Betriebswirtschaft, 5., völlig neu gestaltete Aufl., Stuttgart, S. 3648-3664.

Kappler, Ekkehard/Scheytt, Tobias (1999): Auf dem Weg nach Jenachdem: Controlling postmodern organisieren, in: Schreyögg, Georg (Hrsg.): Organisation & Postmoderne, Wiesbaden, S. 211-234.

Karmasin, Helene (1993): Produkte als Botschaften, Wien.

Keeney, Ralph L. (1992): Value focused thinking – a path to creative decisionmaking, Cambridge.

Kehrmann, Titus (2002): Rationalitätssicherung bei hohen Wissensdefiziten – Entwicklung eines Modells zum Controlling strategischer Problemlösungsteams, Wiesbaden.

Keller, Kevin L. (1993): Conceptualizing, Measuring, and Managing Customer-Based Brand Equity, in: Journal of Marketing, January, Vol. 57, S. 1-22.

Keller, Kevin L. (1998): Strategic Brand Management: Building, Measuring, and Managing Brand Equity, Upper Saddle River/NJ.

Keller, Kevin L. (2003): Strategic Brand Management – Building, Measuring, and Managing Brand Equity, 2nd edition, Upper Saddle River, NJ.

Keller, Kevin L. (2005): Strategic Brand Management Process, in: Esch, Franz-Rudolf (Hrsg.): Moderne Markenführung – Grundlagen – Innovative Ansätze – Praktische Umsetzungen, 4., erw. und aktual. Aufl., Wiesbaden, S. 83-101.

Kelz, Andreas (1989): Die Weltmarke, Idstein.

Kemper, Anne Christin (2000): Strategische Markenpolitik im Investitionsgüterbereich, Lohmar, Köln.

Kerr, Norbert L. (1983): Motivation Losses in Small Groups. A Social Dilemma Analysis, in: Journal of Personality & Social Psychology, No. 4, Vol. 45, S. 819-828.

Kieser, Alfred/Walgenbach, Peter (2007): Organisation, 5. Aufl., Stuttgart.

Kirchgässner, Gebhard (1991): Homo Oeconomicus: Das ökonomische Modell individuellen Verhaltens und seine Anwendung in den Wirtschafts- und Sozialwissenschaften, Tübingen.

Kirsch, Werner (1970): Entscheidungsprozesse: Verhaltenswissenschaftliche Ansätze der Entscheidungstheorie, Band 1, Wiesbaden.

Kirsch, Werner (1977a): Einführung in die Theorie der Entscheidungsprozesse, 1. Band: Verhaltenswissenschaftliche Ansätze der Entscheidungstheorie, 2., durchges. und erg. Aufl. der Bände I bis III als Gesamtausgabe, Wiesbaden.

Kirsch, Werner (1977b): Einführung in die Theorie der Entscheidungsprozesse, 2. Band: Informationsverarbeitungstheorie des Entscheidungsverhaltens, 2., durchges. und erg. Aufl. der Bände I bis III als Gesamtausgabe, Wiesbaden.

Kirsch, Werner (1988): Die Handhabung von Entscheidungsproblemen – Einführung in die Theorie der Entscheidungsprozesse, 3. Aufl., München.

Kirsch, Werner (1994): Die Handhabung von Entscheidungsproblemen, 4. Aufl., München.

Kirsch, Werner/Klein, Heinz K. (1977): Management-Informationssysteme II. Auf dem Weg zu einem neuen Taylorismus?, Stuttgart.

Kleindorfer, Paul R./Kunreuther, Howard C./Schoemaker, Paul J. (1993): Decision Sciences. An Integrative Perspective, Cambridge.

Kluckhohn, Florence R. (1940): The Participant-Observer Technique in Small Communities, in: The American Journal of Sociology, No. 3, Vol. 46, S. 331-343.

Kluwe, Rainer H. (2000): Wissen, in: Sarges, Werner (Hrsg.): Management-Diagnostik, 3. Aufl., Göttingen et al., S. 218-225.

Kluwe, Rainer H. (2001): Kognition, in: Wenninger, Gerd (Hrsg.): Lexikon der Psychologie: in fünf Bänden, Band 2 (F-L), Heidelberg, Berlin, S. 352-356.

Knox, Simon/Bickerton, David (2003): The six conventions of corporate branding, in: European Journal of Marketing, No. 7-8, Vol. 37, S. 998-1016.

Knyphausen, Dodo zu (1988): Unternehmungen als evolutionsfähige Systeme – Überlegungen zu einem evolutionären Konzept für die Organisationstheorie, München.

Koers, Martin (2001): Steuerung von Markenportfolios: Ein Beitrag zum Mehrmarkencontrolling am Beispiel der Automobilwirtschaft, Frankfurt.

Kogan, Nathan/Wallach, Michael a. (1967): Risk Taking as a Function of the Situation, the Person, and the Group, in: New Directions in Psychology, Vol. 3, S. 111-278.

Köhler, Richard (1971): Operationale Marketing-Ziele im Rahmen des "Management by Objectives", in: Neue Betriebswirtschaft und betriebswirtschaftliche Datenverarbeitung, 24. Jg., S. 64-76.

Köhler, Richard (2001): Erfolgreiche Markenpositionierung angesichts zunehmender Zersplitterung von Zielgruppen, in: Köhler, Richard/Majer, Wolfgang/Wiezorek, Heinz (Hrsg.): Erfolgsfaktor Marke, München, S. 45-61.

König, René (1973): Handbuch der empirischen Sozialforschung. Erster Teil, Bd. 2, 3. Aufl., Stuttgart.

Koppelmann, Udo (2004): Funktionenorientierter Erklärungsansatz der Markenführung, in: Bruhn, Manfred (Hrsg.): Handbuch Markenführung – Kompendium zum erfolgreichen Markenmanagement – Strategien – Instrumente – Erfahrungen, 2. Aufl., Wiesbaden, S. 371-390.

Kriegbaum, Catharina (2001): Markencontrolling – Bewertung und Steuerung von Marken als immaterielle Vermögenswerte im Rahmen eines unternehmenswertorientierten Controlling, München.

Kroeber-Riel, Werner (1972): Ansatzpunkte und Probleme der verhaltensorientierten Absatztheorie, in: Kroeber-Riel, Werner (Hrsg.): Marketingtheorie, Köln, S. 13-49.

Kroeber-Riel, Werner (1993a): Bildkommunikation, München.

Kroeber-Riel, Werner (1993b): Strategie und Technik der Werbung – Verhaltenswissenschaftliche Ansätze, 4. Aufl., Stuttgart, Berlin, Köln.

Kroeber-Riel, Werner/Esch, Franz-Rudolf (2004): Strategie und Technik der Werbung – Verhaltenswissenschaftliche Ansätze, 6., aktual. und erw. Aufl., Stuttgart.

Kroeber-Riel, Werner/Weinberg, Peter (2003): Konsumentenverhalten, 8., aktual. und erg. Aufl., München.

Kropfberger, Dietrich/Mödritscher, Gernot/Waiguny, Martin (2006): Markenführung und Controlling – Der Markenwert in der Balanced Scorecard, in: Strebinger, Andreas/Mayerhofer, Wolfgang/Kurz, Helmut (Hrsg.): Werbe- und Markenforschung: Meilensteine – State of the Art – Perspektiven, Wiesbaden, S. 487-519.

Krüger, Wilfried (1979): Controlling: Gegenstandsbereich, Wirkungsweise und Funktionen im Rahmen der Unternehmenspolitik, in: Betriebswirtschaftliche Forschung und Praxis, 31. Jg., S. 158-169.

Kühn, Richard/Jenner, Thomas (1998): Angebotspositionierung, Zürich.

Kühn, Richard/Vifian, Patric (2003): Marketing – Analyse und Strategie, Zürch.

Kullmann, Mathias (2006): Strategisches Mehrmarkencontrolling: Ein Beitrag zur integrierten und dynamischen Koordination von Markenportfolios, Wiesbaden.

Kunde, Jesper (2000): Corporate Religion – Bindung schaffen durch starke Marken, Wiesbaden.

Küpper, Hans-Ulrich (1987): Konzeption des Controllings aus betriebswirtschaftlicher Sicht, in: Scheer, August-Wilhelm (Hrsg.): Rechnungswesen und EDV, 8. Saarbrücker Arbeitstagung, Heidelberg, S. 82-116.

Küpper, Hans-Ulrich (1997): Controlling: Konzeption, Aufgaben und Instrumente, 2. Aufl., Stuttgart.

Küpper, Hans-Ulrich (2001): Controlling: Konzeption, Aufgaben und Instrumente, 3. Aufl., Stuttgart.

Küpper, Hans-Ulrich/Weber, Jürgen/Zünd, Andre (1990): Zum Verständnis und Selbstverständnis des Controlling: Thesen zur Konsensbildung, in: Zeitschrift für Betriebswirtschaft, 60. Jg., S. 281-293.

Kuß, Alfred/Tomczak, Torsten (2001): Marketingplanung. Einführung in die marktorientierte Unternehmens- und Geschäftsfeldplanung, 2., überarb. und erw. Aufl., Stuttgart.

Lamnek, Siegfried (2005): Qualitative Sozialforschung, 4. Aufl., Weinheim, Basel.

Langenbach, Wilm (2001): Börseneinführungen von Tochtergesellschaften – Eine konzeptionelle und empirische Analyse zur Optimierung der Rationalitätssicherung durch Märkte, Wiesbaden.

Langer, Christian (2002): Ordnungsparameter im handlungsorientierten Führungsmodell. Eine simulationstheoretische Analyse, Wiesbaden.

Langer, Ellen J./Roth, Jane (1975): Heads I Win Tails It´s Chance: The Illusion of Control as a Function of the Sequence of Outcomes in a Purely Chance Task, in: Journal of Personality & Social Psychology, No. 6, Vol. 32, S. 951-955.

Larrick, Richard P. (2004): Debiasing, in: Koehler, Derek J./Harvey, Nigel (Hrsg.): Blackwell Handbook of Judgement and Decision Making, Malden et al., S. 316-337.

Larrick, Richard P./Morgan, James A./Nisbett, Richard E. (1990): Teaching the Use of Cost-Benefit Reasoning in Everyday Life, in: Psychological Science, No. 6, Vol. 1, S. 362-370.

Latané, Bibb/Williams, Kipling/Harkins, Stephen (1979): Many Hands Make Light the Work. The Causes and Consequences of Social Loafing, in: Journal of Personality & Social Psychology, No. 6, Vol. 37, S. 822-832.

Laurent, Gilles/Kapferer, Jean-Noel (1985): Measuring Consumer Involvement Profiles, in: Journal of Marketing Research, No. 1, Vol. 22, S. 41-53.

Laux, Helmut (2006): Unternehmensrechnung, Anreiz und Kontrolle – Die Messung, Zurechnung und Steuerung des Erfolges als Grundprobleme der Betriebswirtschaftslehre, 3., vollst. überarb. Aufl., Berlin, Heidelberg, New York.

Laux, Helmut/Liermann, Felix (1997): Grundlagen der Organisation – Die Steuerung von Entscheidungen als Grundproblem der Betriebswirtschaftslehre, 4. Aufl., Berlin.

Lehman, Darrin R./Nisbett, Richard E. (1990): A Longitudinal Study of the Effects of Undergraduate Education on Reasoning, in: Development Psychology, No. 6, Vol. 26, S. 952-960.

Leschke, Martin (1996): Das Greshamsche Gesetz in der Politik, in: Wirtschaftswissenschaftliches Studium, Heft 4, 35. Jg., S. 194-196.

Lindenberg, Siegwart (1991): Die Methode der abnehmenden Abstraktion, in: Esser, Hartmut/Troitzsch, Klaus G. (Hrsg.): Modellierung sozialer Prozesse, Bonn, S. 29-78.

Lindenberg, Siegwart (1992): The Method of Decreasing Abstraction, in: Coleman, James/Fararo, Thomas (Hrsg.): Rational Choice Theory: Advocacy and Critique, London, S. 3-21.

Link, Jörg (1982): Die methodologischen, informationswirtschaftlichen und führungspolitischen Aspekte des Controlling, in: Zeitschrift für Betriebswirtschaft, Heft 3, 52. Jg., S. 261-280.

Linxweiler, Richard (2001): BrandScoreCard – Ein neues Instrument erfolgreicher Markenführung, Groß-Umstadt.

Logman, Marc (2004): The LOGMAN model: a logical brand management model, in: Journal of Product & Brand Management, No. 2, Vol. 13, S. 94-104.

Lukatis, Ingrid (1972): Organisationsstrukturen und Führungsstile in Wirtschaftsunternehmen, Frankfurt am Main.

Lukka, Karri (1988): Budgetary biasing in organizations: theoretical framework and empirical evidence, in: Accounting, Organizations and Society, No. 3, Vol. 13, S. 281-301.

Lüppens, Marcus (2006): Der Markendiamant – Marken richtig vermarkten, Wiesbaden.

Macharzina, Klaus/Wolf, Joachim (2005): Unternehmensführung – Das internationale Managementwissen – Konzepte – Methoden – Praxis, 5. Aufl., Wiesbaden.

Mag, Wolfgang (1998): Planung und Kontrolle, in: Bitz, Michael (Hrsg.): Vahlens Kompendium der Betriebswirtschaftslehre, Band 2, 4., überarb. und erw. Aufl., München, S. 1-65.

Mahlendorf, Matthias D. (2009): Eskalation des Commitments bei scheiternden Projekten – eine empirische Untersuchung kognitiver Eskalationsfaktoren und verhaltenswissenschaftlich basierter Controllingmaßnahmen, Vallendar.

Mann, Rudolf (1973): Die Praxis des Controlling: Instrumente, Einführung, Konflikte, München.

March, James G. (1990): Beschränkte Rationalität, Ungewißheit und die Technik der Auswahl, in: March, James G. (Hrsg.): Entscheidung und Organisation. Kritische und konstruktive Beiträge, Entwicklungen und Perspektiven. Titel der Originalausgabe: Decisions and Organizations, Wiesbaden.

Marris, Robin (1963): A Model of the "Managerial" Enterprise, in: The Quarterly Journal of Economics, No. 2, 77. Jg., S. 185-209.

Mason, Richard O./Mitroff, Ian I. (1981): Challenging Strategic Planning Assumptions, New York, Toronto.

Matt, Dominique von (1988): Markenpolitik in der schweizerischen Markenartikelindustrie, Bern, Stuttgart.

McAlexander, James H./Schouten, John W./Koening, Harold F. (2002): Building brand community, in: Journal of Marketing, No. 1, Vol. 66, S. 38-54.

Meer, David (1995): System Beaters, Brand Loyals, and Deal Shoppers: New Insights into the Role of Brand and Price, in: Journal of Advertising Research, No. 3, Vol. 35, S. RC-2-RC7.

Meffert, Heribert (1998): Marketing: Grundlagen marktorientierter Unternehmensführung – Konzepte – Instrumente – Praxisbeispiele, 8. Aufl., Wiesbaden.

Meffert, Heribert (2000): Marketing: Grundlagen marktorientierter Unternehmensführung – Konzepte – Instrumente – Praxisbeispiele, 9. Aufl., Wiesbaden.

Meffert, Heribert (2002): Zukunftsaspekte der Markenführung – Zusammenfassende Thesen, in: Meffert, Heribert/Burmann, Christoph/Koers, Martin (Hrsg.): Markenmanagement – Grundfragen der identitätsorientierten Markenführung, Wiesbaden, S. 669-673.

Meffert, Heribert/Bierwirth, Andreas (2005): Corporate Branding – Führung der Unternehmensmarke im Spannungsfeld unterschiedlicher Zielgruppen, in: Meffert, Heribert/Burmann, Christoph/Koers, Martin (Hrsg.): Markenmanagement – Identitätsorientierte Markenführung und praktische Umsetzung, 2. Aufl., Wiesbaden, S. 143-162.

Meffert, Heribert/Burmann, Christoph (1996): Identitätsorientierte Markenführung – Grundlagen für das Management von Markenportfolios, Arbeitspapier Nr. 100, Wissenschaftliche Gesellschaft für Marketing und Unternehmensführung e.V., Münster.

Meffert, Heribert/Burmann, Christoph (1998): Abnutzbarkeit und Nutzungsdauer von Marken – Ein Beitrag zur steuerlichen Behandlung von Warenzeichen, in: Meffert, Heribert/Krawitz, Norbert (Hrsg.): Unternehmensrechnung und -besteuerung – Grundfragen und Entwicklung, Wiesbaden.

Meffert, Heribert/Burmann, Christoph (2005): Wandel in der Markenführung – vom instrumentellen zum identitätsorientierten Markenverständnis, in: Meffert, Heribert/Burmann, Christoph/Koers, Martin (Hrsg.): Markenmanagement – Identitätsorientierte Markenführung und praktische Umsetzung, 2. Aufl., Wiesbaden, S. 19-36.

Meffert, Heribert/Burmann, Christoph/Kirchgeorg, Manfred (2008): Marketing: Grundlagen marktorientierter Unternehmensführung – Konzepte – Instrumente – Praxisbeispiele, 10. Aufl., Wiesbaden.

Meffert, Heribert/Burmann, Christoph/Koers, Martin (2002): Stellenwert und Gegenstand des Markenmanagement, in: Meffert, Heribert/Burmann, Christoph/Koers, Martin (Hrsg.): Markenmanagement – Grundfragen der identitätsorientierten Markenführung, Wiesbaden, S. 3-15.

Meffert, Heribert/Burmann, Christoph/Koers, Martin (2005): Markenmanagement – Identitätsorientierte Markenführung und praktische Umsetzung, 2. Aufl., Wiesbaden.

Meffert, Heribert/Koers, Martin (2005): Identitätsorientiertes Markencontrolling – Grundlagen und konzeptionelle Ausgestaltung, in: Meffert, Heribert/Burmann, Christoph/Koers, Martin (Hrsg.): Markenmanagement – Identitätsorientierte Markenführung und praktische Umsetzung, 2. Aufl., Wiesbaden, S. 273-296.

Meffert, Heribert/Perrey, Jesko (2005): Mehrmarkenstrategien – Identitätsorientierte Führung von Markenportfolios, in: Meffert, Heribert/Burmann, Christoph/Koers, Martin (Hrsg.): Markenmanagement – Identitätsorientierte Markenführung und praktische Umsetzung, Wiesbaden, S. 213-244.

Meier-Kortwig, Hans/Stüwe, Björn (2000): Gestaltete Werke: Wie die Markenbotschaft erfahrbar wird, in: Absatzwirtschaft, Sondernummer Oktober, 43. Jg., S. 190-197.

Mellerowicz, Konrad (1963): Markenartikel – Die ökonomischen Gesetze ihrer Preisbildung und Preisbindung, 2. Aufl., München, Berlin.

Meuser, Michael/Nagel, Ulrike (2005): ExpertInneninterviews – vielfach erprobt, wenig bedacht. Ein Beitrag zur qualitativen Methodendiskussion, in: Bogner, Alexander/Littig, Beate/Menz, Wolfgang (Hrsg.): Das Experteninterview. Theorie, Methode, Anwendung, Wiesbaden, S. 71-93.

Meyer, Matthias (2005): WHU-Forschungspapier Nr. 106: Akteursmodell und ökonomischer Ansatz. Eine Verhältnisbestimmung, Vallendar.

Meyer, Matthias/Heine, Bernd-Oliver (2005): WHU-Forschungspapier Nr. 105: Motivation und Einordnung des "Akteursmodells". Überlegungen zur Integration von Anreizen und Kognition in der betriebswirtschaftlichen Forschung, Vallendar.

Michael, Bernd (2002): Wenn die Wertschöpfung weiter sinkt, stirbt die Marke, in: Zeitschrift für Betriebswirtschaft, Ergänzungsheft 1/2002, S. 35-56.

Miller, Axel (2003): Erwartungsbildung ökonomischer Akteure. Eine Explikation auf Basis des Grundmodells einer dynamischen Theorie ökonomischer Akteure, Wiesbaden.

Miller, Susan/Wilson, David/Hickson, David (2004): Beyond Planning: Strategies for Successfully Implementing Strategic Decisions, in: Long Range Planning, No. 3, Vol. 37, S. 201-218.

Mohr, Rainald/Jost-Benz, Marc/Menninger, Jutta/Franzen, Ottmar/Biesalski, Alexander (2009): Harte Fakten für die Markenführung, in: Absatzwirtschaft, Sonderausgabe Marken, März 2009, S. 112-114.

Morhart, Felicitas M./Herzog, Walter/Tomczak, Torsten (2009): Brand-Specific Leadership: Turning Employees into Brand Champions, in: Journal of Marketing, No. 5, Vol. 73., S. 122-142.

Müller, Roman (2008): Finanzcontrolling – Eine verhaltensorientierte Analyse der Rationalitätsdefizite und Rationalitätssicherung im Finanzmanagement, Wiesbaden.

Müller, Wolfgang (1974): Die Koordination von Informationsbedarf und Informationsbeschaffung als zentrale Aufgabe des Controlling, in: Zeitschrift für betriebswirtschaftliche Forschung, 26. Jg., S. 683-693.

Munari, Silvio/Naumann, Chris (1984): Strategische Steuerung – Bedeutung im Rahmen des strategischen Managements, in: Zeitschrift für betriebswirtschaftliche Forschung, Nr. 5, 36. Jg., S. 371-384.

Muniz, Albert/O´Guinn, Thomas (2001): Brand Community, in: Journal of Consumer Research, March, Vol. 27, S. 412-432.

Nelson, Phillip (1970): Information and Consumer Behaviour, in: Journal of Political Economy, March/April, Vol. 78, S. 311-329.

Neumann, John von/Morgenstern, Oskar (1944): Theory of games and economic behavior, New York.

Nieschlag, Robert/Dichtl, Erwin/Hörschgen, Hans (1997): Marketing, 18. Aufl., Berlin.

Nitzsch, Rüdiger von (2002): Entscheidungslehre. Wie Menschen entscheiden und wie sie entscheiden sollten, Stuttgart.

o.V. (1991): Was Werbung sagt und was nicht: Inhaltliche Positionierungen und Freiräume, in: Absatzwirtschaft, Heft 7, 34. Jg., S. 42-46.

Opaschowski, Horst W. (1991): Von der Geldkultur zur Zeitkultur, in: Schanz, Günther (Hrsg.): Handbuch Anreizsysteme, Stuttgart, S. 35-51.

Opaschowski, Horst W. (1998): Vom Versorgungs- zum Erlebniskonsum: Die Folgen des Wertewandels, in: Nickel, Oliver (Hrsg.): Eventmarketing: Grundlagen und Erfolgsbeispiele, München, S. 25-38.

Ortelbach, Björn/Hagenhoff, Svenja (2004): Entwicklungen und Perspektiven der Controllingforschung, in: Schumann, Matthias (Hrsg.): Arbeitsbericht Nr. 17/2004. Göttingen, Georg-August-Universität Göttingen.

Paefgen, Anne (2008): Rationalitätsdefizite im Handeln von Controllern, Wiesbaden.

Perlitz, Manfred/Löbler, Helge (1985): Brauchen Unternehmen zum Innovieren Krisen?, in: Zeitschrift für Betriebswirtschaft, Heft 5, 55. Jg., S. 424-450.

Pfohl, Hans Christian/Stölzle, Wolfgang (1997): Planung und Kontrolle, 2. Aufl., München.

Pietsch, Gotthard/Scherm, Ewald (2000): Die Präzisierung des Controlling als Führungs- und Führungsunterstützungsfunktion, in: Die Unternehmung, S. 395-411.

Plaschke, Frank J. (2003): Wertorientierte Management-Incentivesysteme auf Basis interner Wertkennzahlen, Wiesbaden.

Plinke, Wulf (1992): Ausprägungen der Marktorientierungen im Investitionsgüter-Marketing, in: Zeitschrift für betriebswirtschaftliche Forschung, Nr. 9, 44. Jg., S. 830-846.

Popper, Karl R. (2000): Die Autonomie der Soziologie, in: Popper, Karl R./Miller, David (Hrsg.): Lesebuch: Ausgewählte Texte zur Erkenntnistheorie, Philosophie der Naturwissenschaften, Metaphysik, Sozialphilosophie, 2. Aufl., Tübingen, S. 337-349.

Pugh, D. S./Hickson, D. J./Hinings, C. R./Turner, C. (1968): Dimensions of Organization Structure, in: Administrative Science Quarterly, Vol. 13, S. 65-105.

Ramaswami, Sridhar N. /Bhargava, Mukesh/Srivastava, Rajendra (2004): Market-based Assets and Capabilities, Business Processes, and Financial Performance. MSI Reports, Nr. 04-102. Marketing Science Institute, Cambridge.

Rappaport, Alfred (1999): Shareholder Value – Ein Handbuch für Manager und Investoren, 2. vollst. überarb. und aktual. Aufl., Stuttgart.

Reber, Gerhard (1978): Individuum, Individuum über alles... – Gibt es in der verhaltensorientierten Betriebswirtschaftslehre eine Objekt-Krise ähnlich wie in der Sozialpsychologie?, in: Die Betriebswirtschaft, 38. Jg., S. 83-102.

Reichmann, Thomas (2001): Controlling mit Kennzahlen und Managementberichten: Grundlagen einer systemgestützten Controlling-Konzeption, 6. Aufl., München.

Reinecke, Sven/Janz, Simone (2007): Marketingcontrolling: Sicherstellen von Marketingeffektivität und -effizienz, Stuttgart.

Ridgway, V.F. (1956): Dysfunctional Consequences of Performance Measurements, in: Journal of Business, No. 2, Vol. 1, S. 240-247.

Riegler, Christian (2000): Anreizsysteme und wertorientiertes Management, in: Wagenhofer, Alfred/Hrebicek, Gerhard (Hrsg.): Wertorientiertes Management – Konzepte und Umsetzungen zur Unternehmenswertsteigerung, Stuttgart, S. 145-176.

Ries, Al/Trout, Jack (1986): Positioning – die neue Werbestrategie, Hamburg.

Riesenbeck, Hajo/Perrey, Jesko (2004): Mega-Macht Marke - Erfolg messen, machen, managen, Frankfurt, Wien.

Riesenbeck, Hajo/Perrey, Jesko (2005): Mega-Macht Marke – Erfolg messen, machen, managen, 2. Aufl., Frankfurt, Wien.

Rigby, Darrell (2001): Management Tools and Techniques: A Survey, in: California Management Review, No. 2, Vol. 43, S. 139-160.

Ringelmann, Max (1913): Recherches sur les Moteurs Animés: Travail de l'Homme, in: Annales de l'Institut National Agronomique, 2. Serie, Band 12, S. 1-40.

Ringle, Tanja (2006): Strategische identitätsorientierte Markenführung – Mit Fallstudien aus der Automobilindustrie, Wiesbaden.

Ronen, Joshua/Sadan, Simcha (1981): Smoothing Income Numbers – Objectives, Means and Implications, Reading, MA.

Rosenstiel, Lutz von (1993): Entwicklung und Training von Führungskräften, in: Rosenstiel, Lutz von/Regnet, Erika/Domsch, Michel (Hrsg.): Führung von Mitarbeitern – Handbuch für erfolgreiches Personalmanagement, 2., überarb. und erw. Aufl., Stuttgart, S. 59-74.

Rossiter, John/Percy, Larry (2005): Aufbau und Pflege von Marken durch klassische Kommunikation, in: Esch, Franz-Rudolf (Hrsg.): Moderne Markenführung – Grundlagen – Innovative Ansätze – Praktische Umsetzung, 4., vollst. überarb. Aufl., Wiesbaden, S. 631-646.

Rothschild, Michael L. (1987): Marketing Communications: From Fundamentals to Strategies, Lexington/MA.

Rullkötter, Lydia (2009): Rationalitätsdefizite im Preismanagement – Eine empirische Untersuchung, Wiesbaden.

Russo, J. Edward/Schoemaker, Paul J. (2002): Winning Decisions – How to Make the Right Decision the First Time, London.

Russo, J. Edward/Schoemaker, Paul J..H. (1989): Decision Traps. Ten Barriers to Brilliant Decision-Making and How to Overcome Them, New York.

S&P (2004): Daten der A.C. Nielsen Werbeforschung S & P GmbH, Hamburg.

Samuelson, William/Zeckhauser, Richard (1988): Status Quo Bias in Decision Making, in: Journal of Risk and Uncertainty, Vol. 1, S. 7-59.

Sattler, Henrik (2001): Markenpolitik, Stuttgart, Berlin, Köln.

Schäffer, Utz (1996): Controlling für selbstabstimmende Gruppen?, Wiesbaden.

Schäffer, Utz (2001): Kontrolle als Lernprozess, Wiesbaden.

Schäffer, Utz (2002): Strategien zur Vermeidung opportunistischen Verhaltens, in: Betriebswirtschaftliche Forschung und Praxis, Heft 1, 54. Jg., S. 86-99.

Schäffer, Utz/Weber, Jürgen (2003): Thesen zum Controlling (II), European Business School Working Paper on Management Accounting & Control No. 10, Oestrich-Winkel.

Schaffitzel, Willhelm (1982): Das entscheidungstheoretische Rationalitätskonzept in der Betriebswirtschaftslehre: Anspruch und Wirklichkeit, München.

Schanz, Günther (1975): Einführung in die Methodologie der Betriebswirtschaftslehre, Köln.

Schaub, Harald (1997): Sunk Costs, Rationalität und ökonomische Theorie. Eine Querschnittsanalyse zum Einfluss von Irreversibilität auf Entscheidungen und Institutionen unter Berücksichtigung psychologischer Effekte, Stuttgart.

Schauenberg, Bernd (1985): Jenseits von Logik und Empirie. Anmerkungen zur Pragmatik betriebswirtschaftlicher Entscheidungstheorie, in: Stöppler, Siegmar (Hrsg.): Information und Produktion. Beiträge zur Unternehmenstheorie und Unternehmensplanung. Festschrift zum 60. Geburtstag von Waldemar Wittmann, Stuttgart, S. 277-292.

Schein, Edgar H. (1983): The Role of the Founder in Creating Organizational Culture, in: Organizational Dynamics, Summer, Vol. 12, S. 13-28.

Schenk, Hans-Otto (1970): Hersteller- und Handelsmarken im Wandel ihrer gegenseitigen Beziehungen, in: Markenartikel, Heft 2, 32. Jg., S. 39-47.

Scherm, Ewald/Pietsch, Gotthard (2004): Theorie und Konzeption in der Controllingforschung, in: Scherm, Ewald/Pietsch, Gotthard (Hrsg.): Controlling – Theorien und Konzeptionen, München, S. 3-22.

Schmahl, Jochen (2003): Marken-Controlling, in: Pepels, Werner (Hrsg.): Marketing-Controlling-Kompetenz: Grundwissen marktorientierter Unternehmenssteuerung, Berlin, S. 57-82.

Schmidt, Andreas (1986): Das Controlling als Instrument zur Koordination der Unternehmungsführung: eine Analyse der Koordinationsfunktion des Controlling unter entscheidungsorientierten Gesichtspunkten, Frankfurt, Bern, New York.

Schmidt, Götz (2000): Methode und Techniken der Organisation, 12. Aufl., Gießen.

Schmitt, Bernd/Simonson, Alex (1997): Marketing Aesthetics – The Strategic Management of Brands, Identity, and Image, New York.

Schmitz, Thorsten/Wehrheim, Michael (2006): Risikomanagement. Grundlagen – Theorie – Praxis, Stuttgart.

Schneider, Dieter (1984): Managementfehler durch mangelndes Geschichtsbewußtsein in der Betriebswirtschaftslehre, in: Zeitschrift für Unternehmensgeschichte, 29. Jg., S. 114-130.

Schneider, Dieter (1992): Theorien zur Entwicklung des Rechnungswesens, in: Zeitschrift für betriebswirtschaftliche Forschung, 44. Jg., S. 3-31.

Schneider, Dieter (1995): Betriebswirtschaftslehre - Band 1: Grundlagen, 2. Aufl., München.

Schoeffler, Sidney (1954): Toward a General Definition of Rational Action, in: Kyklos, 7. Jg., S. 245-273.

Schreyögg, Georg/Steinmann, Horst (1985): Strategische Kontrolle, in: Zeitschrift für betriebswirtschaftliche Forschung, Heft 5, 37. Jg., S. 391-410.

Schröder, Henrik/Rödl, Andreas (2006): Category-Management – Kooperative Sortimentspolitik, in: Zentes, Joachim (Hrsg.): Handbuch Handel: Strategien – Perspektiven – Internationaler Wettbewerb, Wiesbaden, S. 567-595.

Schulz-Moll, Patricia/Kam, Punleuk (2003): Brand Balanced Scorecard – ganzheitliche Steuerung des Markenmanagementerfolges, in: Göttgens, Olaf/Gelbert, Adel/Böing, Christian (Hrsg.): Profitables Markenmanagement – Strategien – Konzepte – Best Practices, Wiesbaden, S. 199-214.

Schulze, Gerhard (1993): Entgrenzung und Innenorientierung – Eine Einführung in die Theorie der Erlebnisgesellschaft, in: Gegenwartskunde, Heft 4, 42. Jg., S. 405-419.

Schulze, Gerhard (1998): Die Zukunft der Erlebnisgesellschaft, in: Nickel, Oliver (Hrsg.): Eventmarketing: Grundlagen und Erfolgsbeispiele, München, S. 303-316.

Schumpeter, Joseph (1970): Das Wesen und der Hauptinhalt der theoretischen Nationalökonomie, 2. Aufl., unveränderter Nachdruck der 1908 erschienenen 1. Aufl., Berlin.

Schweiger, David M./Sandberg, William R./Ragan, James W. (1986): Group Approaches for Improving Strategic Decision Making, in: Academy of Management Journal, No. 1, Vol. 29, S. 51-69.

Schwenk, Charles R. (1988): Effects of Devil's Advocacy on Escalating Commitment, in: Human Relations, Nr. 10, Vol. 41, S. 769-782.

Schwenk, Charles R. (1995): Strategic Decision Making, in: Journal of Management, No. 3, Vol. 21, S. 471-493.

Shefrin, Hersh (2007): Behavioral Corporate Finance. Decisions that Create Value, Boston et al.

Siegwart, Hans (1979): Die Kontrolle als Mittel der Mitarbeiterführung, in: Die Unternehmung, 33. Jg., S. 263-273.

Siegwart von Haupt, Hans (1986): Controlling-Konzepte und Controller-Funktionen in der Schweiz, in: Mayer, Elmar/Landsberg, Georg von/Thiede, Wolfgang (Hrsg.): Controlling-Konzepte im internationalen Vergleich. 1. Kölner Kolloquium. 15 Jahre AWW Köln, Freiburg i. Br., S. 105-131.

Simon, Herbert A. (1955): A Behavioral Model of Rational Choice, in: Quarterly Journal of Economics, No. 1, Vol. 69, S. 99-118.

Simon, Herbert A. (1957): Models of Man: Social and Rational, New York et al.

Simon, Herbert A. (1978): Rationality as Process and as Product of Thought, in: Richard T. Ely Lecture, No. 2, May, Vol. 68, S. 1-16.

Simon, Herbert A. (1983): Reason in Human Affairs, Stanford.

Simon, Herbert A. (1985): Human Nature in Politics. The Dialogue of Psychology with Political Science, in: The American Political Science Review, Vol. 79, S. 293-304.

Simon, Herbert A. (1986): Alternative Visions of Rationality, in: Arkes, Hal R./Hammond, Kenneth R. (Hrsg.): Judgment and Decision Making. An Interdisciplinary Reader, Cambridge, S. 97-113.

Simon, Hermann/Fassnacht, Martin (2008): Preismanagement – Strategie – Analyse – Entscheidung – Umsetzung, 3. Aufl., Wiesbaden.

Sitte, Gerald (2001): Technology branding; strategische Markenpolitik für Investitionsgüter, Wiesbaden.

Slotegraaf, Rebecca J./Pauwels, Koen (2008): The Impact of Brand Equity and Innovation on the Long-Term Effectiveness of Promotions, in: Journal of Marketing Research, JMR, No. 3, Vol. 45, S. 293-306.

Spremann, Klaus (1990): Asymmetrische Informationen, in: Zeitschrift für Betriebswirtschaft, Heft 5/6, 60. Jg., S. 561-586.

Springer, Reinhard (2005): Reinhard Springer im Gespräch: "Die Lage im Markenmanagement ist prekär", in: Riesenbeck, Hajo/Perrey, Jesko (Hrsg.): Mega-Macht Marke, 2., aktual. und erw. Aufl., Heidelberg, S. 312-324.

Srivastava, Rajendra/Shocker, Allan D. (1991): Brand Equity: A Perspective on its Meaning and Measurement, Technical Working Paper, Marketing Science Institute, Report Nr. 91-124, Cambridge.

Staehle, Wolfgang H. (1999): Management: Eine verhaltenswissenschaftliche Perspektive, 8. Aufl., München.

Staudacher, Jörg (2008): Identitätsbasiertes strategisches Markencontrolling – Konzeption eines Controllingprozesses unter Einsatz eines webbasierten Analytic Hierarchy Processes am Beispiel des Private Bankings, Dissertationsschrift, http://deposit.ddb.de/cgi-bin/dokserv?idn=992484677&dok_var=d1&dok_ext=pdf&filename=992484677.pdf, Zugriff am 01.10.2010.

Stern, Joel M. (1993): Value and People Management, in: Corporate Finance, Heft Juli, o. Jg., S. 35-37.

Stockmeyer, Bernhard (2001): Ansatzpunkte und Methoden zur Effizienzsteigerung im Innovationsmanagement der Ernährungsindustrie, München.

Strebinger, Andreas (2005): Im Dschungel der Markenbewertung: Ein praktischer Leitfaden für die Auswahl von Markenbewertungsverfahren, in: Markenartikel, Nr. 5, 67. Jg., S. 37-40.

Suchanek, Andreas (1994): Ökonomischer Ansatz und theoretische Integration, Tübingen.

Tenbruck, Friedrich (1972): Zur Kritik der planenden Vernunft, Augsburg.

Terberger, Eva (1994): Neo-institutionalistische Ansätze, Wiesbaden.

Thaler, Richard, H. (1980): Toward a Positive Theory of Consumer Choice, in: Journal of Economic Behaviour & Organization, Vol. 1, S. 39-60.

Thompson, Scott A./Sinha, Rajiv K. (2008): Brand Communities and New Product Adoption: The Influence and Limits of Oppositional Loyalty, in: Journal of Marketing, No. 6, Vol. 72, S. 65-80.

Tjosvold, Dean (1985): Implications of Controversy Research for Management, in: Journal of Management, Vol. 11, S. 21-37.

Tomczak, Torsten/Henkel, Sven (2007): Behavioral Branding – eine Marke zum Leben erwecken, in: Marketing Journal, 40. Jg., S. 8-12.

Tomczak, Torsten/Reinecke, Sven (1995): Die Rolle der Positionierung im strategischen Marketing, in: Thommen, Jean-Paul (Hrsg.): Management-Kompetenz, Wiesbaden, S. 499-517.

Tomczak, Torsten/Reinecke, Sven/Kaetzke, Philomela (2004): Markencontrolling – Sicherstellung der Effektivität und Effizienz der Markenführung, in: Bruhn, Manfred (Hrsg.): Handbuch Markenführung, 2. Aufl., Wiesbaden, S. 1821-1852.

Tomczak, Torsten/Roosdorp, Alexander (1996): Positionierung – Neue Herausforderungen verlangen neue Ansätze, in: Tomczak, Torsten/Rudolph, Thomas/Roosdorp, Alexander (Hrsg.): Positionierung – Kernentscheidung des Marketings, St. Gallen, S. 26-42.

Tversky, Amos/Kahneman, Daniel (1986): Judgement Under Uncertainty: Heuristics and Biases, in: Arkes, Hal R./Hammond, Kenneth R. (Hrsg.): Judgement and Decision Making: An Interdisciplinary Reader, Cambridge et al., S. 38-55.

Upshaw, Lynn B. (1995): Building Brand Identity – A Strategy for Success in a Hostile Marketplace, New York.

Van der Stede, Wim A. (2000): The relationship between two consequences of budgetary controls: budgetary slack creation and managerial short-term orientation, in: Accounting, Organizations and Society, No. 6, Vol. 25, S. 609-622.

Varadarajan, P. Rajan (1999): Strategy Content and Process Perspectives Revisited, in: Journal of the Academy of Marketing Science, No. 1, Vol. 27, S. 88-100.

Varadarajan, P. Rajan/Jayachandran, Satish (1999): Marketing Strategy: An Assessment of the State of the Field and Outlook, in: Journal of the Academy of Marketing Science, No. 2, Vol. 27, S. 120-143.

Varian, Hal R. (1991): Grundzüge der Mikroökonomik, 2., überarb. und erw. Aufl., München, Wien.

Voeth, Markus (2000): Nutzenmessung in der Kaufverhaltensforschung. Die Hierarchisch Individualisierte Limit Conjoint-Analyse, Wiesbaden.

Vogler, Christoph (2004): Bedeutung externer Agenturen in der internen und externen Markenführung, in: Thexis, Heft 1, 22. Jg., S. 35-37.

Vorhies, Douglas W./Morgan, Neil A. (2005): Benchmarking Marketing Capabilities for Sustainable Competitive Advantage; [1], in: Journal of Marketing, No. 1, Vol. 69, S. 80-94.

Wall, Friederike (2000): Koordinationsfunktion des Controlling und Organisation, in: Kostenrechnungspraxis, Heft 5, 44. Jg., S. 295-304.

Wallström, Åsa/Karlsson, Ted/Salehi-Sangari, Esmail (2008): Building a corporate brand: The internal brand building process in Swedish service firms, in: Journal of Brand Management, No. 1/2, Vol. 16, S. 40-50.

Walter, Simon (2006): Die Rolle der Werbeagentur im Markenführungsprozess, Wiesbaden.

Weber, Jürgen (1997): Zur Abgrenzung von Führung und Controlling, WHU Forschungspapier Nr. 45, Vallendar.

Weber, Jürgen (2002): Vorwort, in: Weber, Jürgen/Hirsch, Bernhard (Hrsg.): Controlling als akademische Disziplin: eine Bestandsaufnahme, Wiesbaden, S. V-VII.

Weber, Jürgen/Bramsemann, Urs/Heinecke, Carsten/Hirsch, Bernhard (2004): Wertorientierte Unternehmenssteuerung: Konzepte – Implementierung – Praxisstatements, Wiesbaden.

Weber, Jürgen/Brettel, Malte/Schäffer, Utz (1996): WHU-Forschungspapier Nr. 35: Gedanken zur Unternehmensführung, Vallendar.

Weber, Jürgen/Hirsch, Bernhard/Linder, Stefan/Zayer, Eric (2003): Verhaltensorientiertes Controlling – Der Mensch im Mittelpunkt, Advanced Controlling, 6. Jg., Band 34, Vallendar.

Weber, Jürgen/Hirsch, Bernhard/Rambusch, René/Schlüter, Hendrik/Sill, Frauke/Spatz, Almuth C. (2006): Controlling 2006: Stand und Perspektiven. Eine Veröffentlichung des Internationalen Controller Vereins in Kooperation mit dem Lehrstuhl für Controlling und Telekommunikation der WHU – Otto Beisheim School of Management, Vallendar.

Weber, Jürgen/Liekweg, Arnim (2001): Risiko(management) und Rationalität der Führung in verschiedenen Kontexten, in: Lange, Knut Werner/Wall, Friederike (Hrsg.): Risikomanagement nach dem KonTraG. Aufgaben und Chancen aus betriebswirtschaftlicher und juristischer Sicht, München, S. 457-503.

Weber, Jürgen/Reitmeyer, Thorsten/Frank, Stefan (2000): Erfolgreich entscheiden. Der Managementleitfaden für den Mittelstand, Wiesbaden et al.

Weber, Jürgen/Schäffer, Utz (1999): Sicherstellung der Rationalität von Führung als Funktion des Controlling?, in: Die Betriebswirtschaft, Heft 6, 59. Jg., S. 731-746.

Weber, Jürgen/Schäffer, Utz (2000): Controlling als Koordinationsfunktion?, in: Kostenrechnungspraxis, Heft 2, 44. Jg., S. 109-118.

Weber, Jürgen/Schäffer, Utz (2004): Thesen zum Controlling, in: Scherm, Ewald/Pietsch, Gotthard (Hrsg.): Controlling – Theorien und Konzeptionen, München, S. 459-466.

Weber, Jürgen/Schäffer, Utz (2006): Einführung in das Controlling, 11. Aufl., Stuttgart.

Weber, Jürgen/Schäffer, Utz/Langenbach, Wilm (1999): Gedanken zur Rationalitätskonzeption des Controlling, WHU-Forschungspapier Nr. 70, Vallendar.

Weber, Jürgen/Schäffer, Utz/Langenbach, Wilm (2001): Gedanken zur Rationalitätskonzeption des Controlling, in: Weber, Jürgen/Schäffer, Utz (Hrsg.): Rationalitätssicherung der Führung, Wiesbaden, S. 46-76.

Weber, Jürgen/Schäffer, Utz/Prenzler, Carsten (2001a): Zur Charakterisierung und Entwicklung von Controlleraufgaben, in: Weber, Jürgen/Schäffer, Utz (Hrsg.): Rationalitätssicherung der Führung – Beiträge zu einer Theorie des Controlling, Wiesbaden, S. 131-151.

Weber, Jürgen/Schäffer, Utz/Prenzler, Carsten (2001b): Zur Charakterisierung und Entwicklung von Controlleraufgaben, in: Zeitschrift für Planung, Band 12, S. 25-46.

Weber, Max (1988): Gesammelte Aufsätze zur Wissenschaftslehre, 7. Aufl., Tübingen.

Weinberg, Peter (1995): Markenartikel und Markenpolitik, in: Tietz, Bruno/Köhler, Richard/Zentes, Joachim (Hrsg.): Handwörterbuch des Marketing, 2. Aufl., Stuttgart, Sp. 2679-2690.

Weindlmaier, Hans/Maidl, Undine (2002): Positionierung: Milchprodukte erfolgreich im Markt positionieren, in: Science Factory der Absatzwirtschaft, Heft 4, S. 1-6.

Weinrauch, J. Donald/Anderson, Richard (1982): Conflicts Between Engineering and Marketing Units, in: Industrial Marketing Management, Vol. 11, S. 291-301.

Welling, Michael (2005): Ökonomik der Marke – Ein Beitrag zum Theorienpluralismus in der Markenforschung, Wiesbaden.

Wenninger, Gerd (2001): Dissonanztheorie, in: Wenninger, Gerd (Hrsg.): Lexikon der Psychologie. In fünf Bänden, Band 1 (A-E), Heidelberg, Berlin, S. 330.

Wiles, Michael A./Danielova, Anna (2009): The Worth of Product Placement in Successful Films: An Event Study Analysis, in: Journal of Marketing, No. 4, Vol. 73, S. 44-63.

Wilke, Henk/Knippenberg, Ad van (1996): Gruppenleistungen, in: Stroebe, Wolfgang/Hewstone, Miles/Stephenson, Geoffrey (Hrsg.): Sozialpsychologie – Eine Einführung, 3., erw. und überarb. Aufl., Berlin et al., S. 455-502.

Williamson, Oliver E. (1964): The Economics of Discretionary Behavior. Managerial Objectives in a Theory of the Firm, Englewood Cliffs, unveränderter Nachdruck der Erstauflage in 1974, London.

Williamson, Oliver E. (1985): The Economic Institutions of Capitalism. Firms, Markets, Relational Contracting, New York.

Wind, Yoram (1982): Product Policy: Concepts, Methods and Strategy, Reading.

Wind, Yoram (1988): Positioning Analysis and Strategy, Working Paper No. 88-029, The Wharton School, University of Pennsylvania.

Winter, Stefan (1996): Prinzipien der Gestaltung von Managementanreizsystemen, Wiesbaden.

Winter, Stefan (1997): Möglichkeiten der Gestaltung von Anreizsystemen für Führungskräfte, in: Die Betriebswirtschaft, Heft 5, 57. Jg., S. 615-629.

Wiswede, Günter (1995): Einführung in die Wirtschaftspsychologie, München, Basel.

Witzel, Andreas (1985): Das problemzentrierte Interview, in: Jüttemann, Gerd (Hrsg.): Qualitative Forschung in der Psychologie – Grundfragen, Verfahrensweisen, Anwendungsfelder, Weinheim et al., S. 227-255.

Wolter, Stefan (1996): Erwartungsbildung in der Ökonomie: eine theoretisch-empirische Analyse der Erwartungsbildung, Bern, Stuttgart, Wien.

Woodburn, Diana (1999): Benchmarking Marketing Processes for Performance Improvement: A New Approach from the Chartered Institute of Marketing, in: Journal of Marketing Management, No. 8, Vol. 15, S. 779-796.

Yates, Jacques Frank (1990): Judgment and Decision Making, Englewood Cliffs, NJ.

Yin, Robert K. (2003): Case Study Research: Design and Methods, 3rd ed., Thousand Oaks, CA.

ZAW (2008): Werbung in Deutschland 2008. Berlin.

Zayer, Eric (2007): Verspätete Projektabbrüche in F&E: Eine verhaltensorientierte Analyse, Wiesbaden.

Zednik, Anita/Strebinger, Andreas (2008): Brand management models of major consulting firms, advertising agencies and market research companies: A categorisation and positioning analysis of models offered in Germany, Switzerland and Austria, in: Journal of Brand Management, No. 5, Vol. 15, S. 301-311.

Zenz, Andreas (1999): Strategisches Qualitätscontrolling: Konzeption als Metaführungsfunktion, Wiesbaden.

Zimbardo, Philip G. (1995): Psychologie, 6., neu bearb. und erw. Aufl., Berlin et al.

Zimbardo, Philip G./Gerrig, Richard J. (1999): Psychologie, 7. Aufl., Berlin et al.

Zimmermann, Ekkart (1972): Das Experiment in den Sozialwissenschaften, Stuttgart.

Zintl, Reinhard (1989): Der Homo Oeconomicus: Ausnahmeerscheinung in jeder Situation oder Jedermann in Ausnahmesituationen, in: Analyse & Kritik, Heft 1, 11. Jg., S. 52-69.

FSC
www.fsc.org
MIX
Papier | Fördert gute Waldnutzung
FSC® C083411

Kolibri 360 GmbH
Ferdinand-Jühlke-Straße 7
99095 Erfurt, Deutschland
produktsicherheit@kolibri360.de